BÜRNER

Jagdrecht in Baden-Württemberg

Jagdrecht in Baden Württemberg

Textausgabe mit einer ausführlichen Einführung
und Pragrafensynopse zum JWMG

Martin Bürner
Dipl.-Verwaltungswirt, Rechtsökonom

2024

Bibliografische Information der Deutschen Nationalbibliothek |
Die Deutsche Nationalbibliothek verzeichnet diese Publikation in der Deutschen Nationalbibliografie; detaillierte bibliografische Daten sind im Internet über www.dnb.de abrufbar.

ISBN 978-3-415-07049-3

Titelfoto: © sezer66 – stock.adobe.com
Satz: abavo GmbH, Nebelhornstraße 8, 86807 Buchloe |
Druck und Bindung: Laupp & Göbel, Robert-Bosch-Straße 42, 72810 Gomaringen
Richard Boorberg Verlag GmbH & Co KG | Scharrstraße 2 | 70563 Stuttgart
Stuttgart | München | Hannover | Berlin | Weimar | Dresden
www.boorberg.de

Inhaltsübersicht

Vorwort

Nach Verabschiedung durch den Landtag von Baden-Württemberg ist am 30. Juni 2020 eine umfangreiche Änderung des Jagd- und Wildtiermanagementgesetzes (JWMG) in Kraft getreten. Sie enthält insbesondere Änderungen im Bereich des Wildschadensrechtes, bei der Einführung eines sogenannten Stadtjägers und eines Wildtierportals, aber auch bei Modalitäten der Jagdverpachtung und eine Vorverlagerung der Wildruhezeit um zwei Wochen. Bei den sachlichen Verboten sind ebenfalls Änderungen zu verzeichnen.

Zuvor war bereits eine 1. Änderung des JWMG am 18. November 2016 in Kraft getreten. Sie enthielt Änderungen bei der Fütterungskonzeption für Rehwild und eine Lockerung des Jagdverbotes auf Schwarzwild in der allgemeinen Jagdruhezeit. Entsprechend wurde auch die Durchführungsverordnung zum JWMG mehrfach angepasst. Mit den Änderungen wurden den Vorgaben des Koalitionsvertrages aus dem Jahr 2016 Rechnung getragen. Dieser sah eine verbesserte Bejagungsmöglichkeit für Schwarzwild, eine verbesserte Vermarktung jagdlicher Erzeugnisse und die Reduzierung der Mindestfläche bei den Fütterungskonzeptionen für das Rehwild vor. Auf der Grundlage des Wildtierberichts 2018 sollte die Aufnahme weiterer Arten in die Artenliste und die Wiedereinführung des gesetzlichen Vorverfahrens zur Geltendmachung von Wildschäden geprüft werden. Weiteres Ziel war die Etablierung kommunaler oder jagdgenossenschaftlicher Wildschadenskassen.

Aber auch das Waffenrecht wurde seit 2015 mehrfach angepasst. So hat das Europäische Parlament am 15.3.2017 einer Reform der EU-Feuerwaffenrichtlinie zugestimmt. Ziel war die Beschränkung der Magazinkapazität halbautomatischer Waffen, umfassende Regelungen zur Kennzeichnung und Rückverfolgbarkeit von Waffen und Waffenteilen sowie eine verschärfte Überwachung der Eignung und Zuverlässigkeit von Waffenbesitzern. Trotz erheblicher Vorbehalte der Verbände wurden die Vorgaben durch Änderungen des Waffengesetzes (WaffG) und seiner Ausführungsbestimmungen in nationales Recht umgesetzt. So durch das 2. WaffRÄndG am 6. Juli 2017, das vor allem Neuerungen bei der Aufbewahrung vorsah und umfänglich durch das 3. WaffRÄndG mit in Kraft treten am 20. Februar 2020 bzw. 1. September 2020.

Es ist dem Herausgeber wichtig, mit dieser jetzt vorliegenden aktualisierten Gesetzessammlung des Jagd- und Waffenrechts Personen, die in der jagdlichen Ausbildung stehen, aber auch praktizierenden Jägerinnen und Jägern, Kommunen und Jagdbehörden eine Arbeitshilfe an die Hand zu geben. Sie wird durch eine Einführung und eine Zusammenfassung der wesentlichen Änderungen des JWMG einschließlich einer entsprechenden Synopse, der Änderungen der Durchführungsverordnung zum JWMG (DVO), zuletzt vom 25. Oktober 2023, sowie der wichtigsten Neuerungen des 3.WaffGÄndG sinnvoll ergänzt.

Im Oktober 2023 Martin Bürner

Einführung in das Jagdrecht in Baden-Württemberg

I. Das JWMG: Die wesentlichen Inhalte

1. Regelungsanspruch und Regelungsumfang des Gesetzes

Das Baden-Württembergische Jagd- und Wildtiermanagementgesetz (JWMG) vom 25. November 2014, das zum 1. April 2015 in Kraft getreten ist, löste das bis dahin geltende Landesjagdgesetz ab. Es sollte, so die Intention des Gesetzgebers, das Jagdrecht weiterentwickeln, den veränderten gesellschaftlichen, wirtschaftlichen und natürlichen Rahmenbedingungen der Jagd Rechnung tragen und sich stärker an wildtierökologischen Anforderungen, erweiterten wildbiologischen Erkenntnissen und dem Tierschutz ausrichten.

In Umsetzung dieser Zielsetzungen hat der Landesgesetzgeber das JWMG als Vollgesetz erlassen und nicht lediglich die Bestimmungen des Bundesjagdgesetzes ergänzt und konkretisiert. Die Befugnis zum Erlass eines alle Aspekte der Jagd umfassenden Gesetzes kommt dem Landesgesetzgeber deshalb zu, weil im Gefolge der sog. Föderalismusreform des Jahres 2006 dem Bund durch den verfassungsändernden Gesetzgeber gem. Art. 74 Abs. 1 Nr. 28 GG zwar die konkurrierende Gesetzgebungskompetenz für das Jagdwesen eingeräumt, jedoch den Bundesländern aufgrund von Art. 72 Abs. 3 S. 1 Nr. 1 GG die Möglichkeit zugestanden wurde, abweichende Regelungen über das Jagdwesen zu treffen, mit Ausnahme des Rechts der Jagdscheine, für diesen Aspekt sollte auch weiterhin ausschließlich der Bund zuständig sein. Daher bemisst sich das Jagdrecht in Baden-Württemberg aufgrund von § 1 S. 1 JWMG mit einigen wenigen, in § 1 S. 2 JWMG aufgeführten Ausnahmen ausschließlich nach diesem Gesetz und den aufgrund dieses Gesetzes erlassenen Verordnungen.

2. Die Gesetzesgliederung

Das JWMG ist in 10 Abschnitte gegliedert. Dabei kommt Abschnitt 1 sicherlich die größte Bedeutung zu, da sich in ihm die Leitlinien der legislativen Neuausrichtung wiederfinden. Abschnitt 2 ist den Jagdbezirken, Abschnitt 3 der Beteiligung Dritter an der Jagd gewidmet. Der 4., dem Jagdschein gewidmete Abschnitt beschränkt sich im Wesentlichen auf einen Verweis auf die maßgeblichen Bestimmungen des Bundesjagdgesetzes; darüber hinaus enthält er die – verfassungsrechtlich zwingend notwendige – gesetzliche Grundlage für die Beleihung Dritter mit der Organisation und Durchführung der Jägerprüfung, eine Aufgabe, die vom Landesjagdverband Baden-Württemberg e.V. wahrgenommen wird. Während in Abschnitt 5 die gängigen Rechte und Pflichten bei der Jagdausübung enthalten sind – also etwa Bestimmungen über Jagdeinrichtungen, sachliche Verbote, den Abschussplan und die Streckenliste sowie die Wildfolge –, hat der Gesetzgeber im

6. Abschnitt der Sicherung der Nachhaltigkeit und dem Wildtierschutz besonderes Gewicht eingeräumt; neben Regelungen zu Wildruhegebieten und Gebieten mit besonderen Schutzanforderungen enthält der Abschnitt aber auch die Verpflichtung der Jagdausübungsberechtigten zum Wildtiermonitoring und die Vorgaben für die Hegegemeinschaften. Abgeschlossen wird das Regelwerk durch Bestimmungen zu den Verwaltungsbehörden und den Beiräten im Abschnitt 8, mit Straf- und Bußgeldvorschriften im Abschnitt 9 und mit den üblichen Schlussbestimmungen in Abschnitt 10.

3. Die Ziele des Gesetzes

Ausführlich hat der Gesetzgeber in § 2 JWMG die Ziele des Gesetzes und damit zugleich sein Verständnis einer zeitgemäßen Jagd formuliert. Neben den Belangen des Tier- und Naturschutzes stellt ein wesentliches Ziel des Gesetzes die Erhaltung und Sicherung gesunder und stabiler heimischer Wildtierpopulationen dar, die in einem angemessenen Verhältnis zu der Leistungs- und Funktionsfähigkeit des Naturhaushalts und den landeskulturellen Verhältnissen stehen sollen. Aber auch dem Schutz des Bestandes bedrohter Wildtierarten und der Vermeidung von Beeinträchtigungen einer ordnungsgemäßen land-, forst- und fischereiwirtschaftlichen Nutzung durch Wildtiere kommt in den Augen des Gesetzgebers wesentliche Bedeutung zu. Fraglich in diesem Zusammenhang ist freilich, inwieweit das Land mit Blick auf den Naturschutz überhaupt regelungsbefugt ist, da das Naturschutzrecht aufgrund von Art. 73 Abs. 3 S. 1 Nr. 2 GG der alleinigen Gesetzgebungskompetenz des Bundes unterliegt. Schließlich besteht das Anliegen des Gesetzes darin, geeignete Instrumente des Wildtiermanagements zum Umgang mit Wildtieren und zur Sicherung und Verbesserung ihrer Lebensgrundlagen zu etablieren und zu stärken.

4. Jagdrecht und Jagdausübungsrecht

§ 3 Abs. 1 JWMG übernimmt nahezu wortgleich die Formulierung in § 1 Abs. 1 S. 1 BJagdG und definiert das Jagdrecht als die ausschließliche Befugnis, auf einem bestimmten Gebiet Wildtiere zu hegen, auf sie die Jagd auszuüben und sie sich anzueignen. Konkretisiert wird der Begriff der Hege durch § 5 Abs. 4 JWMG; demnach ist sie so durchzuführen, dass Beeinträchtigungen einer ordnungsgemäßen land-, forst- und fischereiwirtschaftlichen Nutzung, insbesondere Wildschäden, möglichst vermieden und die Ziele des Naturschutzes nicht beeinträchtigt werden. Darüber hinaus trägt sie dazu bei, gesunde und stabile Populationen heimischer Wildtierarten so zu erhalten und zu entwickeln, dass sie in einem angemessenen Verhältnis zu der Leistungs- und Funktionsfähigkeit des Naturhaushalts und den landeskulturellen Verhältnissen stehen, den Lebensraum der Wildtierarten zu erhalten und zu pflegen und den Bestand bedrohter Wildtierarten zu stabilisieren. Das Gesetz folgt damit der überkommenen Auffassung, dass das Jagdrecht auf einem Grundstück der Person zusteht, in deren Eigentum das Grundstück steht; es ist damit untrennbar mit dem Eigentum an dem Grundstück verbunden. Das Jagdrecht wird mithin vom Gesetzgeber als elementarer Bestandteil der Eigentumsgarantie begriffen, die verfassungsrechtlich verbürgt und abgesichert ist. Die Zuweisung des Jagdrechts zum Schutzbereich der Eigentumsgarantie steht damit nicht im Ermessen des Gesetzgebers; ihm kommt lediglich die Befugnis zu, dem Jagdrecht Grenzen aufzuzeigen, die jedoch die Substanz des Jagdrechts nicht infrage stellen dürfen und den Vorgaben des Verhältnismäßigkeitsprinzips unterworfen sind.

Auch das vom Jagdrecht zu trennende Jagdausübungsrecht wird vom Gesetzgeber eigenständig gewürdigt und als Aufsuchen, Nachstellen, Erlegen und Fangen von Wildtieren begriffen; dabei sind insbesondere die Anforderungen des Tierschutzes und die Grundsätze der Waidgerechtigkeit zu beachten.

Jagdrecht wie Jagdausübungsrecht sind ganz wesentlich durch das Kriterium der Privatnützigkeit gekennzeichnet, die ein elementares Kennzeichen der Eigentumsgarantie darstellt. Die Privatnützigkeit des Eigentums verbietet es daher zugleich, das Jagdrecht und das Jagdausübungsrecht in den Dienst einer öffentlichen Aufgabe zu stellen und damit dessen eigentumsrechtlichem Kern zu berauben; eine solche Ausgestaltung, die im Gesetzgebungsverfahren durchaus angedacht war, käme einer Abspaltung des eigentumsrechtlich vorgegebenen Nutzungs- und Aneignungsrechts gleich und wäre mit der verfassungsrechtlich abgesicherten Eigentumsgarantie nicht zu vereinbaren.

5. Das Wildtiermanagement

Herzstück des JWMG und zugleich ein Novum in der Ausgestaltung des Jagdrechts in Deutschland ist das – bereits in der Gesetzesbezeichnung zum Ausdruck kommende – Wildtiermanagement, das der Gesetzgeber als öffentliche Aufgabe versteht, zu der Jagd und Hege wesentliche Beiträge leisten. Diese Beiträge lassen sich mit Blick auf Art. 14 Abs. 2 GG („Eigentum verpflichtet. Sein Gebrauch soll zugleich dem Wohle der Allgemeinheit dienen") als Konkretisierung der mit dem Eigentumsrecht verbundenen Allgemeinwohlverpflichtung begreifen. Das Gesetz stellt klar, was exemplarisch, nicht abschließend („insbesondere") zum Wildtiermanagement gehört, nämlich die Wildtierforschung, das Wildtiermonitoring, die Erstellung und Umsetzung von Fachkonzepten und Fachplänen sowie die Information und Beratung in Fragen des Umgangs mit Wildtieren.

6. Insbesondere das sog. Schalenmodell

Seine Konkretisierung findet das Wildtiermanagement in den verschiedenen Managementstufen, die in dem sog. Schalenmodell ausgestaltet sind. Dabei entscheidet die Zuordnung einer Wildtierart zu einer der drei Schalen über deren jagdliche Nutzungsmöglichkeit und damit zugleich über deren Schutzbedürftigkeit; der Zuordnung kommt daher auch eine erhebliche Relevanz für die Reichweite des Jagdrechts und des Jagdausübungsrechts zu.

Das Gesetz unterscheidet zwischen den Schalen des Nutzungs-, des Entwicklungs- und des Schutzmanagements. Dabei soll die Zuordnung der Wildtiere zu einer der drei Schalen deren besonderen Eigenschaften und Bedürfnissen entsprechen. Zugleich knüpfen sich hieran aber auch weitreichende Rechtsfolgen, die insbesondere für die Bejagbarkeit der verschiedenen Wildtierarten von Bedeutung sind. Das Verfahren zur Einordnung der Wildtiere ist im Gesetz näher ausgestaltet. Während dem Nutzungsmanagement Wildtierarten zugeordnet werden, die einen eine nachhaltige jagdliche Nutzung ermöglichenden Bestand aufweisen und deren Verwertung üblich ist – wie das etwa für das Rehwild anzunehmen ist –, gehören dem Entwicklungsmanagement u.a. Wildtierarten an, deren Bestände in Baden-Württemberg allgemein und anhaltend stark zurückgehen, oder Arten, die einer besonderen Hege bedürfen. Dem Schutzmanagement hingegen werden u.a. Wildtiere zugeordnet, deren Bestände in Baden-Württemberg gefährdet sind, und solche Arten, die nach den Vorschriften des Bundesnaturschutzgesetzes zu den streng geschützten Arten gehören. Den Jagdrechtsinhabern und den Jagdausübungsberechtigten werden insoweit besondere Pflichten auferlegt; sie sollen mit Hegemaßnahmen, durch Unterstützung des Wildtiermonitorings und Berichtswesens und durch die Mitwirkung an der Erstellung und Umsetzung von Fachkonzepten zum Schutzmanagement beitragen. Die Jagd darf nur auf Wildtiere ausgeübt werden, deren Arten dem Nutzungs- oder dem Entwicklungsmanagement zugeordnet sind; für Wildtierarten, die dem Schutzmanagement zugeordnet sind, darf keine Jagdzeit bestimmt werden.

7. Die Jagdbezirke

In überkommener Weise differenziert das Gesetz zwischen Eigenjagdbezirken, die mindestens 75 Hektar umfassen müssen, und gemeinschaftlichen Jagdbezirken, die mindestens 150 Hektar aufweisen müssen. Auf Grundflächen, die zu keinem Jagdbezirk gehören, sowie in befriedeten Bezirken ruht die Jagd. Auch eine Befriedung von Grundflächen aus ethischen Gründen sieht das Gesetz vor, eine Konstellation, die sich auch in § 6a des Bundesjagdgesetzes wiederfindet und die auf ein Urteil des Europäischen Gerichtshofs für Menschenrechte aus dem Jahr 2012 zurückgeht.

8. Beteiligung Dritter an der Jagd

Gängiger jagdrechtlicher Praxis entsprechend, sieht § 17 JWMG die Möglichkeit vor, die Wahrnehmung des Jagdrechts an Dritte zu verpachten. Das Gesetz bestimmt die erforderliche Mindestgröße und die zulässige Gesamtfläche der zu verpachtenden Jagdbezirke, regelt die Anzeigepflicht von Jagdpachtverträgen und die Höchstzahl der pachtenden Personen. Darüber hinaus finden sich im Gesetz auch Bestimmungen über die Jagderlaubnis.

9. Besondere Rechte und Pflichten bei der Jagdausübung

Neu in den Kanon der sachlichen Verbote bei der Jagdausübung aufgenommen wurde das Verbot, ohne eine innerhalb der zurückliegenden 12 Monate unternommene Übung in der Schießfertigkeit an Bewegungsjagden teilzunehmen oder mit Schrot auf Vögel zu schießen. Auch wenn ein Erfolg bei der Übung nicht nachgewiesen werden muss, so dient die Regelung sicherlich der Erhaltung und ggf. Verbesserung der Schießfertigkeit der Jägerinnen und Jäger und ist daher zu begrüßen. Ergänzt wird der Verbotskanon durch eine Reihe weiterer und durchaus gängiger Vorgaben, etwa das Verbot, mit Schrot auf Schalenwild zu schießen oder Wildtiere aus Kraftfahrzeugen zu erlegen. Neben dem mittlerweile auch durch die Europäische Union verfügten, wenngleich unionsrechtlich mit einer Übergangsfrist versehenen Verbot, mit Bleischrot die Jagd an und über Gewässern auszuüben, ist für die Ausübung der Jagd das Verbot besonders bedeutsam, Schalenwild mit Munition zu erlegen, „deren Inhaltsstoffe ein nachgewiesenes Risiko für eine Gefährdung der Gesundheit von Verbraucherinnen und Verbrauchern bei Verzehr des Wildbrets besitzen“. Der Sache nach ist damit das Verbot bleihaltiger Munition im Gesetz verankert. Neben Kritik an dieser Regelung aus der Jägerschaft wegen der schlechteren Tötungswirkung bleifreier Munition und einem damit ggf. verbundenen längeren Leiden der Tiere ist auch das Verbot, die Baujagd mit einem Hund am Naturbau auszuüben, bei den Jägerinnen und Jägern auf wenig Gegenliebe gestoßen. Gleiches gilt für die Bestimmung zum Schutz der Wildtiere vor Hunden und Hauskatzen, die sich in der jagdlichen Praxis als weitgehend untauglich herausgestellt hat.

10. Sicherung der Nachhaltigkeit und Wildtierschutz

Das JWMG bestimmt, dass die Jagd auf Wildtiere nur zu bestimmten Zeiten ausgeübt werden darf und außerhalb dieser Zeiten Wildtiere mit der Jagd zu verschonen sind. Damit wird der bewährte Grundgedanke der Ausgestaltung der Jagd- und Schonzeiten im Bundesjagdgesetz aufgegriffen. Ein Novum bei der Ausarbeitung des Gesetzes war hingegen die Anordnung einer allgemeinen Schonzeit für sämtliche Wildtiere in den Monaten März und April, die vom Gesetzgeber damit begründet wurde, dass in den Wintermonaten die Schalenwildarten ihren Stoffwechsel reduzieren – eine Begründung, die durchaus hinterfragt werden kann. Doch ungeachtet dessen darf jedenfalls die im Gesetz für das Schwarzwild verankerte Ausnahme, dass auch während der allgemeinen Schonzeit im Wald bis zu einem Abstand von 200 Metern vom Waldaußenrand und in der offenen Landschaft bejagt werden darf, durchaus als Beispiel für die Praxisferne des Gesetzgebers angesehen werden. Gleiches gilt für die Regelung zum Schutz der Wildtiere vor Hunden und Hauskatzen, die an den Erfordernissen der jagdlichen Praxis weit vorbeigehen und einen wirksamen Wildtierschutz gerade nicht ermöglichen.

11. Wild- und Jagdschaden

Mit Blick auf den Wildschaden hält das JWMG an überkommenen Regelungen fest und bestimmt, dass die Jagdgenossenschaft bzw. der Pächter für den Ersatz des Wildschadens aufkommen muss. Ersatzpflichtig ist jedoch nur der durch Schalenwild oder durch Wildkaninchen verursachte Schaden. Zudem ist Wildschaden an Maiskulturen nur zu 80 % zu ersetzen; auch diese Deckelungsvorschrift war seinerzeit ein Novum, da sie weder im Bundesjagdgesetz noch in anderen Landesjagdgesetzen enthalten war. Mit der Regelung trägt der Gesetzgeber der Tatsache Rechnung, dass der flächendeckende Anbau von Mais einen hohen Grad an Schadensgeneigtheit hervorruft, da Wildschweine bekanntlich gerne in Maiskulturen zu Schaden gehen, sich eine Bejagung angesichts ständig zunehmender Anbauflächen jedoch als immer schwieriger – und damit für den Jagdausübungsberechtigten als immer teurer – darstellt, mit der Folge, dass manche Jagden mit einem hohen Schwarzwildbestand zwischenzeitlich gar nicht mehr zu verpachten sind.

12. Die Konkretisierung des JWMG durch die Durchführungsverordnung

Ergänzt wird das JWMG durch die Verordnung des Ministeriums für ländlichen Raum und Verbraucherschutz zur Durchführung des Jagd- und Wildtiermanagementgesetzes (DVO JWMG). Damit folgt auch Baden-Württemberg gängiger Gesetzgebungstechnik, wonach im vom Landtag beschlossenen Gesetz die grundlegenden Bestimmungen über die Jagd enthalten sind, während der durch die Exekutive erlassenen DVO die Aufgabe zukommt, einzelne Gesetzesbestimmungen zu konkretisieren und für die Praxis handhabbar zu machen. So enthält die DVO beispielsweise Vorgaben für die Fütterung von Wildtieren, für Fütterungskonzeptionen und für Kirrungen. Auch die Bestimmungen über die Jagd mit Fallen, über Wildschadenschätzerinnen und Wildschadenschätzer und über die Ausgestaltung der Hegegemeinschaften konkretisieren die Vorgaben des JWMG. Besondere Bedeutung kommt freilich der Bestimmung der Jagdzeiten zu; diese sind nicht im JWMG, sondern in der DVO enthalten. Damit folgt Baden-Württemberg aber letztlich nur einer auch in anderen Bundesländern üblichen Ausgestaltung. Der Vorteil einer Festsetzung von Jagdzeiten nicht im Gesetz, sondern in einer Rechtsverordnung liegt auf der Hand: Die Rechtsverordnung kann schnell geändert und an aktuelle Bedürfnisse angepasst werden, ohne dass es der Durchführung eines aufwendigen Gesetzgebungsverfahrens bedarf.

II. Wesentliche Änderungen durch das Gesetz zur Änderung des Jagd- und Wildtiermanagementgesetzes

Das Jagd- und Wildtiermanagementgesetz vom 25.11.2014, welches zuletzt durch Artikel 4 des Gesetzes vom 21.05.2019 geändert worden ist, wurde durch zahlreiche Gesetzesänderungen und Gesetzeszusätze neu gefasst.

Im Wesentlichen wurden folgende Normen neu gefasst:

1. § 2 Nr. 2 JWMG:
   Mit der Formulierung wurde den Wirkungen des Klimawandels Rechnung getragen.
2. § 13 Abs. 4 und Abs. 5 JWMG:
   Mit den Normen wurde klargestellt, dass für die genehmigte Jagdausübung auf Grundflächen, auf denen die Jagd ruht, ein Jagdschein erforderlich ist, sofern die Jagd mit Jagdwaffen ausgeübt wird.
3. § 13 a JWMG:
   Die Norm wurde neu eingefügt. Bundesweit erstmalig wurde das Institut der Stadtjägerinnen und Stadtjäger in ein Jagdgesetz aufgenommen. Diese Norm trägt dem vermehrten Auftreten von Wildtieren im urbanen Raum Rechnung.
4. § 14 a JWMG:
   Unter diesem Paragrafen wurde das „Wildtierportal" gesetzlich normiert. Dieses Portal beinhaltet die Möglichkeit, viele bislang in der Praxis aufwendig zu ermittelnden Informationen dem Betroffenen entsprechend zugänglich zu machen.
5. § 15 JWMG:
   Im Bereich des Rechtes der Jagdgenossenschaften wurden klarstellende Änderungen vorgenommen. Mit Zustimmung des Gemeinderats kann die Verwaltung der Jagdgenossenschaft auf den Ortschaftsrat übertragen werden.
6. § 17 Abs. 3 Satz 2 Halbsatz 1 JWMG:
   Der Gesetzgeber hat die sogenannte „1.000 ha-Regelung" zur Pachthöchstfläche neu gefasst.
7. § 20 Abs. 1 JWMG:
   Hier wurde ein weiteres Kriterium zur Nichtigkeit von Jagdpachtverträgen eingefügt.
8. § 31 Abs. 1 JWMG:
   In dieser Vorschrift wurden die Nummer 7 c sowie Nummer 8 neu gefasst. Insbesondere betrifft dies die Patronenkapazität bei halbautomatischen Langwaffen.
   Nummer 10 a mit dem Verbot von künstlichen Lichtquellen, Nachtzielgeräten etc. wurde komplett gestrichen.
9. § 36 Abs. 1 JWMG:
   Hier wird die unverzügliche Jagdausübung durch Dritte zur Bekämpfung von Tierseuchen erlaubt.

10. § 37 Abs. 2 Satz 2 JWMG:
    Hier wurde das Aussetzen von Wildtieren neu geregelt.
11. § 38 Abs. 3 Satz 1 JWMG:
    In dieser Norm wurde das Wort „Federwild“ durch die Wörter „mit Ausnahme der Beizjagd“ geändert.
12. § 41 JWMG:
    Hinsichtlich der Jagd- und Schonzeiten wurden umfassende Änderungen mit Verschiebung der Allgemeinen Schonzeit vorgenommen.
13. § 42 JWMG:
    Hier wird neu die Erklärung von Wildruhegebieten auch mit Allgemeinverfügung ermöglicht.
14. § 43 JWMG:
    Nach § 43 Satz 1 JWMG wurde ein weiterer Satz eingefügt, der die Monitoringdaten und die Tierseuchenprävention betrifft.
15. § 51 JWMG:
    Die Änderung dient der Verringerung der Beunruhigung von Wildtieren.
16. § 51 a JWMG:
    Mit dieser Norm wurde ein neuer Paragraf in das Gesetz eingefügt, der hinsichtlich der Wildschäden Präventions- und Ausgleichssysteme ermöglicht.
17. § 53 a JWMG:
    Hier wurde ebenfalls ein neuer Paragraf eingefügt, der den Schadensausgleich durch das Land bei Luchsschäden regelt.
18. § 54 JWMG:
    Die Regelungen zum Wildschaden auf landwirtschaftlichen Flächen wurden neu gefasst und durch Obliegenheiten der Bewirtschafterinnen und Bewirtschafter ergänzt.
19. § 57 JWMG:
    Es erfolgte eine Änderung dergestalt, dass eine vereinfachte Form des Vorverfahrens im Wildschadensrecht wieder eingeführt wurde. Außerdem erfolgte eine Neuregelung der Kosten des Verfahrens einschließlich einer Bagatellregelung.
20. § 67 Abs. 1 JWMG:
    Die Norm wurde insoweit geändert, als in Ergänzung zum Landeswaldgesetz das unbefugte Betreten von Jagdeinrichtungen nunmehr als Ordnungswidrigkeit geahndet werden kann.

Synopse zum Jagd- und Wildtiermanagementgesetz (JWMG)

Text JWMG alt	Text JWMG neu mit Änderungen
Abschnitt 1 § 2 ***Ziele des Gesetzes*** Dieses Gesetz trägt dazu bei, 2. gesunde und stabile heimische Wildtierpopulationen unter Berücksichtigung gesellschaftlicher, ökologischer und ökonomischer Belange so zu erhalten und zu entwickeln, dass sie in einem angemessenen Verhältnis zu der Leistungs- und Funktionsfähigkeit des Naturhaushalts und den landeskulturellen Verhältnissen stehen,	Abschnitt 1 § 2 ***Ziele des Gesetzes*** Dieses Gesetz trägt dazu bei, 2. gesunde und stabile heimische Wildtierpopulationen unter Berücksichtigung gesellschaftlicher, ökologischer und ökonomischer Belange **und der Wirkungen des Klimawandels** so zu erhalten und zu entwickeln, dass sie in einem angemessenen Verhältnis zu der Leistungs- und Funktionsfähigkeit des Naturhaushalts und den landeskulturellen Verhältnissen stehen,
Abschnitt 2 Jagdbezirke § 13 ***Befriedete Bezirke, Ruhen der Jagd*** (4) Die untere Jagdbehörde kann Eigentümerinnen, Eigentümern oder Nutzungsberechtigten von Grundflächen, auf denen die Jagd ruht, oder den von ihnen Beauftragten die Ausübung der Jagd auf Wildkaninchen, Füchse, Steinmarder und andere Wildtierarten des Nutzungs- oder Entwicklungsmanagements und die Aneignung der gefangenen oder erlegten Tiere für eine bestimmte Zeit auch ohne Jagdschein genehmigen. Die Genehmigung nach Satz 1 setzt voraus, dass die Empfängerin oder der Empfänger der Genehmigung die erforderliche Artenkenntnis besitzt, im Falle einer Beschränkung auf die Fangjagd über einen Sachkundenachweis nach § 32 verfügt und bei Einbeziehung einer Jagdausübung mit Schusswaffen nach § 17 Absatz 1 Nummer 4 des Bundesjagdgesetzes ausreichend versichert ist. Die waffenrechtlichen Vorschriften bleiben unberührt. (5) Die untere Jagdbehörde kann auf Grundflächen, auf denen die Jagd ruht, der jagdausübungsberechtigten Person oder der von dieser beauftragten Person eine bestimmte Jagdausübung unter Beschränkung auf bestimmte Wildtierarten des Nutzungs- oder Entwicklungsmanagements und auf eine bestimmte Zeit genehmigen, soweit dies aus Gründen der Abwehr von Gefahren für die öffentliche	Abschnitt 2 Jagdbezirke § 13 ***Befriedete Bezirke, Ruhen der Jagd*** (4) Die untere Jagdbehörde kann Eigentümerinnen, Eigentümern oder Nutzungsberechtigten von Grundflächen, auf denen die Jagd ruht, oder den von ihnen Beauftragten genehmigen, auf Wildkaninchen, Füchse, Steinmarder und andere Wildtierarten des Nutzungs- oder **Entwicklungsmanagements die Jagd auszuüben und sich diese anzueignen, wenn sie einen Jagdschein oder im Falle der Beschränkung auf die Fangjagd einen Sachkundenachweis nach § 32 Absatz 4 besitzen.** (5) Die untere Jagdbehörde kann auf Grundflächen, auf denen die Jagd ruht, und **soweit für diese Grundflächen keine Stadtjägerin oder kein Stadtjäger nach § 13a eingesetzt wurde**, der jagdausübungsberechtigten Person oder einer von dieser beauftragten Person eine bestimmte Jagdausübung unter Beschränkung auf bestimmte Wildtierarten des Nutzungs- oder Entwicklungsmanagements auf eine bestimmte Zeit genehmigen,

Text JWMG alt	Text JWMG neu mit Änderungen
Sicherheit und Ordnung oder zur Abwehr von Gefahren durch Tierseuchen erforderlich ist. Die waffenrechtlichen Vorschriften bleiben unberührt.	soweit dies aus Gründen der Abwehr von Gefahren für die öffentliche Sicherheit und Ordnung oder zur Abwehr von Gefahren durch Tierseuchen erforderlich ist.
Das Aneignungsrecht hat diejenige jagdausübungsberechtigte Person, der oder deren Beauftragten die Jagdausübung genehmigt wurde.	Das Aneignungsrecht hat **in diesem Falle** diejenige jagdausübungsberechtigte Person, der oder deren Beauftragten die Jagdausübung genehmigt wurde.
	§ 13 a *Stadtjägerinnen und Stadtjäger* **(1) Die Gemeinde kann Stadtjägerinnen und Stadtjäger, die als solche durch die untere Jagdbehörde anerkannt sind, nach Anhörung der jagdausübungsberechtigten Person und nach Anhörung des Polizeivollzugsdienstes, einsetzen. Stadtjägerinnen und Stadtjäger haben die Aufgabe, Eigentümerinnen, Eigentümer oder Nutzungsberechtigte von befriedeten Bezirken nach § 13 Absatz 2 sowie Flächen im Sinne von § 13 Absatz 3 Nummer 1 bis 5 in Fragen des Wildtiermanagements und der Wildtiere im Sinne dieses Gesetzes in Siedlungsbereichen sowie in Geltungsbereichen von Bebauungsplänen zu beraten und zu unterstützen; sie arbeiten mit den Wildtierbeauftragten im Sinne des § 61 Absatz 1 zusammen.** **(2) Mit der Anerkennung nach Absatz 1 erteilt die zuständige Jagdbehörde die Erlaubnis, im Rahmen der Einsetzung mit Zustimmung der Eigentümerinnen, Eigentümer oder Nutzungsberechtigten der Grundflächen auf Wildtiere des Nutzungs- und Entwicklungsmanagements die Jagd im befriedeten Bezirk sowie auf Flächen im Sinne von § 13 Absatz 3 Nummer 1 bis 5 auszuüben, sofern präventive Maßnahmen keinen Erfolg versprechen oder soweit dies aus Gründen der Abwehr von Gefahren für die öffentliche Sicherheit und Ordnung oder zur Abwehr von Gefahren durch Tierseuchen erforderlich ist. Vor Aufnahme der jeweiligen Jagdausübung mit Schusswaffe ist der Polizeivollzugsdienst zu benachrichtigen. Das Aneignungsrecht hat die eingesetzte Stadtjägerin oder der eingesetzte Stadtjäger. Ein gegebenenfalls auf diesen Flächen bestehendes Jagdausübungsrecht wird mit dem Einsatz einer Stadtjägerin oder eines Stadtjägers beschränkt.**

Text JWMG alt	Text JWMG neu mit Änderungen
	(3) Als Stadtjägerin oder Stadtjäger kann anerkannt werden, wer einen Jagdschein besitzt, der zur Jagdausübung in der Bundesrepublik Deutschland berechtigt, und eine Ausbildung zur Stadtjägerin oder zum Stadtjäger absolviert hat. Die oberste Jagdbehörde wird ermächtigt, im Einvernehmen mit dem Ministerium für Inneres, Digitalisierung und Migration durch Rechtsverordnung nähere Bestimmungen zur Anerkennung und Einsetzung von Stadtjägerinnen und Stadtjägern und zu Art und Umfang der Maßnahmen des Wildtiermanagements und zur Ausübung der Jagd zu treffen.
	§ 14 a *Wildtierportal* (1) Die oberste Jagdbehörde stellt den von den Bestimmungen dieses Gesetzes Betroffenen zur Information, zur Flächenverwaltung und zur Erfüllung von Meldepflichten ein elektronisches Online-Portal zur Verfügung (Wildtierportal). (2) Über alle Flächen, die zu einem Jagdbezirk gehören, ist von den Nutzungsberechtigten des Jagdrechts ein elektronisches Verzeichnis mit Angabe und Darstellung der Flächen sowie Angabe der jagdausübungsberechtigten Personen zu führen. Die oberste Jagdbehörde stellt hierfür im Wildtierportal einen elektronischen Zugang zur Verfügung. § 15 Absatz 1 Satz 2 bleibt unberührt. (3) Die oberste Jagdbehörde ist verpflichtet, den zuständigen Veterinärbehörden sowie dem Friedrich-Loeffler-Institut auf Verlangen die nach den Absatz 1 und 2 erhobenen Daten zur Flächenverwaltung, zur Erfüllung von Meldepflichten sowie Angaben zur jagdausübungsberechtigten Person zu übermitteln, soweit diese Daten zum Zwecke der Tierseuchenprävention oder Tierseuchenbekämpfung, insbesondere für die Durchführung und Bewertung von Tierseuchenmonitoringprogrammen und zur Durchführung von Risikobewertungen, erforderlich sind. Die Vorschriften des Tiergesundheitsgesetzes und der aufgrund des Tiergesundheitsgesetzes erlassenen Rechtsvorschriften sowie andere gesetzliche Melde- und Auskunftspflichten bleiben unberührt.

Text JWMG alt	Text JWMG neu mit Änderungen
	(4) Die Übermittlung der Daten im Wege eines automatisierten Verfahrens, welches die Übermittlung durch Abruf ermöglicht, ist zulässig, soweit dies unter Berücksichtigung der schutzwürdigen Interessen der betroffenen Personen wegen der Vielzahl der Übermittlungen oder wegen der besonderen Eilbedürftigkeit angemessen ist. Die Verantwortung für die Rechtmäßigkeit des einzelnen Abrufs trägt die Stelle, an welche auf deren Anforderung übermittelt wird. Die oberste Jagdbehörde prüft die Zulässigkeit des Abrufs nur, wenn dazu Anlass besteht. Sie hat durch geeignete Stichprobenverfahren zu gewährleisten, dass die Übermittlung personenbezogener Daten festgestellt und überprüft werden kann. **(5) Die oberste Jagdbehörde wird ermächtigt, durch Rechtsverordnung das Nähere zur Ausgestaltung des Wildtierportals, einschließlich der Verarbeitung der personenbezogenen Daten, der Streckenmeldungen und des Monitorings zu regeln.**
§ 15 *Jagdgenossenschaft* (1) Die Eigentümerinnen und Eigentümer der Grundflächen, die zu einem gemeinschaftlichen Jagdbezirk gehören, bilden eine Jagdgenossenschaft. Eigentümerinnen und Eigentümer von Grundflächen, auf denen die Jagd nicht ausgeübt werden darf, gehören der Jagdgenossenschaft nicht an. Die Jagdgenossenschaft hat ein Verzeichnis ihrer Mitglieder unter Angabe der jeweiligen Grundflächenanteile im gemeinschaftlichen Jagdbezirk zu erstellen und bei Bedarf fortzuführen. (2) Die Jagdgenossenschaft ist eine Körperschaft des öffentlichen Rechts. Sie steht unter der Aufsicht des Staates; die Aufsicht wird von der unteren Jagdbehörde ausgeübt. Der Aufsichtsbehörde stehen gegenüber der Jagdgenossenschaft die gleichen Befugnisse zu, wie sie den Rechtsaufsichtbehörden gegenüber den Gemeinden nach Maßgabe der Vorschriften der Gemeindeordnung zustehen.	**§ 15 *Jagdgenossenschaften*** Abs. 1 und 2 unverändert

Text JWMG alt	Text JWMG neu mit Änderungen
(3) Die Jagdgenossenschaft wird durch den Jagdvorstand gerichtlich und außergerichtlich vertreten. Der Jagdvorstand ist von der Jagdgenossenschaft zu wählen. Solange die Jagdgenossenschaft keinen Jagdvorstand gewählt hat, werden die Geschäfte des Jagdvorstandes auf Kosten der Jagdgenossenschaft vom Gemeinderat wahrgenommen.	(3) Die Jagdgenossenschaft wird durch den Jagdvorstand gerichtlich und außergerichtlich vertreten. Der Jagdvorstand ist von der Jagdgenossenschaft längstens für die Dauer der gesetzlichen Mindestpachtzeit **gemäß § 17 Absatz 4 Satz 2** zu wählen. Solange die Jagdgenossenschaft keinen Jagdvorstand gewählt hat oder keine Übertragung der Verwaltung nach Absatz 7 stattgefunden hat, werden die Geschäfte des Jagdvorstandes auf Kosten der Jagdgenossenschaft vom Gemeinderat wahrgenommen (Notjagdvorstand). Der Notjagdvorstand hat schnellstmöglich auf die Wahl eines Jagdvorstandes oder auf eine Übertragung der Verwaltung nach Absatz 7 hinzuwirken.
(4) Die Jagdgenossenschaft hat eine Satzung zu beschließen, die der Genehmigung der unteren Jagdbehörde bedarf. Die oberste Jagdbehörde kann im Einvernehmen mit dem Innenministerium durch Rechtsverordnung Mindestanforderungen für die Satzung aufstellen, Vorschriften über die Einberufung, Bekanntgabe und Durchführung der Versammlung der Jagdgenossenschaft erlassen, das Verfahren bei der Verpachtung gemeinschaftlicher Jagdbezirke sowie die Rechnungslegung regeln. Kommt die Jagdgenossenschaft der Aufforderung der unteren Jagdbehörde zum Beschluss einer Satzung nicht innerhalb einer gesetzten angemessenen Frist nach, kann die untere Jagdbehörde eine Satzung für die Jagdgenossenschaft erlassen. Vor der Verpachtung des Jagdrechts an eine Pächterin oder einen Pächter, die oder der erstmals einen Jagdpachtvertrag mit der Jagdgenossenschaft schließt, ist die Jagdgenossenschaft zur Beschlussfassung einzuberufen.	(4) Die Jagdgenossenschaft hat eine Satzung zu beschließen, die der Genehmigung der unteren Jagdbehörde bedarf. Die oberste Jagdbehörde kann im Einvernehmen mit dem Innenministerium durch Rechtsverordnung Mindestanforderungen für die Satzung aufstellen, Vorschriften über die Einberufung, Bekanntgabe und Durchführung der Versammlung der Jagdgenossenschaft erlassen, das Verfahren bei der Verpachtung gemeinschaftlicher Jagdbezirke sowie die Rechnungslegung regeln. Kommt die Jagdgenossenschaft der Aufforderung der unteren Jagdbehörde zum Beschluss einer Satzung nicht innerhalb einer gesetzten angemessenen Frist nach, kann die untere Jagdbehörde eine Satzung für die Jagdgenossenschaft erlassen. **Satz 4 gestrichen**
(5) Beschlüsse der Jagdgenossenschaft bedürfen sowohl der Mehrheit der anwesenden und vertretenen Jagdgenossen, als auch der Mehrheit der bei der Beschlussfassung vertretenen Grundfläche. Für Wahlen kann die Satzung abweichend von Satz 1 bestimmen, dass ein Beschluss nur der Mehrheit der anwesenden und vertretenen Mitglieder der Jagdgenossenschaft bedarf. Bei Abstimmungen über Verpachtungen ist das Mitglied der Jagdgenossenschaft, das sich um die Pacht bewirbt, stimmberechtigt.	Abs. 5 und 6 unverändert

Text JWMG alt	Text JWMG neu mit Änderungen
(6) Die Jagdgenossenschaft kann für ihren durch sonstige Einnahmen nicht gedeckten Finanzbedarf Umlagen von ihren Mitgliedern erheben. Umlagen der Jagdgenossenschaft können wie Gemeindeabgaben beigetrieben werden.	
(7) Durch Beschluss der Jagdgenossenschaft kann die Verwaltung der Jagdgenossenschaft längstens für die Dauer der gesetzlichen Mindestpachtzeit dem Gemeinderat mit dessen Zustimmung übertragen werden. Die Kosten der Geschäftsführung trägt die Jagdgenossenschaft.	(7) Durch Beschluss der Jagdgenossenschaft kann die Verwaltung der Jagdgenossenschaft längstens für die Dauer der gesetzlichen Mindestpachtzeit dem Gemeinderat mit dessen Zustimmung übertragen werden. **In Gemeinden, in denen die einen gemeinschaftlichen Jagdbezirk bildenden Grundflächen ausschließlich auf der Gemarkung einer Ortschaft im Sinne des § 68 Absatz 1 Gemeindeordnung liegen, kann durch Beschluss der Jagdgenossenschaft die Verwaltung der Jagdgenossenschaft längstens für die Dauer der gesetzlichen Mindestpachtzeit mit Zustimmung des Gemeinderates auch dem Ortschaftsrat übertragen werden**.
(8) Für gemeinschaftliche Jagdbezirke nach § 11 Absatz 2 kann der Jagdvorstand, vorbehaltlich der Wahl durch die Jagdgenossenschaft, von der unteren Jagdbehörde oder im Falle des § 11 Absatz 4 von der nächsthöheren gemeinsamen Jagdbehörde bestimmt werden.	Abs. 8 unverändert
Abschnitt 3 **Beteiligung Dritter an der Jagd** **§ 17 *Jagdpacht*** (3) Die Gesamtfläche, auf der einer pachtenden Person die Wahrnehmung des Jagdrechts zusteht, darf nicht mehr als 1 000 Hektar umfassen. Die Inhaberin oder der Inhaber eines oder mehrerer Eigenjagdbezirke mit einer Gesamtfläche von mehr als 1 000 Hektar darf nur zupachten, wenn zugleich die Wahrnehmung des Jagdrechts im gleichen Umfang verpachtet wird;	**Abschnitt 3** **Beteiligung Dritter an der Jagd** **§ 17 *Jagdpacht*** (3) Die Gesamtfläche, auf der einer pachtenden Person die Wahrnehmung des Jagdrechts zusteht, darf nicht mehr als 1 000 Hektar umfassen. Die Inhaberin oder der Inhaber eines oder mehrerer Eigenjagdbezirke mit einer Gesamtfläche von mehr als 1000 Hektar darf nur zupachten, **wenn dies zur Erleichterung der Bejagung, Jagdpflege oder Verhütung von Wildschäden erforderlich ist** und zugleich die Wahrnehmung des Jagdrechts im gleichen Umfang verpachtet wird oder Dritte in entsprechendem Umfang an der Jagdausübung beteiligt werden;
bei einer Gesamtfläche von weniger als 1 000 Hektar darf die Inhaberin oder der Inhaber nur bis zu einer Gesamtfläche von höchstens 1 000 Hektar, auf der sie oder er jagdausübungsberechtigt ist, zupachten.	Unverändert

Text JWMG alt	Text JWMG neu mit Änderungen
Ist ein Jagdpachtvertrag mit mehreren pachtenden Personen geschlossen oder liegt ein Fall der Unterverpachtung vor, gelten die Sätze 1 und 2 entsprechend mit der Maßgabe, dass auf die Gesamtfläche nur die Flächen angerechnet werden, die nach dem Jagdpachtvertrag anteilig auf die jeweilige pachtende Person entfallen. Grundflächen, auf denen die Jagd ruht, bleiben bei der Ermittlung der Flächenobergrenzen nach den Sätzen 1 bis 3 unberücksichtigt. Die untere Jagdbehörde kann für besondere Einzelfälle Ausnahmen von Satz 1 und 2 unter Berücksichtigung der Belange der Jagdpflege zulassen. Solche Ausnahmen sind auf bestimmte Jagdpachtflächen zu beschränken. Örtlich zuständig ist die Behörde, in deren Bezirk die Jagdpachtfläche oder deren größerer Teil liegt.	
§ 20 *Nichtigkeit von Jagdpachtverträgen* (1) Ein Jagdpachtvertrag, der bei seinem Abschluss oder seiner Verlängerung gegen § 17 Absatz 1 Satz 3, Absatz 2, 3 oder 5 oder § 19 verstößt, ist nichtig.	**§ 20 *Nichtigkeit von Jagdpachtverträgen*** (1) Ein Jagdpachtvertrag, der bei seinem Abschluss oder seiner Verlängerung gegen § 17 Absatz 1 Satz 3, Absatz 2, 3 oder 5 oder § 19 verstößt, ist nichtig. **Ebenso ist ein Jagdpachtvertrag nichtig, den eine Jagdgenossenschaft mit einer Pächterin oder einem Pächter schließt, wenn die letzte Versammlung der Jagdgenossenschaft zum Zeitpunkt des Vertragsabschlusses länger als sieben Jahre zurückliegt.**
§ 31, Abs. 1 Nr. 7 c) auf Wildtiere, mit halbautomatischen oder automatischen Waffen, die mehr als zwei Patronen in das Magazin aufnehmen zu können, zu schießen, **§ 31, Abs. 1. Nr. 8** die Bewegungsjagd bei Nacht oder, wenn Wildtiere durch besondere Umstände großflächig einer stark erhöhten Verletzungsgefahr ausgesetzt sind; auszuüben	**§ 31, Abs. 1 Nr. 7** c) auf Wildtiere mit halbautomatischen Langwaffen, die mit insgesamt mehr als **fünf** Patronen geladen sind, zu schießen, **§ 31, Abs. 1. Nr. 8** die Bewegungsjagd bei Nacht oder, wenn Wildtiere durch besondere Umstände großflächig einer stark erhöhten Verletzungsgefahr ausgesetzt sind **oder diese, mit Ausnahme des Kreisens oder der Erntejagd im Offenland, zwischen 1. Februar und 30. September, es sei denn, dies ist zur Bekämpfung von Tierseuchen geboten,** auszuüben.

Text JWMG alt	Text JWMG neu mit Änderungen
§ 31, Abs. 1 Nr. 10 a) künstliche Lichtquellen, Spiegel, Vorrichtungen zum Anstrahlen oder Beleuchten des Zieles und Nachtzielgeräte, die einen Bildwandler oder eine elektronische Verstärkung besitzen und für Schusswaffen bestimmt sind, beim Fang oder Erlegen von Wildtieren zu verwenden,	**§ 31, Abs. 1 Nr. 10** **Buchstabe a wird aufgehoben.** **Die bisherigen Buchstaben b und c werden die Buchstaben a und b.**
§ 35 *Abschussplan und Streckenliste* (6) Die jagdausübungsberechtigte Person hat über erlegte und verendete Wildtiere mit Ausnahme der vor Beginn ihrer Jagdzeit verendeten Jungtiere eine Liste (Streckenliste) zu führen, die der unteren Jagdbehörde auf Verlangen jederzeit, spätestens jährlich am Ende des Jagdjahres, zu übermitteln ist. Darüber hinaus kann die untere Jagdbehörde anordnen, ihr jeden Abschuss von Schalenwild, das einem Abschussplan unterliegt, zu melden und das erlegte Stück oder Teile desselben vorzulegen.	**§ 35 *Abschussplan und Streckenliste*** (6) Die jagdausübungsberechtigte Person **sowie Stadtjägerinnen und Stadtjäger** haben über erlegte und verendete Wildtiere mit Ausnahme der vor Beginn ihrer Jagdzeit verendeten Jungtiere eine Liste (Streckenliste) zu führen, die der unteren Jagdbehörde auf Verlangen jederzeit, spätestens jährlich am Ende des Jagdjahres, zu übermitteln ist. Darüber hinaus kann die untere Jagdbehörde anordnen, ihr jeden Abschuss von Schalenwild **zum Zwecke der Tierseuchenprävention oder der Tierseuchenbekämpfung oder** wenn es einem Abschussplan unterliegt **oder soweit es zur Erreichung der in § 2 genannten Ziele erforderlich ist**, unverzüglich zu melden und das erlegte Stück oder Teile desselben vorzulegen.
§ 36 *Steuerung des Wildtierbestandes im Einzelfall* (1) Die untere Jagdbehörde kann anordnen, dass die jagdausübungsberechtigte Person, unabhängig von den Vorschriften zu Jagd- und Schonzeiten, innerhalb einer bestimmten Frist in bestimmtem Umfang den Wildtierbestand zu verringern oder einzelne Wildtiere zu erlegen hat, wenn dies mit Rücksicht auf überwiegende Gründe des öffentlichen Interesses, insbesondere auf die Interessen der Land-, Forst- und Fischereiwirtschaft und die Belange des Naturschutzes, der Landschaftspflege, zur Bekämpfung von Tierseuchen oder zur Abwehr von Gefahren für die öffentliche Sicherheit notwendig ist.	**§ 36 *Steuerung des Wildtierbestandes im Einzelfall*** (1) Die untere Jagdbehörde kann anordnen, dass die jagdausübungsberechtigte Person, unabhängig von den Vorschriften zu Jagd- und Schonzeiten, innerhalb einer bestimmten Frist in bestimmtem Umfang den Wildtierbestand zu verringern oder einzelne Wildtiere zu erlegen hat, wenn dies mit Rücksicht auf überwiegende Gründe des öffentlichen Interesses, insbesondere auf die Interessen der Land-, Forst- und Fischereiwirtschaft und die Belange des Naturschutzes, der Landschaftspflege, zur Bekämpfung von Tierseuchen oder zur Abwehr von Gefahren für die öffentliche Sicherheit notwendig ist. **Die jagdausübungsberechtigte Person hat eine unverzügliche Bejagung der betroffenen Wildtierarten durch Dritte gemäß den Vorgaben der unteren Jagdbehörde zu dulden, wenn dies zur Bekämpfung von Tierseuchen notwendig ist.**

Text JWMG alt	Text JWMG neu mit Änderungen
(2) Die untere Jagdbehörde kann die Jagdausübung auf bestimmte Arten von Wildtieren in bestimmten Jagdbezirken oder in bestimmten Revieren dauernd oder zeitweise gänzlich verbieten oder beschränken, soweit dies aufgrund der Bestandssituation der Arten erforderlich ist, um die Bedrohung des Bestandes zu verhindern. Weist der Wildtierbericht für Arten des Entwicklungsmanagements auf ein Erfordernis nach Satz 1 hin, hat die untere Jagdbehörde die geeigneten Maßnahmen nach Satz 1 treffen.	(2) Die untere Jagdbehörde kann die Jagdausübung auf bestimmte Arten von Wildtieren **oder die Jagdausübung insgesamt** in bestimmten Jagdbezirken oder in bestimmten Revieren dauernd oder **zeitweise verbieten** oder beschränken, soweit dies aufgrund der Bestandssituation der Arten notwendig ist, um die Bedrohung des Bestands zu verhindern, **aus Gründen der Bekämpfung einer Tierseuche oder, um Gefahren für Leib oder Leben von Menschen oder für erhebliche Sachwerte abzuwenden. Widerspruch und Anfechtungsklage gegen die Anordnungen nach Satz 1 haben keine aufschiebende Wirkung**. Weist der Wildtierbericht **gemäß § 44** für Arten des Entwicklungsmanagements auf ein Erfordernis nach Satz 1 hin, hat die untere Jagdbehörde die geeigneten Maßnahmen nach Satz 1 zu treffen.
§ 37 *Aussetzen von Wildtieren* (1) Tiere der diesem Gesetz unterstellten Arten dürfen nur mit Genehmigung der obersten Jagdbehörde in der freien Natur ausgesetzt werden. Bei Arten, die dem Schutzmanagement unterliegen, bedarf die Genehmigung des Einvernehmens der obersten Naturschutzbehörde; Absatz 3 bleibt unberührt. Dem Aussetzen dürfen die in § 5 Absatz 3 und 4 genannten Ziele und Belange nicht entgegenstehen.	**§ 37 *Aussetzen von Wildtieren*** Abs. 1 unverändert
(2) Absatz 1 gilt nicht für eingefangene oder aufgezogene Wildtiere, die der Natur entnommen worden sind, um sie aufzuziehen, gesundzupflegen, tierärztlich oder wissenschaftlich zu untersuchen oder vor dem Verlust zu bewahren, und im Anschluss daran wieder freigelassen werden. Dasselbe gilt für die nach § 13 Absatz 4 gefangenen Wildtiere, sofern sie im Jagdbezirk der jeweiligen Gemeinde freigelassen werden.	(2) Satz 1 unverändert **Dasselbe gilt für die nach § 13 Absatz 4 gefangenen Wildtiere, sofern es sich nicht um Neozoen handelt und sofern diese Wildtiere im Jagdbezirk der jeweiligen Gemeinde oder mit Zustimmung der jagdausübungsberechtigten Person in einem anderen Jagdbezirk freigelassen werden.**
(3) Abs. 1 gilt nicht für Fasanen und Rebhühner, die zur Bestandsstützung ausgesetzt werden. Diese Tiere dürfen im laufenden und folgenden Jagdjahr nicht erlegt werden.	Abs. 3 unverändert

Text JWMG alt	Text JWMG neu mit Änderungen
§ 38 ***Verhindern vermeidbarer Schmerzen und Leiden der Wildtiere*** (3) Bei Such- und Bewegungsjagden sowie bei jeglicher Bejagung von Federwild sind geeignete Jagdhunde mitzuführen und zur Nachsuche zu verwenden. Für sonstige Nachsuchen sind brauchbare Jagdhunde bereitzuhalten und einzusetzen, wenn es nach den Umständen erforderlich ist. Die oberste Jagdbehörde wird ermächtigt, durch Rechtsverordnung nähere Bestimmungen zu treffen über die Anforderungen, die nach Absatz 2 sowie Satz 1 und 2 an die Eignung der Jagdhunde zu stellen sind, und die Ausbildung der Jagdhunde zur Wahrung der Belange des Tierschutzes zu regeln.	**§ 38** ***Verhindern vermeidbarer Schmerzen und Leiden der Wildtiere*** (3) Bei Such- und Bewegungsjagden sowie bei jeglicher Bejagung von Federwild **mit Ausnahme der Beizjagd** sind geeignete Jagdhunde mitzuführen und zur Nachsuche zu verwenden. Für sonstige Nachsuchen sind brauchbare Jagdhunde bereitzuhalten und einzusetzen, wenn es nach den Umständen erforderlich ist. Die oberste Jagdbehörde wird ermächtigt, durch Rechtsverordnung nähere Bestimmungen zu treffen über die Anforderungen, die nach Absatz 2 sowie Satz 1 und 2 an die Eignung der Jagdhunde zu stellen sind, und die Ausbildung der Jagdhunde zur Wahrung der Belange des Tierschutzes zu regeln.
§ 41 ***Jagd- und Schonzeiten*** (2) In der Zeit vom 1. März bis 30. April sind sämtliche Wildtiere mit der Jagd zu verschonen (allgemeine Schonzeit). ... (4) Die oberste Jagdbehörde wird ermächtigt, unter Beachtung der Ziele und Maßgaben dieses Gesetzes sowie der in § 9 genannten Vorgaben durch Rechtsverordnung für die Arten von Wildtieren, die dem Nutzungs- oder Entwicklungsmanagement unterliegen, Jagd- und Schonzeiten im Sinne des Absatzes 1 zu bestimmen. Dabei kann es für verschiedene Gebiete oder Naturräume unterschiedliche Jagd- und Schonzeiten bestimmen. (5) Die oberen Jagdbehörden werden ermächtigt, unter Beachtung der Ziele und Maßgaben dieses Gesetzes sowie der in § 9 genannten Vorgaben durch Rechtsverordnung 1. für bestimmte Arten von Wildtieren, die dem Nutzungs- oder Entwicklungsmanagement unterliegen, aus besonderen Gründen, insbesondere aus Gründen der Tierseuchenbekämpfung und der Landeskultur, zur Vermeidung übermäßiger Wildschäden, zu wissenschaftlichen Lehr- und Forschungszwecken, bei Störung des biologischen Gleichgewichts oder der Wildhege, für bestimmte Gebiete die Schonzeiten abzukürzen oder aufzuheben oder besondere Jagdzeiten zu bestimmen,	**§ 41** ***Jagd- und Schonzeiten*** (2) In der Zeit vom **16. Februar bis 15. April** sind sämtliche Wildtiere mit der Jagd zu verschonen (allgemeine Schonzeit). ... (4) Die oberste Jagdbehörde wird ermächtigt, unter Beachtung der Ziele und Maßgaben dieses Gesetzes sowie der in § 9 genannten Vorgaben durch Rechtsverordnung für die Arten von Wildtieren, die dem Nutzungs- oder Entwicklungsmanagement unterliegen, Jagd- und Schonzeiten im Sinne des Absatzes 1 zu bestimmen **oder die allgemeine Schonzeit nach Absatz 2 Satz 1 aufzuheben oder zu verkürzen.** Dabei kann es für verschiedene Gebiete oder Naturräume unterschiedliche Jagd- und Schonzeiten bestimmen. 5) Die oberen Jagdbehörden werden ermächtigt, unter Beachtung der Ziele und Maßgaben dieses Gesetzes sowie der in § 9 genannten Vorgaben durch Rechtsverordnung **oder für bestimmte Gebiete oder für einzelne Jagdbezirke durch Einzelanordnung** 1. für bestimmte Arten von Wildtieren, die dem Nutzungs- oder Entwicklungsmanagement unterliegen, aus besonderen Gründen, insbesondere aus Gründen der Tierseuchenbekämpfung und der Landeskultur, zur Vermeidung übermäßiger Wildschäden, zu wissenschaftlichen Lehr- und Forschungszwecken, bei Störung des biologischen Gleichgewichts oder der Wildhege, für bestimmte Gebiete die Schonzeiten abzukürzen oder aufzuheben oder besondere Jagdzeiten zu bestimmen,

Text JWMG alt	Text JWMG neu mit Änderungen
2. Ausnahmen von dem Jagdverbot in den Setz- und Brutzeiten nach Absatz 3 Satz 1 unter den Voraussetzungen des Absatzes 3 Satz 2 zu bestimmen. (7) Das Sammeln der Eier von Federwild und Ausnehmen der Gelege ist verboten. Die zuständige Naturschutzbehörde entscheidet über Ausnahmen von Satz 1 nach § 45 Absatz 7 des Bundesnaturschutzgesetzes.	2. Ausnahmen von dem Jagdverbot in den Setz- und Brutzeiten nach Absatz 3 Satz 1 unter den Voraussetzungen des Absatzes 3 Satz 2 zu bestimmen. Abs. 7 unverändert
§ 42 *Wildruhegebiete, Gebiete mit besonderen Schutzanforderungen* (1) Gebiete, in denen ein besonderer Schutz der Wildtiere oder bestimmter Wildtierarten aus wissenschaftlichen oder hegerischen Gründen, wegen ihrer Bedeutung als Ruhe-, Fortpflanzungs- oder Nahrungsstätte oder ihrer Bedeutung für die Verbindung ihrer Lebensräume erforderlich ist, können durch Rechtsverordnung der oberen Jagdbehörde im Benehmen mit der höheren Naturschutzbehörde zu Wildruhegebieten erklärt werden. (2) In der Rechtsverordnung sind der Schutzgegenstand, der wesentliche Schutzzweck und die dazu erforderlichen Ge- und Verbote sowie Schutz- und Pflegemaßnahmen zu bestimmen. ... (3) Vor Erlass der Rechtsverordnung sind die betroffenen Eigentümerinnen, Eigentümer und sonstigen Berechtigten anzuhören. ...	**§ 42 *Wildruhegebiete, Gebiete mit besonderen Schutzanforderungen*** (1) Gebiete, in denen ein besonderer Schutz der Wildtiere oder bestimmter Wildtierarten aus wissenschaftlichen oder hegerischen Gründen, wegen ihrer Bedeutung als Ruhe-, Fortpflanzungs- oder Nahrungsstätte oder ihrer Bedeutung für die Verbindung ihrer Lebensräume erforderlich ist, können durch **Allgemeinverfügung** der oberen Jagdbehörde im Benehmen mit der höheren Naturschutzbehörde zu Wildruhegebieten erklärt werden. (2) In der **Allgemeinverfügung** sind der Schutzgegenstand, der wesentliche Schutzzweck und die dazu erforderlichen Ge- und Verbote sowie Schutz- und Pflegemaßnahmen zu bestimmen. ... (3) Vor Erlass der **Allgemeinverfügung** sind die betroffenen Eigentümerinnen, Eigentümer und sonstigen Berechtigten anzuhören. ...
§ 43 *Beitrag zum Wildtiermonitoring* Die jagdausübungsberechtigte Person hat der unteren Jagdbehörde zum Ende jeden Jagdjahres über ihre Beobachtungen zu Wildtieren und zu den Verhältnissen im jeweiligen Jagdrevier und Jagdjahr, insbesondere zu Bestand, Lebensraum und Zustand, zu berichten. Die Pflichten zum Monitoring nach dem Tiergesundheitsgesetz und den darauf beruhenden Rechtsvorschriften bleiben unberührt. Die oberste Jagdbehörde wird ermächtigt, zum Zweck der fortlaufenden und systematischen Erfassung, Beobachtung und Überwachung der Wildtiere, für Zwecke der Wildtierforschung und zu dem Zweck, die tatsächlichen Grundlagen für Maßnahmen des Wildtiermanagements zu ermitteln, in einer Rechtsverordnung nähere Bestimmungen über die nach Satz 1 anzugebenden Daten, deren Erhebung und Verarbeitung zu treffen.	**§ 43 *Beitrag zum Wildtiermonitoring*** Die jagdausübungsberechtigte Person hat der unteren Jagdbehörde zum Ende jeden Jagdjahres über ihre Beobachtungen zu Wildtieren und zu den Verhältnissen im jeweiligen Jagdrevier und Jagdjahr, insbesondere zu Bestand, Lebensraum und Zustand, zu berichten. **Die Monitoringdaten dürfen soweit erforderlich an die zuständigen unteren Veterinärbehörden und das Friedrich-Loeffler-Institut zum Zwecke der Tierseuchenprävention sowie der Tierseuchenbekämpfung, insbesondere für die Durchführung und Bewertung von Tierseuchenmonitoringprogrammen, und zur Durchführung von Risikobewertungen durch die Veterinärbehörden oder beauftragte Forschungsinstitute übermittelt und dort verarbeitet werden. Die Verantwortung für die Rechtmäßigkeit der einzelnen Übermittlung trägt die Stelle, an welche auf deren Anforderung übermittelt wird.**

Text JWMG alt	Text JWMG neu mit Änderungen
	Die Pflichten zum Monitoring nach dem Tiergesundheitsgesetz und den darauf beruhenden Rechtsvorschriften bleiben unberührt. Die oberste Jagdbehörde wird ermächtigt, zum Zweck der fortlaufenden und systematischen Erfassung, Beobachtung und Überwachung der Wildtiere, für Zwecke der Wildtierforschung und zu dem Zweck, die tatsächlichen Grundlagen für Maßnahmen des Wildtiermanagements zu ermitteln, in einer Rechtsverordnung nähere Bestimmungen über die nach Satz 1 anzugebenden Daten, deren Erhebung und Verarbeitung zu treffen.
§ 51 *Verringerung der Störung und Beunruhigung von Wildtieren* (1) Es ist verboten, Wildtiere unbefugt an ihren Zuflucht-, Nist-, Brut- oder Einständen durch Aufsuchen, Fotografieren, Filmen oder sonstige Handlungen zu stören. Das Verbot steht einer ordnungsgemäßen Ausübung der Land- und Forstwirtschaft, der Jagd und Fischerei nicht entgegen. (2) Die untere Jagdbehörde kann in Einzelfällen zu wissenschaftlichen Lehr- und Forschungszwecken für bestimmte Arten von Wildtieren Ausnahmen von dem Verbot nach Absatz 1 unter Beachtung der Vorgaben des § 9 zulassen. (3) Soweit dies zur Verringerung der Beunruhigung von Wildtieren erforderlich ist, kann die untere Jagdbehörde in Notzeiten für bestimmte Gebiete durch Allgemeinverfügung anordnen, dass sich das Recht zum Betreten des Waldes und der offenen Landschaft zum Zwecke der Erholung auf das Betreten von Straßen und Wegen beschränkt und Hunde dabei an der Leine zu führen sind. Widerspruch und Anfechtungsklage gegen die Anordnungen nach Satz 1 haben keine aufschiebende Wirkung. Die Notzeit und die Anordnungen nach Satz 1 sind öffentlich bekanntzugeben. Während der Notzeit ruht die Jagd in den von der Anordnung nach Satz 1 erfassten Gebieten. (4) Notzeit im Sinne des Gesetzes ist der Zeitraum, in dem besondere Umweltbedingungen zu einer schwerwiegenden Beeinträchtigung des Energiehaushaltes der Wildtiere führen und eine besondere Ruhe und Schonung der Wildtiere erfordern.	**§ 51 *Verringerung der Störung und Beunruhigung von Wildtieren*** Abs. 1 bis Abs. 4 unverändert

Text JWMG alt	Text JWMG neu mit Änderungen
	(5) Soweit dies zur Verringerung der Beunruhigung von Wildtieren erforderlich ist, kann die untere Jagdbehörde für den Zeitraum der allgemeinen Schonzeit gemäß § 41 Absatz 2 und den Zeitraum der Brut- und Aufzuchtzeit durch Allgemeinverfügung für bestimmte Gebiete anordnen, dass beim Betreten der Gebiete zum Zwecke der Erholung Hunde an der Leine zu führen sind. **(6) Soweit für die Bekämpfung einer Tierseuche die Vermeidung von Beunruhigung der Wildtiere erforderlich ist, kann die untere Jagdbehörde für bestimmte Gebiete oder einzelne Jagdreviere durch Allgemeinverfügung anordnen, dass das Recht zum Betreten des Waldes und der offenen Landschaft zum Zwecke der Erholung beschränkt oder untersagt wird.**
Abschnitt 7 Wild- und Jagdschaden	Abschnitt 7 Wild- und Jagdschaden **§ 51a *Präventions- und Ausgleichssysteme*** **(1) Jagdausübungsberechtigte Personen, Inhaberinnen und Inhaber der Eigenjagdbezirke und Jagdgenossenschaften können Präventions- und Ausgleichssysteme auf dem Gebiet einer oder mehrerer Gemeinden errichten.** **(2) Die Präventions- und Ausgleichssysteme haben die Aufgabe, Wildschäden zu verhindern und die aus Wildschäden entstehenden Schadensersatzansprüche auszugleichen; die §§ 52 bis 57 bleiben unberührt. Die Präventions- und Ausgleichssysteme sind so zu gestalten, dass sie den Zielen des § 2 entsprechen. Diese Ziele sollen insbesondere durch revierübergreifende Maßnahmen erreicht werden.** **(3) Die oberste Jagdbehörde wird ermächtigt, durch Rechtsverordnung nähere Bestimmungen zu treffen.**
§ 53 *Schadensersatzpflicht bei Wildschaden*	Unverändert
	§ 53a *Schadensausgleich durch das Land* **Werden durch den Luchs Sachschäden verursacht, kann nach Maßgabe der zur Verfügung stehenden Haushaltsmittel ein Schadensausgleich durch das Land gezahlt werden. Der Ausgleich wird durch die oberste Jagdbehörde auf Antrag gewährt. Die Abwicklung der Schadensregulierung kann auf Dritte übertragen werden.**

Text JWMG alt	Text JWMG neu mit Änderungen
§ 54 ***Umfang der Ersatzpflicht bei Wildschaden*** (1) Nach § 53 ist auch der Wildschaden zu ersetzen, der an den getrennten, aber noch nicht eingeernteten Erzeugnissen eines Grundstücks eintritt. (2) Werden Bodenerzeugnisse, deren voller Wert sich erst zur Zeit der Ernte bemessen lässt, vor diesem Zeitpunkt durch Wildtiere beschädigt, so ist der Wildschaden in dem Umfang zu ersetzen, wie er sich zur Zeit der Ernte darstellt. Bei der Feststellung der Schadenshöhe ist jedoch zu berücksichtigen, ob der Schaden nach den Grundsätzen einer ordentlichen Wirtschaft durch Wiederanbau im gleichen Wirtschaftsjahr ausgeglichen werden kann. (3) Wildschaden an Maiskulturen ist den geschädigten Personen nur zu 80 vom Hundert zu ersetzen, es sei denn, die geschädigte Person weist nach, dass sie die üblichen und allgemein zumutbaren Maßnahmen zur Abwehr von Wildschäden unternommen hat. § 55 Absatz 1 dieses Gesetzes und § 254 des Bürgerlichen Gesetzbuches bleiben unberührt.	§ 54 ***Umfang der Ersatzpflicht bei Wildschaden*** Abs. 1 bis Abs. 3 unverändert
	(4) Zur Verhütung von Wildschäden auf landwirtschaftlichen Flächen haben Bewirtschafterinnen und Bewirtschafter allgemein zumutbare und übliche Obliegenheiten zur Erleichterung der Bejagung und zur Verhütung von Wildschäden zu erfüllen, Jagdausübungsberechtigte haben die Maßnahmen zur Umsetzung der Ziele aus § 2 Nummer 5 und § 5 Absatz 3 Nummer 1 zu treffen. Die jeweiligen Obliegenheiten richten sich nach der sich aus Lage und Bewirtschaftungsart des Grundstückes ergebenden Wildschadensgeneigtheit. Die oberste Jagdbehörde wird ermächtigt, durch Rechtsverordnung nähere Bestimmungen zu allgemein zumutbaren und üblichen Obliegenheiten zur Erleichterung der Bejagung und zur Abwehr von Wildschäden zu treffen. **(5) Bewirtschafterinnen und Bewirtschafter sowie Jagdausübungsberechtigte sind zur Rücksichtnahme auf die Rechte, Rechtsgüter und Interessen des anderen Teils verpflichtet und unterstützen und beraten sich gegenseitig zur Abwehr von Wildschäden.**

Text JWMG alt	Text JWMG neu mit Änderungen
§ 57 *Geltendmachung des Schadens* (1) Der Anspruch auf Ersatz von Wild- oder Jagdschaden erlischt, wenn die geschädigte Person den Schadensfall nicht binnen einer Woche, nachdem sie von dem Schaden Kenntnis erhalten hat oder bei Beachtung gehöriger Sorgfalt erhalten hätte, bei der Gemeinde, auf deren Gemarkung das beschädigte Grundstück liegt, anmeldet. Bei Schaden an forstwirtschaftlich genutzten Grundstücken genügt es, wenn der Schaden einmal jährlich bis zum 15. Mai angemeldet wird. Die Anmeldung soll die als ersatzpflichtig in Anspruch genommene Person bezeichnen und den geltend gemachten Schaden beziffern. (2) Die Gemeinde bescheinigt der geschädigten Person die Anmeldung des Wild- oder Jagdschadens. Sie gibt die Anmeldung unverzüglich der als ersatzpflichtig in Anspruch genommenen Person bekannt.	**§ 57 *Geltendmachung des Schadens*** Abs. 1 und Abs. 2 unverändert
(3) Nach Ausstellung der Bescheinigung über die Anmeldung des Wild- oder Jagdschadens weist die Gemeinde die geschädigte Person und die als ersatzpflichtig in Anspruch genommene Person auf die von den unteren Jagdbehörden nach Absatz 4 anerkannten Wildschadensschätzerinnen und Wildschadensschätzer hin.	**(3) Nach Ausstellung der Bescheinigung über die Anmeldung des Wild- oder Jagdschadens und dem erfolglosen Versuch einer gütlichen Einigung beauftragt die Gemeinde auf Antrag und Kosten eines oder beider Beteiligter eine nach Absatz 4 anerkannte Wildschadenschätzerin oder einen Wildschadensschätzer und setzt einen Ortstermin fest zu dem Zweck, den Wildschaden oder Jagdschaden zu schätzen und auf eine gütliche Einigung hinzuwirken.**
(4) Die unteren Jagdbehörden erkennen Personen auf deren Antrag als Wildschadensschätzerinnen oder Wildschadensschätzer auf die Dauer von fünf Jahren an, wenn diese geeignet und befähigt sind, zum Zweck der gütlichen außergerichtlichen Einigung Wild- und Jagdschäden zu schätzen, hierzu Ortstermine durchzuführen und auf eine gütliche Einigung hinzuwirken. Die oberste Jagdbehörde wird ermächtigt, durch Rechtsverordnung nähere Bestimmungen über das Verfahren in Wild- und Jagdschadenssachen und zum Zwecke der Förderung einer außergerichtlichen gütlichen Einigung in Wild- und Jagdschadenssachen nähere Bestimmungen über die Anforderungen an Personen zu treffen, welche die unteren Jagdbehörden als Wildschadensschätzerinnen oder Wildschadensschätzer anerkennen.	Abs. 4 unverändert

Text JWMG alt	Text JWMG neu mit Änderungen
	(5) Die Kosten des Verfahrens der Wild- oder Jagdschadenschätzung trägt die Person, die das Tätigwerden der Gemeinde oder die Schätzung des Wildschadens oder Jagdschadens veranlasst hat. Haben sowohl die geschädigte Person als auch die ersatzpflichtige Person das Tätigwerden der Gemeinde oder die Schätzung des Wild- oder Jagdschadens veranlasst, haften beide als Gesamtschuldner. Die geschädigte Person und die ersatzpflichtige Person verständigen sich darüber, ob und in welcher Höhe jeweils von der anderen Person der Ersatz der Kosten des Verfahrens verlangt werden kann. Kommt keine Einigung zustande, kann die Person, die nach Satz 1 die Kosten des Verfahrens trägt, von der anderen Person hälftigen Ersatz der Kosten des Verfahrens verlangen. Die Kosten des Verfahrens sind nicht ersatzfähig, wenn sie die Höhe des Wildschadens oder Jagdschadens übersteigen.
§ 61 *Fachberatung* (1) Die unteren Jagdbehörden mit Ausnahme der Nationalparkverwaltung sollen ein Angebot für eine fachkundige Beratung und Unterstützung im Umgang mit Wildtieren und in Fragen des Wildtiermanagements bereithalten.	**§ 61 *Fachberatung*** (1) Die unteren Jagdbehörden mit Ausnahme der Nationalparkverwaltung **halten** ein Angebot für eine fachkundige Beratung und Unterstützung im Umgang mit Wildtieren und in Fragen des Wildtiermanagements **bereit**. Übriger Text unverändert
§ 67 *Ordnungswidrigkeiten* (1) Ordnungswidrig handelt, wer ... 9. gegen ein Verbot des § 31 Absatz 1 Nummer 3, 8 bis 12, 14, 15, 17 oder 18 verstößt,	**§ 67 *Ordnungswidrigkeiten*** (1) Ordnungswidrig handelt, wer ... **9. entgegen § 30 Absatz 3 eine Jagdeinrichtung betritt,** **Die bisherigen Nummern 9 bis 18 werden die Nummer 10 bis 19.**

Jagd- und Wildtiermanagementgesetz (JWMG)

vom 25. November 2014 (GBl. S. 550)*, geändert durch Gesetze vom 23. Juni 2015 (GBl. S. 585), vom 26. Oktober 2016 (GBl. S. 577), vom 21. Mai 2019 (GBl. S. 161), vom 24. Juni 2020 (GBl. S. 421), durch Verordnung vom 21. Dezember 2021 (GBl. 2022 S. 1)

INHALTSÜBERSICHT

* Artikel 1 des Gesetzes zur Einführung des Jagd- und Wildtiermanagementgesetzes. Gemäß Artikel 3 Absatz 1 tritt das JWMG am 1. April 2015 in Kraft. Gemäß Artikel 3 Absatz 2 tritt § 31 Absatz 1 Nummer 4 am 1. Januar 2016 in Kraft. Gemäß Artikel 3 Absatz 3 treten § 33 Absatz 2 und 3, die §§ 34 und 35, § 67 Absatz 1 Nummer 11 und 12 sowie § 67 Absatz 2 Nummer 5 bis 8 am 1. April 2016 in Kraft. Gemäß Artikel 3 Absatz 4 tritt § 43 am 1. April 2017 in Kraft.

Abschnitt 1
Allgemeine Bestimmungen

§ 1 Anwendungsbereich

Das Jagdrecht, ohne das Recht der Jagdscheine, bestimmt sich abweichend vom Bundesjagdgesetz ausschließlich nach diesem Gesetz und den aufgrund dieses Gesetzes erlassenen Verordnungen. Abweichend von Satz 1 bleiben die aufgrund des § 36 des Bundesjagdgesetzes erlassenen bundesrechtlichen Rechtsverordnungen und die Vorschriften des § 38a und § 39 Absatz 2 Nummer 5 des Bundesjagdgesetzes anwendbar.

§ 2 Ziele des Gesetzes

Dieses Gesetz trägt dazu bei,

1. die Jagd als naturnahe und nachhaltige Nutzungsform des Grundeigentums und als Kulturgut unter Berücksichtigung der berührten öffentlichen und privaten Belange, insbesondere der Belange des Tier- und Naturschutzes und der Tiergesundheit, zu erhalten und weiterzuentwickeln,
2. gesunde und stabile heimische Wildtierpopulationen unter Berücksichtigung gesellschaftlicher, ökologischer und ökonomischer Belange und der Wirkungen des Klimawandels so zu erhalten und zu entwickeln, dass sie in einem angemessenen Verhältnis zu der Leistungs- und Funktionsfähigkeit des Naturhaushalts und den landeskulturellen Verhältnissen stehen,
3. im Bestand bedrohte Wildtierarten zu schützen, ihre Populationen zu stärken und ihre Lebensräume zu erhalten und zu verbessern sowie die biologische Vielfalt zu sichern,
4. geeignete Instrumente des Wildtiermanagements zum Umgang mit Wildtieren und zur Sicherung und Verbesserung ihrer Lebensgrundlagen zu etablieren und zu stärken,
5. Beeinträchtigungen einer ordnungsgemäßen land-, forst- und fischereiwirtschaftlichen Nutzung durch Wildtiere zu vermeiden,
6. die Belange des Tierschutzes aus der besonderen Verantwortung für das Tier als Mitgeschöpf in allen Bereichen der Jagd und des Wildtiermanagements, insbesondere den nach Tierschutzrecht gebotenen vernünftigen Grund für das Töten von Tieren, zu berücksichtigen,
7. wildtierökologische Kenntnisse zu gewinnen, zu verbessern und ihre Beachtung zu gewährleisten.

§ 3 Jagdrecht und Jagdausübungsrecht

(1) Das Jagdrecht ist die ausschließliche Befugnis, auf einem bestimmten Gebiet Wildtiere im Sinne des § 7 Absatz 1 zu hegen, auf sie die Jagd auszuüben und sie sich anzueignen. Mit dem Jagdrecht ist die Pflicht zur Hege nach Maßgabe des § 5 Absatz 4 verbunden.

(2) Die Pflicht zur Hege lässt die aufgrund anderer Vorschriften bestehenden gleichartigen Verpflichtungen, insbesondere solcher auf der Grundlage des Naturschutzrechts, unberührt.

(3) Das Jagdrecht auf einem Grundstück steht der Person zu, in deren Eigentum das Grundstück steht. Es ist untrennbar mit dem Eigentum an dem Grundstück verbunden. Als selbständiges dingliches Recht kann es nicht begründet werden. Auf Flächen, an denen kein Eigentum begründet ist, steht das Jagdrecht dem Land zu.

(4) Das Jagdrecht darf nur in Jagdbezirken nach Maßgabe des Abschnitts 2 ausgeübt werden. Jagdbezirke, in denen die Jagd ausgeübt werden darf, sind entweder Eigenjagdbezirke (§ 10) oder gemeinschaftliche Jagdbezirke (§ 11). In

einem Eigenjagdbezirk ist jagdausübungsberechtigt diejenige Person, in deren Eigentum die dem Eigenjagdbezirk nach § 10 zugehörigen Grundflächen stehen (Inhaber oder Inhaberin des Eigenjagdbezirks). An die Stelle dieser Person tritt die Person, der als Nutznießerin die Nutzung des ganzen Eigenjagdbezirks zusteht. In gemeinschaftlichen Jagdbezirken steht die Wahrnehmung des Jagdrechts der Jagdgenossenschaft zu.

(5) Die Jagdausübung umfasst das Aufsuchen, Nachstellen, Erlegen und Fangen von Wildtieren. Bei der Jagdausübung sind insbesondere die Anforderungen des Tierschutzes und die Grundsätze der Waidgerechtigkeit (§ 8 Absatz 1) zu beachten.

(6) Das Recht zur Aneignung umfasst auch die ausschließliche Befugnis, sich kranke oder verendete Wildtiere, Eier von Federwild und Abwurfstangen anzueignen. Dem Recht zur Aneignung unterliegen nicht

1. Wildtiere, deren Arten in Anhang IV Buchstabe a der Richtlinie 92/43/EWG des Rates vom 21. Mai 1992 zur Erhaltung der natürlichen Lebensräume sowie der wild lebenden Tiere und Pflanzen (ABl. L 206 vom 22. 7. 1992, S. 7), zuletzt geändert durch Richtlinie 2013/17/EU (ABl. L 158 vom 10. 6. 2013, S. 193), in der jeweils geltenden Fassung, genannt sind, sowie
2. lebende Wildtiere der sonstigen dem Schutzmanagement unterliegenden Arten.

Die zuständige Naturschutzbehörde entscheidet über Ausnahmen von Satz 2 nach § 45 Absatz 6 oder 7 des Bundesnaturschutzgesetzes.

§ 4 Anzeige- und Ablieferungspflichten

(1) Trifft die jagdausübungsberechtigte Person kranke, verletzte oder verendete Wildtiere an, deren Arten nach den Vorschriften des Bundesnaturschutzgesetzes streng geschützt sind, hat sie dies der unteren Jagdbehörde unverzüglich anzuzeigen.

(2) Die untere Jagdbehörde kann von der jagdausübungsberechtigten Person verlangen, dass diese ihr tot aufgefundene Wildtiere, deren Arten dem Schutzmanagement unterliegen und an denen nach § 3 Absatz 6 ein Aneignungsrecht besteht, für einen angemessenen Zeitraum und gegen angemessene Entschädigung überlässt, soweit dies zu Lehr-, Wissenschafts- und Forschungszwecken erforderlich ist.

(3) Erlangt eine Person an Orten, an denen sie zur Ausübung der Jagd nicht berechtigt ist, Besitz oder Gewahrsam an lebenden oder verendeten Wildtieren oder an sonstigen Gegenständen im Sinne des § 3 Absatz 6 Satz 1, hat sie diese unverzüglich entweder der jagdausübungsberechtigten Person, der Gemeindebehörde oder nächsten Polizeidienststelle abzuliefern oder anzuzeigen. Die nach Satz 1 befasste Behörde hat die Anzeige unverzüglich an die am Fundort jagdausübungsberechtigte Person weiterzuleiten und ihr die abgelieferten Gegenstände zur Verfügung zu stellen, soweit ein Aneignungsrecht besteht; bei Wildtieren der dem Schutzmanagement unterliegenden Arten gibt sie die Gegenstände an die zuständige Naturschutzbehörde ab, soweit kein Aneignungsrecht besteht. Besteht die Gefahr des Verderbs, sind die Gegenstände im Interesse der jagdausübungsberechtigten Person zu verwerten. Ist die jagdausübungsberech-

tigte Person nicht festzustellen, entscheidet die Behörde über den Verbleib der Gegenstände, deren Verwertung und Erlös.

(4) Zur Anzeige nach Absatz 3 Satz 1 sind auch die Personen, die ein Fahrzeug führen, verpflichtet, wenn sie Schalenwild an- oder überfahren oder Besitz oder Gewahrsam an angefahrenem oder überfahrenem Schalenwild erlangen. Das weitere behördliche Verfahren richtet sich nach Absatz 3 Satz 2 bis 4.

§ 5 Wildtiermanagement, Jagd und Hege

(1) Zum Wildtiermanagement gehören alle in diesem Gesetz näher beschriebenen Tätigkeitsbereiche und Maßnahmen, die im Hinblick auf die Ziele des Gesetzes das Vorkommen, das Verhalten und die Populationsentwicklung von Wildtieren beeinflussen oder Erkenntnisse hierüber oder zum Umgang mit Wildtieren bringen. Die Steuerung des Wildtiermanagements im Rahmen dieses Gesetzes ist eine öffentliche Aufgabe. Jagd und Hege leisten wesentliche Beiträge zum Wildtiermanagement.

(2) Zum Wildtiermanagement gehören insbesondere

1. die Wildtierforschung,
2. die Erfassung, Beobachtung und Überwachung bestimmter Wildtierarten und ihrer Lebensräume (Wildtiermonitoring),
3. die Erstellung und Umsetzung von Fachkonzepten und Fachplänen,
4. die Information und Beratung in Fragen des Umgangs mit Wildtieren.

Die in Satz 1 aufgeführten im Rahmen des Wildtiermanagements vorgesehenen Maßnahmen und damit verbundenen Verpflichtungen lassen andere gleichartige Maßnahmen und Verpflichtungen zum Schutz, zur Pflege und zur Überwachung der betreffenden Arten, insbesondere diejenigen nach den Vorschriften des Naturschutzrechts, vorbehaltlich der Rechte der jagdausübungsberechtigten Personen, unberührt.

(3) Die Jagd dient der nachhaltigen Nutzung von Wildtieren und trägt insbesondere dazu bei

1. Beeinträchtigungen einer ordnungsgemäßen land-, forst- und fischereiwirtschaftlichen Nutzung zu vermeiden,
2. dem Entstehen und Ausbreiten von Tierseuchen entgegenzuwirken und
3. die biologische Vielfalt mit jagdlichen Mitteln zu erhalten und der Ausbreitung invasiver Arten entgegenzuwirken.

(4) Die Hege trägt insbesondere dazu bei

1. gesunde und stabile Populationen heimischer Wildtierarten so zu erhalten und zu entwickeln, dass sie in einem angemessenen Verhältnis zu der Leistungs- und Funktionsfähigkeit des Naturhaushalts und den landeskulturellen Verhältnissen stehen,
2. den Lebensraum der Wildtierarten zu erhalten und zu pflegen, dabei die biologische Vielfalt zu erhalten und zu verbessern sowie
3. den Bestand bedrohter Wildtierarten zu stabilisieren.

Die Maßnahmen der Hege müssen den Zielen des Satzes 1 und wildtierbiologischen Anforderungen entsprechen. Die Hege muss so durchgeführt werden, dass

Beeinträchtigungen einer ordnungsgemäßen land-, forst- und fischereiwirtschaftlichen Nutzung, insbesondere Wildschäden, möglichst vermieden sowie die Ziele des Naturschutzes nicht beeinträchtigt werden.

§ 6 Duldung von Hegemaßnahmen

Wer sein Jagdrecht nach § 17 verpachtet hat, hat auf den betroffenen Grundflächen Maßnahmen der jagdausübungsberechtigten Person im Rahmen des Wildtiermanagements und der Hege im Sinne des § 5 in zumutbarem Umfang und, soweit angemessen, gegen eine Entschädigung zu dulden. Bei Jagdgenossenschaften gilt diese Verpflichtung auch für ihre Mitglieder. Die Verpflichtung nach Satz 1 gilt entsprechend für Nutzungsberechtigte, wenn die Eigentümerin oder der Eigentümer nicht Nutzerin oder Nutzer der Grundfläche ist.

§ 7 Wildtiere und Managementstufen

(1) Wildtiere im Sinne dieses Gesetzes sind die wild lebenden Tiere der Tierarten, die in der Anlage zu diesem Gesetz aufgeführt sind oder durch Rechtsverordnung diesem Gesetz unterstellt werden.

(2) Die oberste Jagdbehörde wird ermächtigt, diesem Gesetz durch Rechtsverordnung wild lebende Vogel- und Säugetierarten nach dem in Absatz 9 geregelten Verfahren zu unterstellen, wenn die Arten in Baden-Württemberg vorkommen oder in absehbarer Zeit vorkommen können und

1. die jagdliche Nutzung der Tiere dieser Arten bei Vorliegen eines Bestandes mit ausreichender Größe, Vitalität und Stabilität nachhaltig möglich und die Verwertung der Tiere dieser Arten üblich sind oder
2. die Regulation dieser Arten zum Schutz anderer Rechtsgüter oder bestimmter Tierarten mit jagdlichen Mitteln geeignet ist und erforderlich ist oder erforderlich sein kann, insbesondere um gesellschaftliche Konflikte, Beeinträchtigungen des Naturhaushaltes, Beeinträchtigungen der land-, forst- und fischereiwirtschaftlichen Nutzung oder Tierseuchen zu vermeiden, oder
3. die Personen, denen das Jagdrecht oder das Jagdausübungsrecht zusteht, oder Einrichtungen, die das Gesetz im Rahmen des Wildtiermanagements vorsieht, zum Wildtiermonitoring, zur Hege oder zum Schutz dieser Arten wesentlich beitragen können.

Die oberste Jagdbehörde wird ermächtigt, durch Rechtsverordnung nach dem in Absatz 9 geregelten Verfahren bestimmte Arten von Wildtieren, die durch Rechtsverordnung dem Gesetz unterstellt sind, aus dem Anwendungsbereich des Gesetzes zu entlassen.

(3) Die Wildtiere unterliegen einem

1. Nutzungsmanagement,
2. Entwicklungsmanagement oder
3. Schutzmanagement

nach Maßgabe dieses Gesetzes und der aufgrund dieses Gesetzes erlassenen Vorschriften. Die oberste Jagdbehörde wird ermächtigt, nach dem in Absatz 9 geregelten Verfahren und nach Maßgabe der Absätze 4 bis 6 durch Rechtsverordnung die in der Anlage dieses Gesetzes aufgeführten Arten der Wildtiere abweichend von der Anlage und die Arten der Wildtiere, die diesem Gesetz nach Absatz 2 unterstellt sind, einer Managementstufe zuzuordnen. Die oberste Jagdbehörde entscheidet nach Inkrafttreten des Gesetzes erstmals über die Zuordnung, sobald ein Wildtierbericht nach Maßgabe des § 44 erstellt ist. Die Arten der Wildtiere sind erneut zuzuordnen, soweit sich die für die Zuordnung maßgeblichen tatsächlichen und rechtlichen Umstände ändern.

(4) Dem Nutzungsmanagement werden folgende Arten der Wildtiere zugeordnet, soweit sie nicht nach Absatz 5 dem Entwicklungsmanagement oder nach Absatz 6 dem Schutzmanagement unterliegen:

1. Arten, die in für sie geeigneten Lebensräumen in Baden-Württemberg Bestände mit einer für die nachhaltige jagdliche Nutzung ausreichenden Größe, Vitalität und Stabilität aufweisen und bei denen die Verwertung der Tiere üblich ist,
2. Arten, deren weiterer Ausbreitung die Ziele des Gesetzes entgegenstehen,
3. Arten, deren Regulation mit jagdlichen Mitteln zum Schutz anderer Rechtsgüter oder bestimmter Tierarten geeignet und erforderlich ist.

(5) Dem Entwicklungsmanagement werden folgende Arten der Wildtiere zugeordnet, soweit sie nicht nach Absatz 6 dem Schutzmanagement unterliegen oder soweit nicht die Ziele des Gesetzes ihrer weiteren Ausbreitung oder ein Regulationsbedürfnis entgegenstehen:

1. Arten, die nicht in allen in Baden-Württemberg für sie geeigneten Lebensräumen Bestände mit einer für die nachhaltige jagdliche Nutzung ausreichenden Größe, Vitalität und Stabilität aufweisen,
2. Arten, deren Bestände in Baden-Württemberg allgemein und anhaltend stark zurückgehen,
3. Arten, deren Bestandsstatus in Baden-Württemberg nicht hinreichend geklärt ist und für die deshalb eine Bestandsbeeinträchtigung im Sinne der Nummer 1, 2 oder 4 oder eine Bestandsgefährdung im Sinne von Absatz 6 Nummer 1 in Baden-Württemberg nicht ausgeschlossen werden kann,
4. Arten, die einer besonderen Hege oder besonderer Maßnahmen der Überwachung, der Pflege, Erhaltung oder Stärkung des Bestandes nach diesem Gesetz oder besonderer Beschränkungen der Jagdausübung bedürfen.

(6) Dem Schutzmanagement werden folgende Arten der Wildtiere zugeordnet:

1. Arten, deren Bestände in Baden-Württemberg gefährdet sind,
2. Arten, die aufgrund ihrer natürlichen Lebensweise in Baden-Württemberg lediglich in geringen Beständen vorkommen,
3. Arten,
   a) die nach den Vorschriften des Bundesnaturschutzgesetzes zu den streng geschützten Arten gehören,
   b) die in Anhang IV Buchstabe a der Richtlinie 92/43/EWG genannt sind, oder
   c) die nach den Vorschriften der Richtlinie 2009/147/EG des Europäischen Parlaments und des Rates vom 30. November 2009 über die Erhaltung der wildlebenden Vogelarten (ABl. L 20 vom 26. 1. 2010, S. 7), geändert durch

Richtlinie 2013/17/EU (ABl. L 158 vom 10. 6. 2013, S. 193), in der jeweils geltenden Fassung, in Deutschland nicht bejagt werden dürfen.

Mit Hegemaßnahmen, durch Unterstützung des Wildtiermonitorings und Berichtswesens (§ 43) und durch die Mitwirkung an der Erstellung und Umsetzung von Fachkonzepten (§ 45) tragen insbesondere die Inhaberinnen und Inhaber des Jagdrechts und die jagdausübungsberechtigten Personen zum Schutzmanagement bei.

(7) Die Jagd darf nach Maßgabe dieses Gesetzes und aufgrund dieses Gesetzes ausgeübt werden auf Wildtiere, deren Arten dem Nutzungsmanagement oder dem Entwicklungsmanagement zugeordnet sind. Für Wildtierarten, die dem Schutzmanagement zugeordnet sind, darf keine Jagdzeit bestimmt werden. Auf Wildtiere der dem Schutzmanagement unterliegenden Arten finden die §§ 36 und 51 Absatz 1 keine Anwendung; die Vorschriften des Naturschutzrechts bleiben unberührt. Die jagdausübungsberechtigten Personen haben die nach § 45 Absatz 7 des Bundesnaturschutzgesetzes zulässigen Maßnahmen, die Arten des Schutzmanagements betreffen, zu dulden.

(8) Ist eine dem Gesetz unterliegende Wildtierart als invasive Art einzustufen, erstellt die oberste Jagdbehörde unter Mitwirkung wissenschaftlicher Einrichtungen und anderer betroffener Landesbehörden ein Fachkonzept, das die Ziele, Mittel und Maßnahmen zum Management der invasiven Art festlegt. Die Jagdbehörden haben die Festlegungen bei ihren Entscheidungen und Maßnahmen zu beachten. Wildtiere invasiver Arten dürfen nicht gehegt werden.

(9) Die oberste Jagdbehörde trifft die Entscheidungen nach Absatz 2 und 3 unter Berücksichtigung der Empfehlungen des Landesbeirats (§ 59) und im Benehmen mit der obersten Naturschutzbehörde. Sind Arten betroffen, die dem Schutzmanagement zugeordnet sind oder die bei einer Unterstellung unter dieses Gesetz dem Schutzmanagement zuzuordnen wären, trifft sie die Entscheidung im Einvernehmen mit der obersten Naturschutzbehörde. Grundlage der Entscheidung ist der Wildtierbericht für Baden-Württemberg (§ 44), den die oberste Jagdbehörde dem Landesbeirat zur Beratung vorlegt. Die oberste Jagdbehörde beteiligt weitere auf Landesebene bei den Ministerien eingerichtete Beiräte und vergleichbare Beratungsgremien, soweit sie fachlich betroffen sind.

§ 8 Begriffsbestimmungen

(1) Waidgerechtigkeit ist die gute fachliche Praxis der Jagdausübung. Eine Jagdausübung ist nur waidgerecht, wenn sie allen rechtlichen Vorgaben sowie allen allgemein anerkannten, geschriebenen oder ungeschriebenen Regelungen und gesellschaftlichen Normen zur Ausübung der Jagd, insbesondere im Hinblick auf den Tierschutz, die Tiergesundheit, den Schutz der natürlichen Lebensgrundlagen, das Verhalten gegenüber anderen Inhaberinnen und Inhabern des Jagdrechts, jagdausübungsberechtigten Personen und der Bevölkerung sowie im Hinblick auf die Jagdethik, entspricht.

(2) Zum Schalenwild gehören Rot-, Dam-, Sika-, Reh-, Gams-, Muffel- und Schwarzwild.

(3) Treibjagd im Sinne dieses Gesetzes und des § 6 Absatz 2 des Feiertagsgesetzes ist die Jagd, bei der mehr als 15 Personen als Treiberinnen oder Treiber oder als Schützinnen oder Schützen teilnehmen.

(4) Gesellschaftsjagd im Sinne dieses Gesetzes und des § 16 Absatz 3 des Bundesjagdgesetzes ist die Jagd, an der mehr als acht Personen teilnehmen.

(5) Bewegungsjagd ist eine Gesellschaftsjagd, bei der Wildtiere für einen kurzen Zeitraum beunruhigt und in Bewegung gesetzt werden. Sie dient insbesondere der Regulierung einer Wildtierpopulation nach wildtierökologischen Erkenntnissen.

(6) Das Jagdjahr beginnt am 1. April und endet am 31. März.

§ 9 Vorgaben des Artenschutzrechts

Die Jagdbehörden haben ihre Maßnahmen nach diesem Gesetz oder einer Rechtsverordnung auf der Grundlage dieses Gesetzes unter Beachtung der Vorgaben

1. des Artikels 7 Absatz 4 sowie der Artikel 8 und 9 Absatz 1 und 2 der Richtlinie 2009/147/EG sowie
2. der Artikel 14 bis 16 der Richtlinie 92/43/EWG

zu treffen.

Abschnitt 2
Jagdbezirke

§ 10 Eigenjagdbezirke

(1) Zusammenhängende Grundflächen mit einer land-, forst- oder fischereiwirtschaftlich nutzbaren Fläche von mindestens 75 Hektar, die im Eigentum ein und derselben Person oder Personengemeinschaft stehen, bilden einen Eigenjagdbezirk.

(2) Die Landesgrenze unterbricht den Zusammenhang von Grundflächen, die nach Absatz 1 einen Eigenjagdbezirk bilden, nicht. Für den im Land Baden-Württemberg liegenden Teil eines Eigenjagdbezirks gelten die Vorschriften dieses Gesetzes.

(3) Ist eine Personenmehrheit oder eine juristische Person Eigentümerin oder Nutznießerin eines Eigenjagdbezirks und wird die Jagd weder durch Verpachtung noch durch mit der Jagd beauftragte Personen oder durch anerkannte Wildtierschützerinnen oder Wildtierschützer ausgeübt, ist jagdausübungsberechtigt diejenige Person, die von der verfügungsberechtigten Person der unteren Jagdbehörde benannt wird. Die untere Jagdbehörde kann der verfügungsberechtigten Person hierzu eine angemessene Frist setzen. Wird innerhalb der Frist keine geeignete Person benannt, kann die untere Jagdbehörde die zur Ausübung und zum Schutze der Jagd erforderlichen Anordnungen auf Kosten der verfügungsberechtigten Person treffen. Als jagdausübungsberechtigte Personen dürfen auf Jagdbezirken bis zu 250 Hektar nicht mehr als drei Personen und für jede weitere angefangene 100 Hektar je eine weitere Person zugelassen werden.

(4) Der Eigentümer oder die Eigentümerin eines Eigenjagdbezirks kann mit Zustimmung der Jagdgenossenschaft eines angrenzenden gemeinschaftlichen Jagdbezirks für den Zeitraum der gesetzlichen Mindestpachtdauer gegenüber der unteren Jagdbehörde auf die Selbständigkeit des Eigenjagdbezirks verzich-

ten; in diesem Fall wird der Eigenjagdbezirk für den Zeitraum der gesetzlichen Mindestpachtdauer Bestandteil des gemeinschaftlichen Jagdbezirks, sofern die untere Jagdbehörde dies im Hinblick auf Erfordernisse der Jagdpflege nicht ablehnt.

(5) Die oberste Jagdbehörde kann durch Rechtsverordnung Vorschriften über die Erklärung von vollständig eingefriedeten oder an der Bundesgrenze liegenden zusammenhängenden Grundflächen mit einer land-, forst- oder fischereiwirtschaftlich nutzbaren Fläche von weniger als 75 Hektar zu Eigenjagdbezirken erlassen und die Jagdausübung in diesen Bezirken abweichend regeln.

§ 11 Gemeinschaftliche Jagdbezirke

(1) Alle Grundflächen einer Gemeinde oder einer abgesonderten Gemarkung, die nicht zu einem Eigenjagdbezirk gehören, bilden einen gemeinschaftlichen Jagdbezirk, wenn sie im Zusammenhang mindestens 150 Hektar umfassen.

(2) Die untere Jagdbehörde kann auf Antrag zusammenhängende Grundflächen, die zu verschiedenen Gemeinden gehören, im Übrigen aber den Anforderungen des Absatzes 1 genügen, zu einem gemeinschaftlichen Jagdbezirk zusammenlegen. Sie hat dem Antrag bei Vorliegen der Voraussetzungen nach Satz 1 stattzugeben, wenn der Antrag von Grundstückseigentümerinnen oder Grundstückseigentümern gestellt wird, die zusammen über mehr als die Hälfte der zusammenhängenden Grundflächen verfügen.

(3) Die untere Jagdbehörde kann auf Antrag die Bildung neuer selbständiger gemeinschaftlicher Jagdbezirke durch Teilung mindestens eines bestehenden gemeinschaftlichen Jagdbezirks zulassen, wenn die Jagdgenossenschaft sie beschlossen hat, jeder Teil die Mindestgröße von 250 Hektar hat und auf jedem Teil eine den Erfordernissen der Jagdpflege entsprechende Jagdausübung möglich ist. Ein Unterschreiten der Mindestgröße von 250 Hektar bis zu einer Größe von 150 Hektar kann die untere Jagdbehörde unter Berücksichtigung der Belange der Jagdpflege zulassen.

(4) Sind Gemeinden verschiedener Landkreise oder Stadtkreise betroffen, entscheidet die nächsthöhere gemeinsame Jagdbehörde.

§ 12 Gestaltung der Jagdbezirke

(1) Natürliche und künstliche Wasserläufe, Wege, Triften und Eisenbahnkörper sowie ähnliche Flächen bilden, wenn sie nach Umfang und Gestalt für sich allein eine ordnungsmäßige Jagdausübung nicht gestatten, keinen Jagdbezirk für sich, unterbrechen nicht den Zusammenhang eines Jagdbezirks und stellen auch den Zusammenhang zur Bildung eines Jagdbezirks zwischen getrennt liegenden Flächen nicht her.

(2) Jagdbezirke können durch schriftliche Vereinbarung der Beteiligten (Jagdgenossenschaft, Inhaberinnen oder Inhaber eines Eigenjagdbezirks) abgerundet werden, indem sie Grundflächen abtrennen, angliedern oder austauschen. Die Vereinbarung bedarf der Genehmigung der unteren Jagdbehörde und wird erst mit deren Erteilung rechtswirksam; dies gilt auch für die Aufhebung und die Änderung einer Vereinbarung.

(3) Kommt eine Vereinbarung nach Absatz 2 nicht zustande, kann die untere Jagdbehörde die Abrundung von Amts wegen vornehmen.

(4) Abrundungen sind nur zulässig, wenn und soweit sie aus Erfordernissen der Jagdpflege und Jagdausübung notwendig sind und wenn dadurch nicht ein Jagdbezirk seine gesetzliche Mindestgröße verliert. Durch Abrundung soll die Größe der Jagdbezirke möglichst wenig verändert werden.

(5) Grundflächen, die zu keinem Jagdbezirk gehören, hat die untere Jagdbehörde nach den Erfordernissen der Jagdpflege und Jagdausübung benachbarten Jagdbezirken anzugliedern. Werden diese Grundflächen vollständig von einem anderen Jagdbezirk umschlossen, sind sie Bestandteil dieses Jagdbezirks; Absatz 7 gilt entsprechend.

(6) In laufende Jagdpachtverträge darf nur mit Zustimmung der Vertragsparteien eingegriffen werden. Wird der Abrundung nicht zugestimmt, tritt diese erst mit Beendigung des Jagdpachtvertrages der nicht zustimmenden Vertragspartei, bei mehreren nicht zustimmenden Vertragsparteien mit Beendigung des am längsten laufenden Jagdpachtvertrages der nicht zustimmenden Vertragsparteien in Kraft. Der Zustimmung bedarf es insoweit nicht, als Jagdpachtverträge vor ihrem Ablauf verlängert oder neu abgeschlossen werden und im Zeitpunkt der Verlängerung oder des Neuabschlusses ein Abrundungsverfahren bereits anhängig und dies den Vertragsparteien bekanntgegeben ist.

(7) Bei der Angliederung von Grundflächen an einen Eigenjagdbezirk hat dessen Inhaberin oder Inhaber an die Eigentümerin oder den Eigentümer der angegliederten Grundflächen eine angemessene Entschädigung zu zahlen.

(8) Erstreckt sich eine Abrundung auf das Gebiet mehrerer unterer Jagdbehörden und ist ein Einvernehmen der unteren Jagdbehörden nicht zu erzielen, so ist die nächsthöhere gemeinsame Jagdbehörde zuständig. Abrundungen über die Landesgrenze hinweg bedürfen unbeschadet der Zuständigkeit der unteren Jagdbehörde (Absätze 2 und 3) der Bestätigung der oberen Jagdbehörde.

§ 13 Befriedete Bezirke, Ruhen der Jagd

(1) Auf Grundflächen, die zu keinem Jagdbezirk gehören, und in befriedeten Bezirken ruht die Jagd.

(2) Befriedete Bezirke sind

1. Gebäude, die zum Aufenthalt von Menschen dienen, und Gebäude, die mit solchen Gebäuden räumlich zusammenhängen,
2. Hofräume und Hausgärten, die unmittelbar an ein für den ständigen Aufenthalt von Menschen bestimmtes Wohngebäude angrenzen und durch irgendeine Umfriedung begrenzt oder sonst vollständig abgeschlossen sind,
3. Friedhöfe.

(3) Die untere Jagdbehörde kann durch Anordnung ganz oder teilweise zu befriedeten Bezirken erklären

1. öffentliche Anlagen und Grundflächen, die durch Einzäunung oder auf andere Weise gegen den Zutritt von Menschen abgeschlossen und deren Zugänge absperrbar sind,

2. Grundflächen im Gebiet eines Bebauungsplanes oder innerhalb der im Zusammenhang bebauten Ortsteile,
3. öffentliche Parke und Grünflächen, Bestattungswälder,
4. Wildparke, Wildfarmen, Tiergärten und Tierparke,
5. bewirtschaftete Anlagen der Teichwirtschaft und der Fischzucht,
6. Gehege und ähnliche Einrichtungen nach § 34 des Landeswaldgesetzes sowie Tiergehege nach § 43 des Bundesnaturschutzgesetzes.

(4) Die untere Jagdbehörde kann Eigentümerinnen, Eigentümern oder Nutzungsberechtigten von Grundflächen, auf denen die Jagd ruht, oder den von ihnen Beauftragten genehmigen, auf Wildkaninchen, Füchse, Steinmarder und andere Wildtierarten des Nutzungs- oder Entwicklungsmanagements die Jagd auszuüben und sich diese anzueignen, wenn sie einen Jagdschein oder im Falle der Beschränkung auf die Fangjagd einen Sachkundenachweis nach § 32 Absatz 4 besitzen.

(5) Die untere Jagdbehörde kann auf Grundflächen, auf denen die Jagd ruht, und soweit für diese Grundflächen keine Stadtjägerin oder kein Stadtjäger nach § 13a eingesetzt wurde, der jagdausübungsberechtigten Person oder einer von dieser beauftragten Person eine bestimmte Jagdausübung unter Beschränkung auf bestimmte Wildtierarten des Nutzungs- oder Entwicklungsmanagements auf eine bestimmte Zeit genehmigen, soweit dies aus Gründen der Abwehr von Gefahren für die öffentliche Sicherheit und Ordnung oder zur Abwehr von Gefahren durch Tierseuchen erforderlich ist. Das Aneignungsrecht hat in diesem Falle diejenige jagdausübungsberechtigte Person, der oder deren Beauftragten die Jagdausübung genehmigt wurde.

(6) Krankgeschossene, schwerkranke oder aus sonstigen Gründen schwer verletzte Wildtiere, die auf Grundflächen überwechseln, auf denen die Jagd ruht oder in denen nur eine beschränkte Jagdausübung gestattet ist, oder sich dort befinden, dürfen auch dort bejagt werden. Dies gilt nicht für Gebäude, die zum Aufenthalt von Menschen dienen. Der jagdausübungsberechtigten Person steht das Aneignungsrecht zu. Die Grundstückseigentümerin oder der Grundstückseigentümer oder die nutzungsberechtigte Person ist unverzüglich zu benachrichtigen; diese Personen sind zur Herausgabe der Wildtiere verpflichtet.

§ 13a Stadtjägerinnen und Stadtjäger

(1) Die Gemeinde kann Stadtjägerinnen und Stadtjäger, die als solche durch die untere Jagdbehörde anerkannt sind, nach Anhörung der jagdausübungsberechtigten Person und nach Anhörung des Polizeivollzugsdienstes, einsetzen. Stadtjägerinnen und Stadtjäger haben die Aufgabe, Eigentümerinnen, Eigentümer oder Nutzungsberechtigte von befriedeten Bezirken nach § 13 Absatz 2 sowie Flächen im Sinne von § 13 Absatz 3 Nummer 1 bis 5 in Fragen des Wildtiermanagements und der Wildtiere im Sinne dieses Gesetzes in Siedlungsbereichen sowie in Geltungsbereichen von Bebauungsplänen zu beraten und zu unterstützen; sie arbeiten mit den Wildtierbeauftragten im Sinne des § 61 Absatz 1 zusammen.

(2) Mit der Anerkennung nach Absatz 1 erteilt die zuständige Jagdbehörde die Erlaubnis, im Rahmen der Einsetzung mit Zustimmung der Eigentümerin-

nen, Eigentümer oder Nutzungsberechtigten der Grundflächen auf Wildtiere des Nutzungs- und Entwicklungsmanagements die Jagd im befriedeten Bezirk sowie auf Flächen im Sinne von § 13 Absatz 3 Nummer 1 bis 5 auszuüben, sofern präventive Maßnahmen keinen Erfolg versprechen oder soweit dies aus Gründen der Abwehr von Gefahren für die öffentliche Sicherheit und Ordnung oder zur Abwehr von Gefahren durch Tierseuchen erforderlich ist. Vor Aufnahme der jeweiligen Jagdausübung mit Schusswaffe ist der Polizeivollzugsdienst zu benachrichtigen. Das Aneignungsrecht hat die eingesetzte Stadtjägerin oder der eingesetzte Stadtjäger. Ein gegebenenfalls auf diesen Flächen bestehendes Jagdausübungsrecht wird mit dem Einsatz einer Stadtjägerin oder eines Stadtjägers beschränkt.

(3) Als Stadtjägerin oder Stadtjäger kann anerkannt werden, wer einen Jagdschein besitzt, der zur Jagdausübung in der Bundesrepublik Deutschland berechtigt, und eine Ausbildung zur Stadtjägerin oder zum Stadtjäger absolviert hat. Die oberste Jagdbehörde wird ermächtigt, im Einvernehmen mit dem Innenministerium durch Rechtsverordnung nähere Bestimmungen zur Anerkennung und Einsetzung von Stadtjägerinnen und Stadtjägern und zu Art und Umfang der Maßnahmen des Wildtiermanagements und zur Ausübung der Jagd zu treffen.

§ 14 Befriedung von Grundflächen aus ethischen Gründen

(1) Grundflächen, die zu einem gemeinschaftlichen Jagdbezirk gehören und im Eigentum einer natürlichen Person stehen, sind auf Antrag der Person zu befriedeten Bezirken zu erklären (Befriedung), wenn die Person glaubhaft macht, dass sie die Jagdausübung aus ethischen Gründen ablehnt. Eine Befriedung ist zu versagen, soweit Tatsachen die Annahme rechtfertigen, dass ein Ruhen der Jagd auf der vom Antrag umfassten Fläche bezogen auf den gesamten jeweiligen Jagdbezirk die Belange

1. der Erhaltung eines artenreichen und gesunden Wildtierbestandes sowie der Pflege und Sicherung seiner Lebensgrundlagen,
2. des Schutzes der Land-, Forst- und Fischereiwirtschaft vor übermäßigen Wildschäden,
3. des Naturschutzes, der Landschaftspflege oder des Tierschutzes,
4. des Schutzes vor Tierseuchen oder der Seuchenhygiene,
5. der Gewährleistung der Sicherheit des Verkehrs auf öffentlichen Verkehrswegen oder der Abwendung sonstiger Gefahren für die öffentliche Sicherheit und Ordnung

gefährdet. Ethische Gründe nach Satz 1 liegen insbesondere nicht vor, wenn die antragstellende Person

1. selbst die Jagd ausübt oder die Ausübung der Jagd durch Dritte auf einem ihr gehörenden Grundstück duldet oder
2. zum Zeitpunkt der behördlichen Entscheidung einen Jagdschein gelöst oder beantragt hat.

Der Antrag ist schriftlich oder zur Niederschrift bei der unteren Jagdbehörde zu stellen. Der Entscheidung über den Antrag hat neben der Anhörung der antragstellenden Person eine Anhörung der Jagdgenossenschaft, des Jagdpächters oder der Jagdpächterin, angrenzender Grundeigentümerinnen und Grundeigentümer, des Jagdbeirats sowie der Träger öffentlicher Belange vorauszugehen. Die untere Jagdbehörde kann zur Glaubhaftmachung des Umstands, dass die Person die Jagdausübung aus ethischen Gründen ablehnt, eine Versicherung an Eides statt verlangen und abnehmen.

(2) Die Befriedung soll mit Wirkung zum Ende des Jagdjahres erfolgen, in dem über den Antrag entschieden wird. Sofern dies der Jagdgenossenschaft unter Abwägung mit den schutzwürdigen Belangen der Antragstellerin oder des Antragstellers nicht zuzumuten ist, kann die untere Jagdbehörde einen späteren Zeitpunkt, der jedoch nicht nach dem Ende des betreffenden Jagdpachtvertrages liegt, bestimmen.

(3) Soweit dies zur Wahrung der Belange nach Absatz 1 Satz 2 erforderlich ist, kann die Befriedung räumlich auf einen Teil der Antragsfläche, zeitlich sowie dahingehend beschränkt werden, dass eine nach Art und Umfang bestimmte Jagdausübung, insbesondere Bewegungsjagden, durch die Jagdausübungsberechtigten des gemeinschaftlichen Jagdbezirks auf der befriedeten Fläche zu dulden sind.

(4) Die Befriedung erlischt vorbehaltlich der Sätze 2 und 3 drei Monate nach Übergang des Eigentums an der befriedeten Grundfläche auf eine dritte Person. Stellt die dritte Person während des Laufs der Frist nach Satz 1 einen Antrag auf erneute Befriedung, erlischt die bestehende Befriedung mit dem Wirksamwerden der behördlichen Entscheidung über den Antrag. Verzichtet die dritte Person vor Ablauf der Frist nach Satz 1 auf einen Antrag auf erneute Befriedung, erlischt die bestehende Befriedung mit dem Zugang der Verzichtserklärung bei der unteren Jagdbehörde. Die Grundeigentümerin oder der Grundeigentümer hat den Eigentumswechsel der unteren Jagdbehörde anzuzeigen. Die Befriedung ist zu widerrufen, wenn die Grundeigentümerin oder der Grundeigentümer

1. schriftlich gegenüber der unteren Jagdbehörde den Verzicht auf die Befriedung erklärt oder
2. die Jagd ausübt, einen Jagdschein löst oder die Ausübung der Jagd durch Dritte auf einem ihr oder ihm gehörenden Grundstück duldet.

Die Befriedung ist in der Regel zu widerrufen, wenn Tatsachen bekannt werden, die den Anspruch auf Erklärung zum befriedeten Bezirk entfallen lassen. Die Befriedung ist unter den Vorbehalt des Widerrufs zu stellen für den Fall, dass ein oder mehrere weitere begründete Anträge auf Befriedung in demselben Jagdbezirk gestellt werden und nicht allen Anträgen insgesamt ohne Gefährdung der Belange nach Absatz 1 Satz 2 stattgegeben werden kann.

(5) Die untere Jagdbehörde kann eine beschränkte Jagdausübung auf den befriedeten Grundflächen anordnen, soweit dies zur Vermeidung übermäßiger Wildschäden, der Gefahr von Tierseuchen, aus Gründen des Naturschutzes, der Landschaftspflege oder des Tierschutzes, der Seuchenhygiene, der Gewährleistung der Sicherheit des Verkehrs auf öffentlichen Verkehrswegen oder der Abwendung sonstiger Gefahren für die öffentliche Sicherheit oder Ordnung erforderlich ist. Widerspruch und Klage gegen die Anordnung haben keine aufschiebende Wirkung. Kommt die Grundeigentümerin oder der Grundeigentümer der

Anordnung nicht nach, kann die untere Jagdbehörde für deren oder dessen Rechnung die Jagd ausüben lassen.

(6) Den Ersatz für Wildschäden an Grundstücken, die zum gemeinschaftlichen Jagdbezirk gehören, hat die Grundeigentümerin oder der Grundeigentümer der befriedeten Grundfläche nach dem Verhältnis des Flächenanteils ihrer oder seiner Grundfläche an der bejagbaren Gesamtfläche des gemeinschaftlichen Jagdbezirks anteilig zu tragen. Dies gilt nicht, sofern die schädigenden Wildtiere auf der befriedeten Grundfläche nicht vorkommen oder der Schaden auch ohne die Befriedung der Grundfläche eingetreten wäre.

(7) Die Grundeigentümerin oder der Grundeigentümer der befriedeten Fläche und die zur Nutzung der befriedeten Fläche berechtigte Person haben keinen Anspruch auf Ersatz von Wildschäden. Die Grundeigentümerin oder der Grundeigentümer und die zur Nutzung der befriedeten Fläche berechtigte Person haben auf der befriedeten Grundfläche die Maßnahmen der jagdausübungsberechtigten Personen des gemeinschaftlichen Jagdbezirks zur Erfüllung ihrer Verpflichtung nach § 43 im Rahmen des geltenden Rechts und soweit erforderlich zu dulden.

(8) Die Grundsätze der Wildfolge sind im Verhältnis des gemeinschaftlichen Jagdbezirks zu der nach Absatz 1 befriedeten Grundfläche entsprechend anzuwenden. Einer Vereinbarung nach § 39 bedarf es nicht. Die Grundeigentümerin oder der Grundeigentümer des befriedeten Grundstücks ist über die Notwendigkeit der Wildfolge, soweit Belange des Tierschutzes nicht entgegenstehen bereits vor Beginn der Wildfolge, unverzüglich in Kenntnis zu setzen.

(9) Das Recht zur Aneignung von Wildtieren steht in den Fällen des Absatzes 3 und der nach Absatz 5 behördlich angeordneten Jagd und der Wildfolge nach Absatz 8 der jagdausübungsberechtigten Person des Jagdbezirks oder der zur Jagd beauftragten Person zu.

(10) Die Absätze 1 bis 9 sind auf Grundflächen, die einem Eigenjagdbezirk kraft Gesetzes oder auf Grund behördlicher Entscheidung angegliedert sind, entsprechend anzuwenden.

§ 14a Wildtierportal

(1) Die oberste Jagdbehörde stellt den von den Bestimmungen dieses Gesetzes Betroffenen zur Information, zur Flächenverwaltung und zur Erfüllung von Meldepflichten ein elektronisches Online-Portal zur Verfügung (Wildtierportal).

(2) Über alle Flächen, die zu einem Jagdbezirk gehören, ist von den Nutzungsberechtigten des Jagdrechts ein elektronisches Verzeichnis mit Angabe und Darstellung der Flächen sowie Angabe der jagdausübungsberechtigten Personen zu führen. Die oberste Jagdbehörde stellt hierfür im Wildtierportal einen elektronischen Zugang zur Verfügung. § 15 Absatz 1 Satz 3 bleibt unberührt.

(3) Die oberste Jagdbehörde ist verpflichtet, den zuständigen Veterinärbehörden sowie dem Friedrich-Loeffler-Institut auf Verlangen die nach den Absatz 1 und 2 erhobenen Daten zur Flächenverwaltung, zur Erfüllung von Meldepflichten sowie Angaben zur jagdausübungsberechtigten Person zu übermitteln, soweit diese Daten zum Zwecke der Tierseuchenprävention oder Tierseuchenbekämpfung, insbesondere für die Durchführung und Bewertung von Tierseuchen-

monitoringprogrammen und zur Durchführung von Risikobewertungen, erforderlich sind. Die Vorschriften des Tiergesundheitsgesetzes und der aufgrund des Tiergesundheitsgesetzes erlassenen Rechtsvorschriften sowie andere gesetzliche Melde- und Auskunftspflichten bleiben unberührt.

(4) Die Übermittlung der Daten im Wege eines automatisierten Verfahrens, welches die Übermittlung durch Abruf ermöglicht, ist zulässig, soweit dies unter Berücksichtigung der schutzwürdigen Interessen der betroffenen Personen wegen der Vielzahl der Übermittlungen oder wegen der besonderen Eilbedürftigkeit angemessen ist. Die Verantwortung für die Rechtmäßigkeit des einzelnen Abrufs trägt die Stelle, an welche auf deren Anforderung übermittelt wird. Die oberste Jagdbehörde prüft die Zulässigkeit des Abrufs nur, wenn dazu Anlass besteht. Sie hat durch geeignete Stichprobenverfahren zu gewährleisten, dass die Übermittlung personenbezogener Daten festgestellt und überprüft werden kann.

(5) Die oberste Jagdbehörde wird ermächtigt, durch Rechtsverordnung das Nähere zur Ausgestaltung des Wildtierportals, einschließlich der Verarbeitung der personenbezogenen Daten, der Streckenmeldungen und des Monitorings zu regeln.

§ 15 Jagdgenossenschaft

(1) Die Eigentümerinnen und Eigentümer der Grundflächen, die zu einem gemeinschaftlichen Jagdbezirk gehören, bilden eine Jagdgenossenschaft. Eigentümerinnen und Eigentümer von Grundflächen, auf denen die Jagd nicht ausgeübt werden darf, gehören der Jagdgenossenschaft nicht an. Die Jagdgenossenschaft hat ein Verzeichnis ihrer Mitglieder unter Angabe der jeweiligen Grundflächenanteile im gemeinschaftlichen Jagdbezirk zu erstellen und bei Bedarf fortzuführen.

(2) Die Jagdgenossenschaft ist eine Körperschaft des öffentlichen Rechts. Sie steht unter der Aufsicht des Staates; die Aufsicht wird von der unteren Jagdbehörde ausgeübt. Der Aufsichtsbehörde stehen gegenüber der Jagdgenossenschaft die gleichen Befugnisse zu, wie sie den Rechtsaufsichtbehörden gegenüber den Gemeinden nach Maßgabe der Vorschriften der Gemeindeordnung zustehen.

(3) Die Jagdgenossenschaft wird durch den Jagdvorstand gerichtlich und außergerichtlich vertreten. Der Jagdvorstand ist von der Jagdgenossenschaft längstens für die Dauer der gesetzlichen Mindestpachtzeit gemäß § 17 Absatz 4 Satz 2 zu wählen. Solange die Jagdgenossenschaft keinen Jagdvorstand gewählt hat oder keine Übertragung der Verwaltung nach Absatz 7 stattgefunden hat, werden die Geschäfte des Jagdvorstandes auf Kosten der Jagdgenossenschaft vom Gemeinderat wahrgenommen (Notjagdvorstand). Der Notjagdvorstand hat schnellstmöglich auf die Wahl eines Jagdvorstandes oder auf eine Übertragung der Verwaltung nach Absatz 7 hinzuwirken.

(4) Die Jagdgenossenschaft hat eine Satzung zu beschließen, die der Genehmigung der unteren Jagdbehörde bedarf. Die oberste Jagdbehörde kann im Einvernehmen mit dem Innenministerium durch Rechtsverordnung Mindestanforderungen für die Satzung aufstellen, Vorschriften über die Einberufung, Bekanntgabe und Durchführung der Versammlung der Jagdgenossenschaft erlassen, das Verfahren bei der Verpachtung gemeinschaftlicher Jagdbezirke sowie

die Rechnungslegung regeln. Kommt die Jagdgenossenschaft der Aufforderung der unteren Jagdbehörde zum Beschluss einer Satzung nicht innerhalb einer gesetzten angemessenen Frist nach, kann die untere Jagdbehörde eine Satzung für die Jagdgenossenschaft erlassen.

(5) Beschlüsse der Jagdgenossenschaft bedürfen sowohl der Mehrheit der anwesenden und vertretenen Jagdgenossen, als auch der Mehrheit der bei der Beschlussfassung vertretenen Grundfläche. Für Wahlen kann die Satzung abweichend von Satz 1 bestimmen, dass ein Beschluss nur der Mehrheit der anwesenden und vertretenen Mitglieder der Jagdgenossenschaft bedarf. Bei Abstimmungen über Verpachtungen ist das Mitglied der Jagdgenossenschaft, das sich um die Pacht bewirbt, stimmberechtigt.

(6) Die Jagdgenossenschaft kann für ihren durch sonstige Einnahmen nicht gedeckten Finanzbedarf Umlagen von ihren Mitgliedern erheben. Umlagen der Jagdgenossenschaft können wie Gemeindeabgaben beigetrieben werden.

(7) Durch Beschluss der Jagdgenossenschaft kann die Verwaltung der Jagdgenossenschaft längstens für die Dauer der gesetzlichen Mindestpachtzeit dem Gemeinderat mit dessen Zustimmung übertragen werden. In Gemeinden, in denen die einen gemeinschaftlichen Jagdbezirk bildenden Grundflächen mindestens zu 80 vom Hundert auf der Gemarkung einer Ortschaft im Sinne des § 68 Absatz 1 Gemeindeordnung liegen, kann durch Beschluss der Jagdgenossenschaft die Verwaltung der Jagdgenossenschaft längstens für die Dauer der gesetzlichen Mindestpachtzeit gemäß § 17 Absatz 4 Satz 2 mit Zustimmung des Gemeinderates dem Ortschaftsrat übertragen werden. Die Kosten der Geschäftsführung trägt die Jagdgenossenschaft.

(8) Für gemeinschaftliche Jagdbezirke nach § 11 Absatz 2 kann der Jagdvorstand, vorbehaltlich der Wahl durch die Jagdgenossenschaft, von der unteren Jagdbehörde oder im Falle des § 11 Absatz 4 von der nächsthöheren gemeinsamen Jagdbehörde bestimmt werden.

§ 16 Jagdnutzung durch die Jagdgenossenschaft

(1) Die Jagdgenossenschaft kann das Jagdrecht durch Verpachtung wahrnehmen oder die Jagd für eigene Rechnung durch angestellte oder sonst beauftragte Jägerinnen und Jäger wahrnehmen lassen. Die Jagdgenossenschaft kann die Verpachtung auf den Kreis ihrer Mitglieder beschränken. Für angestellte oder sonst beauftragte Jägerinnen und Jäger gelten die Vorschriften des § 17 Absatz 3, 5 und 6 sowie des § 19 Absatz 1 entsprechend; die beauftragten Personen sind im Rahmen ihrer Beauftragung innerhalb ihres Dienstbereiches jagdausübungsberechtigte Personen. Mit Zustimmung der unteren Jagdbehörde kann die Jagdgenossenschaft die Jagd ruhen lassen.

(2) Die Jagdgenossenschaft beschließt über die Verwendung des Reinertrages der Jagdnutzung. Beschließt die Jagdgenossenschaft, den Reinertrag nicht an ihre Mitglieder nach dem Verhältnis des Flächeninhaltes ihrer beteiligten Grundflächen zu verteilen, kann jedes Mitglied der Jagdgenossenschaft, das dem Beschluss nicht zugestimmt hat, die Auszahlung seines Anteils verlangen. Der Anspruch erlischt, wenn er bis zum Ablauf eines Monats nach Bekanntmachung der Beschlussfassung nicht schriftlich oder mündlich zu Protokoll des Jagdvorstandes geltend gemacht wird.

Abschnitt 3

Beteiligung Dritter an der Jagd

§ 17 Jagdpacht

(1) Die Wahrnehmung des Jagdrechts in seiner Gesamtheit kann an Dritte verpachtet werden. Die pachtende Person ist jagdausübungsberechtigte Person. Ein Teil des Jagdausübungsrechts kann nicht Gegenstand eines Jagdpachtvertrages sein.

(2) Die Verpachtung eines Teils eines Jagdbezirks bedarf der Zustimmung der unteren Jagdbehörde. Diese darf der Teilverpachtung nur zustimmen, wenn sowohl der verpachtete als auch der verbleibende Teil die Mindestgröße von 75 Hektar bei Eigenjagdbezirken und von 250 Hektar bei gemeinschaftlichen Jagdbezirken haben und jeweils eine den Erfordernissen der Jagdpflege entsprechende Jagdausübung in Revieren möglich ist. Der Verpachtung eines Teils von geringerer Größe an die jagdausübungsberechtigte Person eines angrenzenden Jagdbezirks oder an die angrenzende Jagdgenossenschaft ist zuzustimmen, soweit dies einer besseren Reviergestaltung dient und die Pachtdauer diejenige des angrenzenden Jagdbezirks nicht übersteigt.

(3) Die Gesamtfläche, auf der einer pachtenden Person die Wahrnehmung des Jagdrechts zusteht, darf nicht mehr als 1000 Hektar umfassen. Die Inhaberin oder der Inhaber eines oder mehrerer Eigenjagdbezirke mit einer Gesamtfläche von mehr als 1000 Hektar darf nur zupachten, wenn dies zur Erleichterung der Bejagung, Jagdpflege oder Verhütung von Wildschäden erforderlich ist und zugleich die Wahrnehmung des Jagdrechts im gleichen Umfang verpachtet wird oder Dritte in entsprechendem Umfang an der Jagdausübung beteiligt werden; bei einer Gesamtfläche von weniger als 1000 Hektar darf die Inhaberin oder der Inhaber nur bis zu einer Gesamtfläche von höchstens 1000 Hektar, auf der sie oder er jagdausübungsberechtigt ist, zupachten. Ist ein Jagdpachtvertrag mit mehreren pachtenden Personen geschlossen oder liegt ein Fall der Unterverpachtung vor, gelten die Sätze 1 und 2 entsprechend mit der Maßgabe, dass auf die Gesamtfläche nur die Flächen angerechnet werden, die nach dem Jagdpachtvertrag anteilig auf die jeweilige pachtende Person entfallen. Grundflächen, auf denen die Jagd ruht, bleiben bei der Ermittlung der Flächenobergrenzen nach den Sätzen 1 bis 3 unberücksichtigt. Die untere Jagdbehörde kann für besondere Einzelfälle Ausnahmen von Satz 1 und 2 unter Berücksichtigung der Belange der Jagdpflege zulassen. Solche Ausnahmen sind auf bestimmte Jagdpachtflächen zu beschränken. Örtlich zuständig ist die Behörde, in deren Bezirk die Jagdpachtfläche oder deren größerer Teil liegt.

(4) Der Jagdpachtvertrag ist schriftlich abzuschließen. Die Pachtdauer hat mindestens sechs Jahre zu betragen. In begründeten Fällen, insbesondere wenn zu besorgen ist, dass ansonsten ein geeignetes Pachtverhältnis nicht zustande kommt, kann sie mit Zustimmung der unteren Jagdbehörde bis auf drei Jahre abgesenkt werden. Ein laufender Jagdpachtvertrag kann auch auf kürzere Zeit verlängert werden. Beginn und Ende der Pachtzeit sollen mit Beginn und Ende des Jagdjahres zusammenfallen.

(5) Pachtende Person darf nur sein, wer einen auf seinen Namen lautenden gültigen Jahresjagdschein besitzt und einen solchen während dreier Jagdjahre

in Deutschland besessen hat. Für besondere Einzelfälle kann die untere Jagdbehörde Ausnahmen zulassen, die auf bestimmte Jagdpachtflächen beschränkt sind. Örtlich zuständig ist die Behörde, in deren Bezirk die Jagdpachtfläche oder deren größerer Teil liegt. Jagdgenossenschaften sind in den Fällen des Absatzes 2 Satz 3 pachtfähig.

(6) Die Fläche, auf der einer jagdausübungsberechtigten Person nach Absatz 3 die Wahrnehmung des Jagdrechts zusteht, ist von der unteren Jagdbehörde in den Jagdschein einzutragen.

§ 18 Anzeige von Jagdpachtverträgen

(1) Die verpachtende Person hat der unteren Jagdbehörde den Abschluss des Jagdpachtvertrages unter Vorlage der Vertragsurkunde innerhalb eines Monats anzuzeigen. Dies gilt auch für die Aufhebung und jede Änderung des Pachtvertrages.

(2) Die untere Jagdbehörde kann den Jagdpachtvertrag binnen drei Wochen nach Eingang der Anzeige beanstanden, wenn die Vorschriften über die Pachtdauer nicht beachtet sind oder zu erwarten ist, dass durch ein vertragsgemäßes Verhalten die Vorschriften des § 3 Absatz 1 Satz 2 verletzt werden oder eine den Erfordernissen der Jagdpflege entsprechende Jagdausübung nicht gewährleistet ist. Mit der Beanstandung sind die Vertragsparteien aufzufordern, den Jagdpachtvertrag binnen einer Frist von mindestens drei Wochen nach Zustellung des Beanstandungsbescheides aufzuheben oder in bestimmter Weise zu ändern. Kommen die Vertragsparteien dieser Aufforderung nicht nach, gilt der Jagdpachtvertrag mit Ablauf der Frist als aufgehoben, sofern nicht eine Vertragspartei innerhalb der Frist einen Antrag auf gerichtliche Entscheidung durch das erstinstanzlich zuständige Amtsgericht stellt. Das Gericht kann entweder den Jagdpachtvertrag aufheben oder feststellen, dass er nicht zu beanstanden ist; die Vorschriften des Gesetzes über das gerichtliche Verfahren in Landwirtschaftssachen gelten entsprechend mit der Maßgabe, dass das Gericht ohne Zuziehung ehrenamtlicher Richterinnen und Richter entscheidet.

(3) Vor Ablauf von drei Wochen nach Anzeige des Jagdpachtvertrages durch eine Vertragspartei darf die pachtende Person die Jagd nicht ausüben, sofern nicht die untere Jagdbehörde die Ausübung zu einem früheren Zeitpunkt gestattet. Im Falle einer Beanstandung nach Absatz 2 darf die pachtende Person die Jagd erst ausüben, wenn die Beanstandung behoben oder durch rechtskräftige gerichtliche Entscheidung festgestellt ist, dass der Jagdpachtvertrag nicht zu beanstanden ist.

§ 19 Höchstzahl der pachtenden Personen

(1) Die Zahl der pachtenden Personen, die nebeneinander in einem Jagdbezirk zugelassen werden können (Mitpacht), wird bei Jagdbezirken bis 250 Hektar auf drei beschränkt. In größeren Jagdbezirken kann für jede weitere angefangene 100 Hektar je eine weitere pachtende Person zugelassen werden. Die Sätze 1 und 2 gelten auch für verpachtete Teile eines Jagdbezirks nach § 17 Absatz 2.

(2) Jagdpacht im Sinne der §§ 17, 18 und 20 bis 24 ist auch die Weiterverpachtung und Unterverpachtung. In diesen Fällen findet Absatz 1 mit der Maßgabe

Anwendung, dass die Zahl der jagdausübungsberechtigten Personen die zulässige Zahl der pachtenden Personen nicht übersteigen darf.

§ 20 Nichtigkeit von Jagdpachtverträgen

(1) Ein Jagdpachtvertrag, der bei seinem Abschluss oder seiner Verlängerung gegen § 17 Absatz 1 Satz 3, Absatz 2, 3 oder 5 oder § 19 verstößt, ist nichtig. Ebenso ist ein Jagdpachtvertrag nichtig, den eine Jagdgenossenschaft mit einer Pächterin oder einem Pächter schließt, wenn die letzte Versammlung der Jagdgenossenschaft zum Zeitpunkt des Vertragsabschlusses länger als sieben Jahre zurückliegt.

(2) Die untere Jagdbehörde kann für die Dauer eines über die Nichtigkeit oder die Beanstandung des Pachtvertrages anhängigen Verfahrens die zur Ausübung und zum Schutze der Jagd erforderlichen Anordnungen treffen. Die Kosten der Anordnung und ihrer Durchführung hat die im Verfahren unterliegende Partei zu tragen.

§ 21 Erlöschen des Jagdpachtvertrages

(1) Die pachtende Person hat auf Verlangen der für ihren Jagdbezirk zuständigen unteren Jagdbehörde vor Beginn eines Jagdjahres nachzuweisen, dass sie einen für das kommende Jagdjahr gültigen Jagdschein besitzt oder die Voraussetzungen für dessen Erteilung erfüllt hat. Dies gilt nicht für die nach § 17 Absatz 2 Satz 3 pachtende Jagdgenossenschaft.

(2) Der Jagdpachtvertrag erlischt, wenn der pachtenden Person der Jagdschein unanfechtbar entzogen worden ist. Er erlischt auch dann, wenn die Gültigkeitsdauer des Jagdscheines abgelaufen ist und entweder die untere Jagdbehörde die Erteilung eines neuen Jagdscheines unanfechtbar abgelehnt hat oder die pachtende Person die Voraussetzungen für die Erteilung eines neuen Jagdscheines innerhalb einer von der unteren Jagdbehörde gesetzten Frist nicht erfüllt. Die pachtende Person hat der verpachtenden Person den aus dem Erlöschen des Jagdpachtvertrages entstehenden Schaden zu ersetzen, wenn sie ein Verschulden trifft.

(3) Ist die pachtende Person aus Gründen, die sie nicht zu vertreten hat, gehindert, bis zum Ablauf der Gültigkeitsdauer des alten einen neuen Jagdschein zu erwerben oder die Voraussetzungen für dessen Erteilung zu erfüllen, hat sie dies der für ihren Jagdbezirk zuständigen unteren Jagdbehörde unverzüglich schriftlich mitzuteilen. In diesem Fall erlischt der Jagdpachtvertrag erst dann, wenn die pachtende Person nicht innerhalb einer von der Jagdbehörde gesetzten angemessenen Frist einen Jahresjagdschein erworben oder die Voraussetzungen für dessen Erteilung erfüllt hat. Solange ein Jagdschein nicht erteilt ist, kann die untere Jagdbehörde die zur Ausübung und zum Schutze der Jagd erforderlichen Anordnungen auf Kosten der pachtenden Person treffen.

§ 22 Rechtsstellung der mitpachtenden Personen

Ist ein Jagdpachtvertrag mit mehreren pachtenden Personen geschlossen, bleibt er, wenn er im Verhältnis zu einer dieser Personen gekündigt wird oder erlischt, mit den übrigen bestehen; dies gilt nicht, wenn der Jagdpachtvertrag infolge des Ausscheidens einer pachtenden Person den Vorschriften des § 17 Absatz 3 nicht mehr entspricht und dieser Mangel bis zum Beginn des nächsten Jagdjahres oder, wenn dies mit zumutbarem Aufwand nicht mehr möglich ist, bis zum Ablauf von vier Wochen nach Beginn des neuen Jagdjahres nicht behoben wird. Ist im Falle des Satzes 1 einer verbleibenden Vertragspartei das Fortbestehen des Jagdpachtvertrages aufgrund des Ausscheidens einer pachtenden Person nicht zuzumuten, kann sie den Jagdpachtvertrag mit sofortiger Wirkung kündigen; die Kündigung muss unverzüglich nach Erlangung der Kenntnis von dem Kündigungsgrund erfolgen.

§ 23 Tod der pachtenden Person

(1) Im Fall des Todes einer pachtenden Person haben die Erben der unteren Jagdbehörde die jagdausübungsberechtigten Erben unter Beachtung des § 19 zu benennen. Ist keiner der Erben pachtfähig (§ 17 Absatz 5), haben die Erben der unteren Jagdbehörde eine pachtfähige Person als jagdausübungsberechtigte Person zu benennen.

(2) Die untere Jagdbehörde kann den Erben eine angemessene Frist zur Benennung der jagdausübungsberechtigten Person setzen. Kommen die Erben der Aufforderung innerhalb der Frist nicht nach, kann die untere Jagdbehörde die zur Ausübung und zum Schutze der Jagd erforderlichen Anordnungen auf Kosten der Erben treffen.

§ 24 Wechsel im Eigentum an der Grundfläche

(1) Werden die Grundflächen eines Eigenjagdbezirks ganz oder teilweise veräußert, finden die Vorschriften der §§ 566 bis 567b des Bürgerlichen Gesetzbuchs entsprechende Anwendung. Das Gleiche gilt im Falle der Zwangsversteigerung nach den Vorschriften der §§ 57 bis 57b des Gesetzes über die Zwangsversteigerung und die Zwangsverwaltung; das Kündigungsrecht der Ersteherin oder des Erstehers ist jedoch ausgeschlossen, wenn nur ein Teil des Eigenjagdbezirks versteigert ist und dieser Teil nicht allein schon die Erfordernisse eines Eigenjagdbezirks erfüllt.

(2) Wird eine zu einem gemeinschaftlichen Jagdbezirk gehörige Grundfläche veräußert, hat dies auf den Jagdpachtvertrag keinen Einfluss; die Erwerberin oder der Erwerber wird vom Zeitpunkt des Erwerbes an auch dann für die Dauer des Jagdpachtvertrages Mitglied der Jagdgenossenschaft, wenn die veräußerte Grundfläche an sich mit anderen Grundflächen der Erwerberin oder des Erwerbers zusammen einen Eigenjagdbezirk bilden könnte. Das Gleiche gilt für den Fall der Zwangsversteigerung einer Grundfläche.

§ 25 Jagderlaubnis

(1) Die jagdausübungsberechtigte Person kann einer dritten natürlichen Person (Jagdgast) die Erlaubnis erteilen, sich in bestimmtem Umfang an der Jagdausübung zu beteiligen (Jagderlaubnis). Bei mehreren jagdausübungsberechtigten Personen muss eine Jagderlaubnis von allen jagdausübungsberechtigten Personen erteilt sein. Die jagdausübungsberechtigten Personen können sich gegenseitig zur Erteilung von Jagderlaubnissen schriftlich bevollmächtigen.

(2) Die untere Jagdbehörde kann aus Gründen der Jagdpflege oder der öffentlichen Sicherheit für bestimmte Jagdbezirke die Erteilung von Jagderlaubnissen oder eine sonstige Beteiligung anderer an der Jagd beschränken oder ganz untersagen.

(3) Soweit der Jagdgast bei der Jagdausübung nicht von einer jagdausübungsberechtigten Person, einer anerkannten Wildtierschützerin oder einem anerkannten Wildtierschützer begleitet wird, hat er eine schriftliche Jagderlaubnis bei sich zu führen. Sofern eine jagdausübungsberechtigte Person gemäß Absatz 1 Satz 3 bevollmächtigt ist und den Jagdgast begleitet, bedarf es der Begleitung oder einer schriftlichen Jagderlaubnis der bevollmächtigenden Person nicht.

(4) Der Jagdgast ist nicht jagdausübungsberechtigte Person im Sinne dieses Gesetzes.

Abschnitt 4
Jagdschein

§ 26 Jägerprüfung, Jagdschein

(1) Bei der Jägerprüfung sind ausreichende Kenntnisse und Fertigkeiten auf den in § 15 Absatz 5 des Bundesjagdgesetzes und bei der Falknerprüfung solche auf den in § 15 Absatz 7 des Bundesjagdgesetzes genannten Gebieten nachzuweisen.

(2) Die oberste Jagdbehörde wird ermächtigt, durch Rechtsverordnung das Nähere über die Jägerprüfung und die Falknerprüfung, insbesondere die Zulassungsvoraussetzungen, die jagdliche Ausbildung, die Prüfungsgebiete, die Berufung der Prüferinnen und Prüfer, das Prüfungsverfahren und die Bewertung der Prüfungsleistungen zu regeln (§ 15 Absatz 5 und 7 des Bundesjagdgesetzes).

(3) Die oberste Jagdbehörde kann die Organisation und Durchführung der Jägerprüfung an sachkundige Dritte übertragen (Beleihung), wenn

1. diese zuverlässig sind,
2. keine überwiegenden öffentlichen Interessen entgegenstehen und
3. gewährleistet ist, dass die Vorschriften des Jagdrechts über die Jägerprüfung eingehalten werden.

Die Beleihung kann mit Nebenbestimmungen versehen werden, insbesondere befristet, unter Bedingungen erteilt und mit Auflagen oder dem Vorbehalt des Widerrufs verbunden werden. Die Beleihung und deren Widerruf sind öffentlich bekannt zu machen.

(4) Der Jagdschein wird von der unteren Jagdbehörde erteilt, in deren Bezirk die den Antrag stellende Person ihre Wohnung, bei mehreren Wohnungen ihre Hauptwohnung hat; abweichend von § 13 Absatz 1 Satz 2 Nummer 3 des Nationalparkgesetzes (NLPG) ist die Nationalparkverwaltung des Nationalparks Schwarzwald nicht für Entscheidungen nach den §§ 15 bis 18a des Bundesjagdgesetzes zuständig. Hat die den Antrag stellende Person im Geltungsbereich des Grundgesetzes keine Wohnung, ist die untere Jagdbehörde zuständig, in deren Bezirk die den Antrag stellende Person die Jagd ausüben will. Jagdscheine wer-

den nach § 15 des Bundesjagdgesetzes als Tagesjagdschein, als Einjahresjagdschein für die Dauer eines Jagdjahres oder als Dreijahresjagdschein für die Dauer von drei Jagdjahren ausgestellt.

(5) Für die Zulassung von Ausnahmen nach § 15 Absatz 6 des Bundesjagdgesetzes ist die untere Jagdbehörde zuständig, in deren Bereich die Bewerberin oder der Bewerber die Jagd ausschließlich oder vornehmlich ausüben will.

§ 27 Gebühren für Jagdschein und Jägerprüfung

Für die Erteilung des Jagdscheines und die Teilnahme an der Jägerprüfung werden Gebühren erhoben. Für die Erhebung der Gebühren und Auslagen gilt bei Wahrnehmung dieser Aufgaben durch die Landratsämter oder durch Dritte das Landesgebührengesetz und bei Wahrnehmung dieser Aufgaben durch die Stadtkreise das Kommunalabgabengesetz.

§ 28 Jagdabgabe

(1) Neben der Gebühr für den Jagdschein ist eine Jagdabgabe zu entrichten, die an das Land abzuführen und für Zwecke der Jagdförderung, der jagdlichen und wildbiologischen Forschung sowie der Wildschadensverhütung zu verwenden ist. Die anerkannten Vereinigungen der Jägerinnen und Jäger können Vorschläge für die Verwendung der Mittel aus der Jagdabgabe im Rahmen der Zweckbestimmung nach Satz 1 einreichen. Die oberste Jagdbehörde entscheidet über die Verwendung nach Anhörung derjenigen anerkannten Vereinigungen der Jägerinnen und Jäger, welche die Inhaberinnen und Inhaber eines baden-württembergischen Jahresjagdscheines für Inländer oder diesen Gleichgestellte vertreten, die zusammen mehr als 25 vom Hundert des jährlichen Aufkommens an der Jagdabgabe aufbringen.

(2) Für die Jagdabgabe finden die §§ 9, 11, 18, 21 und 22 des Landesgebührengesetzes entsprechende Anwendung.

(3) Die oberste Jagdbehörde wird ermächtigt, durch Rechtsverordnung im Einvernehmen mit dem Finanzministerium die Höhe der Jagdabgabe festzusetzen. Beim Tagesjagdschein beträgt die Jagdabgabe mindestens 20 Euro und höchstens 30 Euro. Im Übrigen beträgt sie für jedes Jagdjahr, für das der Jagdschein gültig ist, mindestens 38 Euro und höchstens 60 Euro.*

Abschnitt 5

Besondere Rechte und Pflichten bei der Jagdausübung

§ 29 Wegerecht

Wer die Jagd ausübt, aber den Weg zum Jagdbezirk nicht auf einem zum allgemeinen Gebrauch bestimmten Weg oder nur auf einem unzumutbaren Umweg nehmen kann, ist zum Betreten und, soweit erforderlich, zum Befahren eines fremden Jagdbezirks in Jagdausrüstung auch auf einem nicht zum allgemeinen Gebrauch bestimmten Weg befugt, der nötigenfalls von der unteren Jagdbehörde

* Gemäß Verordnung vom 8. März 2022 (GBl. S. 177 beträgt die Jagdabgabe beträgt bei dem Tagesjagdschein 25 Euro. Im Übrigen beträgt sie für jedes Jagdjahr, für das der Jagdschein gültig ist, 50 Euro.

festgelegt wird (Jägernotweg). Bei Benutzung des Notwegs dürfen Schusswaffen nur ungeladen und in einem Überzug oder mit verbundenem Schloss oder zerlegt mitgeführt werden. Der Eigentümer oder die Eigentümerin des Grundstücks, über das der Notweg führt, hat Anspruch auf eine angemessene Entschädigung.

§ 30 Jagdeinrichtungen

(1) Die jagdausübungsberechtigte Person darf auf land- und forstwirtschaftlich genutzten Grundstücken besondere Anlagen wie Ansitze, Jagdhütten, Futterplätze und andere ähnliche Jagdeinrichtungen nur mit Zustimmung der Grundeigentümerin oder des Grundeigentümers errichten; die Eigentümerin oder der Eigentümer ist zur Erteilung der Zustimmung verpflichtet, wenn ihr oder ihm die Duldung der Anlage zugemutet werden kann und sie oder er eine angemessene Entschädigung erhält.

(2) In gemeinschaftlichen Jagdbezirken sind die nach Absatz 1 auf fremdem Grund und Boden errichteten Ansitze der Jagdnachfolgerin oder dem Jagdnachfolger auf ihr oder sein Verlangen gegen angemessene Entschädigung zu überlassen.

(3) Das Betreten von Jagdeinrichtungen ohne besondere Befugnis ist nicht zulässig.

§ 31 Sachliche Verbote

(1) Verboten ist im Rahmen der Jagdausübung,

1. ohne eine innerhalb der zurückliegenden 12 Monate unternommene Übung in der Schießfertigkeit an Bewegungsjagden teilzunehmen oder mit Schrot auf Vögel zu schießen,
2. mit Schrot auf Schalenwild zu schießen, ausgenommen ist der Fangschuss,
3. auf Wildtiere mit Bolzen oder Pfeilen, Posten oder gehacktem Blei zu schießen,
4. Schalenwild mit Munition, deren Inhaltsstoffe ein nachgewiesenes Risiko für eine Gefährdung der Gesundheit von Verbraucherinnen und Verbrauchern bei Verzehr des Wildbrets besitzen, zu erlegen, ausgenommen ist der Fangschuss,
5. mit Bleischrot die Jagd an und über Gewässern auszuüben,
6. mit Schrot in Vogelgruppen zu schießen, es sei denn, eine Verletzung von Vögeln durch Randschrote ist nach dem gewöhnlichen Geschehensablauf nicht zu erwarten,
7. a) auf Rehwild mit Büchsenpatronen zu schießen, deren Auftreffenergie auf 100 Meter (E 100) weniger als 1000 Joule beträgt; ausgenommen ist der Fangschuss,
   b) auf alles übrige Schalenwild mit Büchsenpatronen unter einem Kaliber von 6,5 mm zu schießen; im Kaliber 6,5 mm und darüber müssen die Büchsenpatronen eine Auftreffenergie auf 100 Meter (E 100) von mindestens 2000 Joule haben; ausgenommen ist der Fangschuss,
   c) auf Wildtiere mit halbautomatischen Langwaffen, die mit insgesamt mehr als fünf Patronen geladen sind, zu schießen,

d) auf Wildtiere mit Pistolen oder Revolvern zu schießen; ausgenommen ist die Abgabe von Fangschüssen, wenn die Mündungsenergie der Geschosse mindestens 200 Joule beträgt, sowie die Bau- und Fallenjagd, wenn die Mündungsenergie der Geschosse mindestens 100 Joule beträgt,

8. die Bewegungsjagd bei Nacht oder wenn Wildtiere durch besondere Umstände großflächig einer stark erhöhten Verletzungsgefahr ausgesetzt sind oder diese, mit Ausnahme des Kreisens oder der Erntejagd im Offenland, zwischen 1. Februar und 30. September, es sei denn, dies ist zur Bekämpfung von Tierseuchen geboten, auszuüben;
9. Schalenwild sowie Federwild zur Nachtzeit zu erlegen; als Nachtzeit gilt die Zeit von eineinhalb Stunden nach Sonnenuntergang bis eineinhalb Stunden vor Sonnenaufgang; ausgenommen von dem Verbot ist das Erlegen von Schwarzwild und in der Zeit nach Sonnenuntergang bis 22 Uhr das Erlegen von weiblichem Rotwild und Rotwildkälbern,
10. a) Tonbandgeräte oder elektrische Schläge erteilende Geräte beim Fang oder Erlegen von Wildtieren zu verwenden sowie zur Nachtzeit an künstlichen Lichtquellen Federwild zu fangen,
    b) Vogelleim, Fallen, Angelhaken, Netze, Reusen oder ähnliche Einrichtungen sowie lebende Lockvögel bei der Jagd auf Federwild zu verwenden,
11. Saufänge, Fang- oder Fallgruben anzulegen,
12. Schlingen jeder Art, in denen sich ein Wildtier fangen kann, aufzustellen,
13. Selbstschussgeräte zu verwenden,
14. Wildtiere aus Luftfahrzeugen, Kraftfahrzeugen oder fahrenden Wasserfahrzeugen zu erlegen; das Verbot umfasst nicht das Erlegen von Wildtieren aus Kraftfahrzeugen durch Körperbehinderte mit Erlaubnis der unteren Jagdbehörde,
15. die Hetzjagd auf gesunde Wildtiere auszuüben,
16. Wildtiere zu vergiften oder vergiftete oder betäubende Köder zu verwenden,
17. die Baujagd mit einem Hund am Naturbau auszuüben, es sei denn, sie ist erforderlich, um eine Gefahr für die öffentliche Sicherheit abzuwehren,
18. Arzneimittel, natürliche und synthetische Lockmittel, die aufgrund ihrer Inhaltsstoffe die Gesundheit von Wildtieren oder Menschen gefährden können, sowie Lockmittel, die Tierseuchen verbreiten können, an Wildtiere zu verabreichen oder auszubringen.

(2) Die in Absatz 1 Nummer 7 Buchstabe a und b vorgeschriebenen Energiewerte und Mindestkaliber können unterschritten werden, wenn von einem staatlichen oder staatlich anerkannten Fachinstitut die Verwendbarkeit der Munition für bestimmte jagdliche Zwecke und die tierschutzgerechte Tötungswirkung bestätigt wird. Auf der kleinsten Verpackungseinheit der Munition sind das Fachinstitut, das die Prüfung vorgenommen hat, sowie der Verwendungszweck anzugeben.

(3) Die oberste Jagdbehörde wird ermächtigt, die Verbote des Absatzes 1 durch Rechtsverordnung zu erweitern oder einzuschränken, soweit dies aus besonderen Gründen erforderlich ist, insbesondere aus Gründen der Tierseuchenbekämpfung, zur Vermeidung erheblicher land-, forst- und fischereiwirtschaftli-

cher Schäden, zur Abwehr von Gefahren für Leib oder Leben von Menschen oder für erhebliche Sachwerte, zum Schutz der Wildtiere, aus Gründen des Tierschutzes, zu wissenschaftlichen Lehr- und Forschungszwecken oder bei Störung des biologischen Gleichgewichts. Unter den gleichen Voraussetzungen können die Verbote auch durch Einzelanordnung der obersten Jagdbehörde eingeschränkt und Ausnahmen zugelassen werden. Einschränkungen und Ausnahmen sind nur unter Beachtung der Vorgaben des § 9 zulässig.

(4) Die oberste Jagdbehörde wird ermächtigt, durch Rechtsverordnung die Zuständigkeit für bestimmte Einzelanordnungen nach Absatz 3 Satz 2 auf die oberen oder unteren Jagdbehörden zu übertragen.

(5) Die untere Jagdbehörde kann aus besonderen Gründen im Sinne des Absatzes 3 unter Beachtung der Vorgaben des § 9 Ausnahmen zulassen von den Verboten des Absatzes 1 Nummer 9.

§ 32 Ausübung der Fangjagd mit Fallen

(1) Bei der Verwendung von Fallen ist ein tierschutzgerechter Fang sicherzustellen und dafür Sorge zu tragen, dass Gefahren für Menschen und nicht bejagbare Tiere vermieden werden. Verwendet werden dürfen nur Fallen, deren Bauart zugelassen ist und die auf ihre zuverlässige Funktion überprüft sind.

(2) Lebendfangfallen müssen nach ihrer Bauart so beschaffen sein, dass sie einen unversehrten Fang gewährleisten.

(3) Die Fangjagd mit Fallen, die töten, ist verboten. Unter den Voraussetzungen des § 31 Absatz 3 kann die untere Jagdbehörde ausnahmsweise Totfangfallen zulassen. Totfangfallen müssen nach ihrer Bauart sofortiges Töten gewährleisten und dürfen nur in geschlossenen Räumen, Fangbunkern oder Fanggärten mit geeigneter Verblendung nach oben oder auf andere Weise so aufgestellt werden, dass von ihnen keine Gefährdung von Menschen, besonders geschützten Tieren oder Haustieren ausgeht.

(4) Für Eigentümerinnen, Eigentümer oder Nutzungsberechtigte von Grundflächen, auf denen die Jagd ruht, genügt für eine im Rahmen des § 13 Absatz 4 erlaubte Fangjagd ein Fallensachkundenachweis. Dieser ist zu erteilen, wenn die volljährige Bewerberin oder der volljährige Bewerber an einem mindestens 20 Stunden umfassenden Fallenlehrgang einer auf Grund der Vorschriften der Jägerprüfungsordnung anerkannten ausbildenden Person oder der Jagdschule des Landesjagdverbandes teilgenommen hat. Die oberste Jagdbehörde wird ermächtigt, durch Rechtsverordnung das Nähere über die Erteilung von Sachkundenachweisen, insbesondere das Verfahren zu regeln.

(5) Die oberste Jagdbehörde wird ermächtigt, durch Rechtsverordnung die Bauart bestimmter Fallen zuzulassen sowie nähere Vorschriften zu erlassen über die Funktionenüberprüfung, Verwendung und Registrierung der Fallen und über die Kontrolle des Falleneinsatzes.

§ 33 Fütterung, Kirrung

(1) Im Rahmen der Hegeverpflichtung nach § 3 Absatz 1 Satz 2 haben die Inhaberinnen und Inhaber des Jagdrechts und die jagdausübungsberechtigten Personen die natürlichen Lebensgrundlagen der Wildtiere zu schützen, zu erhalten

und gegebenenfalls zu verbessern, insbesondere durch Maßnahmen der Reviergestaltung und Äsungsverbesserung den Wildtieren eine natürliche Äsung zu sichern.

(2) Die Fütterung von Schalenwild, einschließlich der Fütterung zur Ablenkung, ist verboten. Abweichend von Satz 1 ist in Ausnahmefällen eine Fütterung durch jagdausübungsberechtigte Personen nach Maßgabe des Absatzes 3 zulässig, wenn die Fütterung der obersten Jagdbehörde angezeigt und eine Konzeption zur Fütterung vorgelegt wird, welche die Anforderungen der Sätze 3 bis 8 beachtet. Die Konzeption muss wildtierökologische Erkenntnisse beachten, sich insbesondere auf den Lebensraum des Schalenwildes beziehen und mindestens 1500 Hektar jagdbare Fläche bei Rehwild und mindestens 2500 Hektar jagdbare Fläche bei den übrigen Schalenwildarten umfassen. Sie muss die verfolgten Ziele, die zu verwendenden Futtermittel und Einrichtungen sowie den Umfang und die Art und Weise der Fütterung darstellen. Eine Fütterung ist nur zulässig, soweit sie aus den in § 31 Absatz 3 genannten Gründen erforderlich ist. Zur Fütterung dürfen nur solche Futtermittel ausgebracht werden, die der natürlichen Nahrung des Schalenwildes entsprechen und artgerecht sind. Ablenkfütterungen für Schwarzwild dürfen im Rahmen der Konzeption nur innerhalb des Waldes und mit einem Abstand von mehr als 300 Metern zum Waldrand betrieben werden. In dem Bereich bis zu einem Abstand von 300 Metern von der Grenze eines Jagdbezirks sind Fütterungen unzulässig, es sei denn, die in dem angrenzenden Jagdbezirk jagdausübungsberechtigte Person hat schriftlich zugestimmt.

(3) Nach Ablauf von drei Monaten nach Vorlage der Fütterungskonzeption und Anzeige der geplanten Fütterung durch die jagdausübungsberechtigten Personen darf die Fütterung auf Grundlage der Konzeption für die folgenden sechs Jahre durchgeführt werden, es sei denn, die oberste Jagdbehörde beanstandet, dass die Konzeption den Anforderungen nach Absatz 2 nicht entspricht. Im Umkreis von 300 Metern um zulässig betriebene Fütterungen ruht die Jagd.

(4) Wildenten, Wildgänse und Schwäne, die diesem Gesetz unterliegen, dürfen nur von jagdausübungsberechtigten Personen und nur dann gefüttert werden, wenn die untere Jagdbehörde wegen Futternot eine Fütterung anordnet oder ihre Fütterung zur Ablenkung außerhalb der Jagdzeit und bis spätestens sechs Wochen vor Beginn der Jagdzeit stattfindet.

(5) Das Anlocken von Wildtieren mit geringen Futtermengen zur Erleichterung der Bejagung (Kirrung) ist während der Jagdzeit erlaubt. Während der allgemeinen Schonzeit nach § 41 Absatz 2 ist die Kirrung auch auf den Flächen, auf denen die Jagdausübung auf Schwarzwild zulässig bleibt, unzulässig. In dem Bereich bis zu einem Abstand von 100 Metern von der Grenze eines Jagdbezirks sind Kirrungen und sonstige Maßnahmen zum Anlocken von Wildtieren unzulässig, es sei denn, die in dem angrenzenden Jagdbezirk jagdausübungsberechtigte Person hat den Maßnahmen schriftlich zugestimmt. Die Kirrung von Schwarzwild ist nur im Wald zulässig.

(6) Die untere Jagdbehörde kann aus besonderen Gründen Ablenkungsfütterungen und Kirrungen zeitlich, räumlich und auf bestimmte Wildtierarten begrenzt untersagen.

(7) Die oberste Jagdbehörde wird ermächtigt, durch Rechtsverordnung nähere Bestimmungen zu treffen

1. über die Anforderungen, die an eine Konzeption nach Absatz 2 zu stellen sind,
2. zur Verhinderung einer missbräuchlichen Wildfütterung, Ablenkungsfütterung und Kirrung,
3. zu bestimmten Gebieten, in denen Ablenkungsfütterungen und Kirrungen untersagt sind, wenn die Gebiete dadurch beeinträchtigt werden können,
4. über die zulässigen Futter- und Kirrmittel, Fütterungs- und Kirrungseinrichtungen sowie die Art und Weise des Ausbringens der Futter- und Kirrmittel.

§ 34 Abschussziele

(1) Der Abschuss der Wildtiere ist so zu regeln, dass er den Zielen des Gesetzes nach § 2 entspricht. Die unteren Forstbehörden erstellen in den kommunalen Eigenjagdbezirken sowie in den gemeinschaftlichen Jagdbezirken für die einzelnen Jagdreviere forstliche Gutachten über den Einfluss des Wildverbisses auf die Erreichung waldbaulicher Ziele. Die Gutachten sollen Vorschläge zur Abschussplanung enthalten. Die übrigen betroffenen Fachbehörden bei den unteren Verwaltungsbehörden nehmen, soweit erforderlich, zur Erreichung der Ziele nach § 2 Stellung. In den staatlichen Eigenjagdbezirken erstellt Forst Baden-Württemberg die forstlichen Gutachten.

(2) Im Falle der Jagdpacht haben die Vertragsparteien eine Zielvereinbarung über den Abschuss von Rehwild im Pachtgebiet zu treffen. In den übrigen Fällen haben die Inhaberinnen oder Inhaber eines Eigenjagdbezirks sowie die Jagdgenossenschaften die Ziele hinsichtlich des Abschusses von Rehwild im jeweiligen Jagdbezirk festzusetzen (Zielsetzung). Zielvereinbarung und Zielsetzung müssen den Vorgaben des Absatzes 1 entsprechen und alle drei Jahre nach Vorliegen des Gutachtens nach Absatz 1 neu erstellt werden; sie sollen Maßnahmen der Hege und des Wildtiermanagements, die das jeweilige Gebiet betreffen, berücksichtigen und können solche Maßnahmen vorsehen. Sie können auch Aussagen über den Abschuss anderer Wildtiere enthalten.

(3) Kommt eine Zielvereinbarung nach Absatz 2 Satz 1 nicht zustande, haben die Vertragsparteien dies der unteren Jagdbehörde binnen einen Monats nach Beginn des Jagdjahres anzuzeigen. Die untere Jagdbehörde kann von den in Absatz 2 genannten Personen verlangen, ihr den Inhalt der Zielvereinbarung oder Zielsetzung mitzuteilen.

(4) Die oberste Jagdbehörde wird ermächtigt, durch Rechtsverordnung nähere Bestimmungen zur Form und zum Inhalt der Zielvereinbarung und der Zielsetzung nach Absatz 2 zu treffen.

§ 35 Abschussplan und Streckenliste

(1) Für Rot-, Gams-, Sika-, Dam- und Muffelwild hat die untere Jagdbehörde einen Abschussplan festzusetzen, soweit hierfür keine Hegegemeinschaft nach § 47 Absatz 2 oder 4 zuständig ist oder die oberste Jagdbehörde nach Absatz 8 Nummer 4 nichts anderes bestimmt. In begründeten Ausnahmefällen kann die untere Jagdbehörde abweichend von Satz 1 von der Festsetzung absehen. Besteht keine Zielvereinbarung oder Zielsetzung im Sinne des § 34 Absatz 2, kann sie

einen Abschussplan für Rehwild festsetzen, soweit dies erforderlich ist, um eine den Vorgaben des § 34 Absatz 1 entsprechende Jagdausübung sicherzustellen.

(2) Der Abschussplan legt den Abschuss für einen Zeitraum von ein bis drei Jahren, getrennt nach Wildtierarten und Geschlecht mit Ausnahme von Jungtieren im ersten Lebensjahr, beim Rotwild auch nach Altersstufen, fest.

(3) Die jagdausübungsberechtigten Personen haben für die in Absatz 1 Satz 1 genannten Wildtierarten und bei Aufforderung durch die untere Jagdbehörde auch für Rehwild zum Ende des Abschussplanzeitraums nach Absatz 2 bis zum 15. April einen Vorschlag für den Abschussplan einzureichen. Bei Jagdverpachtung muss der Planvorschlag im Einvernehmen mit der verpachtenden Person erfolgen.

(4) Die untere Jagdbehörde setzt den Abschussplan auf der Grundlage des § 34 Absatz 1 fest. Ist das Gebiet einer bestätigten Hegegemeinschaft betroffen, ist diese anzuhören. Ist ein Abschussplan für eine Wildtierart festgesetzt, dürfen die von dem Plan erfassten Wildtiere nur auf Grund und im Rahmen des Plans erlegt werden.

(5) Die jagdausübungsberechtigte Person ist verpflichtet, den Abschussplan notfalls unter Hinzuziehung anderer Personen, welche die Jagd ausüben dürfen, zu erfüllen. Die untere Jagdbehörde trifft die zur Erfüllung des Abschussplans erforderlichen Anordnungen; § 36 Absatz 4 findet entsprechende Anwendung.

(6) Die jagdausübungsberechtigte Person sowie Stadtjägerinnen und Stadtjäger haben über erlegte und verendete Wildtiere mit Ausnahme der vor Beginn ihrer Jagdzeit verendeten Jungtiere eine Liste (Streckenliste) zu führen, die der unteren Jagdbehörde auf Verlangen jederzeit, spätestens jährlich am Ende des Jagdjahres, zu übermitteln ist. Darüber hinaus kann die untere Jagdbehörde anordnen, ihr jeden Abschuss von Schalenwild zum Zwecke der Tierseuchenprävention oder der Tierseuchenbekämpfung oder wenn es einem Abschussplan unterliegt oder soweit es zur Erreichung der in § 2 genannten Ziele erforderlich ist, unverzüglich zu melden und das erlegte Stück oder Teile desselben vorzulegen.

(7) In den Fällen des Absatzes 1 Satz 1 setzt eine Hegegemeinschaft nach § 47 Absatz 2 oder 4 den Abschussplan für von ihr bewirtschaftete Wildtierarten anstelle der unteren Jagdbehörde fest und trifft die Anordnungen nach Absatz 5 Satz 2 und Absatz 6 Satz 2.

(8) Die oberste Jagdbehörde wird ermächtigt, durch Rechtsverordnung

1. nähere Bestimmungen über die Abschusspläne, die Überwachung ihrer Einhaltung und ihre zwangsweise Durchsetzung zu treffen,
2. nähere Bestimmungen über die fachlichen Anforderungen und das Verfahren zur Erstellung der Gutachten nach § 34 Absatz 1, die Erhebung und Verarbeitung von Daten über die Verhältnisse in den Jagdbezirken, insbesondere über den Bestand der Wildtierarten, sowie über den Inhalt und die Übermittlung der Streckenliste zu treffen,
3. unter besonderer Berücksichtigung der Hegegrundsätze nach § 5 Absatz 4 Rotwildgebiete auszuweisen, aufzuheben und für die Bejagung des Rotwildes besondere Bestimmungen zu erlassen,

4. zu bestimmen, dass auf die in Absatz 1 Satz 1 genannten Arten die Vorschriften des § 34 und des Absatzes 1 Satz 3 für Rehwild Anwendung finden, wenn die Ziele des Gesetzes nicht entgegenstehen.

(9) In Abweichung von Absatz 4 Satz 3 kann die oberste Jagdbehörde für bestimmte Jagdbezirke

1. zu wissenschaftlichen Zwecken,
2. zu Forschungszwecken oder
3. zur Durchführung von Pilotprojekten

durch Einzelanordnung die jagdausübungsberechtigte Person von der Pflicht, Abschüsse von Schalenwild nur auf Grund und im Rahmen eines Abschussplans durchzuführen, entbinden. Die Ausnahme ist nur zulässig, wenn die jagdausübungsberechtigte Person und

1. bei gemeinschaftlichen Jagdbezirken die Jagdgenossenschaft,
2. bei Eigenjagdbezirken die Inhaberin oder der Inhaber des Eigenjagdbezirks

zugestimmt haben.

§ 36 Steuerung des Wildtierbestandes im Einzelfall

(1) Die untere Jagdbehörde kann anordnen, dass die jagdausübungsberechtigte Person, unabhängig von den Vorschriften zu Jagd- und Schonzeiten, innerhalb einer bestimmten Frist in bestimmtem Umfang den Wildtierbestand zu verringern oder einzelne Wildtiere zu erlegen hat, wenn dies mit Rücksicht auf überwiegende Gründe des öffentlichen Interesses, insbesondere auf die Interessen der Land-, Forst- und Fischereiwirtschaft und die Belange des Naturschutzes, der Landschaftspflege, zur Bekämpfung von Tierseuchen oder zur Abwehr von Gefahren für die öffentliche Sicherheit notwendig ist. Die jagdausübungsberechtigte Person hat eine unverzügliche Bejagung der betroffenen Wildtierarten durch Dritte gemäß den Vorgaben der unteren Jagdbehörde zu dulden, wenn dies zur Bekämpfung von Tierseuchen geboten ist.

(2) Die untere Jagdbehörde kann die Jagdausübung auf bestimmte Arten von Wildtieren oder die Jagdausübung insgesamt in bestimmten Jagdbezirken oder in bestimmten Revieren dauernd oder zeitweise verbieten oder beschränken, soweit dies aufgrund der Bestandssituation der Arten notwendig ist, um die Bedrohung des Bestands zu verhindern, aus Gründen der Bekämpfung einer Tierseuche oder, um Gefahren für Leib oder Leben von Menschen oder für erhebliche Sachwerte abzuwenden. Widerspruch und Anfechtungsklage gegen die Anordnungen nach Satz 1 haben keine aufschiebende Wirkung. Weist der Wildtierbericht gemäß § 44 für Arten des Entwicklungsmanagements auf ein Erfordernis nach Satz 1 hin, hat die untere Jagdbehörde die geeigneten Maßnahmen nach Satz 1 zu treffen.

(3) Soweit die in Absatz 1 oder 2 genannten Voraussetzungen vorliegen, kann die untere Jagdbehörde im Einzelfall anordnen, dass die jagdausübungsberechtigte Person mit jagdlichen Mitteln an der Umsetzung revierübergreifender Konzepte, die den Zielen des § 5 Absatz 3 und 4 dienen, mitwirkt oder ihre Jagdausübung an derartigen Konzepten ausrichtet, soweit dies erforderlich und der jagdausübungsberechtigten Person zumutbar ist. Die untere Jagdbehörde kann

dazu eine bestimmte Art und einen bestimmten Umfang der Jagdausübung vorschreiben.

(4) Kommt die jagdausübungsberechtigte Person einer Anordnung nach den Absätzen 1 bis 3 nicht nach, kann die untere Jagdbehörde die Anordnung nach den Vorschriften des Landesverwaltungsvollstreckungsgesetzes durchsetzen, insbesondere für Rechnung der jagdausübungsberechtigten Person den Wildtierbestand verringern lassen. Die erlegten Wildtiere sind gegen einen angemessenen Aufwendungsersatz der jagdausübungsberechtigten Person zu überlassen.

§ 37 Aussetzen von Wildtieren

(1) Tiere der diesem Gesetz unterstellten Arten dürfen nur mit Genehmigung der obersten Jagdbehörde in der freien Natur ausgesetzt werden. Bei Arten, die dem Schutzmanagement unterliegen, bedarf die Genehmigung des Einvernehmens der obersten Naturschutzbehörde; Absatz 3 bleibt unberührt. Dem Aussetzen dürfen die in § 5 Absatz 3 und 4 genannten Ziele und Belange nicht entgegenstehen.

(2) Absatz 1 gilt nicht für eingefangene oder aufgezogene Wildtiere, die der Natur entnommen worden sind, um sie aufzuziehen, gesundzupflegen, tierärztlich oder wissenschaftlich zu untersuchen oder vor dem Verlust zu bewahren, und im Anschluss daran wieder freigelassen werden. Dasselbe gilt für die nach § 13 Absatz 4 gefangenen Wildtiere, sofern es sich nicht um Neozoen handelt und sofern diese Wildtiere im Jagdbezirk der jeweiligen Gemeinde oder mit Zustimmung der jagdausübungsberechtigten Person in einem anderen Jagdbezirk freigelassen werden.

(3) Absatz 1 gilt nicht für Fasanen und Rebhühner, die zur Bestandsstützung ausgesetzt werden. Diese Tiere dürfen im laufenden und folgenden Jagdjahr nicht erlegt werden.

§ 38 Verhindern vermeidbarer Schmerzen und Leiden der Wildtiere

(1) Die zur Jagdausübung befugten Personen sind verpflichtet, den Wildtieren Schmerzen oder Leiden zu ersparen, die über das unvermeidbare Maß hinausgehen. Um krankgeschossene Wildtiere vor das unvermeidbare Maß übersteigenden Schmerzen oder Leiden zu bewahren, sind diese unverzüglich zu erlegen; das gleiche gilt für schwerkranke oder auf andere Weise schwer verletzte Wildtiere, es sei denn, dass es genügt und möglich ist, sie zu fangen und zu versorgen. Erlegt die zur Jagdausübung befugte Person im Falle des Satzes 2 ein Wildtier der nach den Vorschriften des Bundesnaturschutzgesetzes streng geschützten Arten, hat sie das Wildtier an eines der Chemischen und Veterinäruntersuchungsämter Stuttgart, Karlsruhe oder Freiburg oder an das Staatliche Tierärztliche Untersuchungsamt Aulendorf – Diagnostikzentrum zur Untersuchung abzugeben und unter Vorlage des Untersuchungsbefundes der unteren Jagdbehörde darzulegen, dass das Erlegen zur Verhinderung unnötiger Schmerzen und Leiden erforderlich war; die untere Jagdbehörde setzt die höhere Naturschutzbehörde über den Vorgang in Kenntnis.

(2) Die jagdausübungsberechtigte Person ist verpflichtet, für eine unverzügliche und fachgerechte Nachsuche krank geschossener, schwerkranker oder auf

andere Weise schwer verletzter Wildtiere auch über die Grenze des Jagdbezirks hinaus zu sorgen.

(3) Bei Such- und Bewegungsjagden sowie bei jeglicher Bejagung von Federwild, mit Ausnahme der Beizjagd, sind geeignete Jagdhunde mitzuführen und zur Nachsuche zu verwenden. Für sonstige Nachsuchen sind brauchbare Jagdhunde bereitzuhalten und einzusetzen, wenn es nach den Umständen erforderlich ist. Die oberste Jagdbehörde wird ermächtigt, durch Rechtsverordnung nähere Bestimmungen zu treffen über die Anforderungen, die nach Absatz 2 sowie Satz 1 und 2 an die Eignung der Jagdhunde zu stellen sind, und die Ausbildung der Jagdhunde zur Wahrung der Belange des Tierschutzes zu regeln.

§ 39 Wildfolge

(1) Ein krankgeschossenes, schwerkrankes oder aus sonstigen Gründen schwer verletztes Wildtier, das in ein fremdes Jagdrevier wechselt, darf verfolgt werden, um es vor vermeidbaren Schmerzen oder Leiden zu bewahren (Wildfolge), wenn die Wildfolge mit der jagdausübungsberechtigten Person dieses Jagdreviers schriftlich vereinbart worden ist. Die Vereinbarung muss die Wildfolge zumindest nach Maßgabe des Absatzes 2 Nummer 1 bis 5 erlauben.

(2) Wenn eine schriftliche Vereinbarung nach Absatz 1 nicht besteht, darf die Wildfolge nach folgender Maßgabe ausgeübt werden:

1. Wechselt ein krankgeschossenes, schwerkrankes oder aus sonstigen Gründen schwer verletztes Wildtier über die Grenze des Jagdreviers und ist es für einen sicheren Schuss erreichbar, ist es von der zur Jagdausübung befugten Person von ihrem Jagdrevier aus zu erlegen und am Erlegungsort zu versorgen. Wildtiere sind auch zu versorgen, wenn sie in Sichtweite im Nachbarrevier verenden.
2. Wildtiere darf die zur Jagdausübung befugte Person sicherstellen, muss sie aber unverzüglich der Reviernachbarin oder dem Reviernachbarn abliefern.
3. Das Erlegen von Wildtieren im benachbarten Revier ist der dort jagdausübungsberechtigten Person oder deren Vertretung durch die das Wildtier erlegende Person unverzüglich zu melden.
4. Wechselt ein krankgeschossenes, schwerkrankes oder aus sonstigen Gründen schwer verletztes Wildtier über die Grenze des Jagdreviers und ist es für einen sicheren Schuss nicht erreichbar, hat die zur Jagdausübung befugte Person die Stelle des Überwechselns, gegebenenfalls den Anschuss nach Möglichkeit kenntlich zu machen. Die jagdausübungsberechtigte Person des Nachbarreviers oder deren Vertretungsperson ist unverzüglich zu benachrichtigen. Für die Nachsuche hat sich die zur Jagdausübung befugte Person oder eine mit den Vorgängen vertraute Person zur Verfügung zu stellen. Kann nur durch sofortige Aufnahme oder Weiterführung der Nachsuche mit einem geeigneten Jagdhund ein krankgeschossenes, schwerkrankes oder aus sonstigen Gründen schwer verletztes Wildtier vor vermeidbaren Schmerzen oder Leiden bewahrt werden, darf die zur Jagdausübung befugte Person Nachbarreviere für die Nachsuche mit geeigneten Jagdwaffen betreten, wenn sie die jeweiligen jagdausübungsberechtigten Personen zuvor nicht oder nicht unverzüglich benach-

richtigt hat. Nach Beendigung der Nachsuche sind letztere unverzüglich zu benachrichtigen.

5. Zum Zwecke der Wildfolge dürfen anerkannte Nachsuchegespanne ohne Zustimmung der jagdausübungsberechtigten Personen des angrenzenden Reviers die Reviergrenzen unter Mitführung geeigneter Jagdwaffen sowie in Begleitung einer weiteren zur Nachsuche ausgerüsteten Person, die Inhaberin eines Jagdscheins ist und ebenfalls geeignete Jagdwaffen führen darf, überschreiten, die Wildtiere erlegen und versorgen. Nach Beendigung der Nachsuche sind die jagdausübungsberechtigten Personen unverzüglich zu benachrichtigen.

(3) Ein erlegtes Wildtier, das der Abschussplanung unterliegt, ist auf den Abschussplan derjenigen Person anzurechnen, in deren Revier das Wildtier angeschossen wurde.

(4) Die oberste Jagdbehörde wird ermächtigt, zur Sicherstellung einer ordnungsgemäßen und wirksamen Durchführung der Wildfolge durch Rechtsverordnung nähere Bestimmungen über die Anerkennung der Nachsuchegespanne und deren Voraussetzungen zu treffen.

(5) Das Überjagen von Hunden auf angrenzende Jagdreviere ist von den jagdausübungsberechtigten Personen der angrenzenden Jagdreviere bei bis zu drei auf derselben Grundfläche durchgeführten Bewegungsjagden im Jagdjahr zu dulden, wenn ihnen die Durchführung der Bewegungsjagd spätestens 48 Stunden vor Beginn angekündigt wurde. Wenn es die jagdausübungsberechtigte Person des angrenzenden Jagdreviers verlangt, dürfen die auf der Bewegungsjagd eingesetzten Jagdhunde nur mit einem Mindestabstand von 200 Metern zur Reviergrenze geschnallt werden.

§ 40 Örtliche Verbote

An Orten, an denen die Jagdausübung nach den Umständen des Einzelfalles die öffentliche Ruhe, Ordnung oder Sicherheit stören oder das Leben von Menschen gefährden würde, darf die Jagd nicht ausgeübt werden.

Abschnitt 6
Sicherung der Nachhaltigkeit, Wildtierschutz

§ 41 Jagd- und Schonzeiten

(1) Die Jagd auf Wildtiere darf nur zu bestimmten Zeiten ausgeübt werden (Jagdzeiten). Außerhalb der Jagdzeiten sind Wildtiere mit der Jagd zu verschonen (Schonzeiten). Ist eine Jagdzeit für eine Wildtierart nicht bestimmt, ist die Art während des ganzen Jahres mit der Jagd zu verschonen.

(2) In der Zeit vom 16. Februar bis 15. April sind sämtliche Wildtiere mit der Jagd zu verschonen (allgemeine Schonzeit). Abweichend von Satz 1 ist die Jagd auf Schwarzwild im äußeren Waldstreifen bis zu einem Abstand von 200 Metern vom Waldaußenrand und in der offenen Landschaft zulässig; bei geschlossener oder durchbrochener Schneedecke ist die Jagd auf Schwarzwild im gesamten Wald und in der offenen Landschaft im Monat März zulässig. Ebenfalls zulässig ist das Aufsuchen und Nachstellen im Rahmen der Ausbildung von Jagdhunden.

(3) In den Setz- und Brutzeiten dürfen bis zum Selbständigwerden der Jungtiere die für die Aufzucht notwendigen Elterntiere, auch die von Wildtieren ohne Schonzeit, nicht bejagt werden. Die obere Jagdbehörde kann für bestimmte Arten von Wildtieren, die nicht dem Schutzmanagement unterliegen, aus besonderen Gründen, insbesondere bei Störung des biologischen Gleichgewichts oder bei schwerer Schädigung der Landeskultur, oder in Einzelfällen zu wissenschaftlichen Lehr- und Forschungszwecken Ausnahmen unter Beachtung der Vorgaben des § 9 zulassen.

(4) Die oberste Jagdbehörde wird ermächtigt, unter Beachtung der Ziele und Maßgaben dieses Gesetzes sowie der in § 9 genannten Vorgaben durch Rechtsverordnung für die Arten von Wildtieren, die dem Nutzungs- oder Entwicklungsmanagement unterliegen, Jagd- und Schonzeiten im Sinne des Absatzes 1 zu bestimmen oder die allgemeine Schonzeit nach Absatz 2 Satz 1 aufzuheben oder zu verkürzen. Dabei kann es für verschiedene Gebiete oder Naturräume unterschiedliche Jagd- und Schonzeiten bestimmen.

(5) Die oberen Jagdbehörden werden ermächtigt, unter Beachtung der Ziele und Maßgaben dieses Gesetzes sowie der in § 9 genannten Vorgaben durch Rechtsverordnung oder für bestimmte Gebiete oder für einzelne Jagdbezirke durch Einzelanordnung

1. für bestimmte Arten von Wildtieren, die dem Nutzungs- oder Entwicklungsmanagement unterliegen, aus besonderen Gründen, insbesondere aus Gründen der Tierseuchenbekämpfung und der Landeskultur, zur Vermeidung übermäßiger Wildschäden, zu wissenschaftlichen Lehr- und Forschungszwecken, bei Störung des biologischen Gleichgewichts oder der Wildhege, für bestimmte Gebiete die Schonzeiten abzukürzen oder aufzuheben oder besondere Jagdzeiten zu bestimmen,
2. Ausnahmen von dem Jagdverbot in den Setz- und Brutzeiten nach Absatz 3 Satz 1 unter den Voraussetzungen des Absatzes 3 Satz 2 zu bestimmen.

(6) Die untere Jagdbehörde kann unter Beachtung der Vorgaben des § 9

1. für den Lebendfang von Wildtieren, deren Arten nicht dem Schutzmanagement unterliegen, in Einzelfällen Ausnahmen von Absatz 1 Satz 2 zulassen,
2. für bestimmte Gebiete oder für einzelne Jagdbezirke unter den Voraussetzungen des Absatzes 5 Nummer 1 im Einvernehmen mit der oberen Jagdbehörde auch durch Einzelanordnung die Schonzeiten mit Ausnahme der Schonzeiten nach Absatz 2 abkürzen oder aufheben oder besondere Jagdzeiten bestimmen.

(7) Das Sammeln der Eier von Federwild und Ausnehmen der Gelege ist verboten. Die zuständige Naturschutzbehörde entscheidet über Ausnahmen von Satz 1 nach § 45 Absatz 7 des Bundesnaturschutzgesetzes.

§ 42 Wildruhegebiete, Gebiete mit besonderen Schutzanforderungen

(1) Gebiete, in denen ein besonderer Schutz der Wildtiere oder bestimmter Wildtierarten aus wissenschaftlichen oder hegerischen Gründen, wegen ihrer Bedeutung als Ruhe-, Fortpflanzungs- oder Nahrungsstätte oder ihrer Bedeutung für die Verbindung ihrer Lebensräume erforderlich ist, können durch Allge-

meinverfügung der oberen Jagdbehörde im Benehmen mit der höheren Naturschutzbehörde zu Wildruhegebieten erklärt werden.

(2) In der Allgemeinverfügung sind der Schutzgegenstand, der wesentliche Schutzzweck und die dazu erforderlichen Ge- und Verbote sowie Schutz- und Pflegemaßnahmen zu bestimmen. Sie kann auch Regelungen enthalten über notwendige Beschränkungen der Jagdausübung, der wirtschaftlichen Nutzung, des Gemeingebrauchs an oberirdischen Gewässern oder der Befugnis zum Betreten des Gebietes. Soweit eine hiernach getroffene Anordnung enteignende Wirkung hat, ist die betroffene Person in Geld angemessen zu entschädigen; die §§ 7 bis 16 des Landesenteignungsgesetzes gelten entsprechend.

(3) Vor Erlass der Allgemeinverfügung sind die betroffenen Eigentümerinnen, Eigentümer und sonstigen Berechtigten anzuhören. § 24 Absatz 1, 2 und 9 sowie § 27 Absatz 4 des Naturschutzgesetzes sind entsprechend anzuwenden.

(4) Die untere Jagdbehörde kann durch Rechtsverordnung oder Einzelanordnung das Betreten von Teilen der offenen Landschaft und des Waldes

1. zum Schutz der den Wildtieren als Setz-, Brut- und Nistgelegenheiten dienenden Lebensbereiche,
2. zur Durchführung zulässiger Fütterungsmaßnahmen

vorübergehend untersagen oder beschränken. Absatz 3 gilt entsprechend.

(5) Die Jagdausübung in Schutzgebieten nach den Vorschriften des Naturschutzrechts und des Landeswaldgesetzes darf dem jeweiligen Schutzzweck nicht widersprechen. Die für die Erklärung zum Schutzgebiet zuständige Behörde trifft für Naturschutzgebiete, Kernzonen von Biosphärengebieten, flächenhafte Naturdenkmale und für Bann- und Schonwälder die dazu erforderlichen Regelungen im Rahmen der hierfür geltenden Vorschriften des Naturschutzrechts und des Landeswaldgesetzes im Benehmen mit der Jagdbehörde derselben Verwaltungsebene. Die Wahrnehmung des Jagdrechts ist zu gestatten, soweit der Schutzzweck nicht entgegensteht. Die Jagd und das Wildtiermanagement im Nationalpark Schwarzwald müssen den Vorschriften des Nationalparkgesetzes und den Vorgaben des Nationalparkplans entsprechen.

(6) Bei Querungshilfen für Wildtiere, insbesondere Grünbrücken und Grünunterführungen, ist die Jagdausübung in einem Umfeld von 250 Metern, gemessen vom Zugangsbereich der Querungshilfe, untersagt. Davon nicht erfasst werden die in §§ 38 und 39 geregelten Rechte und Pflichten. Die untere Jagdbehörde kann abweichend von Satz 1 eine nach Art, Umfang und Dauer bestimmte Jagdausübung im Benehmen mit der höheren Naturschutzbehörde unter Beachtung der Vorgaben des § 9 zulassen, soweit dies aus besonderen Gründen, insbesondere aus Gründen der Tierseuchenbekämpfung oder zur Vermeidung erheblicher land- und forstwirtschaftlicher Schäden, erforderlich ist.

§ 43 Beitrag zum Wildtiermonitoring

Die jagdausübungsberechtigte Person hat der unteren Jagdbehörde zum Ende jeden Jagdjahres über ihre Beobachtungen zu Wildtieren und zu den Verhältnissen im jeweiligen Jagdrevier und Jagdjahr, insbesondere zu Bestand, Lebensraum und Zustand, zu berichten. Die Monitoringdaten dürfen soweit erforderlich an die zuständigen unteren Veterinärbehörden und das Friedrich-Loeffler-

Institut zum Zwecke der Tierseuchenprävention sowie der Tierseuchenbekämpfung, insbesondere für die Durchführung und Bewertung von Tierseuchenmonitoringprogrammen, und zur Durchführung von Risikobewertungen durch die Veterinärbehörden oder beauftragte Forschungsinstitute übermittelt und dort verarbeitet werden. Die Verantwortung für die Rechtmäßigkeit der einzelnen Übermittlung trägt die Stelle, an welche auf deren Anforderung übermittelt wird. Die Pflichten zum Monitoring nach dem Tiergesundheitsgesetz und den darauf beruhenden Rechtsvorschriften bleiben unberührt. Die oberste Jagdbehörde wird ermächtigt, zum Zweck der fortlaufenden und systematischen Erfassung, Beobachtung und Überwachung der Wildtiere, für Zwecke der Wildtierforschung und zu dem Zweck, die tatsächlichen Grundlagen für Maßnahmen des Wildtiermanagements zu ermitteln, in einer Rechtsverordnung nähere Bestimmungen über die nach Satz 1 anzugebenden Daten, deren Erhebung und Verarbeitung zu treffen.

§ 44 Wildtierbericht

(1) Die oberste Jagdbehörde erstellt alle drei Jahre und bei besonderer Veranlassung einen Wildtierbericht für Baden-Württemberg. Dabei werden wissenschaftliche Einrichtungen und andere betroffene Landesbehörden beteiligt. Die Aussagen des Wildtierberichts zu Wildtierarten, die nach den Vorschriften des Bundesnaturschutzgesetzes streng geschützt sind, trifft die oberste Jagdbehörde im Einvernehmen mit der obersten Naturschutzbehörde.

(2) Grundlage des Wildtierberichts sind die Ergebnisse der Wildtierforschung für Baden-Württemberg. Dazu zählen insbesondere wissenschaftliche Bestandserhebungen, die Gutachten nach § 34 Absatz 1 und Streckenlisten nach § 35 Absatz 6, die Ergebnisse des Wildtiermonitorings nach § 43 sowie die Berichte nach Artikel 17 der Richtlinie 92/43/EWG und Artikel 12 der Richtlinie 2009/147/EG.

(3) Der Wildtierbericht hat Aussagen zu treffen über

1. die Bestandssituation und Bestandsentwicklung der in Baden-Württemberg vorkommenden Arten der Wildtiere sowie die Ursachen für Bestandsveränderungen,
2. den Lebensraum dieser Arten,
3. die Gebiete, in denen die Bestandssituation bestimmter Arten von Wildtieren, die dem Entwicklungsmanagement unterliegen, eine Beschränkung der Jagdausübung oder eine Jagdruhe erfordert,
4. die in Baden-Württemberg auftretenden Konflikte mit Wildtieren.

(4) Der Wildtierbericht hat Empfehlungen darüber zu enthalten, ob diesem Gesetz weitere in Baden-Württemberg wild lebende Tierarten unterstellt, in welche Managementstufe nach § 7 die dem Gesetz unterliegenden Arten der Wildtiere zugeordnet und ob Tierarten aus dem Anwendungsbereich des Gesetzes entlassen werden sollen. Er soll Empfehlungen zu Maßnahmen der Hege und des Wildtiermanagements im Sinne des § 5 enthalten.

(5) Die Zuständigkeiten für die europarechtlichen Berichtspflichten bleiben unberührt.

§ 45 Besondere Hegemaßnahmen

Die Inhaberinnen und Inhaber des Jagdrechts und die jagdausübungsberechtigten Personen sollen zur Erreichung der Ziele des § 5 Absatz 4 in angemessenem Umfang besondere Hegemaßnahmen, die zugunsten von dem Entwicklungs- und Schutzmanagement zugeordneten Wildtierarten erforderlich werden, ergreifen und sich an der Aufstellung und Umsetzung von revierübergreifenden Konzepten zur Erreichung dieser Ziele beteiligen.

§ 46 Generalwildwegeplan

(1) Der Generalwildwegeplan stellt die Flächen und Korridore in Baden-Württemberg dar, die für die Vernetzung der Waldlebensräume der Wildtiere im Rahmen eines länderübergreifenden Biotopverbundes unter Berücksichtigung der gegebenen Flächennutzung erforderlich sind. Der Generalwildwegeplan soll auf bestehende Barrieren, die der Vernetzung der Lebensräume entgegenstehen oder diese erschweren, und auf Maßnahmen, welche die Vernetzung der Lebensräume fördern können, hinweisen.

(2) Die oberste Jagdbehörde erstellt den Generalwildwegeplan unter Beteiligung wissenschaftlicher Einrichtungen alle zehn Jahre oder bei besonderer Veranlassung. § 44 Absatz 2 gilt entsprechend. Der Generalwildwegeplan ist zu begründen.

(3) Der Inhalt des Generalwildwegeplans ist von öffentlichen Stellen als Informations-, Planungs- und Abwägungsgrundlage bei raumbedeutsamen Planungen und Maßnahmen sowie Entscheidungen über die Zulässigkeit raumbedeutsamer Maßnahmen im Rahmen der fachgesetzlichen Abwägungssystematik zu berücksichtigen.

§ 47 Hegegemeinschaften

(1) Die jagdausübungsberechtigten Personen, Inhaberinnen und Inhaber der Eigenjagdbezirke und Jagdgenossenschaften mehrerer zusammenhängender Jagdbezirke können sich auf privatrechtlicher Grundlage zusammenschließen, um Maßnahmen der Bejagung, der Hege und des Wildtiermanagements jagdbezirksübergreifend abzustimmen und nach einheitlichen Grundsätzen durchzuführen (Hegegemeinschaft). Die untere Jagdbehörde wirkt auf die Bildung einer Hegegemeinschaft hin, wenn dies aus den in § 5 Absatz 3 und 4 genannten Gründen geboten ist. Entspricht eine Hegegemeinschaft nach ihrer räumlichen Abgrenzung den Erfordernissen der Hege, ist sie von der unteren Jagdbehörde auf Antrag zu bestätigen. Die Hegegemeinschaft soll fachkundige Vertreterinnen und Vertreter betroffener Interessengruppen, Verbände und Einrichtungen beteiligen.

(2) Eine oder mehrere Hegegemeinschaften im Sinne des Absatzes 1 bilden eine Körperschaft des öffentlichen Rechts, wenn

1. auf ihren Antrag hin die oberste Jagdbehörde feststellt, dass es aus den in § 5 Absatz 3 und 4 genannten Gründen, insbesondere zur großräumigen Bewirtschaftung bestimmter wandernder Wildtierarten oder zum Schutz gefährdeter Wildtierarten, nach wildökologischen und jagdfachlichen Erkenntnissen in dem Gebiet der Hegegemeinschaften erforderlich ist, Maßnahmen der Be-

jagung, der Hege und des Wildtiermanagements jagdbezirksübergreifend abzustimmen und in abgestimmter Weise durchzuführen, und

2. alle jagdausübungsberechtigten Personen, Inhaberinnen und Inhaber der Eigenjagdbezirke und die Jagdgenossenschaften des betroffenen Gebiets Mitglieder der antragstellenden Hegegemeinschaften sind.

Die Hegegemeinschaft übernimmt als Körperschaft des öffentlichen Rechts die in der Feststellung nach Satz 1 Nummer 1 durch die oberste Jagdbehörde bezeichneten Aufgaben.

(3) Soweit es im Einzelfall aus den in § 5 Absatz 3 und 4 genannten Gründen, insbesondere zur großräumigen Bewirtschaftung bestimmter wandernder Wildtierarten oder zum Schutz gefährdeter Wildtierarten, nach wildökologischen und jagdfachlichen Erkenntnissen in einem bestimmten Gebiet erforderlich ist, im Rahmen einer Hegegemeinschaft Maßnahmen der Bejagung, der Hege und des Wildtiermanagements jagdbezirksübergreifend abzustimmen und in abgestimmter Weise durchzuführen, kann die oberste Jagdbehörde die jagdausübungsberechtigten Personen, die Inhaberinnen und Inhaber der Eigenjagdbezirke und die Jagdgenossenschaften des Gebiets auffordern, innerhalb einer bestimmten Frist eine Hegegemeinschaft zu bilden. Die Aufforderung muss bestimmte Aufgaben der Hegegemeinschaft im Rahmen des Satzes 1 für das betroffene Gebiet bezeichnen und auf die Rechtsfolge des Absatzes 4 hinweisen.

(4) Wird die Aufforderung nach Absatz 3 innerhalb der Frist nicht befolgt, bilden fortan alle jagdausübungsberechtigten Personen, Inhaberinnen und Inhaber der Eigenjagdbezirke und Jagdgenossenschaften des betroffenen Gebiets kraft Gesetzes eine Hegegemeinschaft als Körperschaft des öffentlichen Rechts mit den in der Aufforderung bezeichneten Aufgaben. Dies gilt auch, wenn die Aufforderung befolgt wird und die oberste Jagdbehörde den Adressaten der Aufforderung gegenüber nach Ablauf einer diesen gesetzten Frist feststellt, dass die gebildete Hegegemeinschaft die bezeichneten Aufgaben nicht erfüllt.

(5) Aufgaben der Hegegemeinschaft nach Absatz 2 oder 4 können insbesondere sein

1. die jagdbezirksübergreifende Abstimmung von Hegemaßnahmen zur Gestaltung des Lebensraumes von Wildtieren, auch im Zusammenwirken mit anderen Personen und Einrichtungen im Bereich der Landschaftspflege,
2. die Festsetzung und Durchsetzung der Abschusspläne für bestimmte von der Hegegemeinschaft zu bewirtschaftende Arten von Wildtieren,
3. die jagdbezirksübergreifende Steuerung des Abschusses, insbesondere zur Anpassung der Wildtierbestände an den Lebensraum unter Beachtung land- und forstwirtschaftlicher Erfordernisse, und die Kontrolle der Abschussregelungen,
4. die Entwicklung und Durchführung von jagdbezirksübergreifenden Konzepten im Rahmen des Wildtiermanagements, insbesondere zum Schutz bestimmter Wildtierarten und zur Vermeidung übermäßiger Wildschäden,
5. die Vereinbarung von Wildfolgeregelungen.

(6) Eine Hegegemeinschaft nach Absatz 2 oder 4 steht unter der Aufsicht der unteren Jagdbehörde. Der Aufsichtsbehörde stehen die gleichen Befugnisse zu,

wie sie den Rechtsaufsichtbehörden gegenüber den Gemeinden nach Maßgabe der Vorschriften der Gemeindeordnung zustehen.

(7) Eine Hegegemeinschaft nach Absatz 2 oder 4 hat sich eine Satzung zu geben, die der Genehmigung der Aufsichtsbehörde bedarf. Stellt die Hegegemeinschaft innerhalb einer von der Aufsichtsbehörde bestimmten Frist keine Satzung auf, die den Vorschriften dieses Gesetzes oder aufgrund dieses Gesetzes entspricht, erlässt die Aufsichtsbehörde die Satzung und macht sie auf Kosten der Hegegemeinschaft bekannt. Die Satzung hat insbesondere Regelungen zu treffen über die Beschlussfassung, Stimmengewichtung, Organe und Umlagen der Hegegemeinschaft.

(8) Eine Hegegemeinschaft nach Absatz 2 oder 4 kann für ihren durch sonstige Einnahmen nicht gedeckten Finanzbedarf Umlagen von den Mitgliedern erheben. Die Umlagen können wie Gemeindeabgaben beigetrieben werden.

§ 48 Wildtierschutz

(1) Die jagdausübungsberechtigten Personen können anerkannte Wildtierschützerinnen und Wildtierschützer beauftragen, in ihren Jagdrevieren die Befugnisse des § 49 wahrzunehmen und Aufgaben im Rahmen der Hege und des Wildtiermanagements zu übernehmen. Die Wildtierschützerinnen und Wildtierschützer können in mehreren Jagdrevieren beauftragt werden. Anerkannte Wildtierschützerinnen und Wildtierschützer sind im Rahmen ihrer Beauftragung zur Jagdausübung in den jeweiligen Jagdrevieren befugt. Die Befugnis erlischt spätestens, sobald das Jagdausübungsrecht der beauftragenden Person entfällt.

(2) Die untere Jagdbehörde erkennt eine Person auf Antrag als Wildtierschützerin oder Wildtierschützer für einen bestimmten Jagdbezirk an, wenn auf sie ein gültiger Jagdschein ausgestellt ist, sie die fachliche und persönliche Eignung besitzt und die jeweilige jagdausübungsberechtigte Person ihr Einverständnis erklärt. Die untere Jagdbehörde kann die Anerkennung widerrufen, wenn die Voraussetzungen nach Satz 1 nicht mehr vorliegen oder die Wildtierschützerin oder der Wildtierschützer dies beantragt.

(3) Die unteren Jagdbehörden sollen mit anerkannten Wildtierschützerinnen und Wildtierschützern in deren Aufgabenbereich zusammenarbeiten. In diesem Rahmen können die anerkannten Wildtierschützer den öffentlichen Stellen und privaten Personen insbesondere bei Fragen der Hege und Habitatgestaltung, des Wildtiermonitorings, der Jagd in Schutzgebieten in Abstimmung mit der für die Erklärung zum Schutzgebiet zuständigen Behörde, des Umgangs mit Wildtieren im Siedlungsraum und bei Unfällen mit Wildtieren als Ansprechpartner dienen.

§ 49 Schutz der Wildtiere vor Hunden und Hauskatzen

(1) Die jagdausübungsberechtigte Person und anerkannte Wildtierschützerinnen und Wildtierschützer dürfen in ihrem Jagdbezirk Hunde, die erkennbar Wildtieren nachstellen und diese gefährden, mit schriftlicher Genehmigung der Ortspolizeibehörde im Einzelfall töten, wenn

1. das Einwirken auf ermittelbare Halterinnen und Halter sowie Begleitpersonen erfolglos war und

2. andere mildere und zumutbare Maßnahmen des Wildtierschutzes, insbesondere das Einfangen des Hundes, nicht erfolgsversprechend sind.

Das Recht nach Satz 1 umfasst nicht die Tötung von Blinden-, Hirten-, Jagd-, Polizei- und Rettungshunden, die als solche kenntlich sind.

(2) Die jagdausübungsberechtigte Person und anerkannte Wildtierschützerinnen und Wildtierschützer dürfen in ihrem Jagdbezirk streunende Hauskatzen mit Genehmigung der unteren Jagdbehörde in Wildruhegebieten nach § 42 und mit Genehmigung der zuständigen Naturschutzbehörde in Schutzgebieten nach den Vorschriften des Naturschutzrechts im Einzelfall töten, sofern der Schutzzweck es erfordert und andere mildere und zumutbare Maßnahmen nicht erfolgversprechend sind.

(3) Lebend gefangene Hunde und Katzen sind als Fundsachen zu behandeln.

§ 50 Bekämpfung von Tierseuchen bei Wildtieren

(1) Tritt eine nach den Vorschriften des Tiergesundheitsrechts anzeigepflichtige Tierseuche bei Wildtieren auf oder treten Erscheinungen auf, die den Ausbruch einer solchen Tierseuche befürchten lassen, so haben die jagdausübungsberechtigten Personen und die zur Jagdausübung befugten Personen dies unverzüglich der nach Tiergesundheitsrecht zuständigen Behörde anzuzeigen. Die untere Jagdbehörde wirkt bei den zur Bekämpfung der Seuche erforderlichen Maßnahmen der zuständigen Behörden mit.

(2) Soweit nichts anderes bestimmt ist, haben die jagdausübungsberechtigten Personen und solche Personen, die zur Jagdausübung befugt sind, ohne Jagdausübungsberechtigte zu sein, unverzüglich die erlegten oder verendet aufgefundenen Wildtiere, bei denen sich Erscheinungen zeigen, die den Ausbruch einer anzeigepflichtigen Tierseuche befürchten lassen, oder Teile derselben der Untersuchung zur Abklärung der Krankheitsursache zuzuführen.

§ 51 Verringerung der Störung und Beunruhigung von Wildtieren

(1) Es ist verboten, Wildtiere unbefugt an ihren Zuflucht-, Nist-, Brut- oder Einständen durch Aufsuchen, Fotografieren, Filmen oder sonstige Handlungen zu stören. Das Verbot steht einer ordnungsgemäßen Ausübung der Land- und Forstwirtschaft, der Jagd und Fischerei nicht entgegen.

(2) Die untere Jagdbehörde kann in Einzelfällen zu wissenschaftlichen Lehr- und Forschungszwecken für bestimmte Arten von Wildtieren Ausnahmen von dem Verbot nach Absatz 1 unter Beachtung der Vorgaben des § 9 zulassen.

(3) Soweit dies zur Verringerung der Beunruhigung von Wildtieren erforderlich ist, kann die untere Jagdbehörde in Notzeiten für bestimmte Gebiete durch Allgemeinverfügung anordnen, dass sich das Recht zum Betreten des Waldes und der offenen Landschaft zum Zwecke der Erholung auf das Betreten von Straßen und Wegen beschränkt und Hunde dabei an der Leine zu führen sind. Widerspruch und Anfechtungsklage gegen die Anordnungen nach Satz 1 haben keine aufschiebende Wirkung. Die Notzeit und die Anordnungen nach Satz 1 sind öffentlich bekanntzugeben. Während der Notzeit ruht die Jagd in den von der Anordnung nach Satz 1 erfassten Gebieten.

(4) Notzeit im Sinne des Gesetzes ist der Zeitraum, in dem besondere Umweltbedingungen zu einer schwerwiegenden Beeinträchtigung des Energiehaushaltes der Wildtiere führen und eine besondere Ruhe und Schonung der Wildtiere erfordern.

(5) Soweit dies zur Verringerung der Beunruhigung von Wildtieren erforderlich ist, kann die untere Jagdbehörde für den Zeitraum der allgemeinen Schonzeit gemäß § 41 Absatz 2 und den Zeitraum der Brut- und Aufzuchtszeit durch Allgemeinverfügung für bestimmte Gebiete anordnen, dass beim Betreten der Gebiete zum Zwecke der Erholung Hunde an der Leine zu führen sind.

(6) Soweit für die Bekämpfung einer Tierseuche die Vermeidung von Beunruhigung der Wildtiere erforderlich ist, kann die untere Jagdbehörde für bestimmte Gebiete oder einzelne Jagdreviere durch Allgemeinverfügung anordnen, dass das Recht zum Betreten des Waldes und der offenen Landschaft zum Zwecke der Erholung beschränkt oder untersagt wird.

Abschnitt 7
Wild- und Jagdschaden

§ 51a Präventions- und Ausgleichssysteme

(1) Jagdausübungsberechtigte Personen, Inhaberinnen und Inhaber der Eigenjagdbezirke und Jagdgenossenschaften können Präventions- und Ausgleichssysteme auf dem Gebiet einer oder mehrerer Gemeinden errichten.

(2) Die Präventions- und Ausgleichssysteme haben die Aufgabe, Wildschäden zu verhindern und die aus Wildschäden entstehenden Schadensersatzansprüche auszugleichen; die §§ 52 bis 57 bleiben unberührt. Die Präventions- und Ausgleichssysteme sind so zu gestalten, dass sie den Zielen des § 2 entsprechen. Diese Ziele sollen insbesondere durch revierübergreifende Maßnahmen erreicht werden.

(3) Die oberste Jagdbehörde wird ermächtigt, durch Rechtsverordnung nähere Bestimmungen zu treffen.

§ 52 Fernhalten der Wildtiere

(1) Die jagdausübungsberechtigte Person sowie die Eigentümerin oder der Eigentümer oder die nutzungsberechtigte Person eines Grundstücks sind berechtigt, Wildtiere von den Grundstücken fernzuhalten oder zu verscheuchen, soweit dies zur Verhütung von Wildschäden erforderlich ist. Die Eigentümerin oder der Eigentümer und die nutzungsberechtigte Person eines Grundstücks haben nach Satz 1 erforderliche, vorübergehend vorgesehene Einrichtungen zur Fernhaltung von Wildtieren in zumutbarem Umfang zu dulden, soweit sie nach sonstigen Vorschriften zulässig sind.

(2) Die jagdausübungsberechtigte Person darf bei Maßnahmen im Sinne des Absatzes 1 die Grundstücke nicht beschädigen, die Eigentümerin oder der Eigentümer oder die nutzungsberechtigte Person darf die Wildtiere weder gefährden noch verletzen.

§ 53 Schadensersatzpflicht bei Wildschaden

(1) Wird ein Grundstück, das zu einem gemeinschaftlichen Jagdbezirk gehört oder einem gemeinschaftlichen Jagdbezirk angegliedert ist, durch Schalenwild oder Wildkaninchen beschädigt, so hat die Jagdgenossenschaft der geschädigten Person den Wildschaden zu ersetzen. Der aus dem Vermögen der Jagdgenossenschaft geleistete Ersatz ist von den einzelnen Mitgliedern der Jagdgenossenschaft nach dem Verhältnis des Flächeninhalts ihrer beteiligten Grundstücke zu tragen. Hat bei einer Jagdverpachtung die pachtende Person den Ersatz des Wildschadens ganz oder teilweise übernommen, so trifft die Ersatzpflicht die pachtende Person. Die Ersatzpflicht der Jagdgenossenschaft bleibt bestehen, soweit die geschädigte Person Ersatz von der pachtenden Person nicht erlangen kann. Die Ansprüche der Jagdgenossenschaft gegen ihre Mitglieder werden nach § 15 Absatz 6 Satz 2 beigetrieben.

(2) Wildschaden durch Schalenwild oder Wildkaninchen an Grundstücken, die einem Eigenjagdbezirk angegliedert sind, hat die Eigentümerin oder der Eigentümer oder die nutznießende Person des Eigenjagdbezirks zu ersetzen. Bei Jagdverpachtung haftet die pachtende Person, wenn diese sich im Jagdpachtvertrag zum Ersatz des Wildschadens verpflichtet hat. In diesem Falle haftet die Eigentümerin oder der Eigentümer oder die nutznießende Person nur, soweit die geschädigte Person Ersatz von der pachtenden Person nicht erlangen kann.

(3) Bei Grundstücken, die zu einem Eigenjagdbezirk gehören, richtet sich, abgesehen von den Fällen des Absatzes 2, die Verpflichtung zum Ersatz von Wildschaden nach dem zwischen der geschädigten Person und der jagdausübungsberechtigten Person bestehenden Rechtsverhältnis. Sofern nichts anderes bestimmt ist, ist die jagdausübungsberechtigte Person ersatzpflichtig, wenn sie durch unzulänglichen Abschuss den Schaden verschuldet hat.

(4) Wird durch ein aus einem Gehege ausgetretenes und dort gehegtes Stück Schalenwild Wildschaden angerichtet, so ist ausschließlich die Person zum Ersatz verpflichtet, der die Aufsicht über das Gehege obliegt.

(5) Wildschaden an Grundstücken, auf denen die Jagd nicht ausgeübt werden darf, wird nicht erstattet. Diese Grundstücke bleiben bei der Berechnung der anteiligen Ersatzleistung für den Wildschaden an anderen Grundstücken gemäß Absatz 1 Satz 2 außer Ansatz, soweit kein Fall des § 14 Absatz 6 vorliegt.

§ 53a Schadensausgleich durch das Land

Werden durch den Luchs Sachschäden verursacht, kann nach Maßgabe der zur Verfügung stehenden Haushaltsmittel ein Schadensausgleich durch das Land gezahlt werden. Der Ausgleich wird durch die oberste Jagdbehörde auf Antrag gewährt. Die Abwicklung der Schadensregulierung kann auf Dritte übertragen werden.

§ 54 Umfang der Ersatzpflicht bei Wildschaden

(1) Nach § 53 ist auch der Wildschaden zu ersetzen, der an den getrennten, aber noch nicht eingeernteten Erzeugnissen eines Grundstücks eintritt.

(2) Werden Bodenerzeugnisse, deren voller Wert sich erst zur Zeit der Ernte bemessen lässt, vor diesem Zeitpunkt durch Wildtiere beschädigt, so ist der

Wildschaden in dem Umfang zu ersetzen, wie er sich zur Zeit der Ernte darstellt. Bei der Feststellung der Schadenshöhe ist jedoch zu berücksichtigen, ob der Schaden nach den Grundsätzen einer ordentlichen Wirtschaft durch Wiederanbau im gleichen Wirtschaftsjahr ausgeglichen werden kann.

(3) Wildschaden an Maiskulturen ist den geschädigten Personen nur zu 80 vom Hundert zu ersetzen, es sei denn, die geschädigte Person weist nach, dass sie die üblichen und allgemein zumutbaren Maßnahmen zur Abwehr von Wildschäden unternommen hat. § 55 Absatz 1 dieses Gesetzes und § 254 des Bürgerlichen Gesetzbuches bleiben unberührt.

(4) Zur Verhütung von Wildschäden auf landwirtschaftlichen Flächen haben Bewirtschafterinnen und Bewirtschafter allgemein zumutbare und übliche Obliegenheiten zur Erleichterung der Bejagung und zur Verhütung von Wildschäden zu erfüllen, Jagdausübungsberechtigte haben die Maßnahmen zur Umsetzung der Ziele aus § 2 Nummer 5 und § 5 Absatz 3 Nummer 1 zu treffen. Die jeweiligen Obliegenheiten richten sich nach der sich aus Lage und Bewirtschaftungsart des Grundstückes ergebenden Wildschadensgeneigtheit. Die oberste Jagdbehörde wird ermächtigt, durch Rechtsverordnung nähere Bestimmungen zu allgemein zumutbaren und üblichen Obliegenheiten zur Erleichterung der Bejagung und zur Abwehr von Wildschäden zu treffen.

(5) Bewirtschafterinnen und Bewirtschafter sowie Jagdausübungsberechtigte sind zur Rücksichtnahme auf die Rechte, Rechtsgüter und Interessen des anderen Teils verpflichtet und unterstützen und beraten sich gegenseitig zur Abwehr von Wildschäden.

§ 55 Schutzvorrichtungen gegen Wildschaden

(1) Ein Anspruch auf Ersatz von Wildschaden ist nicht gegeben, wenn die geschädigte Person die zur Abwehr von Wildschaden getroffenen Maßnahmen verhindert oder unwirksam macht.

(2) Gärten, Obstgärten, Baumschulen, Alleen, einzeln stehende Bäume sowie Forstkulturen anderer als der im Jagdbezirk vorkommenden Hauptholzarten und Freilandpflanzungen von Garten- oder hochwertigen Handelsgewächsen gelten als Sonderkulturen im Sinne dieses Gesetzes. Wildschaden, der an Sonderkulturen entsteht, wird nicht ersetzt, wenn die Herstellung üblicher Schutzvorrichtungen unterblieben ist, die unter gewöhnlichen Umständen zur Abwendung des Schadens ausreichen. Hauptholzarten sind diejenigen Baumarten, die im jeweiligen Jagdbezirk einen Flächenanteil von mindestens fünf vom Hundert im Ausgangsbestand aufweisen, es sei denn, es ist vertraglich etwas anderes bestimmt.

(3) Streuobstwiesen, die wie Grünland genutzt werden und auf denen regelmäßig weniger als 150 Obstbäume je Hektar stehen, sind keine Sonderkulturen im Sinne des Gesetzes. Nicht ersatzpflichtig sind Wühlschäden an Streuobstwiesen, wenn zum Schadenszeitpunkt das Fallobst nicht fachgerecht abgeerntet ist.

(4) Wildschäden an Weinbergen sind zu ersetzen, auch wenn Schutzvorrichtungen zur Abwendung des Schadens nicht errichtet sind.

§ 56 Schadensersatzpflicht bei Jagdschaden

(1) Wer die Jagd ausübt, hat dabei die berechtigten Interessen der Eigentümerinnen, Eigentümer und Nutzungsberechtigten von Grundstücken zu beachten, insbesondere besäte Felder und nicht abgemähte Wiesen möglichst zu schonen. Die Ausübung der Treibjagd auf Feldern, die mit reifender Halm- oder Samenfrucht oder mit Tabak bestanden sind, ist verboten; die Such- und sonstige Bewegungsjagd ist nur insoweit zulässig, als sie ohne Schaden für die reifenden Früchte durchgeführt werden kann.

(2) Die jagdausübungsberechtigte Person haftet der Eigentümerin oder dem Eigentümer oder der nutzungsberechtigten Person eines Grundstücks für jeden aus missbräuchlicher Jagdausübung entstehenden Schaden; sie haftet auch für den Jagdschaden, der von einer ihrer Wildtierschützerinnen, einem ihrer Wildtierschützer oder einem ihrer Jagdgäste verursacht wird.

§ 57 Geltendmachung des Schadens

(1) Der Anspruch auf Ersatz von Wild- oder Jagdschaden erlischt, wenn die geschädigte Person den Schadensfall nicht binnen einer Woche, nachdem sie von dem Schaden Kenntnis erhalten hat oder bei Beachtung gehöriger Sorgfalt erhalten hätte, bei der Gemeinde, auf deren Gemarkung das beschädigte Grundstück liegt, anmeldet. Bei Schaden an forstwirtschaftlich genutzten Grundstücken genügt es, wenn der Schaden einmal jährlich bis zum 15. Mai angemeldet wird. Die Anmeldung soll die als ersatzpflichtig in Anspruch genommene Person bezeichnen und den geltend gemachten Schaden beziffern.

(2) Die Gemeinde bescheinigt der geschädigten Person die Anmeldung des Wild- oder Jagdschadens. Sie gibt die Anmeldung unverzüglich der als ersatzpflichtig in Anspruch genommenen Person bekannt.

(3) Nach Ausstellung der Bescheinigung über die Anmeldung des Wild- oder Jagdschadens und dem erfolglosen Versuch einer gütlichen Einigung beauftragt die Gemeinde auf Antrag und Kosten eines oder beider Beteiligter eine nach Absatz 4 anerkannte Wildschadensschätzerin oder einen Wildschadensschätzer und setzt einen Ortstermin fest zu dem Zweck, den Wildschaden oder Jagdschaden zu schätzen und auf eine gütliche Einigung hinzuwirken.

(4) Die unteren Jagdbehörden erkennen Personen auf deren Antrag als Wildschadensschätzerinnen oder Wildschadensschätzer auf die Dauer von fünf Jahren an, wenn diese geeignet und befähigt sind, zum Zweck der gütlichen außergerichtlichen Einigung Wild- und Jagdschäden zu schätzen, hierzu Ortstermine durchzuführen und auf eine gütliche Einigung hinzuwirken. Die oberste Jagdbehörde wird ermächtigt, durch Rechtsverordnung nähere Bestimmungen über das Verfahren in Wild- und Jagdschadenssachen und zum Zwecke der Förderung einer außergerichtlichen gütlichen Einigung in Wild- und Jagdschadenssachen nähere Bestimmungen über die Anforderungen an Personen zu treffen, welche die unteren Jagdbehörden als Wildschadensschätzerinnen oder Wildschadensschätzer anerkennen.

(5) Die Kosten des Verfahrens der Wild- oder Jagdschadensschätzung trägt die Person, die das Tätigwerden der Gemeinde oder die Schätzung des Wildschadens oder Jagdschadens veranlasst hat. Haben sowohl die geschädigte Person als

auch die ersatzpflichtige Person das Tätigwerden der Gemeinde oder die Schätzung des Wild- oder Jagdschadens veranlasst, haften beide als Gesamtschuldner. Die geschädigte Person und die ersatzpflichtige Person verständigen sich darüber ob und in welcher Höhe jeweils von der anderen Person der Ersatz der Kosten des Verfahrens verlangt werden kann. Kommt keine Einigung zustande, kann die Person, die nach Satz 1 die Kosten des Verfahrens trägt, von der anderen Person hälftigen Ersatz der Kosten des Verfahrens verlangen. Die Kosten des Verfahrens sind nicht ersatzfähig, wenn sie die Höhe des Wildschadens oder Jagdschadens übersteigen.

Abschnitt 8
Verwaltungsbehörden, Beiräte

§ 58 Jagdbehörden

(1) Oberste Jagdbehörde ist das Ministerium Ländlicher Raum. Es ordnet und beaufsichtigt das gesamte Jagdwesen und Wildtiermanagement nach den gesetzlichen Vorschriften.

(2) Obere Jagdbehörde ist das zuständige Regierungspräsidium. Die obere Jagdbehörde beaufsichtigt die unteren Jagdbehörden und ist für die ihr nach diesem Gesetz und auf Grund dieses Gesetzes zugewiesenen Aufgaben zuständig. Abweichend von Satz 1 ist auf dem Gebiet des Nationalparks Schwarzwald (§ 2 NLPG) die Nationalparkverwaltung gemäß § 13 Absatz 1 Satz 2 Nummer 3 NLPG obere Jagdbehörde.

(3) Untere Jagdbehörden sind die Landratsämter und in den Stadtkreisen die Gemeinden als untere Verwaltungsbehörden; abweichend hiervon ist auf dem Gebiet des Nationalparks Schwarzwald (§ 2 NLPG) die Nationalparkverwaltung gemäß § 13 Absatz 1 Satz 2 Nummer 3 NLPG untere Jagdbehörde.

§ 59 Landesbeirat Jagd und Wildtiermanagement

(1) Zur Beratung der obersten Jagdbehörde wird ein Beirat gebildet.

(2) Der Beirat besteht aus fünf Vertreterinnen oder Vertretern aus dem Kreis der anerkannten Vereinigungen der Jägerinnen und Jäger, je drei Vertreterinnen oder Vertretern der Landwirtschaft, der Forstwirtschaft sowie aus dem Kreis der anerkannten Naturschutzverbände mit Ausnahme der Vereinigungen der Jägerinnen und Jäger, je zwei Vertreterinnen oder Vertretern aus dem Kreis der Jagdgenossenschaften, der Gemeinden, der Tierschutzverbände, einer Vertreterin oder einem Vertreter der Veterinärverwaltung sowie je einer Vertreterin oder einem Vertreter der im Landtag vertretenen Fraktionen. Vorsitzendes Mitglied des Beirats ist die Ministerin oder der Minister der obersten Jagdbehörde oder die zu ihrer oder seiner Vertretung bestimmte Person. Die oberste Jagdbehörde beruft die Mitglieder des Beirats auf Vorschlag der jeweiligen Fachverbände. Solange ein Fachverband nicht besteht oder wenn kein Vorschlag eingeht, werden die Mitglieder von der obersten Jagdbehörde in entsprechender Zusammensetzung ausgewählt. Für jedes Mitglied ist ein stellvertretendes Mitglied zu bestimmen. Der Vorschlag der Fachverbände und die Berufung der Mitglieder sowie der stellvertretenden Mitglieder sollen Frauen zur Hälfte berücksichtigen.

(3) Der Beirat ist in allen Fragen von grundsätzlicher und allgemeiner Bedeutung sowie in allen wichtigen Einzelfragen zu hören. Er ist ferner einzuberufen, wenn die Mehrheit der Mitglieder dies beantragt.

(4) Die Mitglieder des Beirats sind ehrenamtlich tätig; sie werden auf die Dauer von sechs Jahren berufen. Abberufung aus wichtigem Grund ist zulässig. Den Aufwand, der ihnen bei der Ausübung ihrer Aufgaben entsteht, trägt das Land.

§ 60 Beirat bei der unteren Jagdbehörde

(1) Bei der unteren Jagdbehörde mit Ausnahme der Nationalparkverwaltung des Nationalparks Schwarzwald wird ein Beirat eingerichtet. Dem Beirat sollen fünf Vertreterinnen oder Vertreter der Jägerinnen und Jäger, je eine Vertreterin oder ein Vertreter der Jagdgenossenschaften, der Landwirtschaft, der Forstwirtschaft, der Gemeinden im Zuständigkeitsgebiet der unteren Jagdbehörde, der unteren Naturschutzbehörde sowie der unteren Veterinärbehörde angehören. Bestehen auf dem Gebiet, für das die untere Jagdbehörde zuständig ist, Hegegemeinschaften nach § 47 Absatz 1 Satz 3, Absatz 2 oder 4, soll dem Beirat ein Vertreter je Hegegemeinschaft angehören.

(2) Vorsitzendes Mitglied des Beirats ist die Leiterin oder der Leiter der unteren Verwaltungsbehörde oder die sie oder ihn vertretende Person. Die untere Jagdbehörde regelt das Verfahren zur Bestellung und Abberufung der Mitglieder des Beirats sowie das Verfahren zu seiner Beteiligung nach Absatz 3. Die Vorschriften des § 59 Absatz 2 Satz 3 bis 6 sowie Absatz 4 Satz 1 und 2 gelten entsprechend.

(3) Der Beirat soll die untere Jagdbehörde in jagdlichen Fragen von grundsätzlicher Bedeutung beraten. Grundsätzliche Bedeutung haben insbesondere

1. Maßnahmen nach § 51 Absatz 3,
2. Grundsätze der Abschussplanung,
3. die Ausweisung von Wildruhegebieten nach § 42,
4. die Einrichtung von Hegegemeinschaften nach § 47 durch die oberste Jagdbehörde.

§ 61 Fachberatung

(1) Die unteren Jagdbehörden mit Ausnahme der Nationalparkverwaltung halten ein Angebot für eine fachkundige Beratung und Unterstützung im Umgang mit Wildtieren und in Fragen des Wildtiermanagements bereit. Die bei der unteren Jagdbehörde für die Fachberatung zuständigen Personen (Wildtierbeauftragte) sollen die zur Erfüllung ihrer Aufgaben erforderliche berufliche Qualifikation und eine im Bereich des Jagdwesens, des Wildtiermanagements und des Naturschutzes angemessene Sachkunde besitzen sowie die Voraussetzungen für die Erteilung eines Jagdscheins nach § 15 Absatz 5 Satz 1 des Bundesjagdgesetzes erfüllen. Aufgabe der Fachberatung kann es insbesondere sein,

1. öffentliche Stellen, insbesondere Gemeinden sowie Hegegemeinschaften, private Personen und die Öffentlichkeit in Fragen des Umgangs mit Wildtieren zu informieren und zu beraten sowie beim Umgang mit Wildtieren zu unterstützen,

2. die Aufstellung abgestimmter Konzepte sowie deren Umsetzung, insbesondere im Bereich der Bejagung, zu koordinieren und zu betreuen,
3. Kontakte zwischen den im Bereich des Wildtiermanagements tätigen oder von diesem Bereich betroffenen Personen zu vermitteln und den Austausch der Interessen und Kenntnisse zu fördern,
4. Maßnahmen im Bereich des Wildtiermonitorings zu unterstützen und zu koordinieren,
5. die Verbreitung wildtierökologischer Kenntnisse zu fördern.

In arten- und naturschutzfachlichen und -rechtlichen Fragen verbleibt es bei der Zuständigkeit der Naturschutzbehörden.

(2) Die Forstliche Versuchs- und Forschungsanstalt Baden-Württemberg, die Wildforschungsstelle Baden-Württemberg und die Landesanstalt für Umwelt, Messungen und Naturschutz Baden-Württemberg erstellen im Hinblick auf die Aufgaben nach Absatz 1 ein Fortbildungs- und Informationsangebot und fördern den Wissensaustausch der für die Fachberatung zuständigen Personen.

§ 62 Sachliche Zuständigkeit, Anordnungen im Einzelfall

(1) Soweit nichts anderes bestimmt ist, ist die untere Jagdbehörde zuständige Behörde im Sinne des Bundesjagdgesetzes.

(2) Soweit nichts anderes bestimmt ist, können die unteren Jagdbehörden im Einzelfall die Anordnungen treffen, die zur Beseitigung festgestellter oder zur Verhinderung künftiger Verstöße gegen dieses Gesetz oder die aufgrund dieses Gesetzes erlassenen Rechtsverordnungen erforderlich sind.

(3) Die untere Jagdbehörde kann

1. bei längerer Erkrankung oder sonstiger längerer Verhinderung der jagdausübungsberechtigten Person oder
2. im Falle eines Verbots der Jagdausübung (§ 69),

die zur ordnungsgemäßen Wahrnehmung des Jagdrechts erforderlichen Maßnahmen auf Kosten der jagdausübungsberechtigten Person treffen.

§ 63 Örtliche Zuständigkeit

Soweit im Bundesjagdgesetz zum Recht der Jagdscheine, in diesem Gesetz oder aufgrund dieses Gesetzes nichts anderes bestimmt ist, ist die Jagdbehörde in allen Angelegenheiten örtlich zuständig, die sich auf Jagdbezirke ihres Gebietes beziehen. Erstreckt sich ein Jagdbezirk oder das Gebiet einer Hegegemeinschaft auf das Gebiet mehrerer Jagdbehörden, so ist die Jagdbehörde zuständig, in deren Gebiet der der Fläche nach größte Teil des Jagdbezirks oder der Hegegemeinschaft liegt. In Zweifelsfällen bestimmt die nächsthöhere gemeinsame Jagdbehörde auf Antrag einer der beteiligten Jagdbehörden oder eines sonstigen Beteiligten die örtlich zuständige Jagdbehörde.

§ 64 Anerkennung von Vereinigungen, Übertragung von Aufgaben

(1) Die oberste Jagdbehörde erkennt eine landesweit organisierte Vereinigung der Jägerinnen und Jäger auf Antrag an, wenn sie

1. nach ihrer Satzung vorwiegend das Jagdwesen, den Tier- und Naturschutz sowie die Ziele dieses Gesetzes fördert,
2. nach § 5 Absatz 1 Nummer 9 des Körperschaftsteuergesetzes von der Körperschaftsteuer befreit ist, weil sie gemeinnützige Zwecke verfolgt,
3. die Gewähr für eine sachgerechte, rechtmäßige und satzungsgemäße Tätigkeit bietet, wobei Art und Umfang ihrer bisherigen Tätigkeit, der Mitgliederkreis sowie ihre Leistungsfähigkeit zu berücksichtigen sind,
4. im Zeitpunkt der Anerkennung seit mindestens drei Jahren im Sinne der Nummer 1 tätig gewesen ist.

(2) Die oberste Jagdbehörde kann sachkundigen Personen einschließlich anerkannter Vereinigungen der Jägerinnen und Jäger Aufgaben auf dem Gebiet des Jagdwesens, insbesondere im Bereich der Aus- und Fortbildung, der Prüfung von Fallen, der Ausbildung und Prüfung von Jagdhunden und der Anerkennung von Nachsuchegespannen, übertragen, soweit

1. diese Personen zuverlässig und nach ihrer Organisation, Ausstattung und personellen Besetzung in der Lage sind, die zu übertragenden Aufgaben zu erfüllen,
2. sie eine den Zielen des Gesetzes entsprechende Aufgabenerfüllung versprechen,
3. keine überwiegenden öffentlichen Interessen entgegenstehen und
4. die Personen gewährleisten, dass sie die maßgeblichen rechtlichen Bestimmungen einhalten.

(3) Die Vorschriften des § 26 Absatz 3 Satz 2 und 3 gelten im Falle einer Beleihung entsprechend.

§ 65 Staatseigene Jagden

(1) Das Jagdrecht in den Eigenjagdbezirken des Landes wird in der Regel von Forst Baden-Württemberg ausgeübt.

(2) Die Befugnisse der unteren und der oberen Jagdbehörde werden sowohl bei der in Absatz 1 genannten Nutzungsform des Jagdrechts als auch bei der Verpachtung eines staatlichen Jagdbezirks von Forst Baden-Württemberg wahrgenommen; ausgenommen davon bleiben die Befugnisse, die sich auf Grund der §§ 15 bis 18a des Bundesjagdgesetzes sowie auf Grund der §§ 12 und 26 dieses Gesetzes ergeben.

Abschnitt 9
Straf- und Bußgeldvorschriften

§ 66 Strafvorschriften

(1) Mit Freiheitsstrafe bis zu zwei Jahren oder mit Geldstrafe wird bestraft, wer

1. entgegen einer vollziehbaren Anordnung nach § 36 Absatz 2 Wildtiere erlegt,
2. entgegen § 41 Absatz 1 Satz 3 Wildtiere nicht mit der Jagd verschont,
3. entgegen § 41 Absatz 3 ein Elterntier bejagt.

(2) Handelt der Täter fahrlässig, so ist die Strafe Freiheitsstrafe bis zu einem Jahr oder Geldstrafe; in den Fällen des Absatzes 1 Nummer 3 gilt dies jedoch nur, wenn ein Wildtier der dem Schutzmanagement unterliegenden Arten betroffen ist.

§ 67 Ordnungswidrigkeiten

(1) Ordnungswidrig handelt, wer

1. entgegen § 4 Absatz 3 Satz 1 Wildtiere oder sonstige Gegenstände einer der dort genannten Stellen nicht unverzüglich abliefert oder ihr den Besitz oder Gewahrsam nicht unverzüglich anzeigt oder entgegen § 10 Absatz 3 Satz 4 mehr Jagdausübungsberechtigte zulässt, als nach dieser Vorschrift zugelassen werden dürfen,
2. auf vollständig eingefriedeten Grundflächen die Jagd entgegen einer durch Rechtsverordnung nach § 10 Absatz 5 vorgeschriebenen Beschränkung ausübt,
3. entgegen § 13 Absatz 6 Satz 2 in Gebäuden, die dem Aufenthalt von Menschen dienen, jagt,
4. entgegen § 13 Absatz 6 Satz 4 als Grundstückseigentümer oder Grundstückseigentümerin oder nutzungsberechtigte Person Wildtiere nicht herausgibt,
5. in befriedeten Bezirken die Jagd ausübt oder dort einer Beschränkung der Jagd (§ 13) zuwiderhandelt,
6. den Abschluss, die Änderung oder Aufhebung eines Jagdpachtvertrages nicht innerhalb der Frist des § 18 Absatz 1 anzeigt,
7. auf Grund eines nach § 20 Absatz 1 nichtigen Jagdpachtvertrages oder entgegen § 18 Absatz 3 die Jagd ausübt,
8. als Jagdgast entgegen § 25 Absatz 3 die Jagd ausübt,
9. entgegen § 30 Absatz 3 eine Jagdeinrichtung betritt,
10. gegen ein Verbot des § 31 Absatz 1 Nummer 3, 8 bis 12, 14, 15, 17 oder 18 verstößt,
11. entgegen § 32 Absatz 1 Satz 2 oder Absatz 4 Fallen verwendet oder unter Missachtung des § 32 Absatz 3 Totfangfallen aufstellt,
12. entgegen § 33 Absatz 2 oder 3 füttert,
13. einen Abschussplan entgegen § 35 Absatz 5 Satz 1 nicht erfüllt,
14. den Vorschriften des § 37 Absatz 1 oder Absatz 3 Satz 2, § 40 oder § 51 Absatz 1 Satz 1 zuwiderhandelt,
15. es entgegen § 39 Absatz 2 unterlässt, das Überwechseln von krankgeschossenen, schwerkranken oder aus sonstigen Gründen schwer verletzten Wildtieren der jagdausübungsberechtigten Person des Nachbarreviers oder deren Vertreterin oder Vertreter unverzüglich zu melden, oder mitgenommene Wildtiere der jagdausübungsberechtigten Person des Nachbarreviers nicht unverzüglich abliefert,
16. als jagdausübungsberechtigte Person, Wildtierschützerin oder Wildtierschützer entgegen § 49 Absatz 1 oder 2 und ohne sonstige Befugnis Hunde oder Katzen tötet,

17. das berechtigte Aufsuchen, Nachstellen, Erlegen oder Fangen von Wildtieren behindert,
18. zum Verscheuchen von Wildtieren Mittel anwendet, durch die Wildtiere verletzt oder gefährdet werden (§ 52 Absatz 2),
19. den Vorschriften des § 56 Absatz 1 zuwiderhandelt und dadurch Jagdschaden anrichtet.

(2) Ordnungswidrig handelt ferner, wer vorsätzlich oder fahrlässig

1. entgegen § 4 Absatz 4 als die ein Fahrzeug führende Person Schalenwild an- oder überfährt und dies nicht unverzüglich einer der in § 4 Absatz 3 genannten Stellen anzeigt,
2. entgegen einer vollziehbaren Anordnung der unteren Jagdbehörde gemäß § 10 Absatz 3 Satz 3 oder gemäß § 25 Absatz 2 die Jagd ausübt,
3. den Vorschriften des § 31 Absatz 1 Nummer 1, 2, 4 bis 7, 13 oder 16 zuwiderhandelt,
4. gegen die Vorschriften des § 33 Absatz 4 verstößt,
5. entgegen § 33 Absatz 3 Satz 2 die Jagd ausübt,
6. Wildtiere, die nur im Rahmen eines Abschussplans bejagt werden dürfen, erlegt, bevor der Abschussplan festgesetzt ist, oder den Abschussplan überschreitet (§ 35 Absatz 4),
7. entgegen § 35 Absatz 6 Satz 1 die Streckenliste nicht, nicht richtig oder nicht rechtzeitig der unteren Jagdbehörde übermittelt,
8. entgegen einer vollziehbaren Anordnung nach § 35 Absatz 6 Satz 2 einer Abschussmelde- oder Vorlagepflicht nicht nachkommt,
9. entgegen § 38 Absatz 3 Satz 1 geeignete Jagdhunde nicht mitführt oder verwendet oder entgegen § 38 Absatz 3 Satz 2 bei sonstigen Nachsuchen nicht bereithält oder den Umständen entsprechend einsetzt,
10. außerhalb einer befugten Jagdausübung Hunde in einem nicht befriedeten Gebiet außerhalb seiner Einwirkungsmöglichkeit frei laufen lässt,
11. die Jagd ausübt, obwohl ihm die Jagdausübung verboten ist (§ 69),
12. entgegen § 41 Absatz 1 Satz 2 oder Absatz 2 Wildtiere nicht mit der Jagd verschont,
13. gegen die Vorschrift des § 42 Absatz 6 verstößt,
14. entgegen § 50 Absatz 1 das Auftreten oder den Verdacht des Auftretens einer Tierseuche bei Wildtieren nicht unverzüglich der zuständigen Behörde anzeigt oder entgegen § 50 Absatz 2 nicht unverzüglich die genannten Wildtiere der Untersuchung zuführt,
15. einer Anordnung nach § 51 Absatz 3 Satz 1 zuwiderhandelt und unbefugt während bekanntgemachter Notzeiten die in der Anordnung bezeichneten Gebiete außerhalb von Straßen oder Wegen betritt oder dort einen Leinenzwang nicht einhält oder wer in Gebieten, für die eine Notzeit bekanntgemacht ist, entgegen § 51 Absatz 3 Satz 4 die Jagd während der Notzeit ausübt,
16. einer Anordnung nach § 51 Absatz 5 zuwiderhandelt,

17. einer auf Grund dieses Gesetzes erlassenen Rechtsverordnung zuwiderhandelt, soweit sie für einen bestimmten Tatbestand auf diese Bußgeldvorschrift verweist.

(3) Ordnungswidrig handelt ferner, wer fahrlässig entgegen § 41 Absatz 3 ein Elterntier bejagt, soweit dieser Verstoß nicht bereits nach § 66 Absatz 2 strafbar ist.

(4) Die Ordnungswidrigkeit kann mit einer Geldbuße bis zu 5000 Euro geahndet werden.

(5) Zuständige Verwaltungsbehörde (§ 36 Absatz 1 Nummer 1 des Gesetzes über Ordnungswidrigkeiten) für die Verfolgung und Ahndung von Ordnungswidrigkeiten nach diesem Gesetz und dem Bundesjagdgesetz ist die untere Jagdbehörde.

§ 68 Einziehung von Gegenständen

(1) Ist eine Straftat nach § 66 oder eine Ordnungswidrigkeit nach § 67 Absatz 1 bis 3 dieses Gesetzes oder nach § 39 Absatz 2 Nummer 5 des Bundesjagdgesetzes begangen worden, so können

1. Gegenstände, auf die sich die Straftat oder Ordnungswidrigkeit bezieht, und
2. Gegenstände, die zu ihrer Begehung oder Vorbereitung gebraucht worden oder bestimmt gewesen sind,

eingezogen werden.

(2) § 74a des Strafgesetzbuches und § 23 des Gesetzes über Ordnungswidrigkeiten sind anzuwenden.

§ 69 Verbot der Jagdausübung

(1) Wird gegen jemanden

1. wegen einer Ordnungswidrigkeit nach § 67, die er unter grober oder beharrlicher Verletzung der Pflichten bei der Jagdausübung begangen hat, eine Geldbuße festgesetzt, oder
2. wegen einer Straftat, die er bei oder im Zusammenhang mit der Jagdausübung begangen hat, eine Strafe verhängt,

so kann ihm in der Entscheidung für die Dauer von einem Monat bis zu zwei Jahren verboten werden, die Jagd auszuüben.

(2) Das Verbot der Jagdausübung wird mit der Rechtskraft der Entscheidung wirksam. Für seine Dauer wird ein erteilter Jagdschein, solange er nicht abgelaufen ist, amtlich verwahrt; das gleiche gilt für einen nach Ablauf des Jagdjahres neu erteilten Jagdschein. Wird er nicht freiwillig herausgegeben, so ist er zu beschlagnahmen.

(3) Ist ein Jagdschein amtlich zu verwahren, so wird die Verbotsfrist erst von dem Tage an gerechnet, an dem dies geschieht. In die Verbotsfrist wird die Zeit nicht eingerechnet, in welcher der Täter auf behördliche Anordnung in einer Anstalt verwahrt wird.

(4) Über den Beginn der Verbotsfrist nach Absatz 3 Satz 1 ist der Täter im Anschluss an die Verkündung der Entscheidung oder bei deren Zustellung zu belehren.

Abschnitt 10
Schlussbestimmungen

§ 70 Ermächtigungen

Die oberste Jagdbehörde wird ermächtigt, durch Rechtsverordnung

1. das Nähere zu Hegegemeinschaften nach § 47 Absatz 2 und 4 zu bestimmen hinsichtlich
   a) der Bildung der Hegegemeinschaften sowie des Verfahrens, einschließlich der Bereitstellung und Übermittlung der erforderlichen personenbezogenen Daten, und der Kriterien zur Festlegung deren Gebiets,
   b) der Aufgaben der Hegegemeinschaft,
   c) der Anforderungen an die Satzung der Hegegemeinschaft,
   d) der Organe der Hegegemeinschaft, deren Befugnisse und Aufgaben, der Geschäftsführung und Vertretung,
   e) der Beschlussfassung und Stimmengewichtung, bei der die jeweils vertretene bejagbare Grundfläche zu berücksichtigen ist,
   f) der Umlage von Kosten, die für die Erledigung der Aufgaben der Hegegemeinschaft anfallen, und deren Beitreibung,
   g) der beratenden Mitwirkung der von den Aufgaben und dem Gebiet der Hegegemeinschaft betroffenen Interessengruppen, Verbände und Einrichtungen durch fachkundige Vertreterinnen und Vertreter,
   h) der Neugestaltung des Gebiets der Hegegemeinschaft sowie des Ausscheidens von Mitgliedern.
2. die behördliche Überwachung des gewerbsmäßigen Ankaufs, Verkaufs und Tausches sowie der gewerbsmäßigen Verarbeitung von Wildbret und die behördliche Überwachung der Wildhandelsbücher sowie im Einvernehmen mit der obersten Naturschutzbehörde das Aufnehmen, die Pflege und die Aufzucht verletzter oder kranker Wildtiere und deren Verbleib zu regeln, wobei die Vorschriften sich auch auf tote Wildtiere, auf Teile der Wildtiere sowie auf die Nester und die aus Wildtieren gewonnenen Erzeugnisse erstrecken können,
3. das Nähere über die Bestätigung von Hegegemeinschaften nach § 47 Absatz 1 Satz 3 und die Beteiligung von Hegegemeinschaften nach § 35 Absatz 4 Satz 2 und § 60 Absatz 1 Satz 3 zu regeln,
4. zur Gewährleistung der Ziele nach §§ 2 und 5 Absatz 3 sowie der Anforderungen des § 5 Absatz 4 das Hegen oder Aussetzen bestimmter Wildtierarten zu beschränken oder zu verbieten,
5. die Wildschadensersatzpflicht nach § 53 auf andere Wildtierarten auszudehnen,
6. zu bestimmen, welche Schutzvorkehrungen als üblich anzusehen sind (§ 55 Absatz 2 Satz 2).

§ 71 Unberührtheitsklausel

Vorschriften des Lebensmittelrechts, Tiergesundheitsrechts und Tierschutzrechts bleiben unberührt.

§ 72 Übergangs- und Schlussbestimmungen

(1) Die Vorschriften dieses Gesetzes über Jagdpachtverträge und Verträge über entgeltliche Jagderlaubnisse finden auf Jagdpachtverträge und Verträge über entgeltliche Jagderlaubnisse, die bei Inkrafttreten dieses Gesetzes rechtswirksam bestehen, keine Anwendung; für diese Verträge gelten die vor dem Inkrafttreten geltenden Vorschriften. Satz 1 gilt nicht für Verlängerungen dieser Verträge.

(2) Mit Inkrafttreten dieses Gesetzes endet die Amtszeit der vor Inkrafttreten berufenen Mitglieder des Jagdbeirats nach § 34 des Landesjagdgesetzes und der Beisitzer des Kreisjagdamts nach § 35 des Landesjagdgesetzes.

(3) Abweichend von § 1 bleiben die §§ 21 und 39 Absatz 2 Nummer 3 des Bundesjagdgesetzes bis zum Ablauf des 31. März 2016 anwendbar.

(4) Bis zu dem Zeitpunkt, in dem § 19 Absatz 2 Satz 1, § 20 Absatz 1 Satz 1 und 2, § 27, § 40 Absatz 1 Nummer 9 und 13 sowie § 40 Absatz 2 Nummer 4 und 5 des Landesjagdgesetzes außer Kraft treten, ist die untere Jagdbehörde für Maßnahmen aufgrund dieser Vorschriften zuständig sowie zuständige Verwaltungsbehörde (§ 36 Absatz 1 Nummer 1 des Gesetzes über Ordnungswidrigkeiten) für die Verfolgung und Ahndung von Ordnungswidrigkeiten.

(5) Die §§ 68 und 69 finden entsprechende Anwendung, soweit Ordnungswidrigkeiten nach den in Absatz 3 und 4 genannten Vorschriften begangen worden sind.

(6) Rechtsverordnungen, die zur Durchführung des Landesjagdgesetzes ergangen sind, bleiben in Kraft. Die oberste Jagdbehörde wird ermächtigt, die nach Satz 1 fortgeltenden Vorschriften durch Rechtsverordnung aufzuheben.

(7) Wildschutzgebiete, die zum Zeitpunkt des Inkrafttretens dieses Gesetzes bestehen, gelten als Wildruhegebiete (§ 42 Absatz 1).

Anlage

(zu § 7 Absatz 1 und 3)

Die im Folgenden aufgeführten Tierarten sind Wildtiere im Sinne des Gesetzes. Die Tierarten sind zum Zeitpunkt des Inkrafttretens des Gesetzes den Managementstufen nach § 7 Absatz 3 bis 6 nach der folgenden Aufstellung zugeordnet; eine abweichende Zuordnung durch Rechtsverordnung nach § 7 Absatz 3 bleibt unberührt:

1. Haarwild

Tierart:	Zuordnung:
Dachs (Meles meles)	Nutzungsmanagement
Damwild (Dama dama)	Nutzungsmanagement
Fuchs (Vulpes vulpes)	Nutzungsmanagement
Gamswild (Rupicapra rupicapra)	Nutzungsmanagement

Tierart:	Zuordnung:
Hermelin (Mustela erminea)	Nutzungsmanagement
Marderhund (Nyctereutes procyonoides)	Nutzungsmanagement
Mink (Neovison vison)	Nutzungsmanagement
Muffelwild (Ovis ammon musimon)	Nutzungsmanagement
Nutria (Myocastor coypus)	Nutzungsmanagement
Rehwild (Capreolus capreolus)	Nutzungsmanagement
Rotwild (Cervus elaphus)	Nutzungsmanagement
Schwarzwild (Sus scrofa)	Nutzungsmanagement
Sikawild (Cervus nippon)	Nutzungsmanagement
Steinmarder (Martes foina)	Nutzungsmanagement
Waschbär (Procyon lotor)	Nutzungsmanagement
Wildkaninchen (Oryctolagus cuniculus)	Nutzungsmanagement
Baummarder (Martes martes)	Entwicklungsmanagement
Feldhase (Lepus europaeus)	Entwicklungsmanagement
Iltis (Mustela putorius)	Entwicklungsmanagement
Luchs (Lynx lynx)	Schutzmanagement
Wildkatze (Felis silvestris)	Schutzmanagement

2. Federwild

Tierart:	Zuordnung:
Blässhuhn (Fulica atra)	Nutzungsmanagement
Elster (Pica pica)	Nutzungsmanagement
Höckerschwan (Cygnus olor)	Nutzungsmanagement
Kanadagans (Branta canadensis)	Nutzungsmanagement
Nilgans (Alopochen aegyptiacus)	Nutzungsmanagement
Rabenkrähe (Corvus corone)	Nutzungsmanagement
Reiherente (Aythya fuligula)	Nutzungsmanagement
Ringeltaube (Columba palumbus)	Nutzungsmanagement
Stockente (Anas platyrhynchus)	Nutzungsmanagement

Tierart:	Zuordnung:
Tafelente (Aythya ferina)	Nutzungsmanagement
Türkentaube (Streptopelia decaoctoa)	Nutzungsmanagement
Fasan (Phasianus colchicus)	Entwicklungsmanagement
Graugans (Anser anser)	Entwicklungsmanagement
Krickente (Anas crecca)	Entwicklungsmanagement
Pfeifente (Anas penelope)	Entwicklungsmanagement
Rostgans (Tadorna ferruginea)	Entwicklungsmanagement
Schnatterente (Anas strepera)	Entwicklungsmanagement
Waldschnepfe (Scolopax rusticola)	Entwicklungsmanagement
Auerhuhn (Tetrao urogallus)	Schutzmanagement
Habicht (Accipiter gentilis)	Schutzmanagement
Haselhuhn (Tetrastes bonasia)	Schutzmanagement
Hohltaube (Columba oenas)	Schutzmanagement
Kormoran (Phalacrocorax carbo)	Schutzmanagement
Rebhuhn (Perdix perdix)	Schutzmanagement
übrige Enten (Unterfamilie Anatinae) ohne Säger (Gattung Mergus)	Schutzmanagement
übrige Gänse (Gattungen Anser und Branta)	Schutzmanagement
Wanderfalke (Falco peregrinus)	Schutzmanagement

Wesentliche Änderungen der DVO JWMG

Wesentliche Änderungen der Durchführungsverordnung (DVO) sind zum 01.07.2021 und 18.11.2023 (Verordnung vom 25.10.2023) in Kraft getreten.

In **§ 1** wird im Falle der Übertragung der Verwaltung der Jagdgenossenschaften geregelt, dass die **Versammlung der Jagdgenossenschaft** vom Gemeinderat oder vom Ortschaftsrat einzuberufen ist.

In **§ 3** wird ein neuer Absatz 5 eingefügt. Nach diesem ist die **Fütterung von Schwarzwild** unzulässig, soweit sie nicht nach Maßgabe der unteren Jagdbehörde zur Tierseuchenbekämpfung geboten ist. Damit wird die Möglichkeit der Ablenkungsfütterungen für Schwarzwild durch ein beim MLR anzuzeigendes revierübergreifendes Konzept weiter eingeschränkt.

Das **pauschale Fütterungsverbot für Schwarzwild** in § 3 Abs. 5 bleibt auch nach in der Änderung 25.10.2023 erhalten. Bei Vorlage einer Fütterungskonzeption darf die Fütterung von Schwarzwild lediglich **in Gattern** fortgeführt werden, wenn eine Konzeption nach § 4 vorgelegt wird und diese ansonsten nicht beanstandet wird. Rechtliche Bedenken bestehen, weil unter anderem die gesetzlich normierten Ausnahmetatbestände des § 33 Abs. 2 JWMG ausgehebelt werden, sodass eine Ablenkungsfütterung zur Wildschadensverhütung auch im Ausnahmefall nicht zulässig ist, weil keine Öffnungsklausel in der geänderten DVO enthalten ist.

Künftig kann die Fütterungskonzeption auch in **Textform** (also z. B. per E-Mail) vorgelegt werden (§ 4 Abs. 3 Satz 1).

In **§ 6** zur Tierseuchenprävention und Beseitigungspflicht wird geregelt, dass Aufbruch, Schwarten und sonstige Teile des **Konfiskats von erlegtem Schwarzwild** nicht in das Revier verbracht oder dort zur Entsorgung zurückgelassen werden dürfen. Sie sind mit in Kraft treten am 01.01.2024 über Sammelstellen oder Verwahrstellen zu beseitigen. Stadt- und Landkreisen sollte damit die Möglichkeit gegeben werden, noch fehlende Infrastruktur zur Entsorgung bereit zu stellen.

Beim Erlass von **Fütterungskonzeptionen (§ 4)** wurde die Mindestfläche bei Konzeptionen für Rehwild auf mindestens 1.500 ha gesenkt, bei anderem Schalenwild müssen Konzeptflächen weiterhin mindestens 2.500 ha groß sein. Neu ist, dass Konzeptionen nicht nur von allen jagdausübungsberechtigten Personen unterzeichnet werden müssen, sondern auch von der Person/den Personen, denen das Jagdrecht zusteht. Dies stellt eine weitere Erschwerung für die Wildfütterung dar.

In **§ 8 Abs. 7** wurde bei **der Fangjagd** die elektronische Fallenkontrolle ermöglicht. Die Kontrollpflicht zweimal täglich bleibt zwar bestehen, sie kann aber auch durch eine andere sachkundige Person vorgenommen werden. Die persönliche Kontrolle kann entfallen, wenn die Falle über einen **elektronischen Fangmelder** verfügt, der betriebssicher ist und unverzüglich meldet, sobald ein Fangereignis stattgefunden hat und die Funktionsfähigkeit mindestens einmal täglich getestet wird oder eine tägliche Selbstüberprüfung des Fangmelders gewährleistet ist. Auch wenn nicht ausdrücklich im Gesetz geregelt, ist bei einer Fangmeldung aus Gründen der Weidgerechtigkeit und des Tierschutzes die Falle unverzüglich zu kontrollieren. Die Zulassung der „Kofferfalle“ als zusätzlicher Fallentyp für den Lebendfang, besonders des Waschbärs, ist leider nicht erfolgt.

Bei den **Sachlichen Verboten (§ 9)** wurden aus Gründen der ASP-Bekämpfung die bereits seit Längerem geltenden Regelungen zur Verwendung von künstlichen Lichtquellen und von **Nachtsichtaufsätzen und Nachtsichtvorsätzen** für Zielhilfsmittel (z. B. Zielfernrohre) legalisiert. Der Einsatz wurde durch die Streichung des bisherigen Verwendungsverbots in § 31 Nr. 10a JWMG zugelassen.

Bei den **Jagdzeiten (§ 10)** wird die in § 41 Abs. 2 JWMG geänderte **Jagdruhezeit umgesetzt**. Die Jagdzeiten für Raubwild (außer Füchse in Hegegemeinschaften u. a.), Neozoen, Krähen und Elstern enden nun einheitlich am 15. Februar. Vorverlegt wurden im Sommer die Jagdzeiten von Raubwildarten, Neozoen und Gänsen. Damit soll die verkürzte Jagdzeit auf Raubwild im Februar kompensiert werden. **Schwarzwild** kann vorbehaltlich des Elterntierschutzes **bis auf Weiteres** aufgrund ASP-Prävention **ganzjährig überall** bejagt werden.

Die Regelung, dass in der Allgemeinen Schonzeit vom 16.2.–15.4. nur im Offenland, im äußeren 200-m-Waldstreifen und bei Schnee im Monat März im ganzen Wald die Jagd auf Schwarzwild ausgeübt werden darf, ist bis auf Weiteres außer Kraft!

Neu ist die Bejagungsmöglichkeit auf **Jungtiere invasiver Arten** (**Mink, Marderhund, Waschbär, Nutria, Nilgans und Jungtiere sonstiger Arten** der Unionsliste der *Verordnung (EG) 1143/2014 über gebietsfremde invasive Arten*, die Wildtiere im Sinne des § 7 Abs. 1 JWMG sind. Diese gilt ganzjährig außerhalb der allgemeinen Schonzeit nach § 41 Abs. 2 JWMG. Auch die Jagd auf **Jungtiere** der **Graugans** und der **Kanadagans** einschließlich des Eingriffs auf ihre Eier, Nester und Lebensräume ist außerhalb der Jagdzeit (nicht in der allgemeinen Schonzeit) in Gebieten zulässig, für die eine von der unteren Jagdbehörde genehmigte Managementkonzeption vorliegt, wonach der Eingriff zum Erreichen der Managementziele erforderlich ist. In diese Regelung wird mit der Änderung vom 25.10.2023 auch die **Rostgans** einbezogen. Diese erhält auch neu eine Jagdzeit vom 1.9.–15.1.

In **Gebieten einer Hegegemeinschaft** nach § 47 JWMG und in Gebieten, für die ein Fachplan/Fachkonzept vorliegt und deren verfasstes Ziel der Schutz von Tierarten ist, die von der Prädation durch den Fuchs betroffen sind, dürfen **künftig alle Füchse vom 1. Juli bis zum letzten Tag des Februars bejagt** werden. Jungfüchse konnten dort bereits seit der Änderung vom 1.7.2021 vom 16. April bis 30. Juni bejagt werden. In Hegegemeinschaften nach § 47 Abs. 1 JWMG können sich die jagdausübungsberechtigten Personen, Inhaber der Eigenjagdbezirke und Jagdgenossenschaften mehrerer zusammenhängender Jagdbezirke auf privatrechtlicher Grundlage zusammenschließen, um Maßnahmen der Bejagung, der Hege und des Wildtiermanagements jagdbezirksübergreifend abzustimmen und nach einheitlichen Grundsätzen durchzuführen. Leider wurde die Jagdzeiterweiterung bis Ende Februar nicht wie auf invasive Arten (Waschbär, Marderhund und Mink) und die Marderartigen ausgedehnt.

Die Jagdzeit für **Sikawild-Kälber und Alttiere** wird auf 1.8.–31.1. erweitert (bisher 1.9.–31.1.).

Von der Empfehlung in **§ 11**, nach der Schutzvorrichtungen und Obliegenheiten bei **Wildschäden** künftig gemeinsam von der Wildforschungsstelle und den Bauern-und Jagdverbänden erarbeitete Empfehlungen als übliche Obliegenheiten im Sinne des § 54 Abs. 3 S. 1 und Abs. 4 JWMG gelten sollen, ist der Gesetzgeber in der Änderung vom 25.10.2023 wieder abgerückt. Die Wildforschungsstelle soll künftig lediglich **gemeinsame Empfehlungen** von Jägerschaft und Vertretern von Landwirtschaft, Jagdgenossenschaften und Gemeinden zur Erleichterung der Bejagung und zur Verhütung von **Wildschäden** erarbeiten, die jährlich zu überprüfen und bei Bedarf zu aktualisieren sind. Von der Möglichkeit, in § 54 Abs. 4 JWMG nähere Festlegungen zu allgemein zumutbaren und üblichen **Obliegenheiten** in der DVO zu treffen, wurde **kein Gebrauch** gemacht. Im Interesse der Wildschadensverhütung und der erleichterten Rechtsanwendung wäre dies wünschenswert gewesen. Die Rechtsprechung hat hier allerdings schon durch entsprechende Urteile Maßstäbe gesetzt.

In **§ 13** wird die Gemeinde bei **Schadensmeldung von Wild-und Jagdschäden** verpflichtet, darauf hinzuweisen, dass sie auf Antrag eines oder beider Beteiligter eine Wildschadensschätzung beauftragen kann. Mit dem Hinweis soll auch über die Kostenfolge nach § 57 Abs. 5 JWMG informiert werden.

Bislang konnten Wild- und Jagdschäden schriftlich oder zur Niederschrift angemeldet werden. Jetzt ist es möglich, diese auch in **Textform** (z. B. per E-Mail) anzumelden.

In **§ 17** wurde die **Ardennenbracke** in die Liste der für die Anerkennung in Nachsuchegespannen brauchbaren Jagdhunderassen aufgenommen.

Nach **§ 17 Abs. 3** dürfen **anerkannte Nachsucheführer** zum Zwecke einer sicheren Nachsuche auch **halb automatische Waffen**, die mit **mehr als 5 Patronen** geladen sind, zum Erlegen von Schalenwild einsetzen.

§ 19 enthält umfassende Regelungen für das neu geschaffene Institut der **Stadtjägerinnen und Stadtjäger**. Damit werden die Ausbildung, die Anerkennung durch die unteren Jagdbehörden, die Bestellung durch die Gemeinden, der Schusswaffengebrauch sowie die Rechtsbeziehung zu den Jagdausübungsberechtigten festgelegt. Zu Problemen kann es hier insbesondere beim Aneignungsrecht in bestimmten befriedeten Bezirken kommen.

Bei der Jagd mit Schusswaffen im befriedeten Bereich muss das Führungs- und Lagezentrum der Polizei bzw. der Polizeivollzugsdienst vor und auch nach Beendigung informiert werden.

§ 20 enthält Klarstellungen und Definitionen zum **Forstlichen Gutachten**.

In **§ 21** wird das neu geschaffene **Wildtierportal** als Instrument für die Erfassung von Strecken und anderen Monitoringdaten und deren Weiterverarbeitung durch die Behörden geregelt.

Verordnung des Ministeriums Ländlicher Raum zur Durchführung des Jagd- und Wildtiermanagementgesetzes (DVO JWMG)

vom 2. April 2015 (GBl. S. 202), geändert durch Gesetz vom 23. Juni 2015 (GBl. S. 585), durch Verordnungen vom 25. Februar 2018 (GBl. S. 62), vom 22. Januar 2019 (GBl. S. 32), vom 29. Januar 2020 (GBl. S. 23), vom 23. Juni 2021 (GBl. S. 538), vom 21. Dezember 2021 (GBl. 2022 S. 1), vom 8. Februar 2022 (GBl. S. 82), vom 25. Oktober 2023 (GBl. S. 411)

Auf Grund von § 15 Absatz 4 Satz 2 im Einvernehmen mit dem Innenministerium, § 31 Absatz 3 Satz 1, § 32 Absatz 4 Satz 3 und Absatz 5, § 33 Absatz 7 Nummer 1 bis 4, § 38 Absatz 3 Satz 3, § 39 Absatz 4, § 41 Absatz 4, § 57 Absatz 4 Satz 2, § 70 Nummer 1, 3 und 6 und § 72 Absatz 6 Satz 2 des Jagd- und Wildtiermanagementgesetzes (JWMG) vom 25. November 2014 (GBl. S. 550) wird verordnet:

INHALTSÜBERSICHT

§ 1 Satzung der Jagdgenossenschaft

Die Satzung der Jagdgenossenschaft muss Bestimmungen enthalten über

1. Name und Sitz der Jagdgenossenschaft,
2. die Erfassung aller Mitglieder der Jagdgenossenschaft in einem Verzeichnis unter Angabe der jeweiligen Grundflächenanteile am gemeinschaftlichen Jagdbezirk,
3. die Organe der Jagdgenossenschaft,
4. die Versammlung der Jagdgenossenschaft und ihre Aufgaben,

5. den Jagdvorstand, seine Zusammensetzung und seine Aufgaben,
6. das Verfahren bei der Verpachtung gemeinschaftlicher Jagdbezirke,
7. das Haushalts-, Kassen- und Rechnungswesen, die Kassen- und Rechnungsprüfung und
8. die Form öffentlicher Bekanntmachungen der Jagdgenossenschaft.

§ 2 Versammlung der Jagdgenossenschaft

(1) Die Versammlung der Jagdgenossenschaft wird vom Jagdvorstand und im Falle der Übertragung der Verwaltung der Jagdgenossenschaft nach § 15 Absatz 7 JWMG vom Gemeinde- oder Ortschaftsrat einberufen. Die Einladung zur Versammlung ist mindestens zwei Wochen zuvor ortsüblich bekannt zu geben.

(2) Die Versammlung der Jagdgenossenschaft ist einzuberufen, wenn dies mindestens ein Zehntel der Mitglieder, die mindestens ein Zehntel der bejagbaren Grundflächen des gemeinschaftlichen Jagdbezirks vertreten, verlangt.

(3) *weggefallen*

§ 3 Fütterung von Wildtieren

(1) Unzulässig ist eine Fütterung von Wildtieren, welche die Anforderungen an eine ordnungsgemäße Hege nach § 5 Absatz 4 JWMG nicht erfüllt oder welche die Belange des Naturschutzes, des Tierschutzes oder der Tiergesundheit oder die Maßnahmen nach § 33 Absatz 1 JWMG gefährdet oder beeinträchtigt. § 30 des Bundesnaturschutzgesetzes, § 33 des Naturschutzgesetzes und § 30a des Landeswaldgesetzes bleiben unberührt.

(2) Unzulässig ist eine Fütterung, bei der Futtermittel ausgebracht werden, die nicht artgerecht sind oder nicht der natürlichen Äsung entsprechen. Bei der Fütterung einer Wildtierart ist zu gewährleisten, dass die Futtermittel von anderen Wildtierarten nicht oder nur in unschädlichem Umfang aufgenommen werden. Unzulässig ist eine Fütterung auch, wenn

1. Futtermittel für Schalenwild außerhalb von Einrichtungen oder Plätzen, die den Anforderungen der Fütterungshygiene entsprechen, ausgebracht werden,
2. wiederkäuendes Schalenwild mit anderen Futtermitteln als Heu, Grünfuttersilage, Rüben, heimischem Frisch- oder Fallobst, heimischem Obsttrester, dem bis zu einem Volumenanteil in Höhe von 10 vom Hundert Hafer beigemischt sein darf, oder Rosskastanien gefüttert wird,
3. Schwarzwild mit anderen Futtermitteln als Getreide einschließlich Mais gefüttert wird,
4. Erzeugnisse, die tierisches Protein enthalten, oder Erzeugnisse von Fetten aus Gewebe warmblütiger Landtiere oder Erzeugnisse von Fischen oder Mischfuttermittel, die diese Erzeugnisse enthalten, für die Fütterung von Wildtieren verwendet werden, ausgenommen davon sind Aufbrüche und sonstige Teile von gesunden Wildtieren, welche im betreffenden Jagdrevier zur Strecke gekommen sind,
5. verdorbene Futtermittel dargeboten oder Futtermittel nach Ablauf des zulässigen oder von der Jagdbehörde angeordneten Verwendungszeitraums nicht unverzüglich beseitigt werden.

(3) Für die Fütterung von Damwild und die Fütterung von Rotwild in Rotwildgebieten kann die oberste Jagdbehörde im Rahmen der Fütterungskonzeption nach § 33 Absatz 2 Satz 2 JWMG als Beimischung gehäckselte Maispflanzen oder Maissilage jeweils ohne gesonderte Zugabe von Körnermais oder anderen Kraftfuttermitteln zulassen. Die oberste Jagdbehörde kann andere als die in Absatz 2 genannten Futtermittel im Einzelfall zum Zwecke der Wildtierforschung zulassen.

(4) Fütterung nach Absatz 1 bis 3 ist auch die Ablenkungsfütterung.

(5) Die Fütterung von Schwarzwild ist unzulässig, soweit sie nicht nach Maßgabe der unteren Jagdbehörde zur Tierseuchenbekämpfung geboten ist. Bei einer erneuten Anzeige des Fütterungsvorhabens und erneuten Vorlage einer Konzeption nach § 4 Absatz 2 Nummer 7 darf die Fütterung von Schwarzwild in Gattern fortgeführt werden, wenn die Fütterungskonzeption ansonsten nicht nach § 33 Absatz 3 Satz 1 JWMG beanstandet wird.

§ 4 Fütterungskonzeptionen

(1) Konzeptionen nach § 33 Absatz 2 JWMG müssen den Zielen und Anforderungen der Hege nach § 5 Absatz 4 JWMG entsprechen. Sie haben die wildtierökologischen Erkenntnisse hinsichtlich der betroffenen Wildtierarten, insbesondere zu deren Lebensraum, Art- und Schadverhalten, zu beachten.

(2) Konzeptionen nach § 33 Absatz 2 JWMG müssen

1. im räumlich-funktionalen Zusammenhang stehende Grundflächen von mindestens 1500 Hektar bei Rehwild und mindestens 2500 Hektar bei den übrigen Schalenwildarten erfassen,
2. das von dem Fütterungsvorhaben erfasste Gebiet darstellen, in seinen wesentlichen Eigenschaften beschreiben und die erfassten Jagdbezirke und Jagdreviere mit ihren jeweiligen Flächen und dort jagdausübungsberechtigten Personen angeben,
3. die mit der Fütterung verfolgten Ziele darstellen,
4. unter Darstellung der Umstände des Einzelfalls begründen, weshalb die Fütterung geeignet und aus den in § 31 Absatz 3 Satz 1 JWMG genannten Gründen, auch unter Berücksichtigung beeinträchtigter privater und öffentlicher Belange, insbesondere solcher des Artenschutzes, erforderlich ist,
5. die geplanten Maßnahmen unter Angabe der zu verwendenden Futtermittel und Einrichtungen einschließlich des Standorts, des Umfangs und der Dauer der Fütterung darstellen,
6. die Organisation der Maßnahmen beschreiben und die verantwortlichen Personen angeben und
7. bei einer erneuten Anzeige des Fütterungsvorhabens und erneuten Vorlage einer Konzeption die Auswirkungen der Fütterung im vorausgegangenen Fütterungszeitraum darstellen.

Das von dem Fütterungsvorhaben erfasste Gebiet ist auf Karten darzustellen.

(3) Die Konzeption ist der obersten Jagdbehörde in Textform gemäß § 126b des Bürgerlichen Gesetzbuches zu übermitteln. Die Konzeption ist von den auf den erfassten Grundflächen jagdausübungsberechtigten Personen zu unterzeich-

nen und muss von der Person oder den Personen, der oder denen das Jagdrecht zusteht, genehmigt werden. Die oberste Jagdbehörde bestätigt den Eingang der Konzeption.

§ 5 Kirrung

(1) Für die Kirrung gilt § 3 Absatz 1 und 2 Satz 3 Nummer 2 bis 5 entsprechend.

(2) Unzulässig ist eine Kirrung auch, wenn

1. die Kirrung von Schwarzwild außerhalb des Waldes erfolgt,
2. für eine Kirrung von wiederkäuendem Schalenwild mehr als zehn Liter Futtermittel (§ 3 Absatz 2 Satz 3 Nummer 2) oder für eine Kirrung von Schwarzwild mehr als ein Liter Futtermittel (§ 3 Absatz 2 Satz 3 Nummer 3) je Kirrung vorhanden sind,
3. für Schwarzwild je angefangene 50 Hektar Waldfläche mehr als eine Kirrung betrieben wird, wobei je Jagdbezirk zumindest fünf Kirrungen zulässig sind,
4. die Beschickung von Luderplätzen zur Raubwildbejagung so erfolgt, dass das Lockmittel auch für Schwarzwild zugänglich ist,
5. für eine Kirrung von Federwild mehr als ein Liter Futtermittel je Kirrung verwendet wird oder mehr Kirrungen als zum Anlocken des Federwilds erforderlich angelegt werden.

§ 6 Beseitigungspflicht

Wer eine unzulässige Kirrung, unzulässige Fütterung oder unzulässige Ablenkungsfütterung angelegt hat oder betreibt, ist zu deren umgehender Beseitigung verpflichtet. Beseitigungspflichtig ist auch die jagdausübungsberechtigte Person spätestens drei Tage nach Aufforderung durch die untere Jagdbehörde.

§ 7 Fallensachkundenachweis

(1) Ein Fallensachkundenachweis nach § 32 Absatz 4 Satz 1 JWMG wird von der unteren Jagdbehörde auf Antrag nach dem in der Anlage 1 dargestellten Muster erteilt.

(2) Die Antragstellerin oder der Antragsteller hat der unteren Jagdbehörde durch Vorlage einer Ausbildungsbestätigung der nach § 32 Absatz 4 Satz 2 JWMG ausbildenden Personen oder Einrichtungen die Teilnahme an dem in § 32 Absatz 4 Satz 2 JWMG vorgeschriebenen Fallenlehrgang nachzuweisen.

(3) Antragstellerinnen und Antragstellern müssen im Rahmen des Lehrgangs die rechtlichen Grundlagen der Fallenjagd, Grundzüge des Tierschutz- und des Artenschutzrechts, ausreichende Artenkenntnisse sowie ausreichende Kenntnisse über Funktion, artenspezifischen Einsatz, Einbau und Wartung von Tot- und Lebendfangfallen sowie für den Lebendfang die anschließende tierschutzgerechte Behandlung der gefangenen Tiere, jeweils in Theorie und Praxis, vermittelt worden sein. Die Bestätigung über diese Ausbildung nach Absatz 2 muss dem in der Anlage 2 dargestellten Muster entsprechen.

§ 8 Fangjagd mit Fallen

(1) Für Haarwild dürfen zum Lebendfang nur Fallen der in Anlage 3 festgelegten Fallentypen A und B verwendet werden.

(2) Aus besonderen Gründen kann die untere Jagdbehörde über Absatz 1 hinaus weitere Fallentypen im Einzelfall zum Lebendfang zulassen, soweit diese einen unversehrten Fang im Sinne des § 32 Absatz 2 JWMG gewährleisten.

(3) Für den Totfang von Wildtieren darf nur der in Anlage 3 festgelegte Fallentyp D (Abzugseisen – Auslösung auf Zug) verwendet werden. Auf die Verwendung von Totfangfallen ist im unmittelbaren Gefahrenbereich durch wetterbeständige Schilder mit schriftlichem Gefahrenhinweis und Piktogramm hinzuweisen.

(4) Fallen sind vor ihrer jeweiligen Verwendung durch die jagende Person auf ihre Funktionsfähigkeit und Sicherheit zu überprüfen. Sämtliche für die Fangjagd bestimmten zulässigen Fallen sind von der Eigentümerin oder dem Eigentümer bei der Prüfstelle anzumelden und dauerhaft und unverwechselbar zu kennzeichnen. Zur Kennzeichnung sind Nummernschilder an der Falle anzubringen, die von der Prüfstelle ausgegeben werden. Die Anmeldung und Kennzeichnung von Fallen muss vor der Verwendung erfolgen.

(5) Vor der erstmaligen Verwendung muss die jagende Person Totfangfallen auf eigene Kosten von der Prüfstelle auf ihre Funktionsfähigkeit und Sicherheit überprüfen lassen. Bei verwendeten Fallen ist die Überprüfung regelmäßig zu wiederholen und darf die letzte Überprüfung nicht länger als vier Jahre zurückliegen. Die Prüfstelle bescheinigt das Ergebnis der Überprüfung.

(6) Fallen, die entgegen Absatz 4 Satz 2 bis 4 nicht angemeldet oder gekennzeichnet sind oder deren Funktionsfähigkeit und Sicherheit durch die Überprüfung nach Absatz 4 Satz 1 und bei Totfangfallen zusätzlich nach Absatz 5 nicht bestätigt ist, dürfen nicht verwendet werden.

(7) Die nach Absatz 1 und 3 zulässigen Fallen sind durch die jagende Person mindestens zweimal täglich morgens und abends zu kontrollieren. Die tägliche Kontrolle kann auch durch eine andere sachkundige Person vorgenommen werden. Die Kontrolle kann entfallen, wenn die Falle über einen elektronischen Fangmelder verfügt, der betriebssicher ist und unverzüglich meldet, sobald ein Fangereignis stattgefunden hat und die Funktionsfähigkeit mindestens einmal täglich getestet wird oder eine tägliche Selbstüberprüfung des Fangmelders gewährleistet ist.

(8) Die Prüfstelle, welche die Aufgaben nach Absatz 4 und 5 wahrnimmt, wird von der obersten Jagdbehörde im Gemeinsamen Amtsblatt des Landes Baden-Württemberg bekannt gegeben. Die Prüfstelle führt ein Verzeichnis über das Ergebnis der Überprüfungen nach Absatz 5 sowie über Namen und Anschriften der Eigentümerinnen und Eigentümer der gekennzeichneten Fallen; das Verzeichnis ist mindestens zehn Jahre lang aufzubewahren. Die Prüfstelle gibt den Jagdbehörden auf Verlangen Auskunft über die vorgenommenen Prüfungen, Anmeldungen und Kennzeichnungen.

§ 9 Sachliche Verbote

Vom Verbot des § 31 Absatz 1 Nummer 7 Buchstabe b JWMG ist das Schießen auf gestreifte Frischlinge ausgenommen. Für das Schießen auf gestreifte Frischlinge gilt § 31 Absatz 1 Nummer 7 Buchstabe a JWMG entsprechend.

§ 10 Jagdzeiten

(1) Die Jagd darf ausgeübt werden auf

1. Rotwild
   a) Kälber vom 1. August bis 31. Januar,
   b) Schmalspießer und Schmaltiere vom 1. Mai bis 15. Juni und vom 1. August bis 31. Januar,
   c) Hirsche und Alttiere vom 1. August bis 31. Januar,
2. Damwild
   a) Kälber vom 1. September bis 31. Januar,
   b) Schmalspießer und Schmaltiere vom 1. bis 31. Mai und vom 1. August bis 31. Januar,
   c) Hirsche und Alttiere vom 1. September bis 31. Januar,
3. Sikawild
   a) Kälber und Alttiere vom 1. August bis 31. Januar,
   b) Hirsche, Schmalspießer und Schmaltiere vom 1. Mai bis 31. Januar,
4. Rehwild
   a) Kitze vom 1. September bis 31. Januar,
   b) Schmalrehe vom 1. Mai bis 31. Januar,
   c) Ricken vom 1. September bis 31. Januar,
   d) Böcke vom 1. Mai bis 31. Januar,
5. Gamswild
   a) Jahrlinge beider Geschlechter vom 1. Juli bis 31. Januar,
   b) Geißen und Kitze vom 1. September bis 31. Januar,
   c) Böcke vom 1. September bis 31. Januar,
6. Muffelwild
   a) Widder vom 1. bis 31. Mai und vom 1. September bis 31. Januar,
   b) Schafe und Lämmer vom 1. September bis 31. Januar,
7. Schwarzwild ganzjährig,
8. Feldhase vom 1. Oktober bis 31. Dezember,
9. Wildkaninchen
   a) vom 1. Oktober bis 15. Februar,
   b) Jungkaninchen vom 16. April bis 15. Februar,
10. Steinmarder vom 1. Oktober bis 15. Februar,
11. Baummarder vom 1. Oktober bis 15. Februar,
12. Iltis vom 1. Oktober bis 15. Februar,
13. Hermelin 1. Oktober bis 15. Februar,

14. Dachs
    a) vom 1. August bis 31. Dezember,
    b) Jungdachse vom 1. Juni bis 31. Dezember,
15. Fuchs
    a) vom 1. Juli bis 15. Februar,
    b) Jungfüchse auch bereits vom 16. April bis 30. Juni sowie Füchse vom 1. Juli bis zum letzten Tag des Februars in Gebieten, für die eine Hegegemeinschaft nach § 47 Absatz 1 Satz 3, Absatz 2 oder 4 JWMG besteht, deren verfasstes Ziel der Schutz von Tierarten ist, die von der Prädation durch den Fuchs betroffen sind, oder in Gebieten, für die ein Fachkonzept oder Fachplan nach § 5 Absatz 2 Nummer 3 JWMG oder eine von der zuständigen unteren Jagdbehörde genehmigte Managementkonzeption vorliegt, nach der die Bejagung zum Erreichen der Ziele erforderlich ist,
16. Marderhund vom 1. Juli bis 15. Februar,
17. Waschbär vom 1. Juli bis 15. Februar,
18. Nutria vom 1. Juli bis 15. Februar,
19. Mink vom 1. Juli bis 15. Februar,
20. Fasan vom 1. Oktober bis 31. Dezember,
21. Ringeltaube vom 1. November bis 10. Februar,
22. Türkentaube vom 1. November bis 10. Februar,
23. Höckerschwan vom 1. November bis 15. Januar,
24. Graugans vom 1. August bis 31. Januar,
25. Rostgans vom 1. September bis 15. Januar,
26. Kanadagans vom 1. August bis 15. Februar,
27. Nilgans vom 1. August bis 15. Februar,
28. Stockente vom 1. September bis 15. Januar,
29. Pfeifente vom 1. Oktober bis 15. Januar,
30. Krickente vom 1. Oktober bis 15. Januar,
31. Schnatterente vom 1. September bis 15. Januar,
32. Reiherente vom 1. Oktober bis 15. Januar,
33. Tafelente vom 1. Oktober bis 15. Januar,
34. Blässhuhn vom 1. Oktober bis 15. Januar,
35. Waldschnepfe vom 1. Oktober bis 31. Dezember,
36. Rabenkrähe vom 1. August bis 15. Februar außerhalb von Naturschutzgebieten und Naturdenkmalen,
37. Elster vom 1. August bis 15. Februar außerhalb von Naturschutzgebieten und Naturdenkmalen.

(2) Die Jagd auf Jungtiere des Minks sowie Jungtiere der Arten Marderhund, Waschbär, Nutria, Nilgans, Rostgans und Jungtiere sonstiger Arten der Unionsliste der Verordnung (EU) Nr. 1143/2014 des Europäischen Parlaments und des Rates vom 22. Oktober 2014 über die Prävention und das Management der Ein-

bringung und Ausbreitung gebietsfremder Arten (ABl. L 317 vom 4. 11. 2014, S. 35), die durch Verordnung (EU) 2016/2031 (ABl. L 317 vom 23. 11. 2016, S. 4) geändert worden ist, die Wildtiere im Sinne des § 7 Absatz 1 JWMG sind, darf abweichend von Absatz 1 ganzjährig außerhalb der allgemeinen Schonzeit nach § 41 Absatz 2 JWMG ausgeübt werden.

(3) Die Jagd auf Jungtiere der Graugans, der Nilgans, der Rostgans und der Kanadagans einschließlich des Eingriffs auf ihre Eier, Nester und Lebensräume ist auch außerhalb der Jagdzeit nach Absatz 1 Nummern 24 bis 27 in Gebieten zulässig, für die eine von der unteren Jagdbehörde nach Maßgabe des Artikels 9 der Richtlinie 2009/147/EG des Europäischen Parlaments und des Rates vom 30. November 2009 über die Erhaltung der wildlebenden Vogelarten (ABl. L 20 vom 26. 1. 2010, S. 7), die zuletzt durch Verordnung (EU) 2019/1010 (ABl. L 170 vom 25. 6. 2019, S. 115) geändert worden ist, genehmigte Managementkonzeption vorliegt oder in Gebieten, für die ein Fachkonzept oder Fachplan nach § 5 Absatz 2 Nummer 3 JWMG vorliegt, wonach der Eingriff zum Erreichen der Managementziele erforderlich ist. § 41 Absatz 7 Satz 2 JWMG bleibt unberührt.

(4) Die Bestimmungen des § 41 Absatz 3 JWMG sowie die aufgrund des § 41 Absatz 5 und 6 JWMG getroffenen Bestimmungen bleiben unberührt.

§ 11 Schutzvorrichtungen und Obliegenheiten

(1) Als übliche Schutzvorrichtungen im Sinne des § 55 Absatz 2 Satz 2 JWMG gelten wilddichte Zäune mit ausreichender Standsicherheit und folgenden Mindesthöhen:

1. 2,50 m zum Schutz gegen Muffelwild,
2. 1,80 m zum Schutz gegen Rot-, Dam- und Sikawild,
3. 1,50 m zum Schutz gegen Reh-, Gams- und Schwarzwild und
4. 1,00 m über und 0,30 m in der Erde zum Schutz gegen Wildkaninchen.

Zum Schutz gegen Schwarzwild sind abweichend von Satz 1 Nummer 3 Elektrozäune ausreichend, wenn im Einzelfall gewährleistet ist, dass sie den wilddichten Zäunen in der Wirksamkeit gleichstehen.

(2) Die Wildforschungsstelle Baden-Württemberg erarbeitet gemeinsam mit der Jägerschaft, mit Vertreterinnen und Vertretern der Landwirtschaft sowie der Jagdgenossenschaften und der Gemeinden Empfehlungen zur Erleichterung der Bejagung und zur Verhütung von Wildschäden. Diese Empfehlungen sind jährlich zu überprüfen und bei Bedarf zu aktualisieren.

§ 12 Wildschadensschätzerinnen und Wildschadensschätzer

(1) Eine Befähigung im Sinne des § 57 Absatz 4 Satz 1JWMG ist unbeschadet anderer Qualifizierungen anzunehmen,

1. bei öffentlich bestellten und vereidigten Sachverständigen auf dem Gebiet der Land- und Forstwirtschaft einschließlich des Garten- und Weinbaus, die eine Qualifikation im Bereich der außergerichtlichen Streitschlichtung und wildtierökologische Kenntnisse nachweisen können,
2. bei Antragstellerinnen oder Antragstellern, die an einem mehrtägigen Grundlehrgang zum Thema Wildschadensschätzung teilgenommen, die Lehrgangs-

prüfung der Wildforschungsstelle Baden-Württemberg bestanden und mindestens alle fünf Jahre an einem Fortbildungslehrgang teilgenommen haben; entsprechende Lehrgänge hat die Wildforschungsstelle Baden-Württemberg anzubieten.

(2) Die unteren Jagdbehörden führen Verzeichnisse der von ihnen anerkannten Wildschadensschätzerinnen und Wildschadensschätzer und erheben mit deren Einverständnis die personenbezogenen Daten, die eine Kontaktaufnahme ermöglichen. Soweit das schriftliche Einverständnis der Wildschadensschätzerinnen und Wildschadensschätzer zur Weitergabe der Verzeichnisse und deren Veröffentlichung vorliegt, stellen die unteren Jagdbehörden die Verzeichnisse den Gemeinden zur Wahrnehmung der Aufgabe nach § 57 Absatz 3 JWMG zur Verfügung und machen die Verzeichnisse öffentlich zugänglich.

§ 13 Schadensanmeldung

(1) Der Anspruch auf Ersatz von Wild- oder Jagdschaden ist bei der Gemeinde, auf deren Gemarkung das beschädigte Grundstück liegt, innerhalb der in § 57 Absatz 1 Satz 1 JWMG bestimmten Frist oder bis zu dem in § 57 Absatz 1 Satz 2 JWMG bestimmten Stichtag in Textform gemäß § 126b des Bürgerlichen Gesetzbuches oder zur Niederschrift anzumelden.

(2) Die Bescheinigung nach § 57 Absatz 2 JWMG muss den Tag der Anmeldung und die geschädigte Person bezeichnen sowie Angaben zum Ort und zur Art des Schadens enthalten.

(3) Soweit die als ersatzpflichtig in Anspruch genommene Person mit Anschrift benannt wird, übermittelt die Gemeinde dieser Person unverzüglich eine Abschrift der Bescheinigung.

(4) Mit der Bescheinigung soll der Hinweis verbunden werden, dass die Gemeinde auf Antrag eines oder beider Beteiligter eine Wildschadensschätzerin oder einen Wildschadenschätzer beauftragt. Mit dem Hinweis soll über die Kostenfolge nach § 57 Absatz 5 JWMG informiert werden.

§ 14 Bestätigte Hegegemeinschaften

(1) Eine Hegegemeinschaft entspricht den Erfordernissen der Hege nach § 47 Absatz 1 Satz 3 JWMG, wenn sie zusammenhängende Jagdbezirke umfasst, die nach ihrer Lage, Größe, den sonstigen tatsächlichen Verhältnissen und auf Grund ihrer natürlichen Grenzen dem Lebensraum der Wildtiere oder einzelner Wildtierarten entsprechen und dadurch eine abgestimmte großräumige Hege oder Abschussregelung gewährleisten.

(2) Mit dem Antrag auf Bestätigung als Hegegemeinschaft sind vorzulegen:

1. eine Darstellung der räumlichen Abgrenzung der Hegegemeinschaft unter Angabe der von ihr umfassten Jagdbezirke,
2. ein Verzeichnis der jagdausübungsberechtigten Personen und Jagdgenossenschaften, die der Hegegemeinschaft beigetreten sind, und
3. Unterlagen über die Rechtsform der Hegegemeinschaft und deren Vertretung.

§ 15 Gebiet der Hegegemeinschaften

(1) Das Gebiet einer Hegegemeinschaft nach § 47 Absatz 2 und 4 JWMG wird unter Berücksichtigung wildökologischer und jagdfachlicher Gesichtspunkte bestimmt und soll das jagdbezirksübergreifend abgestimmte Zusammenwirken bei der Jagdausübung, der Hege oder Maßnahmen des Wildtiermanagements ermöglichen. Insbesondere sind bei der Bestimmung des Gebiets zu berücksichtigen

1. das Vorkommen der von den Aufgaben der Hegegemeinschaft betroffenen Wildtierarten und deren geeigneter Lebensraum, einschließlich natürlicher und künstlicher Barrieren, der Struktur und Qualität des Lebensraumes sowie der bestehenden Flächennutzung,
2. die besonderen artspezifischen und landeskulturellen Erfordernisse, die ein abgestimmtes Vorgehen bedingen, insbesondere die Gefährdung einer Wildtierart und ihr Schadenspotential und
3. die Anzahl der Jagdbezirke, die Anzahl der jagdausübungsberechtigten Personen und die Beteiligung Dritter an der Jagdausübung.

Das Gebiet einer Hegegemeinschaft soll die Jagdbezirke vollständig erfassen.

(2) Die unteren Jagdbehörden übermitteln der obersten Jagdbehörde auf Anforderung für ihren Zuständigkeitsbereich Angaben zu Lage und Größe der Jagdbezirke, Angaben zu den jagdausübungsberechtigen Personen mit Name und Anschrift, Lage und Größe der Fläche, auf der den Personen das Jagdausübungsrecht zusteht, sowie Angaben zu den bestehenden Jagdgenossenschaften mit Name, Sitz und Jagdvorstand.

(3) Die oberste Jagdbehörde stellt das Gebiet, die Mitglieder und die Aufgaben der Hegegemeinschaft fest und übermittelt die entsprechenden Daten an die untere Jagdbehörde als Aufsichtsbehörde nach § 47 Absatz 6 JWMG. Die Aufsichtsbehörde beruft die Mitglieder der gebildeten Hegegemeinschaft zu deren erster Versammlung ein und leitet diese Versammlung.

(4) Für Änderungen des Gebiets einer Hegegemeinschaft finden die Absätze 1 bis 3 entsprechende Anwendung.

§ 16 Organisation der Hegegemeinschaften

(1) Mitglieder einer Hegegemeinschaft nach § 47 Absatz 2 und 4 JWMG sind alle in ihrem Gebiet jagdausübungsberechtigten Personen, Inhaberinnen und Inhaber der von dem Gebiet erfassten Eigenjagdbezirke und die von dem Gebiet erfassten Jagdgenossenschaften.

(2) Die Hegegemeinschaft führt ein Verzeichnis ihrer Mitglieder unter Angabe der jeweiligen Grundflächenanteile und bejagbaren Flächenanteile und schreibt das Verzeichnis bei Bedarf fort. Die für das Gebiet der Hegegemeinschaft zuständigen unteren Jagdbehörden stellen die hierfür erforderlichen Daten zur Verfügung.

(3) Organe der Hegegemeinschaft sind die Versammlung der Mitglieder und der Vorstand. Für den Inhalt der Satzung der Hegegemeinschaft findet § 1 mit Ausnahme der Nummer 6 entsprechende Anwendung.

(4) Die Versammlung fasst ihre Beschlüsse bei Wahlen und Abstimmungen mit der Mehrheit der bei der Beschlussfassung vertretenen bejagbaren Grundflä-

che. Stimmberechtigt sind die Inhaberinnen und Inhaber von Eigenjagdbezirken sowie die Jagdgenossenschaften für die Grundflächen, auf denen ihnen das Jagdrecht zusteht; sie können ihr Stimmrecht an die auf diesen Flächen jagdausübungsberechtigten Personen übertragen. Für Wahlen kann die Satzung bestimmen, dass ein Beschluss der Mehrheit der bei der Beschlussfassung anwesenden und vertretenen Mitglieder der Hegegemeinschaft bedarf.

(5) Wählt die Versammlung binnen angemessener Frist keinen Vorstand, hat die für die Aufsicht der Hegegemeinschaft zuständige untere Jagdbehörde einen Notvorstand zu bestellen, der die Geschäfte auf Kosten der Hegegemeinschaft führt.

§ 17 Anerkennung von Nachsuchegespannen, Jagdhundeausbildung

(1) Die oberste Jagdbehörde kann die Entscheidung über die Anerkennung von Nachsuchegespannen im Sinne des § 39 Absatz 2 Nummer 5 JWMG unter den in § 64 Absatz 2 JWMG genannten Voraussetzungen anerkannten Vereinigungen der Jägerinnen und Jäger übertragen, wenn diese zur Erfüllung dieser Aufgabe geeignet sind. Als Nachsuchegespann kann eine Person mit einem für die Nachsuche nach Absatz 2 geeigneten Jagdhund oder mit mehreren für die Nachsuche nach Absatz 2 geeigneten Jagdhunden anerkannt werden, wenn

1. sie einen auf ihren Namen lautenden gültigen Jagdschein besitzt,
2. sie die erforderliche Eignung, Fachkenntnis und Leistungsfähigkeit besitzt, Nachsuchen fachgerecht und ordnungsgemäß durchzuführen,
3. sie sich bereit erklärt, die Aufgabe eines Nachsuchegespannes mit der gebotenen Einsatzbereitschaft wahrzunehmen, einer Veröffentlichung ihrer persönlichen Kontaktdaten zustimmt und
4. zu erwarten ist, dass sie das Vertrauen der Mehrheit der jagdausübungsberechtigten Personen in ihrem Einsatzgebiet genießt.

(2) Für die Nachsuche geeignet nach Absatz 1 Satz 2 sind Jagdhunde,

1. für die eine entsprechende Bestätigung der Brauchbarkeit für Nachsuchen unter erschwerten Bedingungen nach der Brauchbarkeitsprüfungsordnung des Landesjagdverbandes Baden-Württemberg e.V. vorliegt,
2. die erfolgreich an einer Verbandschweißprüfung oder Verbandsfährtenschuhprüfung gemäß den Richtlinien des Jagdgebrauchshundverbands oder an der Vorprüfung des Klubs Bayerische Gebirgsschweißhunde, des Vereins Schwarzwälder Schweißhund, des Vereins Ardennenbracke oder des Vereins Hirschmann teilgenommen haben oder
3. die erfolgreich an vergleichbaren Prüfungen, die von vergleichbar erfahrenen oder qualifizierten Richterinnen oder Richtern abgenommen wurden, teilgenommen haben.

(3) Anerkannte Nachsuchegespanne dürfen abweichend von § 31 Absatz 1 Nummer 7 Buchstabe c JWMG zum Zwecke einer sicheren Nachsuche auch halbautomatische Waffen, die mit mehr als fünf Patronen geladen sind, zum Erlegen von Schalenwild einsetzen.

(4) Geeignet und brauchbar für die Nachsuche im Sinne des § 38 Absatz 3 Satz 1 und 2 JWMG sind insbesondere Hunde mit entsprechender Bestätigung

der Brauchbarkeit nach der Brauchbarkeitsprüfungsordnung des Landesjagdverbandes Baden-Württemberg e.V. oder mit bestandener Gebrauchs- oder Verbandsgebrauchsprüfung nach der Prüfungsordnung des Jagdgebrauchshundverbandes.

(5) Bei der Ausbildung von Jagdhunden ist den Anforderungen des Tierschutzrechts vollumfänglich Rechnung zu tragen.

§ 18 Ordnungswidrigkeiten

Ordnungswidrig im Sinne des § 67 Absatz 2 Nummer 17 JWMG handelt, wer

1. entgegen § 3 Absatz 1 und 2 eine Fütterung oder Ablenkungsfütterung oder entgegen § 5 eine Kirrung vornimmt,
2. einer vollziehbaren Anordnung nach § 6 nicht, nicht vollständig oder nicht rechtzeitig nachkommt,
3. entgegen § 8 Absatz 1 bis 3 Lebend- oder Totfangfallen verwendet, die nicht den festgelegten Fallentypen entsprechen oder nicht zugelassen sind,
4. entgegen § 8 Absatz 3 Satz 2 auf die Verwendung von Totfangfallen nicht hinweist oder entgegen § 8 Absatz 6 Fallen verwendet,
5. entgegen § 8 Absatz 7 Fallen nicht kontrolliert oder
6. entgegen § 19 Absatz 5 den Ausweis zur Anerkennung oder den Bescheid zur Einsetzung während der Jagdausübung im Rahmen des § 13a JWMG nicht mitführt.

§ 19 Stadtjägerinnen und Stadtjäger

(1) Die Ausbildungslehrgänge zur Stadtjägerin oder zum Stadtjäger im Sinne des § 13a JWMG müssen von der obersten Jagdbehörde anerkannt sein. Die Ausbildung beinhaltet die Vermittlung hinreichender Kenntnisse und praktischer Fertigkeiten, um die Aufgaben rechtskonform und waidgerecht im Sinne von § 8 Absatz 1 JWMG auszuüben. Die Ausbildung umfasst den Erwerb von Kenntnissen und praktischen Fertigkeiten zu

1. Ökologie von Wildtieren im Siedlungsraum, insbesondere Wildarten, Wildkrankheiten, Lebensweisen, Nahrungsspektren, Verhaltensmustern, Fortpflanzung, Aufzucht der Jungtiere,
2. Kommunikation mit und Beratung von Bürgerinnen und Bürgern, Behörden und weiteren relevanten Gruppen in Fragen des Wildtiermanagements und der Wildtiere im Sinne des JWMG in Siedlungsbereichen sowie in Geltungsbereichen von Bebauungsplänen,
3. Präventions- und Konfliktmanagement im Siedlungsraum sowie die Zusammenarbeit mit von Wildtierkonflikten betroffenen Behörden und anderen öffentlichen Einrichtungen,
4. Gefahren für die öffentliche Sicherheit oder Ordnung und Konfliktpotentiale durch Wildtiere,
5. Möglichkeiten und Grenzen der Vergrämung und Bejagung, einschließlich Fang und Erlegung,
6. den rechtlichen Grundlagen des Jagdrechts, des Tierschutzrechts, des Artenschutzrechts, des Waffenrechts und des Gefahrenabwehrrechts.

(2) Die für die Ausstellung des Jagdscheins zuständige untere Jagdbehörde erkennt eine Person auf Antrag als Stadtjägerin oder Stadtjäger mit landesweiter, unbefristeter Geltung durch Ausstellen eines Ausweises entsprechend der Anlage 4 an, wenn sie einen gültigen Einjahres- oder Dreijahresjagdschein besitzt und eine Ausbildung zur Stadtjägerin oder zum Stadtjäger nach Absatz 1 erfolgreich absolviert hat. Hat die antragstellende Person ihren Wohnsitz außerhalb des Landes, ist für die Anerkennung die untere Jagdbehörde zuständig, in deren Zuständigkeitsbereich die Gemeinde fällt, in der die Einsetzung nach Absatz 3 erfolgen soll. Die Person muss die persönliche und fachliche Eignung besitzen. Die Anerkennung muss die ausdrückliche Erlaubnis der zuständigen Jagdbehörde zur Jagdausübung im befriedeten Bezirk enthalten. Nach der erstmaligen Anerkennung müssen Stadtjägerinnen und Stadtjäger mindestens alle fünf Jahre an einem Fortbildungslehrgang teilnehmen. Die untere Jagdbehörde versagt oder widerruft die Anerkennung, wenn die Voraussetzungen nach Satz 1, 3 oder 5 nicht oder nicht mehr vorliegen.

(3) Gemeinden können anerkannte Stadtjägerinnen oder Stadtjäger allgemein oder anlassbezogen nach pflichtgemäßem Ermessen durch Bescheid entsprechend Anlage 5 einsetzen. Die Einsetzung kann zeitlieh befristet erfolgen. Der Bescheid nach Satz 1 und dessen inhaltliche Änderung oder Aufhebung ist der unteren Jagdbehörde, in deren Zuständigkeitsbereich die Jagd ausgeübt wird, von der Gemeinde unverzüglich zur Kenntnis zu geben. Die Einsetzung als Stadtjägerin oder Stadtjäger begründet ein berechtigtes Interesse im Sinne des § 12 Absatz 1 der Grundbuchordnung in Bezug auf die maßgeblichen Flächen. Sofern das Jagdrecht auf den maßgeblichen Flächen verpachtet ist, ist die pachtende Person gemäß § 13a Absatz 1 Satz 1 JWMG dazu anzuhören, dass die Einsetzung einer anderen Person als Stadtjägerin oder als Stadtjäger erwogen wird. Sofern die pachtende Person anerkannte Stadtjägerin oder Stadtjäger ist, soll sie oder er vorrangig eingesetzt werden.

(4) Die Jagd mit Schusswaffen darf nur ausgeübt werden, wenn sie bei pflichtgemäßem Ermessen unter Beachtung der guten fachlichen Praxis erforderlieh ist und präventive Maßnahmen keinen Erfolg versprechen. Die Benachrichtigung des Polizeivollzugsdienstes durch die Stadtjägerin oder den Stadtjäger nach § 13a Absatz 2 Satz 2 JWMG erfolgt an das Führungs- und Lagezentrum des zuständigen Polizeipräsidiums vor Aufnahme der jeweiligen Jagdausübung mit Schusswaffe. Sobald die Jagd mit Schusswaffen beendet ist, erfolgt eine weitere Benachrichtigung an das Führungs- und Lagezentrum durch die Stadtjägerin oder den Stadtjäger. Die Benachrichtigungen können mündlich, fernmündlich oder elektronisch erfolgen.

(5) Bei der Jagdausübung im befriedeten Bezirk sind der Ausweis nach Absatz 2, durch den die Anerkennung bescheinigt wird, der Bescheid nach Absatz 3 zur Einsetzung, ein gültiger Einjahres- oder Dreijahresjagdschein sowie ein amtlicher Lichtbildausweis mitzuführen; § 38 des Waffengesetzes bleibt unberührt.

§ 20 Forstliches Gutachten

(1) In den staatlichen oder kommunalen Eigenjagdbezirken sowie den gemeinschaftlichen Jagdbezirken wird gemäß § 34 Absatz 1 JWMG von der unteren Forstbehörde oder in den staatlichen Eigenjagdbezirken von Forst Baden-

Württemberg für jedes Jagdrevier ein eigenes forstliches Gutachten erstellt; in privaten Eigenjagdbezirken kann freiwillig ein forstliches Gutachten erstellt werden.

(2) Ein Jagdrevier ist eine selbstständige Bewirtschaftungseinheit, die auf Grundlage der gesetzlichen Bestimmungen zur Bildung von Jagdbezirken nach §§ 10 bis 12 JWMG oder durch Jagdpacht nach § 17 JWMG entstanden ist. Es umfasst alle im Hinblick auf die Ausübung des Jagdrechts durch eine Person oder eine Personengemeinschaft zusammenhängenden Flächen.

(3) Jeder Jagdbezirk und jedes Jagdrevier ist gemäß den Bestimmungen des § 63 JWMG einem Land- oder Stadtkreis zuzuordnen.

(4) Die forstlichen Gutachten werden regelmäßig alle drei Jahre landesweit neu erstellt. Die für die einzelnen forstlichen Gutachten von den unteren Forstbehörden und von Forst Baden-Württemberg zu erhebenden Daten und Informationen werden von der obersten Jagdbehörde für das jeweilige Erhebungsjahr bestimmt. Die erhobenen Daten sind gemäß den Vorgaben der obersten Forstbehörde im Einvernehmen mit der obersten Jagdbehörde elektronisch zu übermitteln. Die erhobenen Daten sind Wildtiermonitoringdaten nach § 43 Satz 1 JWMG.

(5) Den mit der Erstellung der forstlichen Gutachten betrauten Personen wird ein Fortbildungsangebot zur Einschätzung des Einflusses von Wildverbiss auf die Erreichung waldbaulicher Ziele und zur fachlichen Beratung der von den Gutachten betroffenen Personen bereitgestellt.

§ 21 Wildtierportal und Wildtiermonitoring

(1) Von den Jagdbehörden angeforderte Berichte über Beobachtungen zu Wildtieren und zu den Verhältnissen im jeweiligen Jagdrevier und Jagdjahr, insbesondere zu Bestand, Lebensraum und Zustand nach § 43 Satz 1 JWMG (Wildtiermonitoringdaten) sind von der jagdausübungsberechtigten Person oder von diesen dazu beauftragten Personen sowie eingesetzten Stadtjägerinnen und Stadtjägern der unteren Jagdbehörde elektronisch über das Wildtierportal gemäß § 14a JWMG zu übermitteln. Meldungen, zu denen die jagdausübungsberechtigten oder zur Jagdausübung befugten Personen nach § 50 Absatz 1 Satz 1 JWMG verpflichtet sind, erfolgen über die im Wildtierportal dafür vorgesehenen technischen Möglichkeiten. Unter die Meldepflicht nach § 50 Absatz 1 Satz 1 JWMG fallen bei Schwarzwild auch verendet aufgefundenes Unfallwild sowie Fallwild.

(2) Die übermittelten Daten einschließlich die Inhalte der Streckenmeldungen werden von den Personen nach Absatz 1 ausschließlich zur Verfügung gestellt zur Übermittlung an oder zum automatischen Abruf durch

1. die Veterinärbehörden und das Friedrich-Loeffler-Institut zum Zwecke der Tierseuchenprävention sowie der Tierseuchenbekämpfung,
2. die für das Wildtiermonitoring zuständigen Behörden und deren nachgeordnete Stellen zum Zweck der fortlaufenden und systematischen Erfassung, Beobachtung und Überwachung der Wildtiere, für Zwecke der Wildtierforschung und zu dem Zweck, die tatsächlichen Grundlagen für Maßnahmen des Wildtiermanagements zu ermitteln, sowie an

3. andere Behörden und deren nachgeordnete Einrichtungen, soweit dies zur Erreichung der in § 2 JWMG genannten Ziele oder zum Schutz der öffentlichen Sicherheit und Ordnung erforderlich ist.

(3) In gemeinschaftlichen Jagdbezirken veranlasst der Jagdvorstand oder im Falle der Übertragung der Verwaltung nach § 15 Absatz 7 JWMG der Gemeinde- oder Ortschaftsrat die Führung des elektronischen Verzeichnisses nach § 14a Absatz 2 JWMG. In Eigenjagdbezirken sind die Inhaberinnen oder Inhaber des Eigenjagdbezirks für die Führung dieses Verzeichnisses zuständig.

(4) In dem elektronischen Verzeichnis sind alle Flurstücke und Teile von Flurstücken (Grundflächen) nach den §§ 10 bis 12 JWMG von den Nutzungsberechtigten des Jagdrechts einem Jagdbezirk zuzuordnen. Hierfür werden den Nutzungsberechtigten des Jagdrechts im Wildtierportal die erforderlichen Flurstückinformationen zur Verfügung gestellt. Mit dieser Zuordnung ist die Pflicht der Jagdgenossenschaft nach § 15 Absatz 1 Satz 3 JWMG erfüllt, es sei denn eine Eigentümerin oder ein Eigentümer einer Grundfläche weist gegenüber der Jagdgenossenschaft nach, dass sie oder er abweichend von den im Wildtierportal enthaltenen Informationen Grundeigentümerin oder Grundeigentümer einer Fläche ist. Im Falle einer Verpachtung des Jagdausübungsrechts nach § 17 JWMG sind die verpachteten Grundflächen im Wildtierportal mit den dafür vorgesehenen technischen Möglichkeiten zu kennzeichnen und die jagdausübungsberechtigte Person anzugeben. Gleiches gilt bei einer Beauftragung nach § 16 Absatz 1 JWMG.

(5) Die jagdausübungsberechtigten Personen eines Jagdreviers kennzeichnen im Wildtierportal unter Angabe ihrer Kontaktdaten die Grundflächen, auf denen ihnen das Jagdausübungsrecht zusteht (Jagdreviere). Grundflächen, für die eine Jagderlaubnis nach § 25 JWMG erteilt wurde, können im Wildtierportal unter Angabe der erlaubnisinhabenden Person gekennzeichnet werden.

(6) Die Prüfung der Angaben im Wildtierportal obliegt der für die Gestaltung der Jagdbezirke im Sinne des § 12 JWMG zuständigen Jagdbehörde. Forst Baden-Württemberg stellt hierzu den unteren Jagdbehörden alle erforderlichen Informationen über die in deren Zuständigkeitsbereich gebildeten Jagdreviere zur Verfügung.

(7) Die Erfüllung von Meldepflichten und die Flächenverwaltung gemäß den Absätzen 4 bis 6 muss spätestens innerhalb von 12 Monaten ausschließlich über das Wildtierportal erfolgen, nachdem die jeweilige Funktion im Wildtierportal verfügbar ist. Die Daten sind von den Zuständigen zu berichtigen, sobald sich Anhaltspunkte für deren Unrichtigkeit oder Unvollständigkeit ergeben.

§ 22 Übergangsbestimmungen

(1) Die zum Zeitpunkt des Inkrafttretens dieser Verordnung auf der Grundlage des bis dahin geltenden Rechts von den unteren Jagdbehörden bestellten Wildschadensschätzerinnen und Wildschadensschätzer gelten bis Ablauf ihrer Bestellung als anerkannt im Sinne des § 57 Absatz 4 Satz 1 JWMG. Die Wildforschungsstelle Baden-Württemberg kann Personen, die vor Inkrafttreten dieser Verordnung an Lehrgängen zum Thema Wildschadensschätzung teilgenommen haben, die Teilnahme auf die nach § 12 Absatz 1 Nummer 2 erforderlichen Lehrgänge anrechnen.

(2) Für diejenigen Fallen, die nach den Bestimmungen des Jagd- und Wildtiermanagementgesetzes und dieser Verordnung für die Fangjagd zulässig sind und nach der vor Inkrafttreten des Jagd- und Wildtiermanagementgesetzes geltenden Rechtslage ordnungsgemäß angemeldet und gekennzeichnet wurden, ist keine erneute Anmeldung und Kennzeichnung erforderlich. Die unteren Jagdbehörden übermitteln der Prüfstelle die bei ihnen vorliegenden Daten dieser Anmeldungen und Kennzeichnungen.

§ 23 Inkrafttreten, Außerkrafttreten

(1) Diese Verordnung tritt am Tag nach ihrer Verkündung in Kraft, soweit in Absatz 2 nichts anderes bestimmt ist.*

(2) Abweichend von Absatz 1 tritt § 4 am 1. April 2016 in Kraft.

(3) Gleichzeitig mit Inkrafttreten der Verordnung nach Absatz 1 tritt die Durchführungsverordnung des Ministeriums für Ernährung und Ländlichen Raum zum Landesjagdgesetz vom 5. September 1996 (GBl. S. 601), zuletzt geändert durch Verordnung vom 15. Juli 2008 (GBl. S. 286), mit Ausnahme der §§ 9 bis 12 außer Kraft.

Anlage 1
(zu § 7 Absatz 1)

„Untere Jagdbehörde" „Ort", „Datum"

Az.: „Aktenzeichen"

Fallensachkundenachweis
gemäß § 32 Absatz 4 JWMG

für „Herrn/Frau"

„Vorname und Familienname", wohnhaft in „Anschrift",

geboren am „Geburtsdatum", in „Ort".

„Herr/Frau" „Familienname" hat durch Vorlage einer Ausbildungsbestätigung nachgewiesen, dass „er/sie" am „Datum" an einem Fallenlehrgang nach § 32 Absatz 4 Satz 2 JWMG bei „Name der Einrichtung/der Lehrperson" in „Ort des Lehrgangs" teilgenommen und dabei die erforderliche Sachkunde erworben hat.

Der Fallensachkundenachweis wird hiermit erteilt.

(Unterschrift und Dienstsiegel)

---

* Die Verkündung erfolgte am 17. April 2015.

Anlage 2
(zu § 7 Absatz 3)

„Name der Einrichtung/der Lehrperson im „Ort“, „Datum“

Sinne des § 32 Absatz 4 Satz 2 JWMG“

Bestätigung über die Ausbildung in Fallensachkunde
gemäß § 32 Absatz 4 JWMG

für „Herrn/Frau“

„Vorname und Familienname“, wohnhaft in „Anschrift“,

geboren am „Geburtsdatum“, in „Ort“.

„Herr/Frau“ „Familienname“ nahm am „Datum/Angabe der Ausbildungstage“ an einem mindestens 20 Ausbildungsstunden umfassenden Lehrgang mit dem Titel „Bezeichnung des Lehrgangs“ bei „Name der Lehrperson und Bezeichnung der Einrichtung“ in „Ort des Lehrgangs“ teil.

Im Rahmen des Lehrgangs wurden die rechtlichen Grundlagen der Fallenjagd, Grundzüge des Tierschutz- und des Artenschutzrechts, ausreichende Artenkenntnisse sowie ausreichende Kenntnisse über Funktion, artenspezifischen Einsatz, Einbau und Wartung von Tot- und Lebendfangfallen sowie für den Lebendfang die anschließende tierschutzgerechte Behandlung der gefangenen Tiere, jeweils in Theorie und Praxis, vermittelt.

(Unterschrift der Lehrperson)

Anlage 3
(zu § 8 Absatz 1 und 3)

Liste der für die Fangjagd mit Lebend- und Totfangfallen zugelassenen Fallentypen und der für sie geltenden Bauvorschriften

1. **Fallentyp A** – eine Kasten- oder Röhrenfalle für Tiere ab Fuchsgröße mit folgenden Mindestgrößen für den Fangraum mit den Maßen des Fangraumbodens nach Auslösung:

   Länge: 130 cm

   Breite: 25 cm

   Höhe: 25 cm.
2. **Fallentyp B** – eine Kasten- oder Röhrenfalle für Tiere unter Fuchsgröße mit folgenden Mindestgrößen für den Fangraum mit den Maßen des Fangraumbodens nach Auslösung:

   Länge: 100 cm

   Breite: 15 cm

   Höhe: 15 cm.

Weitere Vorgaben zu den Fallentypen A und B:
Die aufgeführten Fallentypen müssen so beschaffen sein, dass eine Verletzung von Tieren ausgeschlossen ist. Drahtgitter ist als Baumaterial nicht zugelassen. Kontrollöffnungen aus Draht sind zulässig, falls Verletzungen der Tiere ausgeschlossen sind. Röhrenfallen müssen eine ausreichende Druckfestigkeit aufweisen. In geschlossenem Zustand müssen die Fangräume abgedunkelt sein.

3. **Fallentyp D** – Abzugseisen mit Auslösung auf Zug für Haarwild mit folgenden Bügelweiten und Klemmkräften:

   Bügelweite 37 cm +/– 10 %,
   Mindestklemmkraft 150 Newton

   Bügelweite 46 cm +/– 10 %,
   Mindestklemmkraft 175 Newton

   Bügelweite 56 cm +/– 10 %,
   Mindestklemmkraft 200 Newton

   Bügelweite 70 cm +/– 10 %,
   Mindestklemmkraft 300 Newton.

   Weitere Vorgabe zum Fallentyp D:
   Abzugseisen mit den Bügelweiten 37 cm +/– 10 % und 46 cm +/– 10 % dürfen nur für Marder, Iltis oder eine diesen der Größe nach entsprechende Wildtierart verwendet werden.

Anlage 4
(zu § 19 Absatz 2)

„Kleines Landeswappen"

Anerkannte/r Stadtjäger/in Baden-Württemberg

„Herr/Frau"

„Vorname und Familienname",

geboren am „Geburtsdatum", in „Ort"

ist anerkannte Stadtjägerin/anerkannter Stadtjäger gemäß § 13a Jagd- und Wildtiermanagementgesetz, § 19 Absatz 2 der Verordnung zur Durchführung des Jagd- und Wildtiermanagementgesetzes.

Die Anerkennung umfasst die Erlaubnis der zuständigen Jagdbehörde zur Jagdausübung im befriedeten Bezirk. Die Stadtjägerin/der Stadtjäger ist befugt, im Zusammenhang mit der Jagdausübung Schusswaffen entsprechend § 13 Absatz 6 des Waffengesetzes zu führen. Die Jagd darf im Rahmen und nach Maßgabe der Einsetzung im befriedeten Bezirk ausgeübt werden.

Die Anerkennung gilt nur im Zusammenhang mit einem gültigen Einjahres- oder Dreijahresjagdschein und einem amtlichen gültigen Lichtbildausweis.

Es gelten folgende Nebenbestimmungen:

„…"

Anlage 5
(zu § 19 Absatz 3)

„Gemeinde“
„Ort“,
„Datum“
Az.: „Aktenzeichen“

Einsetzung als Stadtjägerin oder Stadtjäger gemäß § 13a Jagd- und Wildtiermanagementgesetz § 19 Absatz 3 Verordnung zur Durchführung des Jagd- und Wildtiermanagementgesetzes.

„Herr/Frau“
„Vorname und Familienname“, wohnhaft in „Anschrift“,
geboren am „Geburtsdatum“, in „Ort“.

„Herr/Frau“ „Familienname“ ist Inhaber/in des Stadtjägerin/Stadtjäger-Ausweises vom „Datum“ Aktenzeichen „Az“, ausgestellt von der unteren Jagdbehörde „Ort“.

„Er/Sie“ wird hiermit mit folgenden Maßgaben als Stadtjägerin/Stadtjäger von der Gemeinde „Ort“ eingesetzt:

„…“

„Er/Sie“ wurde einer Sicherheitsbelehrung unterzogen.
Die Einsetzung gilt bis zum „Datum“.

Es gelten folgende Nebenbestimmungen:

„…“

(Unterschrift und Dienstsiegel)

Die wichtigsten Neuerungen für Jägerinnen und Jäger kurz zusammengefasst

Im Folgenden sind die wichtigsten Änderungen und Neuerungen, vor allem durch das **3. WaffRÄndG**, dargestellt: Das betrifft vor allem Regelungen zu Schalldämpfereinsatz, Nachtsichttechnik in Verbindung mit Waffen, Abfrage beim Verfassungsschutz und Waffenverbotszonen.

Die wichtigsten Änderungen:

- **Schalldämpfer** für Langwaffen dürfen künftig nach **§ 13 Abs. 9 WaffG** allein auf Jahresjagdschein und ohne Voreintrag erworben werden. Der Kauf eines Schalldämpfers muss innerhalb von zwei Wochen der Behörde gemeldet werden, genauso wie beim Kauf von Langwaffen. Schalldämpfer dürfen ausschließlich mit für die Jagd zugelassener Langwaffenmunition mit Zentralfeuerung verwendet werden. Der Einsatz beschränkt sich ausschließlich auf die Jagdausübung und das jagdliche Übungsschießen.
- Bei der Prüfung der **Zuverlässigkeit** nach **§ 5 WaffG** wird auch eine **Abfrage beim Verfassungsschutz nach § 5 Abs. 4 Nr. 4 WaffG** zwingend durchgeführt. Bei der waffenrechtlichen Zuverlässigkeitsprüfung wird die Regelunzuverlässigkeit auf den Fall einer extremistischen Betätigung ausgeweitet. Hinsichtlich der Auslegung dieser „Extremismus-Klausel“ ist aufgrund der neu eingeführten verbindlichen Verfassungsschutzabfrage mit einem verstärkten Bedarf an gerichtlicher Klärung zu rechnen – was aber letztlich zu mehr Rechtssicherheit führen dürfte. Bei der erstmaligen Erteilung eines Jagdscheines, aber auch bei dessen Verlängerung hat dies bereits zu erheblichen zeitlichen Verzögerungen geführt, weil die administrativen Voraussetzungen für eine zügige Umsetzung nicht vorlagen.
- In begründeten Ausnahmefällen darf die Waffenbehörde zur Erforschung des Sachverhalts künftig das persönliche Erscheinen des Antragstellers anordnen (§ 4 Abs. 5 WaffG).
- Nach **§ 40 Abs. 3 Satz 4 WaffG** dürfen Inhaber eines gültigen Jagdscheines künftig für jagdliche **Zwecke Nachtsichttechnik als Aufsatz und Vorsatzgeräte** auch in Verbindung mit der Waffe nutzen. Entsprechende jagdrechtliche Verbote hierzu bleiben jedoch bestehen. In Baden-Württemberg wurde das jagdrechtliche Verbot zwischenzeitlich durch die Änderung des Jagd- und Wildtiermanagementgesetzes (JWMG) aufgehoben. Es gilt nur noch das entsprechende Nachtjagdverbot des JWMG.

Waffenrechtlich nicht abschließend geklärt war bisher die Zulässigkeit von künstlichen Lichtquellen und Vorrichtungen zum Beleuchten und Anstrahlen des Zieles einschließlich integrierter Infrarotaufheller, die in zahlreichen Restlichtverstärkern zur Verbesserung der Sichtverhältnisse unterstützend eingesetzt werden. Das BKA vertrat hierzu die Auffassung, dass diese Geräte unter das Verbot nach Anlage 2, Abschnitt 1, Nr. 1.2.4.1 fallen, wonach Vorrichtungen, die das Ziel beleuchten oder anstrahlen, verboten sind. Darunter falle auch die Verwendung von unsichtbarem Licht (Infrarot). Im Zuge der geplanten Änderung des BJagdG zeichnete sich endlich

Klarheit ab. Ergänzend zur Änderung des BJagdG war vorgesehen, auch § 40 Abs. 3 WaffG dahin zu ändern, dass Vorrichtungen, die das Ziel beleuchten, nach Anlage 2 Abschnitt 1 Nummer 1.2.4.1 jetzt zulässig sind. Darunter wären z. B. Zielscheinwerfer und Infrarotaufheller gefallen. Leider kam die Änderung aufgrund von Differenzen in der Koalition in letzter Minute nicht zustande, sodass rechtliche Unsicherheiten bleiben und hoffentlich in der nächsten Legislaturperiode beseitigt werden.

Die teilweise Zulassung der Nachtzieltechnik lässt jedoch die **jagdrechtlichen** Vorschriften „unberührt", das heißt, diese gelten uneingeschränkt weiter. Eine Nutzung dieser Geräte zur Jagd ist daher nur möglich, wenn das bestehende Verbot der Verwendung dieser Geräte zur Jagdausübung aufgehoben wurde. In Baden-Württemberg wurde das entsprechende Verbot ersatzlos gestrichen (§ 31. Abs. 1 Nr. 10a JWMG), sodass hier nunmehr die Nachtjagd auf Schwarzwild und Raubwild mit Nachtzieltechnik erlaubt ist, nicht aber auf anderes Schalenwild.

In der kurzfristig gestoppten Änderung des BJagdG war vorgesehen, das entsprechende Verbot des § 19 Abs. 1 Nr. 5a BJagdG nur bezüglich der Jagd auf Schwarzwild und gebietsfremde invasive Arten von EU-weiter Bedeutung aufzuheben und damit die Jagd mit Nachtzieltechnik nur auf dieses Wild zuzulassen.

- Inwieweit Länder und Kommunen von der Ermächtigung in **§ 42 Abs. 6 WaffG**, entsprechende **Waffenverbotszonen** auszuweisen, Gebrauch machen werden, bleibt abzuwarten. In diesen Zonen kann das Führen von Waffen oder von Messern mit feststehender oder feststellbarer Klinge mit einer Länge von über 4 cm verboten oder beschränkt werden. Für Jägerinnen und Jäger und andere Erlaubnisinhaber, die ein entsprechendes „berechtigtes Interesse" am Mitführen nachweisen können, sind entsprechende Ausnahmen möglich.

Zum 01.09.2020 ist der zweite Teil der Waffengesetzänderung in Kraft getreten. Jägerinnen und Jäger müssen jetzt Übergangs- und Meldefristen beachten. Die Änderungen beinhalten unter anderem ein Verbot größerer Magazine, Änderungen bei der Liste der wesentlichen Teile sowie geänderte **Anzeigepflichten (§§ 37 ff. WaffG)** beim Erwerb und dem Überlassen von Waffen. Bei dem Verbot von **größeren Magazinen** (mehr als zehn Schuss bei Langwaffen, mehr als zwanzig Schuss bei Kurzwaffen) gibt es einen Bestandsschutz für den Altbesitz.

Voraussetzung ist, dass Besitzer diese innerhalb eines Jahres bis zum 01.09.2021 bei der Behörde anzeigen. Auch die Anzeigepflichten beim Erwerb und Überlassen von Waffen wurden neu und detaillierter gefasst. Die Angaben, die gemacht werden müssen, ergeben sich aus dem neuen **§ 37f WaffG**. Es ist anzunehmen, dass die Waffenbehörden ihre entsprechenden Formulare anpassen werden (oder bereits angepasst haben).

Einige Verwirrung gab es um die **Identifikationsnummern** des **Waffenregisters**. Diese müssen bei der Anzeige des Erwerbs oder des Überlassens nicht mitgeteilt werden und müssen auch beim Verkauf oder Verleih von privat zu privat nicht zwingend mitgeteilt werden. Allerdings benötigen Händler und Büchsenmacher diese Nummern, wenn sie erlaubnispflichtige Waffen kaufen, in Kommission nehmen, für eine länger dauernde Reparatur (mehr als vier Wochen) oder im Zusammenhang mit dem Austausch oder der Änderung von wesentlichen Teilen entgegennehmen. Daher ist es sinnvoll, sich die Nummern von der Waffenbehörde mitteilen zu lassen. Manche Waffenbehörden informieren auch von sich aus die Waffenbesitzer. Jeder Waffenbesitzer bekommt eine eigene Nummer (Personen-ID), ebenso jede Waffenbesitzkarte oder andere Erlaubnis (Erlaubnis-ID) und jede Waffe oder jedes separate wesentliche Teil (Waffen-ID).

Das neu gefasste **Waffenregistergesetz** ersetzt das bisherige Nationale-Waffenregister-Gesetz.

Waffengesetz (WaffG)

vom 11. Oktober 2002 (BGBl. I S. 3970, ber. S. 4592, ber. 2003 I S. 1957)*, geändert durch Gesetze vom 10. September 2004 (BGBl. I S. 2318), vom 21. Juni 2005 (BGBl. I S. 1818), vom 5. November 2007 (BGBl. I S. 2557), vom 26. März 2008 (BGBl. I S. 426), vom 17. Juli 2009 (BGBl. I S. 2062), vom 25. November 2012 (BGBl. II S. 1381), vom 4. März 2013 (BGBl. I S. 362), vom 7. August 2013 (BGBl. I S. 3154), durch Verordnung vom 31. August 2015 (BGBl. I S. 1474), durch Gesetze vom 18. Juli 2016 (BGBl. I S. 1666), vom 29. März 2017 (BGBl. I S. 626), vom 13. April 2017 (BGBl. I S. 872), vom 30. Juni 2017 (BGBl. I S. 2133), vom 20. November 2019 (BGBl. I S. 1626), vom 17. Februar 2020 (BGBl. I S. 166)**, vom 22. April 2020 (BGBl. I S. 840), durch Verordnung vom 19. Juni 2020 (BGBl. I S. 1328)

Inhaltsübersicht

---

* Artikel 1 des Gesetzes zur Neuregelung des Waffenrechts (WaffRNeuRegG). Gemäß Artikel 19 des WaffRNeuRegG sind die in § 7 Abs. 2, § 22 Abs. 2, § 25 Abs. 1, § 27 Abs. 7 Satz 2, § 34 Abs. 6, § 36 Abs. 5, §§ 47, 48 Abs. 1, § 50 Abs. 2 und 3, § 55 Abs. 5 und 6 sowie in Artikel 3 Nr. 3 enthaltenen Verordnungsermächtigungen und das in Anlage 2 Abschnitt 1 Nr. 1.2.1 festgesetzte Verbot von Vorderschaftrepetierflinten, bei denen der Hinterschaft durch einen Pistolengriff ersetzt ist, am 17. Oktober 2002 in Kraft getreten. Im Übrigen ist das Waffengesetz am 1. April 2003 in Kraft getreten.

** Amtliche Fußnote: Dieses Gesetz dient der Umsetzung der Richtlinie 2017/853 des Europäischen Parlaments und des Rates vom 17. Mai 2017 zur Änderung der Richtlinie 91/477/EWG des Rates über die Kontrolle des Erwerbs und des Besitzes von Waffen (ABl. L 137 vom 24. 5. 2017, S. 22). Artikel 1 Nummer 38 Buchstabe b Doppelbuchstabe bb Dreifachbuchstabe bbb und kkk sowie Artikel 2 Nummer 2 dieses Gesetzes dienen der Umsetzung der Durchführungsrichtlinie (EU) 2019/69 der Kommission vom 16. Januar 2019 zur Festlegung technischer Spezifikationen für Schreckschuss- und Signalwaffen gemäß der Richtlinie 91/477/EWG des Rates über die Kontrolle des Erwerbs und des Besitzes von Waffen (ABl. L 15 vom 17. 1. 2019, S. 22).

Abschnitt 1
Allgemeine Bestimmungen

§ 1 Gegenstand und Zweck des Gesetzes, Begriffsbestimmungen

(1) Dieses Gesetz regelt den Umgang mit Waffen oder Munition unter Berücksichtigung der Belange der öffentlichen Sicherheit und Ordnung.

(2) Waffen sind

1. Schusswaffen oder ihnen gleichgestellte Gegenstände und
2. tragbare Gegenstände,
   a) die ihrem Wesen nach dazu bestimmt sind, die Angriffs- oder Abwehrfähigkeit von Menschen zu beseitigen oder herabzusetzen, insbesondere Hieb- und Stoßwaffen;
   b) die, ohne dazu bestimmt zu sein, insbesondere wegen ihrer Beschaffenheit, Handhabung oder Wirkungsweise geeignet sind, die Angriffs- oder Abwehrfähigkeit von Menschen zu beseitigen oder herabzusetzen, und die in diesem Gesetz genannt sind.

(3) Umgang mit einer Waffe oder Munition hat, wer diese erwirbt, besitzt, überlässt, führt, verbringt, mitnimmt, damit schießt, herstellt, bearbeitet, instand setzt oder damit Handel treibt. Umgang mit einer Schusswaffe hat auch, wer diese unbrauchbar macht.

(4) Die Begriffe der Waffen und Munition sowie die Einstufung von Gegenständen nach Absatz 2 Nr. 2 Buchstabe b als Waffen, die Begriffe der Arten des Umgangs und sonstige waffenrechtliche Begriffe sind in der Anlage 1 (Begriffsbestimmungen) zu diesem Gesetz näher geregelt.

§ 2 Grundsätze des Umgangs mit Waffen oder Munition, Waffenliste

(1) Der Umgang mit Waffen oder Munition ist nur Personen gestattet, die das 18. Lebensjahr vollendet haben.

(2) Der Umgang mit Waffen oder Munition, die in der Anlage 2 (Waffenliste) Abschnitt 2 zu diesem Gesetz genannt sind, bedarf der Erlaubnis.

(3) Der Umgang mit Waffen oder Munition, die in der Anlage 2 Abschnitt 1 zu diesem Gesetz genannt sind, ist verboten.

(4) Waffen oder Munition, mit denen der Umgang ganz oder teilweise von der Erlaubnispflicht oder von einem Verbot ausgenommen ist, sind in der Anlage 2 Abschnitt 1 und 2 genannt. Ferner sind in der Anlage 2 Abschnitt 3 die Waffen und Munition genannt, auf die dieses Gesetz ganz oder teilweise nicht anzuwenden ist.

(5) Bestehen Zweifel darüber, ob ein Gegenstand von diesem Gesetz erfasst wird oder wie er nach Maßgabe der Begriffsbestimmungen in Anlage 1 Abschnitt 1 und 3 und der Anlage 2 einzustufen ist, so entscheidet auf Antrag die zuständige Behörde. Antragsberechtigt sind

1. Hersteller, Importeure, Erwerber oder Besitzer des Gegenstandes, soweit sie ein berechtigtes Interesse an der Entscheidung nach Satz 1 glaubhaft machen können,
2. die zuständigen Behörden des Bundes und der Länder.

Die nach Landesrecht zuständigen Behörden sind vor der Entscheidung zu hören. Die Entscheidung ist für den Geltungsbereich dieses Gesetzes allgemein verbindlich. Sie ist im Bundesanzeiger bekannt zu machen.

§ 3 Umgang mit Waffen oder Munition durch Kinder und Jugendliche

(1) Jugendliche dürfen im Rahmen eines Ausbildungs- oder Arbeitsverhältnisses abweichend von § 2 Abs. 1 unter Aufsicht eines weisungsbefugten Waffenberechtigten mit Waffen oder Munition umgehen.

(2) Jugendliche dürfen abweichend von § 2 Abs. 1 Umgang mit geprüften Reizstoffsprühgeräten haben.

(3) Die zuständige Behörde kann für Kinder und Jugendliche allgemein oder für den Einzelfall Ausnahmen von Alterserfordernissen zulassen, wenn besondere Gründe vorliegen und öffentliche Interessen nicht entgegenstehen.

Abschnitt 2
Umgang mit Waffen oder Munition

Unterabschnitt 1
Allgemeine Voraussetzungen für Waffen- und Munitionserlaubnisse

§ 4 Voraussetzungen für eine Erlaubnis

(1) Eine Erlaubnis setzt voraus, dass der Antragsteller

1. das 18. Lebensjahr vollendet hat (§ 2 Abs. 1),
2. die erforderliche Zuverlässigkeit (§ 5) und persönliche Eignung (§ 6) besitzt,

3. die erforderliche Sachkunde nachgewiesen hat (§ 7),
4. ein Bedürfnis nachgewiesen hat (§ 8) und
5. bei der Beantragung eines Waffenscheins oder einer Schießerlaubnis eine Versicherung gegen Haftpflicht in Höhe von 1 Million Euro – pauschal für Personen- und Sachschäden – nachweist.

(2) Die Erlaubnis zum Erwerb, Besitz, Führen oder Schießen kann versagt werden, wenn der Antragsteller seinen gewöhnlichen Aufenthalt nicht seit mindestens fünf Jahren im Geltungsbereich dieses Gesetzes hat.

(3) Die zuständige Behörde hat die Inhaber von waffenrechtlichen Erlaubnissen in regelmäßigen Abständen, mindestens jedoch nach Ablauf von drei Jahren, erneut auf ihre Zuverlässigkeit und ihre persönliche Eignung zu prüfen sowie in den Fällen des Absatzes 1 Nr. 5 sich das Vorliegen einer Versicherung gegen Haftpflicht nachweisen zu lassen.

(4) Die zuständige Behörde hat das Fortbestehen des Bedürfnisses bei Inhabern einer waffenrechtlichen Erlaubnis alle fünf Jahre erneut zu überprüfen.

(5) Zur Erforschung des Sachverhalts kann die zuständige Behörde in begründeten Einzelfällen das persönliche Erscheinen des Antragstellers oder des Erlaubnisinhabers verlangen.

§ 5 Zuverlässigkeit

(1) Die erforderliche Zuverlässigkeit besitzen Personen nicht,

1. die rechtskräftig verurteilt worden sind
   a) wegen eines Verbrechens oder
   b) wegen sonstiger vorsätzlicher Straftaten zu einer Freiheitsstrafe von mindestens einem Jahr,

   wenn seit dem Eintritt der Rechtskraft der letzten Verurteilung zehn Jahre noch nicht verstrichen sind,
2. bei denen Tatsachen die Annahme rechtfertigen, dass sie
   a) Waffen oder Munition missbräuchlich oder leichtfertig verwenden werden,
   b) mit Waffen oder Munition nicht vorsichtig oder sachgemäß umgehen oder diese Gegenstände nicht sorgfältig verwahren werden,
   c) Waffen oder Munition Personen überlassen werden, die zur Ausübung der tatsächlichen Gewalt über diese Gegenstände nicht berechtigt sind.

(2) Die erforderliche Zuverlässigkeit besitzen in der Regel Personen nicht,

1. a) die wegen einer vorsätzlichen Straftat,
   b) die wegen einer fahrlässigen Straftat im Zusammenhang mit dem Umgang mit Waffen, Munition oder explosionsgefährlichen Stoffen oder wegen einer fahrlässigen gemeingefährlichen Straftat,
   c) die wegen einer Straftat nach dem Waffengesetz, dem Gesetz über die Kontrolle von Kriegswaffen, dem Sprengstoffgesetz oder dem Bundesjagdgesetz

   zu einer Freiheitsstrafe, Jugendstrafe, Geldstrafe von mindestens 60 Tagessätzen oder mindestens zweimal zu einer geringeren Geldstrafe rechtskräftig verurteilt worden sind oder bei denen die Verhängung von Jugendstrafe ausgesetzt worden ist, wenn seit dem Eintritt der Rechtskraft der letzten Verurteilung fünf Jahre noch nicht verstrichen sind,

2. die Mitglied
   a) in einem Verein, der nach dem Vereinsgesetz als Organisation unanfechtbar verboten wurde oder der einem unanfechtbaren Betätigungsverbot nach dem Vereinsgesetz unterliegt, oder
   b) in einer Partei, deren Verfassungswidrigkeit das Bundesverfassungsgericht nach § 46 des Bundesverfassungsgerichtsgesetzes festgestellt hat,

   waren, wenn seit der Beendigung der Mitgliedschaft zehn Jahre noch nicht verstrichen sind,
3. Bei denen Tatsachen die Annahme rechtfertigen, dass sie in den letzten fünf Jahren
   a) Bestrebungen einzeln verfolgt haben, die
      aa) gegen die verfassungsmäßige Ordnung gerichtet sind,
      bb) gegen den Gedanken der Völkerverständigung, insbesondere gegen das friedliche Zusammenleben der Völker, gerichtet sind oder
      cc) durch Anwendung von Gewalt oder darauf gerichtete Vorbereitungshandlungen auswärtige Belange der Bundesrepublik Deutschland gefährden,
   b) Mitglied in einer Vereinigung waren, die solche Bestrebungen verfolgt oder verfolgt hat, oder
   c) eine solche Vereinigung unterstützt haben,
4. die innerhalb der letzten fünf Jahre mehr als einmal wegen Gewalttätigkeit mit richterlicher Genehmigung in polizeilichem Präventivgewahrsam waren,
5. die wiederholt oder gröblich gegen die Vorschriften eines der in Nummer 1 Buchstabe c genannten Gesetze verstoßen haben.

(3) In die Frist nach Absatz 1 Nr. 1 oder Absatz 2 Nr. 1 nicht eingerechnet wird die Zeit, in welcher die betroffene Person auf behördliche oder richterliche Anordnung in einer Anstalt verwahrt worden ist.

(4) Ist ein Verfahren wegen Straftaten im Sinne des Absatzes 1 Nr. 1 oder des Absatzes 2 Nr. 1 noch nicht abgeschlossen, so kann die zuständige Behörde die Entscheidung über den Antrag auf Erteilung einer waffenrechtlichen Erlaubnis bis zum rechtskräftigen Abschluss des Verfahrens aussetzen.

(5) Die zuständige Behörde hat im Rahmen der Zuverlässigkeitsprüfung folgende Erkundigungen einzuholen:

1. die unbeschränkte Auskunft aus dem Bundeszentralregister;
2. die Auskunft aus dem zentralen staatsanwaltschaftlichen Verfahrensregister hinsichtlich der in Absatz 2 Nummer 1 genannten Straftaten;
3. die Stellungnahme der örtlichen Polizeidienststelle, ob Tatsachen bekannt sind, die Bedenken gegen die Zuverlässigkeit begründen; die örtliche Polizeidienststelle schließt in ihre Stellungnahme das Ergebnis der von ihr vorzunehmenden Prüfung nach Absatz 2 Nummer 4 ein;
4. die Auskunft der für den Wohnsitz der betroffenen Person zuständigen Verfassungsschutzbehörde, ob Tatsachen bekannt sind, die Bedenken gegen die

Zuverlässigkeit nach Absatz 2 Nummer 2 und 3 begründen; liegt der Wohnsitz der betroffenen Person außerhalb des Geltungsbereichs dieses Gesetzes, ist das Bundesamt für Verfassungsschutz für die Erteilung der Auskunft zuständig.

Die nach Satz 1 Nummer 2 erhobenen personenbezogenen Daten dürfen nur für den Zweck der waffenrechtlichen Zuverlässigkeitsprüfung verwendet werden. Erlangt die für die Auskunft nach Satz 1 Nummer 4 zuständige Verfassungsschutzbehörde im Nachhinein für die Beurteilung der Zuverlässigkeit nach Absatz 2 Nummer 2 und 3 bedeutsame Erkenntnisse, teilt sie dies der zuständigen Behörde unverzüglich mit (Nachbericht). Zu diesem Zweck speichert sie Name, Vorname, Geburtsdatum, Geburtsname, Geburtsort, Wohnort und Staatsangehörigkeit der betroffenen Person sowie Aktenfundstelle in den gemeinsamen Dateien nach § 6 des Bundesverfassungsschutzgesetzes. Lehnt die zuständige Behörde einen Antrag ab oder nimmt sie eine erteilte Erlaubnis zurück oder widerruft diese, so hat sie die zum Nachbericht verpflichtete Verfassungsschutzbehörde hiervon unverzüglich in Kenntnis zu setzen. Die zum Nachbericht verpflichtete Verfassungsschutzbehörde hat in den Fällen des Satzes 5 die nach Satz 4 gespeicherten Daten unverzüglich zu löschen.

§ 6 Persönliche Eignung

(1) Die erforderliche persönliche Eignung besitzen Personen nicht, wenn Tatsachen die Annahme rechtfertigen, dass sie

1. geschäftsunfähig sind,
2. abhängig von Alkohol oder anderen berauschenden Mitteln, psychisch krank oder debil sind oder
3. auf Grund in der Person liegender Umstände mit Waffen oder Munition nicht vorsichtig oder sachgemäß umgehen oder diese Gegenstände nicht sorgfältig verwahren können oder dass die konkrete Gefahr einer Fremd- oder Selbstgefährdung besteht.

Die erforderliche persönliche Eignung besitzen in der Regel Personen nicht, wenn Tatsachen die Annahme rechtfertigen, dass sie in ihrer Geschäftsfähigkeit beschränkt sind. Die zuständige Behörde soll die Stellungnahme der örtlichen Polizeidienststelle einholen. Der persönlichen Eignung können auch im Erziehungsregister eingetragene Entscheidungen oder Anordnungen nach § 60 Abs. 1 Nr. 1 bis 7 des Bundeszentralregistergesetzes entgegenstehen.

(2) Sind Tatsachen bekannt, die Bedenken gegen die persönliche Eignung nach Absatz 1 begründen, oder bestehen begründete Zweifel an vom Antragsteller beigebrachten Bescheinigungen, so hat die zuständige Behörde der betroffenen Person auf Kosten der betroffenen Person die Vorlage eines amts- oder fachärztlichen oder fachpsychologischen Zeugnisses über die geistige oder körperliche Eignung aufzugeben.

(3) Personen, die noch nicht das 25. Lebensjahr vollendet haben, haben für die erstmalige Erteilung einer Erlaubnis zum Erwerb und Besitz einer Schusswaffe auf eigene Kosten ein amts- oder fachärztliches oder fachpsychologisches Zeugnis über die geistige Eignung vorzulegen. Satz 1 gilt nicht für den Erwerb und Besitz von Schusswaffen im Sinne von § 14 Abs. 1 Satz 2.

(4) Das Bundesministerium des Innern, für Bau und Heimat wird ermächtigt, durch Rechtsverordnung mit Zustimmung des Bundesrates Vorschriften über das Verfahren zur Erstellung, über die Vorlage und die Anerkennung der in den Absätzen 2 und 3 genannten Gutachten bei den zuständigen Behörden zu erlassen.

§ 7 Sachkunde

(1) Den Nachweis der Sachkunde hat erbracht, wer eine Prüfung vor der dafür bestimmten Stelle bestanden hat oder seine Sachkunde durch eine Tätigkeit oder Ausbildung nachweist.

(2) Das Bundesministerium des Innern, für Bau und Heimat wird ermächtigt, durch Rechtsverordnung mit Zustimmung des Bundesrates Vorschriften über die Anforderungen an die waffentechnischen und waffenrechtlichen Kenntnisse, über die Prüfung und das Prüfungsverfahren einschließlich der Errichtung von Prüfungsausschüssen sowie über den anderweitigen Nachweis der Sachkunde zu erlassen.

§ 8 Bedürfnis, allgemeine Grundsätze

Der Nachweis eines Bedürfnisses ist erbracht, wenn gegenüber den Belangen der öffentlichen Sicherheit oder Ordnung

1. besonders anzuerkennende persönliche oder wirtschaftliche Interessen, vor allem als Jäger, Sportschütze, Brauchtumsschütze, Waffen- oder Munitionssammler, Waffen- oder Munitionssachverständiger, gefährdete Person, als Waffenhersteller oder -händler oder als Bewachungsunternehmer, und
2. die Geeignetheit und Erforderlichkeit der Waffen oder Munition für den beantragten Zweck

glaubhaft gemacht sind.

§ 9 Inhaltliche Beschränkungen, Nebenbestimmungen und Anordnungen

(1) Eine Erlaubnis nach diesem Gesetz kann zur Abwehr von Gefahren für die öffentliche Sicherheit oder Ordnung inhaltlich beschränkt werden, insbesondere um Leben und Gesundheit von Menschen gegen die aus dem Umgang mit Schusswaffen oder Munition entstehenden Gefahren und erheblichen Nachteile zu schützen.

(2) Zu den in Absatz 1 genannten Zwecken können Erlaubnisse befristet oder mit Auflagen verbunden werden. Auflagen können nachträglich aufgenommen, geändert und ergänzt werden.

(3) Gegenüber Personen, die die Waffenherstellung oder den Waffenhandel nach Anlage 2 Abschnitt 2 Unterabschnitt 2 Nr. 4 bis 6 oder eine Schießstätte nach § 27 Abs. 2 ohne Erlaubnis betreiben dürfen, können Anordnungen zu den in Absatz 1 genannten Zwecken getroffen werden.

Unterabschnitt 2

Erlaubnisse für einzelne Arten des Umgangs mit Waffen oder Munition, Ausnahmen

§ 10 Erteilung von Erlaubnissen zum Erwerb, Besitz, Führen und Schießen

(1) Die Erlaubnis zum Erwerb und Besitz von Waffen wird durch eine Waffenbesitzkarte oder durch Eintragung in eine bereits vorhandene Waffenbesitzkarte erteilt. Für die Erteilung einer Erlaubnis für Schusswaffen sind Art, Anzahl und Kaliber der Schusswaffen anzugeben. Die Erlaubnis zum Erwerb einer Waffe gilt für die Dauer eines Jahres, die Erlaubnis zum Besitz wird in der Regel unbefristet erteilt.

(1a) *weggefallen*

(2) Eine Waffenbesitzkarte über Schusswaffen, die mehrere Personen besitzen, kann auf diese Personen ausgestellt werden. Eine Waffenbesitzkarte kann auch einem schießsportlichen Verein oder einer jagdlichen Vereinigung als juristischer Person erteilt werden. Sie ist mit der Auflage zu verbinden, dass der Verein der Behörde vor Inbesitznahme von Vereinswaffen unbeschadet des Vorliegens der Voraussetzung des § 4 Abs. 1 Nr. 5 eine verantwortliche Person zu benennen hat, für die die Voraussetzungen nach § 4 Abs. 1 Nr. 1 bis 3 nachgewiesen sind; diese benannte Person muss nicht vertretungsberechtigtes Organ des Vereins sein. Scheidet die benannte verantwortliche Person aus dem Verein aus oder liegen in ihrer Person nicht mehr alle Voraussetzungen nach § 4 Abs. 1 Nr. 1 bis 3 vor, so ist der Verein verpflichtet, dies unverzüglich der zuständigen Behörde mitzuteilen. Benennt der Verein nicht innerhalb von zwei Wochen eine neue verantwortliche Person, für die die Voraussetzungen nach § 4 Abs. 1 Nr. 1 bis 3 nachgewiesen werden, so ist die dem Verein erteilte Waffenbesitzerlaubnis zu widerrufen und die Waffenbesitzkarte zurückzugeben.

(3) Die Erlaubnis zum Erwerb und Besitz von Munition wird durch Eintragung in eine Waffenbesitzkarte für die darin eingetragenen Schusswaffen erteilt. In den übrigen Fällen wird die Erlaubnis durch einen Munitionserwerbsschein für eine bestimmte Munitionsart erteilt; sie ist für den Erwerb der Munition auf die Dauer von sechs Jahren zu befristen und gilt für den Besitz der Munition unbefristet. Die Erlaubnis zum nicht gewerblichen Laden von Munition im Sinne des Sprengstoffgesetzes gilt auch als Erlaubnis zum Erwerb und Besitz dieser Munition. Nach Ablauf der Gültigkeit des Erlaubnisdokuments gilt die Erlaubnis für den Besitz dieser Munition für die Dauer von sechs Monaten fort.

(4) Die Erlaubnis zum Führen einer Waffe wird durch einen Waffenschein erteilt. Eine Erlaubnis nach Satz 1 zum Führen von Schusswaffen wird für bestimmte Schusswaffen auf höchstens drei Jahre erteilt; die Geltungsdauer kann zweimal um höchstens je drei Jahre verlängert werden, sie ist kürzer zu bemessen, wenn nur ein vorübergehendes Bedürfnis nachgewiesen wird. Der Geltungsbereich des Waffenscheins ist auf bestimmte Anlässe oder Gebiete zu beschränken, wenn ein darüber hinausgehendes Bedürfnis nicht nachgewiesen wird. Die Voraussetzungen für die Erteilung einer Erlaubnis zum Führen von Schreckschuss-, Reizstoff- und Signalwaffen sind in der Anlage 2 Abschnitt 2 Unterabschnitt 3 Nr. 2 und 2.1 genannt (Kleiner Waffenschein).

(5) Die Erlaubnis zum Schießen mit einer Schusswaffe wird durch einen Erlaubnisschein erteilt.

§ 11 Erwerb und Besitz von Schusswaffen oder Munition mit Bezug zu einem anderen Mitgliedstaat

(1) Eine Erlaubnis zum Erwerb und Besitz einer Schusswaffe nach Anlage 1 Abschnitt 3 Nr. 1 bis 3 (Kategorien A bis C) oder von Munition für eine solche darf einer Person, die ihren gewöhnlichen Aufenthalt in einem anderen Mitgliedstaat hat, nur erteilt werden, wenn sie

1. die Schusswaffen oder die Munition in den Mitgliedstaat im Wege der Selbstvornahme verbringen wird oder
2. eine schriftliche oder elektronische Erklärung vorlegt, dass und aus welchen Gründen sie die Schusswaffen oder die Munition nur im Geltungsbereich dieses Gesetzes zu besitzen beabsichtigt.

Die Erlaubnis zum Erwerb oder Besitz einer Schusswaffe nach Anlage 1 Abschnitt 3 Nr. 2 (Kategorie B) oder Munition für eine solche darf nur erteilt werden, wenn über die Voraussetzungen des Satzes 1 hinaus eine vorherige Zustimmung dieses Mitgliedstaates hierzu vorgelegt wird.

(2) Für eine Person mit gewöhnlichem Aufenthalt im Geltungsbereich dieses Gesetzes, die eine Schusswaffe nach Anlage 1 Abschnitt 3 Nr. 2 (Kategorie B) oder Munition für eine solche in einem anderen Mitgliedstaat mit einer Erlaubnis dieses Staates erwerben will, wird eine Erlaubnis erteilt, wenn die Voraussetzungen nach § 4 Abs. 1 Nr. 2 vorliegen.

§ 12 Ausnahmen von den Erlaubnispflichten

(1) Einer Erlaubnis zum Erwerb und Besitz einer Waffe bedarf nicht, wer diese

1. als Inhaber einer Waffenbesitzkarte von einem Berechtigten
   a) lediglich vorübergehend, höchstens aber für einen Monat für einen von seinem Bedürfnis umfassten Zweck oder im Zusammenhang damit, oder
   b) vorübergehend zum Zweck der sicheren Verwahrung oder der Beförderung

   erwirbt;
2. vorübergehend von einem Berechtigten zur gewerbsmäßigen Beförderung, zur gewerbsmäßigen Lagerung oder zur gewerbsmäßigen Ausführung von Verschönerungen oder ähnlicher Arbeiten an der Waffe erwirbt;
3. von einem oder für einen Berechtigten erwirbt, wenn und solange er
   a) auf Grund eines Arbeits- oder Ausbildungsverhältnisses,
   b) als Beauftragter oder Mitglied einer jagdlichen oder schießsportlichen Vereinigung, einer anderen sportlichen Vereinigung zur Abgabe von Startschüssen oder einer zur Brauchtumspflege Waffen tragenden Vereinigung,
   c) als Beauftragter einer in § 55 Abs. 1 Satz 1 bezeichneten Stelle,
   d) als Charterer von seegehenden Schiffen zur Abgabe von Seenotsignalen

   den Besitz über die Waffe nur nach den Weisungen des Berechtigten ausüben darf;
4. von einem anderen,

a) dem er die Waffe vorübergehend überlassen hat, ohne dass es hierfür der Eintragung in die Erlaubnisurkunde bedurfte, oder

b) nach dem Abhandenkommen

wieder erwirbt;

5. auf einer Schießstätte (§ 27) lediglich vorübergehend zum Schießen auf dieser Schießstätte erwirbt;
6. auf einer Reise in den oder durch den Geltungsbereich des Gesetzes nach § 32 berechtigt mitnimmt.

(2) Einer Erlaubnis zum Erwerb und Besitz von Munition bedarf nicht, wer diese

1. unter den Voraussetzungen des Absatzes 1 Nr. 1 bis 4 erwirbt;
2. unter den Voraussetzungen des Absatzes 1 Nr. 5 zum sofortigen Verbrauch lediglich auf dieser Schießstätte (§ 27) erwirbt;
3. auf einer Reise in den oder durch den Geltungsbereich des Gesetzes nach § 32 berechtigt mitnimmt.

(3) Einer Erlaubnis zum Führen von Waffen bedarf nicht, wer

1. diese mit Zustimmung eines anderen in dessen Wohnung, Geschäftsräumen oder befriedetem Besitztum oder dessen Schießstätte zu einem von seinem Bedürfnis umfassten Zweck oder im Zusammenhang damit führt;
2. diese nicht schussbereit und nicht zugriffsbereit von einem Ort zu einem anderen Ort befördert, sofern der Transport der Waffe zu einem von seinem Bedürfnis umfassten Zweck oder im Zusammenhang damit erfolgt;
3. eine Langwaffe nicht schussbereit den Regeln entsprechend als Teilnehmer an genehmigten Sportwettkämpfen auf festgelegten Wegstrecken führt;
4. eine Signalwaffe beim Bergsteigen, als verantwortlicher Führer eines Wasserfahrzeugs auf diesem Fahrzeug oder bei Not- und Rettungsübungen führt;
5. eine Schreckschuss- oder eine Signalwaffe zur Abgabe von Start- oder Beendigungszeichen bei Sportveranstaltungen führt, wenn optische oder akustische Signalgebung erforderlich ist;
6. in Fällen der vorübergehenden Aufbewahrung von Waffen außerhalb der Wohnung diesen ein wesentliches Teil entnimmt und mit sich führt; mehrere mitgeführte wesentliche Teile dürfen nicht zu einer schussfähigen Waffe zusammengefügt werden können.

(4) Einer Erlaubnis zum Schießen mit einer Schusswaffe bedarf nicht, wer auf einer Schießstätte (§ 27) schießt. Das Schießen außerhalb von Schießstätten ist darüber hinaus ohne Schießerlaubnis nur zulässig

1. durch den Inhaber des Hausrechts oder mit dessen Zustimmung im befriedeten Besitztum
   a) mit Schusswaffen, deren Geschossen eine Bewegungsenergie von nicht mehr als 7,5 Joule (J) erteilt wird oder deren Bauart nach § 7 des Beschussgesetzes zugelassen ist, sofern die Geschosse das Besitztum nicht verlassen können,
   b) mit Schusswaffen, aus denen nur Kartuschenmunition verschossen werden kann,

2. durch Personen, die den Regeln entsprechend als Teilnehmer an genehmigten Sportwettkämpfen nach Absatz 3 Nr. 3 mit einer Langwaffe an Schießständen schießen,
3. mit Schusswaffen, aus denen nur Kartuschenmunition verschossen werden kann,
   a) durch Mitwirkende an Theateraufführungen und diesen gleich zu achtenden Vorführungen,
   b) zum Vertreiben von Vögeln in landwirtschaftlichen Betrieben,
4. mit Signalwaffen bei Not- und Rettungsübungen,
5. mit Schreckschuss- oder mit Signalwaffen zur Abgabe von Start- oder Beendigungszeichen im Auftrag der Veranstalter bei Sportveranstaltungen, wenn optische oder akustische Signalgebung erforderlich ist.

(5) Die zuständige Behörde kann im Einzelfall weitere Ausnahmen von den Erlaubnispflichten zulassen, wenn besondere Gründe vorliegen und Belange der öffentlichen Sicherheit und Ordnung nicht entgegenstehen.

Unterabschnitt 3

Besondere Erlaubnistatbestände für bestimmte Personengruppen

§ 13 Erwerb und Besitz von Schusswaffen und Munition durch Jäger, Führen und Schießen zu Jagdzwecken

(1) Ein Bedürfnis für den Erwerb und Besitz von Schusswaffen und der dafür bestimmten Munition wird bei Personen anerkannt, die Inhaber eines gültigen Jagdscheines im Sinne von § 15 Abs. 1 Satz 1 des Bundesjagdgesetzes sind (Jäger), wenn

1. glaubhaft gemacht wird, dass sie die Schusswaffen und die Munition zur Jagdausübung oder zum Training im jagdlichen Schießen einschließlich jagdlicher Schießwettkämpfe benötigen, und
2. die zu erwerbende Schusswaffe und Munition nach dem Bundesjagdgesetz in der zum Zeitpunkt des Erwerbs geltenden Fassung nicht verboten ist (Jagdwaffen und -munition).

(2) Für Jäger gilt § 6 Abs. 3 Satz 1 nicht. Bei Jägern, die Inhaber eines Jahresjagdscheines im Sinne von § 15 Abs. 2 in Verbindung mit Abs. 1 Satz 1 des Bundesjagdgesetzes sind, erfolgt keine Prüfung der Voraussetzungen des Absatzes 1 Nr. 1 sowie des § 4 Abs. 1 Nr. 4 für den Erwerb und Besitz von Langwaffen und zwei Kurzwaffen, sofern die Voraussetzungen des Absatzes 1 Nr. 2 vorliegen.

(3) Inhaber eines gültigen Jahresjagdscheines im Sinne des § 15 Abs. 2 in Verbindung mit Abs. 1 Satz 1 des Bundesjagdgesetzes bedürfen zum Erwerb von Langwaffen nach Absatz 1 Nr. 2 keiner Erlaubnis. Der Jagdscheininhaber nach Satz 1 hat binnen zwei Wochen nach Erwerb einer Langwaffe bei der zuständigen Behörde die Ausstellung einer Waffenbesitzkarte zu beantragen.

(4) Für den Erwerb und vorübergehenden Besitz gemäß § 12 Abs. 1 Nr. 1 von Langwaffen nach Absatz 1 Nr. 2 steht ein Jagdschein im Sinne von § 15 Abs. 1 Satz 1 des Bundesjagdgesetzes einer Waffenbesitzkarte gleich.

(5) Jäger bedürfen für den Erwerb und Besitz von Munition für Langwaffen nach Absatz 1 Nr. 2 keiner Erlaubnis, sofern sie nicht nach dem Bundesjagdgesetz in der jeweiligen Fassung verboten ist.

(6) Ein Jäger darf Jagdwaffen zur befugten Jagdausübung einschließlich des Ein- und Anschießens im Revier, zur Ausbildung von Jagdhunden im Revier, zum Jagdschutz oder zum Forstschutz ohne Erlaubnis führen und mit ihnen schießen; er darf auch im Zusammenhang mit diesen Tätigkeiten die Jagdwaffen nicht schussbereit ohne Erlaubnis führen. Der befugten Jagdausübung gleichgestellt ist der Abschuss von Tieren, die dem Naturschutzrecht unterliegen, wenn die naturschutzrechtliche Ausnahme oder Befreiung die Tötung durch einen Jagdscheininhaber vorsieht.

(7) Inhabern eines Jugendjagdscheines im Sinne von § 16 des Bundesjagdgesetzes wird eine Erlaubnis zum Erwerb und Besitz von Schusswaffen und der dafür bestimmten Munition nicht erteilt. Sie dürfen Schusswaffen und die dafür bestimmte Munition nur für die Dauer der Ausübung der Jagd oder des Trainings im jagdlichen Schießen einschließlich jagdlicher Schießwettkämpfe ohne Erlaubnis erwerben, besitzen, die Schusswaffen führen und damit schießen; sie dürfen auch im Zusammenhang mit diesen Tätigkeiten die Jagdwaffen nicht schussbereit ohne Erlaubnis führen.

(8) Personen in der Ausbildung zum Jäger dürfen nicht schussbereite Jagdwaffen in der Ausbildung ohne Erlaubnis unter Aufsicht eines Ausbilders erwerben, besitzen und führen, wenn sie das 14. Lebensjahr vollendet haben und der Sorgeberechtigte und der Ausbildungsleiter ihr Einverständnis in einer schriftlichen oder elektronischen Berechtigungsbescheinigung erklärt haben. Die Person hat in der Ausbildung die Berechtigungsbescheinigung mit sich zu führen.

(9) Auf Schalldämpfer finden die Absätze 1 bis 4 und 6 bis 8 entsprechende Anwendung. Die Schalldämpfer gemäß Satz 1 dürfen ausschließlich mit für die Jagd zugelassenen Langwaffen für Munition mit Zentralfeuerzündung im Rahmen der Jagd und des jagdlichen Übungsschießens verwendet werden.

§ 14 Erwerb und Besitz von Schusswaffen und Munition durch Sportschützen

(1) Die Erlaubnis zum Erwerb und Besitz von Schusswaffen und Munition zum Zweck des sportlichen Schießens wird abweichend von § 4 Abs. 1 Nr. 1 nur erteilt, wenn der Antragsteller das 21. Lebensjahr vollendet hat. Satz 1 gilt nicht für den Erwerb und Besitz von Schusswaffen bis zu einem Kaliber von 5,6 mm lfB (.22 l.r.) für Munition mit Randfeuerzündung, wenn die Mündungsenergie der Geschosse höchstens 200 Joule (J) beträgt, und Einzellader-Langwaffen mit glatten Läufen mit Kaliber 12 oder kleiner, sofern das sportliche Schießen mit solchen Waffen durch die genehmigte Sportordnung eines Schießsportverbandes zugelassen ist.

(2) Ein Bedürfnis für den Erwerb und Besitz von Schusswaffen und der dafür bestimmten Munition wird bei Mitgliedern eines Schießsportvereins anerkannt, der einem nach § 15 Abs. 1 anerkannten Schießsportverband angehört.

(3) Für das Bedürfnis zum Erwerb von Schusswaffen und der dafür bestimmten Munition ist durch eine Bescheinigung des Schießsportverbandes oder eines ihm angegliederten Teilverbandes glaubhaft zu machen, dass

1. das Mitglied seit mindestens zwölf Monaten den Schießsport in einem Verein mit erlaubnispflichtigen Schusswaffen betreibt,
2. das Mitglied den Schießsport in einem Verein innerhalb der vergangenen zwölf Monate mindestens
   a) einmal in jedem ganzen Monat dieses Zeitraums ausgeübt hat, oder
   b) 18 Mal insgesamt innerhalb dieses Zeitraums ausgeübt hat,
   und
3. die zu erwerbende Waffe für eine Sportdisziplin nach der Sportordnung des Schießsportverbandes zugelassen und erforderlich ist.

Innerhalb von sechs Monaten dürfen in der Regel nicht mehr als zwei Schusswaffen erworben werden.

(4) Für das Bedürfnis zum Besitz von Schusswaffen und der dafür bestimmten Munition ist durch eine Bescheinigung des Schießsportverbandes oder eines ihm angegliederten Teilverbandes glaubhaft zu machen, dass das Mitglied in den letzten 24 Monaten vor Prüfung des Bedürfnisses den Schießsport in einem Verein mit einer eigenen erlaubnispflichtigen Waffe

1. mindestens einmal alle drei Monate in diesem Zeitraum betrieben hat oder
2. mindestens sechsmal innerhalb eines abgeschlossenen Zeitraums von jeweils zwölf Monaten betrieben hat.

Besitzt das Mitglied sowohl Lang- als auch Kurzwaffen, so ist der Nachweis nach Satz 1 für Waffen beider Kategorien zu erbringen. Sind seit der ersten Eintragung einer Schusswaffe in die Waffenbesitzkarte oder der erstmaligen Ausstellung einer Munitionserwerbserlaubnis zehn Jahre vergangen, genügt für das Fortbestehen des Bedürfnisses des Sportschützen die Mitgliedschaft in einem Schießsportverein nach Absatz 2; die Mitgliedschaft ist im Rahmen der Folgeprüfungen nach § 4 Absatz 4 durch eine Bescheinigung des Schießsportvereins nachzuweisen.

(5) Ein Bedürfnis von Sportschützen nach Absatz 2 für den Erwerb und Besitz von mehr als drei halbautomatischen Langwaffen und mehr als zwei mehrschüssigen Kurzwaffen für Patronenmunition sowie der hierfür erforderlichen Munition wird unter Beachtung des Absatzes 2 durch Vorlage einer Bescheinigung des Schießsportverbandes des Antragstellers glaubhaft gemacht, wonach die weitere Waffe

1. von ihm zur Ausübung weiterer Sportdisziplinen benötigt wird oder
2. zur Ausübung des Wettkampfsports erforderlich ist

und der Antragsteller regelmäßig an Schießsportwettkämpfen teilgenommen hat.

(6) Sportschützen, die dem Schießsport in einem Schießsportverband nach § 15 Absatz 1 als gemeldetes Mitglied nachgehen, wird abweichend von § 10 Absatz 1 Satz 3 unter Beachtung des Absatzes 3 Satz 1 Nummer 1 und 2 und Satz 2 eine unbefristete Erlaubnis erteilt, die zum Erwerb von insgesamt bis zu zehn Einzellader-Langwaffen mit glatten und gezogenen Läufen, Repetier-Langwaffen mit gezogenen Läufen sowie einläufigen Einzellader-Kurzwaffen für Patronenmunition und mehrschüssigen Kurz- und Langwaffen mit Zündhütchenzündung (Perkussionswaffen) berechtigt.

§ 15 Schießsportverbände, schießsportliche Vereine

(1) Als Schießsportverband im Sinne dieses Gesetzes wird ein überörtlicher Zusammenschluss schießsportlicher Vereine anerkannt, der

1. wenigstens in jedem Land, in dem seine Sportschützen ansässig sind, in schießsportlichen Vereinen organisiert ist,
2. mindestens 10000 Sportschützen, die mit Schusswaffen schießen, als Mitglieder insgesamt in seinen Vereinen hat,
3. den Schießsport als Breitensport und Leistungssport betreibt,
4. a) auf eine sachgerechte Ausbildung in den schießsportlichen Vereinen und
   b) zur Förderung des Nachwuchses auf die Durchführung eines altersgerechten Schießsports für Kinder oder Jugendliche in diesen Vereinen

   hinwirkt,
5. regelmäßig überregionale Wettbewerbe organisiert oder daran teilnimmt,
6. den sportlichen Betrieb in den Vereinen auf der Grundlage einer genehmigten Schießsportordnung organisiert und
7. im Rahmen eines festgelegten Verfahrens die ihm angehörenden schießsportlichen Vereine verpflichtet und regelmäßig darauf überprüft, dass diese
   a) die ihnen nach diesem Gesetz oder auf Grund dieses Gesetzes obliegenden Pflichten erfüllen,
   b) einen Nachweis über die Häufigkeit der schießsportlichen Aktivitäten jedes ihrer Mitglieder während der letzten 24 Monate vor Prüfung des Bedürfnisses nach § 4 Absatz 4 führen, sofern nicht ein Fall des § 14 Absatz 4 Satz 3 vorliegt, und
   c) über eigene Schießstätten für die nach der Schießsportordnung betriebenen Disziplinen verfügen oder geregelte Nutzungsmöglichkeiten für derartige Schießstätten nachweisen.

(2) Von den Voraussetzungen des Absatzes 1 Nr. 1, 2 oder 4 Buchstabe b kann abgewichen werden, wenn die besondere Eigenart des Verbandes dies erfordert, öffentliche Interessen nicht entgegenstehen und der Verband die Gewähr dafür bietet, die sonstigen Anforderungen nach Absatz 1 an die geordnete Ausübung des Schießsports zu erfüllen. Ein Abweichen von dem Erfordernis nach Absatz 1 Nr. 2 ist unter Beachtung des Satzes 1 nur bei Verbänden zulässig, die mindestens 2.000 Sportschützen, die mit Schusswaffen schießen, als Mitglieder in ihren Vereinen haben.

(3) Die Anerkennung nach Absatz 1 erfolgt durch das Bundesverwaltungsamt im Benehmen mit den nach § 48 Abs. 1 zuständigen Behörden des Landes, in dem der Schießsportverband seinen Sitz hat, und, soweit nicht der Schießsportverband nur auf dem Gebiet dieses Landes tätig ist, im Benehmen mit den nach § 48 Abs. 1 zuständigen Behörden der übrigen Länder.

(4) Die zuständige Behörde hat das Recht, jederzeit den Nachweis über das Vorliegen der Voraussetzungen für die Anerkennung zu verlangen. Die Anerkennung kann zurückgenommen werden, wenn die Voraussetzungen nach Absatz 1 für ihre Erteilung nicht vorgelegen haben; sie ist zurückzunehmen, wenn die Voraussetzungen weiterhin nicht vorliegen. Die Anerkennung ist zu widerrufen,

wenn eine der Voraussetzungen für ihre Erteilung nachträglich entfallen ist. Anerkennung, Rücknahme und Widerruf sind im Bundesanzeiger zu veröffentlichen. Vom Zeitpunkt der Unanfechtbarkeit der Aufhebung der Anerkennung an sind die Bescheinigungen des betreffenden Verbandes nach § 14 Absatz 3, 4 und 5 nicht mehr als geeignete Mittel zur Glaubhaftmachung anzuerkennen. Sofern der Grund für die Aufhebung der Anerkennung Zweifel an der inhaltlichen Richtigkeit von Bescheinigungen aufkommen lässt, können die Behörden bereits ab der Einleitung der Anhörung von der Anerkennung der Bescheinigungen absehen. Die Anerkennungsbehörde unterrichtet die nach Absatz 3 an der Anerkennung beteiligten Stellen von der Einleitung und dem Abschluss des Verfahrens zur Aufhebung der Anerkennung.

(5) Der schießsportliche Verein ist verpflichtet, der zuständigen Behörde Sportschützen, die Inhaber einer Waffenbesitzkarte sind und die aus ihrem Verein ausgeschieden sind, unverzüglich zu benennen.

(6) *weggefallen*

(7) *weggefallen*

§ 15a Sportordnungen

(1) Sportliches Schießen liegt dann vor, wenn nach festen Regeln einer genehmigten Sportordnung geschossen wird. Schießübungen des kampfmäßigen Schießens, insbesondere die Verwendung von Zielen oder Scheiben, die Menschen darstellen oder symbolisieren, sind im Schießsport nicht zulässig.

(2) Das Bundesverwaltungsamt entscheidet über die erstmalige Genehmigung und die Änderung der Teile der Sportordnungen von Verbänden und Vereinen, die für die Ausführung dieses Gesetzes und der auf seiner Grundlage erlassenen Rechtsverordnungen erheblich sind. Die erstmalige Genehmigung oder die Genehmigung von Änderungen erfolgt, wenn die zu prüfenden Teile der Sportordnungen den Anforderungen dieses Gesetzes und der auf Grundlage von Absatz 4 erlassenen Rechtsverordnung genügen. Eine Änderung gilt als genehmigt, wenn das Bundesverwaltungsamt nicht binnen drei Monaten nach Zugang aller erforderlichen Prüfunterlagen Änderungen verlangt oder dem Betroffenen mitteilt, dass die Prüfung aus anderen wichtigen Gründen nicht abgeschlossen werden kann.

(3) Die Genehmigung von Sportordnungen ohne gleichzeitige Anerkennung als Verband nach § 15 Absatz 1 erfolgt, wenn die Vorgaben des § 15 Absatz 1 Nummer 4 Buchstabe a und Nummer 7 sowie die Vorgaben des Absatzes 2 Satz 2 erfüllt sind.

(4) Das Bundesministerium des Innern, für Bau und Heimat wird ermächtigt, durch Rechtsverordnung mit Zustimmung des Bundesrates zur Abwehr von Gefahren für die öffentliche Sicherheit oder Ordnung unter Berücksichtigung der berechtigten Interessen des Schießsports Vorschriften über die Anforderungen und die Inhalte der Sportordnungen zum sportlichen Schießen zu erlassen und insbesondere zu bestimmen, dass vom Schießsport bestimmte Schusswaffen wegen ihrer Konstruktion, ihrer Handhabung oder Wirkungsweise ganz oder teilweise ausgeschlossen sind.

§ 15b Fachbeirat Schießsport

Das Bundesministerium des Innern, für Bau und Heimat wird ermächtigt, durch Rechtsverordnung mit Zustimmung des Bundesrates einen Ausschuss zu bilden, in den neben Vertretern der beteiligten Bundes- und Landesbehörden auch Vertreter des Sports zu berufen sind und der das Bundesverwaltungsamt in Fragen der Anerkennung eines Schießsportverbandes und der Genehmigung von Schießsportordnungen nach § 15a Abs. 2 und 3 unter Berücksichtigung waffentechnischer Fragen berät.

§ 16 Erwerb und Besitz von Schusswaffen und Munition durch Brauchtumsschützen, Führen von Waffen und Schießen zur Brauchtumspflege

(1) Ein Bedürfnis für den Erwerb und Besitz von Einzellader-Langwaffen und bis zu drei Repetier-Langwaffen sowie der dafür bestimmten Munition wird bei Mitgliedern einer zur Brauchtumspflege Waffen tragenden Vereinigung (Brauchtumsschützen) anerkannt, wenn sie durch eine Bescheinigung der Brauchtumsschützenvereinigung glaubhaft machen, dass sie diese Waffen zur Pflege des Brauchtums benötigen.

(2) Für Veranstaltungen, bei denen es Brauch ist, aus besonderem Anlass Waffen zu tragen, kann für die Dauer von fünf Jahren die Ausnahmebewilligung zum Führen von in Absatz 1 Satz 1 genannten Schusswaffen sowie von sonstigen zur Brauchtumspflege benötigten Waffen im Sinne des § 1 Abs. 2 Nr. 2 einem verantwortlichen Leiter der Brauchtumsschützenvereinigung unter den Voraussetzungen des § 42 Abs. 2 erteilt werden, wenn gewährleistet ist, dass die erforderliche Sorgfalt beachtet wird.

(3) Die Erlaubnis zum Schießen mit den in Absatz 1 Satz 1 genannten Schusswaffen außerhalb von Schießstätten mit Kartuschenmunition bei Veranstaltungen nach Absatz 2 kann für die Dauer von fünf Jahren einem verantwortlichen Leiter der Brauchtumsschützenvereinigung erteilt werden. Sie ist zu versagen, wenn

1. in dessen Person eine Voraussetzung nach § 4 Abs. 1 Nr. 1 bis 4 nicht vorliegt,
2. die Beachtung der erforderlichen Sorgfalt nicht gewährleistet ist,
3. Gefahren oder erhebliche Nachteile für Einzelne oder die Allgemeinheit zu befürchten sind und nicht durch Auflagen verhindert werden können oder
4. kein Haftpflichtversicherungsschutz gemäß § 4 Abs. 1 Nr. 5 nachgewiesen ist.

Die Erlaubnis nach Satz 1 kann mit der Ausnahmebewilligung nach Absatz 2 verbunden werden.

(4) Brauchtumsschützen dürfen in den Fällen der Absätze 2 und 3 oder bei Vorliegen einer Ausnahmebewilligung nach § 42 Abs. 2 die Schusswaffen ohne Erlaubnis führen und damit schießen. Sie dürfen die zur Pflege des Brauchtums benötigten Schusswaffen auch im Zusammenhang mit Veranstaltungen, bei denen es Brauch ist, aus besonderem Anlass Waffen zu tragen, für die eine Erlaubnis nach Absatz 2 oder nach § 42 Abs. 2 erteilt wurde, ohne Erlaubnis führen.

§ 17 Erwerb und Besitz von Schusswaffen oder Munition durch Waffen- oder Munitionssammler

(1) Ein Bedürfnis zum Erwerb und Besitz von Schusswaffen oder Munition wird bei Personen anerkannt, die glaubhaft machen, dass sie Schusswaffen oder Munition für eine kulturhistorisch bedeutsame Sammlung (Waffensammler, Munitionssammler) benötigen; kulturhistorisch bedeutsam ist auch eine wissenschaftlich-technische Sammlung.

(2) Die Erlaubnis zum Erwerb von Schusswaffen oder Munition wird in der Regel unbefristet erteilt. Sie kann mit der Auflage verbunden werden, der Behörde in bestimmten Zeitabständen eine Aufstellung über den Bestand an Schusswaffen vorzulegen.

(3) Die Erlaubnis zum Erwerb und Besitz von Schusswaffen oder Munition wird auch einem Erben, Vermächtnisnehmer oder durch Auflage Begünstigten (Erwerber infolge eines Erbfalls) erteilt, der eine vorhandene Sammlung des Erblassers im Sinne des Absatzes 1 fortführt.

§ 18 Erwerb und Besitz von Schusswaffen oder Munition durch Waffen- oder Munitionssachverständige

(1) Ein Bedürfnis zum Erwerb und Besitz von Schusswaffen oder Munition wird bei Personen anerkannt, die glaubhaft machen, dass sie Schusswaffen oder Munition für wissenschaftliche oder technische Zwecke, zur Erprobung, Begutachtung, Untersuchung oder zu einem ähnlichen Zweck (Waffen-, Munitionssachverständige) benötigen.

(2) Die Erlaubnis zum Erwerb von Schusswaffen oder Munition wird in der Regel

1. für Schusswaffen oder Munition jeder Art und
2. unbefristet

erteilt. Sie kann mit der Auflage verbunden werden, der Behörde in bestimmten Zeitabständen eine Aufstellung über den Bestand an Schusswaffen vorzulegen.

§ 19 Erwerb und Besitz von Schusswaffen und Munition, Führen von Schusswaffen durch gefährdete Personen

(1) Ein Bedürfnis zum Erwerb und Besitz einer Schusswaffe und der dafür bestimmten Munition wird bei einer Person anerkannt, die glaubhaft macht,

1. wesentlich mehr als die Allgemeinheit durch Angriffe auf Leib oder Leben gefährdet zu sein und
2. dass der Erwerb der Schusswaffe und der Munition geeignet und erforderlich ist, diese Gefährdung zu mindern.

(2) Ein Bedürfnis zum Führen einer Schusswaffe wird anerkannt, wenn glaubhaft gemacht ist, dass die Voraussetzungen nach Absatz 1 auch außerhalb der eigenen Wohnung, Geschäftsräume oder des eigenen befriedeten Besitztums vorliegen.

§ 20 Erwerb und Besitz von Schusswaffen durch Erwerber infolge eines Erbfalls

(1) Der Erbe hat binnen eines Monats nach der Annahme der Erbschaft oder dem Ablauf der für die Ausschlagung der Erbschaft vorgeschriebenen Frist die

Ausstellung einer Waffenbesitzkarte für die zum Nachlass gehörenden erlaubnispflichtigen Schusswaffen oder ihre Eintragung in eine bereits ausgestellte Waffenbesitzkarte zu beantragen; für den Vermächtnisnehmer oder durch Auflage Begünstigten beginnt diese Frist mit dem Erwerb der Schusswaffen.

(2) Dem Erwerber infolge eines Erbfalls ist die gemäß Absatz 1 beantragte Erlaubnis abweichend von § 4 Abs. 1 zu erteilen, wenn der Erblasser berechtigter Besitzer war und der Antragsteller zuverlässig und persönlich geeignet ist.

(3) Für erlaubnispflichtige Schusswaffen und erlaubnispflichtige Munition, für die der Erwerber infolge eines Erbfalles ein Bedürfnis nach § 8 oder §§ 13 ff. geltend machen kann, sind die Vorschriften des § 4 Abs. 1 Nr. 1 bis 3 und des § 8 und der §§ 13 bis 18 anzuwenden. Kann kein Bedürfnis geltend gemacht werden, sind Schusswaffen durch ein dem Stand der Technik entsprechendes Blockiersystem zu sichern und ist erlaubnispflichtige Munition binnen angemessener Frist unbrauchbar zu machen oder einem Berechtigten zu überlassen. Einer Sicherung durch ein Blockiersystem bedarf es nicht, wenn der Erwerber der Erbwaffe bereits auf Grund eines Bedürfnisses nach § 8 oder §§ 13 ff. berechtigter Besitzer einer erlaubnispflichtigen Schusswaffe ist. Für den Transport der Schusswaffe im Zusammenhang mit dem Einbau des Blockiersystems gilt § 12 Abs. 3 Nr. 2 entsprechend.

(4) Das Bundesministerium des Innern, für Bau und Heimat erstellt nach Anhörung eines Kreises von Vertretern der Wissenschaft, der betroffenen Personen, der beteiligten Wirtschaft und der für das Waffenrecht zuständigen obersten Landesbehörden dem Stand der Sicherheitstechnik entsprechende Regeln (Technische Richtlinie – Blockiersysteme für Erbwaffen) für ein Blockiersystem nach Absatz 3 Satz 2 sowie für dessen Zulassungsverfahren und veröffentlicht diese im Bundesanzeiger. Die Prüfung der Konformität und die Zulassung neu entwickelter Blockiersysteme gemäß der Technischen Richtlinie erfolgt durch die Physikalisch-Technische Bundesanstalt.

(5) Der Einbau und die Entsperrung von Blockiersystemen dürfen nur durch hierin eingewiesene Inhaber einer Waffenherstellungserlaubnis oder einer Waffenhandelserlaubnis nach § 21 Abs. 1 oder durch deren hierzu bevollmächtigten Mitarbeiter erfolgen. Die vorübergehende Entsperrung aus besonderem Anlass ist möglich. § 39 Abs. 1 Satz 1 gilt entsprechend.

(6) Die Waffenbehörde hat auf Antrag Ausnahmen von der Verpflichtung, alle Erbwaffen mit einem dem Stand der Sicherheitstechnik entsprechenden Blockiersystem zu sichern, zuzulassen, wenn oder so lange für eine oder mehrere Erbwaffen ein entsprechendes Blockiersystem noch nicht vorhanden ist. Eine Ausnahme kann auch für Erbwaffen erteilt werden, die Bestandteil einer kulturhistorisch bedeutsamen Sammlung gemäß § 17 sind oder werden sollen.

Unterabschnitt 4

Besondere Erlaubnistatbestände für Waffenherstellung, Waffenhandel, Schießstätten, Bewachungsunternehmer

§ 21 Gewerbsmäßige Waffenherstellung, Waffenhandel

(1) Die Erlaubnis zur gewerbsmäßig oder selbstständig im Rahmen einer wirtschaftlichen Unternehmung betriebenen Herstellung, Bearbeitung oder Instandsetzung von Schusswaffen oder Munition wird durch eine Waffenherstellungserlaubnis, die Erlaubnis zum entsprechend betriebenen Handel mit Schusswaffen oder Munition durch eine Waffenhandelserlaubnis erteilt. Sie kann auf bestimmte Schusswaffen- und Munitionsarten beschränkt werden.

(2) Die Waffenherstellungserlaubnis nach Absatz 1 Satz 1 schließt für Schusswaffen oder Munition, auf die sich die Erlaubnis erstreckt, die Erlaubnis zum vorläufigen oder endgültigen Überlassen an Inhaber einer Waffenherstellungs- oder Waffenhandelserlaubnis sowie zum Erwerb für Zwecke der Waffenherstellung ein. Bei in die Handwerksrolle eingetragenen Büchsenmachern schließt die Waffenherstellungserlaubnis die Erlaubnis zum Waffenhandel ein.

(3) Die Erlaubnis ist zu versagen, wenn

1. der Antragsteller die erforderliche Zuverlässigkeit (§ 5) oder persönliche Eignung (§ 6) nicht besitzt,
2. der Antragsteller die für die erlaubnispflichtige Tätigkeit bei handwerksmäßiger Betriebsweise erforderlichen Voraussetzungen nach der Handwerksordnung nicht erfüllt, soweit eine Erlaubnis zu einer entsprechenden Waffenherstellung beantragt wird,
3. der Antragsteller nicht die erforderliche Fachkunde nachweist, soweit eine Erlaubnis zum Waffenhandel beantragt wird; dies gilt nicht, wenn der Antragsteller weder den Betrieb, eine Zweigniederlassung noch eine unselbstständige Zweigstelle selbst leitet.

(4) Die Erlaubnis kann versagt werden, wenn der Antragsteller

1. nicht Deutscher im Sinne des Artikels 116 des Grundgesetzes ist oder
2. weder seinen gewöhnlichen Aufenthalt noch eine gewerbliche Niederlassung im Geltungsbereich dieses Gesetzes hat.

(5) Die Erlaubnis erlischt, wenn der Erlaubnisinhaber die Tätigkeit nicht innerhalb eines Jahres nach Erteilung der Erlaubnis begonnen oder ein Jahr lang nicht ausgeübt hat. Die Fristen können aus besonderen Gründen verlängert werden.

(6) Der Inhaber einer Erlaubnis nach Absatz 1 hat die Aufnahme und Einstellung des Betriebs sowie die Eröffnung und Schließung einer Zweigniederlassung oder einer unselbstständigen Zweigstelle innerhalb von zwei Wochen der zuständigen Behörde anzuzeigen.

(7) Die zuständige Behörde unterrichtet das Bundesverwaltungsamt und das Bundesamt für Wirtschaft und Ausfuhrkontrolle über das Erlöschen einer Erlaubnis nach Absatz 5 Satz 1 und über die Rücknahme oder den Widerruf einer Erlaubnis nach Absatz 1.

§ 21a Stellvertretungserlaubnis

Wer ein erlaubnisbedürftiges Waffengewerbe durch einen Stellvertreter betreiben will, bedarf einer Stellvertretererlaubnis; sie wird dem Erlaubnisinhaber für einen bestimmten Stellvertreter erteilt und kann befristet werden. Dies gilt auch für die Beauftragung einer Person mit der Leitung einer Zweigniederlassung oder einer unselbstständigen Zweigstelle. Die Vorschriften des § 21 gelten entsprechend.

§ 22 Fachkunde

(1) Die Fachkunde ist durch eine Prüfung vor der zuständigen Behörde nachzuweisen. Die Fachkunde braucht nicht nachzuweisen, wer die Voraussetzungen für die Eintragung eines Büchsenmacherbetriebes in die Handwerksrolle erfüllt.

(2) Das Bundesministerium des Innern, für Bau und Heimat wird ermächtigt, durch Rechtsverordnung mit Zustimmung des Bundesrates Vorschriften über

1. die notwendigen Anforderungen an die waffentechnischen und waffenrechtlichen Kenntnisse, auch beschränkt auf bestimmte Waffen- und Munitionsarten (Fachkunde),
2. die Prüfung und das Prüfungsverfahren einschließlich der Errichtung von Prüfungsausschüssen,
3. die Anforderungen an Art, Umfang und Nachweis der beruflichen Tätigkeit nach Absatz 1 Satz 2

zu erlassen.

§ 23 *(weggefallen)*

§ 24 Kennzeichnungspflicht, Markenanzeigepflicht

(1) Wer Schusswaffen im Geltungsbereich dieses Gesetzes herstellt oder in diesen verbringt, hat unverzüglich auf den in einer Rechtsverordnung nach § 25 Nummer 2 festgelegten wesentlichen Teilen der Schusswaffe deutlich sichtbar und dauerhaft folgende Angaben anzubringen:

1. den Namen, die Firma oder eine eingetragene Marke des Herstellers der Schusswaffe,
2. für das Herstellungsland das zweistellige Landeskürzel nach ISO-Norm 3166-1[1],
3. die Bezeichnung der Munition oder, wenn keine Munition verwendet wird, die Bezeichnung des Laufkalibers,
4. bei Schusswaffen, die aus einem Staat, der nicht Mitgliedstaat ist (Drittstaat) in den Geltungsbereich dieses Gesetzes verbracht werden, zusätzlich das Landeskürzel nach ISO-Norm 3166-1[1] für den Drittstaat und das Jahr des Verbringens und
5. eine fortlaufende Nummer (Seriennummer).

---

1 Amtliche Fußnote: Die ISO-Norm ist im Beuth Verlag GmbH, 10772 Berlin, erschienen. Sie ist beim Deutschen Patent- und Markenamt archivmäßig gesichert hinterlegt.

Die in Satz 1 Nummer 2, 4 und 5 genannten Angaben sind nicht anzubringen auf

1. Schusswaffen,
   a) deren Bauart nach den §§ 7 und 8 des Beschussgesetzes zugelassen ist oder
   b) die der Anzeigepflicht nach § 9 des Beschussgesetzes unterliegen,
   sowie
2. wesentlichen Teilen von erlaubnisfreien Schusswaffen.

Satz 1 gilt nicht

1. für Schusswaffen, die Bestandteil einer kulturhistorisch bedeutsamen Sammlung im Sinne des § 17 sind oder werden sollen;
2. beim Verbringen unbrauchbar gemachter Schusswaffen in den Geltungsbereich dieses Gesetzes.

(2) Schusswaffen, deren Geschossen eine Bewegungsenergie von nicht mehr als 7,5 Joule erteilt wird, müssen eine Typenbezeichnung sowie das Kennzeichen nach Anlage 1 Abbildung 1 zur Ersten Verordnung zum Waffengesetz vom 24. Mai 1976 (BGBl. I S. 1285) in der zum Zeitpunkt des Inkrafttretens dieses Gesetzes geltenden Fassung oder ein durch Rechtsverordnung nach § 25 Nummer 1 bestimmtes Zeichen tragen.

(3) Auf Schusswaffen, die für die in § 55 Absatz 1 Satz 1 bezeichneten Stellen in den Geltungsbereich dieses Gesetzes verbracht werden oder im Geltungsbereich dieses Gesetzes hergestellt und den in § 55 Absatz 1 Satz 1 bezeichneten Stellen überlassen werden, sind neben den in Absatz 1 genannten Angaben zusätzlich Angaben anzubringen, aus denen die verfügungsberechtigte Stelle ersichtlich ist.

(4) Wer gewerbsmäßig Munition im Geltungsbereich dieses Gesetzes herstellt oder in diesen verbringt, hat unverzüglich auf der kleinsten Verpackungseinheit Zeichen anzubringen, die den Hersteller, die Fertigungsserie (Fertigungszeichen), die Zulassung und die Bezeichnung der Munition erkennen lassen; das Herstellerzeichen und die Bezeichnung der Munition sind auch auf der Hülse anzubringen. Munition, die wiedergeladen wird, ist außerdem mit einem besonderen Kennzeichen zu versehen. Als Hersteller gilt, sofern er Inhaber der Zulassung nach § 11 des Beschussgesetzes ist, auch derjenige, unter dessen Namen, Firma oder Marke die Munition vertrieben oder anderen überlassen wird und der die Verantwortung dafür übernimmt, dass die Munition den Vorschriften dieses Gesetzes entspricht.

(5) Wer Waffenhandel betreibt, darf Schusswaffen oder Munition anderen gewerbsmäßig nur überlassen, wenn er festgestellt hat, dass die Schusswaffen gemäß Absatz 1 gekennzeichnet sind, oder wenn er auf Grund von Stichproben überzeugt ist, dass die Munition nach Absatz 4 mit dem Herstellerzeichen gekennzeichnet ist.

(6) Wer gewerbsmäßig Schusswaffen, Munition oder Geschosse für Schussapparate herstellt, Munition wiederlädt oder im Geltungsbereich dieses Gesetzes mit diesen Gegenständen Handel treibt und eine Marke für diese Gegenstände benutzen will, hat dies der Physikalisch-Technischen Bundesanstalt unter Vorlage der Marke vorher schriftlich oder elektronisch anzuzeigen. Verbringer, die

die Marke eines Herstellers aus einem anderen Staat benutzen wollen, haben diese Marke anzuzeigen.

(7) Die Absätze 4 und 5 gelten nicht, sofern es sich um Munition handelt, die Teil einer Sammlung (§ 17 Abs. 1) oder für eine solche bestimmt ist.

§ 25 Verordnungsermächtigungen

Das Bundesministerium des Innern, für Bau und Heimat wird ermächtigt, durch Rechtsverordnung mit Zustimmung des Bundesrates zur Durchführung des § 24

1. Vorschriften zu erlassen über eine besondere Kennzeichnung bestimmter Waffen- und Munitionsarten sowie über die Art, Form und Aufbringung dieser Kennzeichnung,
2. zu bestimmen,
   a) auf welchen wesentlichen Teilen der Schusswaffe die Kennzeichen anzubringen sind und wie die Schusswaffen nach einem Austausch, einer Veränderung oder einer Umarbeitung wesentlicher Teile zu kennzeichnen sind,
   b) dass bestimmte Waffen- und Munitionsarten von der in § 24 vorgeschriebenen Kennzeichnung ganz oder teilweise befreit sind.

§ 25a Anordnungen zur Kennzeichnung

Sofern eine kennzeichnungspflichtige Schusswaffe nicht mit einer fortlaufenden Nummer (§ 24 Absatz 1 Satz 1 Nummer 5) gekennzeichnet ist, kann die zuständige Behörde auch nachträglich anordnen, dass der Besitzer an ihr ein bestimmtes Kennzeichen anbringen lässt.

§ 26 Nichtgewerbsmäßige Waffenherstellung

(1) Die Erlaubnis zur nichtgewerbsmäßigen Herstellung, Bearbeitung oder Instandsetzung von Schusswaffen wird durch einen Erlaubnisschein erteilt. Sie schließt den Erwerb von zu diesen Tätigkeiten benötigten wesentlichen Teilen von Schusswaffen sowie den Besitz dieser Gegenstände ein.

(2) Die Erlaubnis ist auf höchstens drei Jahre zu befristen und auf eine bestimmte Zahl und Art von Schusswaffen und wesentlichen Teilen zu beschränken. Personen, denen Schusswaffen zur Erprobung, Begutachtung, Untersuchung oder für ähnliche Zwecke, die insbesondere eine Bearbeitung oder Instandsetzung erforderlich machen können, überlassen werden, kann die Erlaubnis nach Absatz 1 ohne Beschränkung auf eine bestimmte Zahl und Art von Schusswaffen und wesentlichen Teilen erteilt werden.

§ 27 Schießstätten, Schießen durch Minderjährige auf Schießstätten

(1) Wer

1. eine ortsfeste Anlage oder
2. eine ortsveränderliche Anlage,

die ausschließlich oder neben anderen Zwecken dem Schießsport oder sonstigen Schießsportübungen mit Schusswaffen, der Erprobung von Schusswaffen oder dem Schießen mit Schusswaffen zur Belustigung dient (Schießstätte), betreiben oder in ihrer Beschaffenheit oder in der Art ihrer Benutzung wesentlich ändern will, bedarf der Erlaubnis der zuständigen Behörde. Die Erlaubnis darf nur erteilt werden, wenn der Antragsteller die erforderliche Zuverlässigkeit (§ 5) und persönliche Eignung (§ 6) besitzt und eine Versicherung gegen Haftpflicht für aus dem Betrieb der Schießstätte resultierende Schädigungen in Höhe von mindestens 1 Million Euro – pauschal für Personen- und Sachschäden – sowie gegen Unfall für aus dem Betrieb der Schießstätte resultierende Schädigungen von bei der Organisation des Schießbetriebs mitwirkenden Personen in Höhe von mindestens 10000 Euro für den Todesfall und 100000 Euro für den Invaliditätsfall bei einem im Geltungsbereich dieses Gesetzes zum Geschäftsbetrieb befugten Versicherungsunternehmen nachweist. § 10 Abs. 2 Satz 2 bis 5 gilt entsprechend. Abweichend von Satz 2 richtet sich die Haftpflichtversicherung für Schießgeschäfte, die der Schaustellerhaftpflichtverordnung unterliegen, nach § 1 Abs. 2 Nr. 2 dieser Verordnung. Bei ortsveränderlichen Schießstätten ist eine einmalige Erlaubnis vor der erstmaligen Aufstellung ausreichend. Der Inhaber einer Erlaubnis nach Satz 5 hat Aufnahme und Beendigung des Betriebs der Schießstätte der örtlich zuständigen Behörde zwei Wochen vorher schriftlich oder elektronisch anzuzeigen.

(2) Absatz 1 Satz 1 ist nicht anzuwenden auf Schießstätten, bei denen in geschlossenen Räumen ausschließlich zur Erprobung von Schusswaffen oder Munition durch Waffen- oder Munitionshersteller, durch Waffen- oder Munitionssachverständige oder durch wissenschaftliche Einrichtungen geschossen wird. Der Betreiber hat die Aufnahme und Beendigung des Betriebs der Schießstätte der zuständigen Behörde zwei Wochen vorher schriftlich oder elektronisch anzuzeigen.

(3) Unter Obhut des zur Aufsichtsführung berechtigten Sorgeberechtigten oder verantwortlicher und zur Kinder- und Jugendarbeit für das Schießen geeigneter Aufsichtspersonen darf

1. Kindern, die das zwölfte Lebensjahr vollendet haben und noch nicht 14 Jahre alt sind, das Schießen in Schießstätten mit Druckluft-, Federdruckwaffen und Waffen, bei denen zum Antrieb der Geschosse kalte Treibgase verwendet werden (Anlage 2 Abschnitt 2 Unterabschnitt 2 Nr. 1.1 und 1.2),
2. Jugendlichen, die das 14. Lebensjahr vollendet haben und noch nicht 18 Jahre alt sind, auch das Schießen mit sonstigen Schusswaffen bis zu einem Kaliber von 5,6 mm lfB (.22 l.r.) für Munition mit Randfeuerzündung, wenn die Mündungsenergie höchstens 200 Joule (J) beträgt und Einzellader-Langwaffen mit glatten Läufen mit Kaliber 12 oder kleiner

gestattet werden, wenn der Sorgeberechtigte schriftlich oder elektronisch sein Einverständnis erklärt hat oder beim Schießen anwesend ist. Die verantwortlichen Aufsichtspersonen haben die schriftlichen Einverständniserklärungen der Sorgeberechtigten vor der Aufnahme des Schießens entgegenzunehmen und während des Schießens aufzubewahren. Sie sind der zuständigen Behörde oder deren Beauftragten auf Verlangen zur Prüfung auszuhändigen. Die verantwortliche Aufsichtsperson hat die Geeignetheit zur Kinder- und Jugendarbeit glaubhaft zu machen. Der in Satz 1 genannten besonderen Obhut bedarf es nicht beim Schießen durch Jugendliche mit Waffen nach Anlage 2 Abschnitt 2 Unterabschnitt 2 Nr. 1.1 und 1.2 und nicht beim Schießen mit sonstigen Schusswaffen durch Jugendliche, die das 16. Lebensjahr vollendet haben.

(4) Die zuständige Behörde kann einem Kind zur Förderung des Leistungssports eine Ausnahme von dem Mindestalter des Absatzes 3 Satz 1 bewilligen. Diese soll bewilligt werden, wenn durch eine ärztliche Bescheinigung die geistige und körperliche Eignung und durch eine Bescheinigung des Vereins die schießsportliche Begabung glaubhaft gemacht sind.

(5) Personen in der Ausbildung zum Jäger dürfen in der Ausbildung ohne Erlaubnis mit Jagdwaffen schießen, wenn sie das 14. Lebensjahr vollendet haben und der Sorgeberechtigte und der Ausbildungsleiter ihr Einverständnis in einer schriftlichen oder elektronischen Berechtigungsbescheinigung erklärt haben. Die Person hat in der Ausbildung die Berechtigungsbescheinigung mit sich zu führen.

(6) An ortsveränderlichen Schießstätten, die dem Schießen zur Belustigung dienen, darf von einer verantwortlichen Aufsichtsperson Minderjährigen das Schießen mit Druckluft-, Federdruckwaffen und Waffen, bei denen zum Antrieb der Geschosse kalte Treibgase verwendet werden (Anlage 2 Abschnitt 2 Unterabschnitt 2 Nr. 1.1 und 1.2), gestattet werden. Bei Kindern hat der Betreiber sicherzustellen, dass die verantwortliche Aufsichtsperson in jedem Fall nur einen Schützen bedient.

(7) Das kampfmäßige Schießen auf Schießstätten ist nicht zulässig. Das Bundesministerium des Innern, für Bau und Heimat wird ermächtigt, durch Rechtsverordnung mit Zustimmung des Bundesrates zur Abwehr von Gefahren für die öffentliche Sicherheit oder Ordnung sowie von sonstigen Gefahren oder erheblichen Nachteilen für die Benutzer einer Schießstätte, die Bewohner des Grundstücks, die Nachbarschaft oder die Allgemeinheit

1. die Benutzung von Schießstätten einschließlich der Aufsicht über das Schießen und der Anforderungen an das Aufsichtspersonal und dessen besondere Ausbildung für die Kinder- und Jugendarbeit zu regeln,
2. Vorschriften über den Umfang der Verpflichtungen zu erlassen, die bei Lehrgängen zur Ausbildung in der Verteidigung mit Schusswaffen und bei Schießübungen dieser Art einzuhalten sind; darin kann bestimmt werden,
   a) dass die Durchführung dieser Veranstaltungen einer Anzeige bedarf,
   b) dass und in welcher Weise der Veranstalter die Einstellung und das Ausscheiden der verantwortlichen Aufsichtsperson und der Ausbilder anzuzeigen hat,
   c) dass nur Personen an den Veranstaltungen teilnehmen dürfen, die aus Gründen persönlicher Gefährdung, aus dienstlichen oder beruflichen Gründen zum Besitz oder zum Führen von Schusswaffen einer Erlaubnis bedürfen,
   d) dass und in welcher Weise der Veranstalter Aufzeichnungen zu führen, aufzubewahren und der zuständigen Behörde vorzulegen hat,
   e) dass die zuständige Behörde die Veranstaltungen untersagen darf, wenn der Veranstalter, die verantwortliche Aufsichtsperson oder ein Ausbilder die erforderliche Zuverlässigkeit, die persönliche Eignung oder Sachkunde nicht oder nicht mehr besitzt.

§ 27a Sicherheitstechnische Prüfung von Schießstätten; Verordnungsermächtigung

(1) Schießstätten sind vor ihrer ersten Inbetriebnahme und bei wesentlichen Änderungen in der Beschaffenheit hinsichtlich der sicherheitstechnischen Anforderungen durch die zuständige Behörde unter Hinzuziehung eines anerkannten Schießstandsachverständigen zu überprüfen. Schießstätten, auf denen mit erlaubnispflichtigen Schusswaffen geschossen wird, sind zusätzlich alle vier Jahre nach Satz 1 durch die zuständige Behörde zu überprüfen. Ist das Schießen auf einer Schießstätte nur mit erlaubnisfreien Schusswaffen zulässig, so beträgt der Abstand zwischen den Überprüfungen nach Satz 2 höchstens sechs Jahre. Falls Zweifel an dem ordnungsgemäßen Zustand oder den erforderlichen schießtechnischen Einrichtungen bestehen, kann die zuständige Behörde die Schießstätte in sicherheitstechnischer Hinsicht unter Hinzuziehung eines anerkannten Schießstandsachverständigen überprüfen oder von dem Erlaubnisinhaber die Vorlage eines Gutachtens eines anerkannten Schießstandsachverständigen verlangen. Die Kosten für die Hinzuziehung eines anerkannten Schießstandsachverständigen bei den Überprüfungen nach den Sätzen 1 bis 4 hat der Betreiber der Schießstätte zu tragen.

(2) Werden bei der Überprüfung Mängel festgestellt, die eine Gefährdung der Benutzer der Schießstätte oder Dritter befürchten lassen, kann die zuständige Behörde die weitere Benutzung der Schießstätte bis zur Beseitigung der Mängel untersagen. Der weitere Betrieb oder die Benutzung der Schießstätte ist im Fall der Untersagung nach Satz 1 verboten.

(3) Die sicherheitstechnischen Anforderungen, die an Schießstätten zu stellen sind, ergeben sich aus den „Richtlinien für die Errichtung, die Abnahme und das Betreiben von Schießständen“ (Schießstandrichtlinien). Das Bundesministerium des Innern, für Bau und Heimat erstellt die Schießstandrichtlinien nach Anhörung von Vertretern der Wissenschaft, der Betroffenen und der für das Waffenrecht zuständigen obersten Landesbehörden als dem Stand der Sicherheitstechnik entsprechende Regeln. Das Bundesministerium des Innern, für Bau und Heimat macht die Schießstandrichtlinien im Bundesanzeiger bekannt; anzugeben ist, ab wann die Schießstandrichtlinien zu nutzen sind. Die Sätze 2 und 3 gelten entsprechend für Änderungen der Schießstandrichtlinien. Die Schießstandrichtlinien sind in der jeweils aktuell geltenden Fassung anzuwenden.

(4) Die Landesregierungen werden ermächtigt, durch Rechtsverordnung die Qualifikationsanforderungen für die Anerkennung als Schießstandsachverständiger nach Absatz 1 sowie das Verfahren der Anerkennung zu regeln. Wird eine Rechtsverordnung nach Satz 1 erlassen, ist in ihr insbesondere vorzusehen, dass eine Anerkennung als Schießstandsachverständiger nur erfolgen darf, wenn der Betreffende durch eine Prüfung hinreichende Kenntnisse der in Absatz 3 genannten Schießstandrichtlinien nachgewiesen hat.

§ 28 Erwerb, Besitz und Führen von Schusswaffen und Munition durch Bewachungsunternehmer und ihr Bewachungspersonal

(1) Ein Bedürfnis zum Erwerb, Besitz und Führen von Schusswaffen wird bei einem Bewachungsunternehmer (§ 34a der Gewerbeordnung) anerkannt, wenn er glaubhaft macht, dass Bewachungsaufträge wahrgenommen werden oder werden sollen, die aus Gründen der Sicherung einer gefährdeten Person im Sinne

des § 19 oder eines gefährdeten Objektes Schusswaffen erfordern. Satz 1 gilt entsprechend für Wachdienste als Teil wirtschaftlicher Unternehmungen. Ein nach den Sätzen 1 und 2 glaubhaft gemachtes Bedürfnis umfasst auch den Erwerb und Besitz der für die dort genannten Schusswaffen bestimmten Munition.

(2) Die Schusswaffe darf nur bei der tatsächlichen Durchführung eines konkreten Auftrages nach Absatz 1 geführt werden. Der Unternehmer hat dies auch bei seinem Bewachungspersonal in geeigneter Weise sicherzustellen.

(3) Wachpersonen, die auf Grund eines Arbeitsverhältnisses Schusswaffen des Erlaubnisinhabers nach dessen Weisung besitzen oder führen sollen, sind der zuständigen Behörde zur Prüfung zu benennen; der Unternehmer soll die betreffende Wachperson in geeigneter Weise vorher über die Benennung unter Hinweis auf die Erforderlichkeit der Verarbeitung personenbezogener Daten bei der Behörde unterrichten. Die Überlassung von Schusswaffen oder Munition darf erst erfolgen, wenn die zuständige Behörde zugestimmt hat. Die Zustimmung ist zu versagen, wenn die Wachperson nicht die Voraussetzungen des § 4 Abs. 1 Nr. 1 bis 3 erfüllt oder die Haftpflichtversicherung des Bewachungsunternehmers das Risiko des Umgangs mit Schusswaffen durch die Wachpersonen nicht umfasst.

(4) In einen Waffenschein nach § 10 Abs. 4 kann auch der Zusatz aufgenommen werden, dass die in Absatz 3 bezeichneten Personen die ihnen überlassenen Waffen nach Weisung des Erlaubnisinhabers führen dürfen.

§ 28a Erwerb, Besitz und Führen von Schusswaffen und Munition durch Bewachungsunternehmen und ihr Bewachungspersonal für Bewachungsaufgaben nach § 31 Absatz 1 der Gewerbeordnung

(1) Für den Erwerb, Besitz und das Führen von Schusswaffen und Munition durch Bewachungsunternehmen und ihr Bewachungspersonal für Bewachungsaufgaben nach § 31 Absatz 1 der Gewerbeordnung auf Seeschiffen, die die Bundesflagge führen, ist § 28 entsprechend anzuwenden. Abweichend von § 28 Absatz 1 wird ein Bedürfnis für derartige Bewachungsaufgaben bei Bewachungsunternehmen anerkannt, die eine Zulassung nach § 31 Absatz 1 der Gewerbeordnung besitzen. Abweichend von § 28 Absatz 3 wird die Erlaubnis mit Auflagen erteilt, die die Unternehmer verpflichten,

1. als Bewachungspersonal nur Personen zu beschäftigen, welche die Voraussetzungen nach § 4 Absatz 1 Nummer 1 bis 3 erfüllen,
2. der zuständigen Behörde die eingesetzten Personen in einem von der Behörde bestimmten Zeitraum zu benennen und
3. auf Verlangen der zuständigen Behörde Nachweise vorzulegen, die belegen, dass die eingesetzten Personen die Anforderungen nach § 4 Absatz 1 Nummer 1 bis 3 erfüllen.

(2) Die Erlaubnis ist auf die Dauer der Zulassung nach § 31 der Gewerbeordnung zu befristen. Sie kann verlängert werden. Die Verlängerung der Erlaubnis ist insbesondere zu versagen, wenn die Auflagen nach Absatz 1 Satz 3 nicht eingehalten wurden. Im Übrigen gelten die allgemeinen Bestimmungen dieses Gesetzes. Die Erlaubnis schließt die Erlaubnis zum Verbringen in den Geltungsbereich dieses Gesetzes an Bord des Seeschiffes nach § 29 Absatz 1 ein.

(3) Die zuständige Behörde kann zur Prüfung der Zuverlässigkeit, Eignung und Sachkunde der im Bewachungsunternehmen verantwortlichen Geschäftsleitung sowie der mit der Leitung des Betriebes oder einer Zweigniederlassung beauftragten Personen und der im Zusammenhang mit der Bewachungsaufgabe tätigen Personen auf die Erkenntnisse und Bewertungen der für die Zulassung nach § 31 Absatz 2 Satz 1 der Gewerbeordnung zuständigen Behörde zurückgreifen. Abweichend von § 7 Absatz 2 orientieren sich die Anforderungen an die Sachkunde an den auf der Grundlage von § 31 Absatz 4 Satz 1 Nummer 3 Buchstabe a der Gewerbeordnung in einer Rechtsverordnung festgelegten besonderen Anforderungen für den Einsatz auf Seeschiffen. Die für das gewerberechtliche Verfahren zuständige Behörde sowie die Bundespolizei dürfen der zuständigen Behörde auch ohne Ersuchen Informationen einschließlich personenbezogener Daten übermitteln, soweit dies zur Erfüllung der waffenbehördlichen Aufgaben erforderlich ist. Die Bundespolizei ist im Rahmen der Prüfung nach § 8 Nummer 2 zu beteiligen.

(4) Absatz 3 Satz 3 ist entsprechend anzuwenden auf die Übermittlung von Informationen einschließlich personenbezogener Daten durch die zuständige Behörde, soweit dies zur Erfüllung der Aufgaben nach § 31 Absatz 2 der Gewerbeordnung erforderlich ist.

(5) Hat das Bewachungsunternehmen seinen Sitz im Inland, so erfolgt die Erteilung der Erlaubnis durch die nach § 48 Absatz 1 Satz 2 bestimmte Behörde im Benehmen mit der für die gewerbliche Hauptniederlassung zuständigen Behörde.

(6) Eine auf der Grundlage des § 28 erteilte Erlaubnis gilt befristet bis zum 31. Dezember 2013 für Aufträge nach § 31 der Gewerbeordnung mit der Maßgabe fort, dass der Inhaber der Erlaubnis der zuständigen Behörde unverzüglich anzuzeigen hat, dass er Aufträge im Sinne des § 31 der Gewerbeordnung wahrnimmt oder wahrnehmen möchte. Die nach § 48 Absatz 1 Satz 1 zuständige Behörde übermittelt der nach § 48 Absatz 1 Satz 2 zuständigen Behörde die Anzeige einschließlich der für die Entscheidung erforderlichen Unterlagen. Weist der in Satz 1 genannte Inhaber der Erlaubnis der nach § 48 Absatz 1 Satz 2 zuständigen Behörde bis zum 31. Dezember 2013 die Zulassung nach § 31 Absatz 1 der Gewerbeordnung und das Vorliegen der Voraussetzungen nach Absatz 1 nach, erteilt diese eine auf die Durchführung von Bewachungsaufgaben nach § 31 Absatz 1 der Gewerbeordnung beschränkte Erlaubnis. Absatz 1 Satz 3, Absatz 2 Satz 1, 4 und 5 sowie Absatz 5 gelten für diese Erlaubnis entsprechend.

Unterabschnitt 5

Verbringen und Mitnahme von Waffen oder Munition in den, durch den oder aus dem Geltungsbereich des Gesetzes

§ 29 Verbringen von Waffen oder Munition in den, durch den oder aus dem Geltungsbereich dieses Gesetzes

(1) Eine Erlaubnis zum Verbringen von Waffen oder Munition in den, durch den oder aus dem Geltungsbereich dieses Gesetzes kann erteilt werden, wenn der Antragsteller den sicheren Transport durch einen zum Erwerb oder Besitz dieser Waffen oder Munition Berechtigten gewährleistet. Für eine Erlaubnis zum

Verbringen von Waffen oder Munition in den Geltungsbereich dieses Gesetzes ist zusätzlich erforderlich, dass der Empfänger zum Erwerb und Besitz dieser Waffen oder Munition berechtigt ist.

(2) Sollen Waffen oder Munition nach Anlage 1 Abschnitt 3 (Kategorien A 1.2 bis C) aus dem Geltungsbereich dieses Gesetzes in einen anderen Mitgliedstaat verbracht werden, wird die Erlaubnis nur erteilt, wenn der andere Mitgliedstaat das Verbringen erlaubt hat oder der Antragsteller glaubhaft gemacht hat, dass nach dem Recht des anderen Mitgliedstaates keine solche Erlaubnis erforderlich ist. Satz 1 gilt entsprechend für das Verbringen aus einem Drittstaat durch den Geltungsbereich dieses Gesetzes in einen anderen Mitgliedstaat.

§ 30 Allgemeine Erlaubnis zum Verbringen von Waffen oder Munition aus dem Geltungsbereich dieses Gesetzes in andere Mitgliedstaaten

Gewerbsmäßigen Waffenherstellern oder Waffenhändlern nach § 21 kann abweichend von § 29 allgemein die Erlaubnis zum Verbringen von Waffen oder Munition nach Anlage 1 Abschnitt 3 (Kategorien A 1.2 bis C) aus dem Geltungsbereich dieses Gesetzes zu Waffenhändlern in anderen Mitgliedstaaten für die Dauer von bis zu drei Jahren erteilt werden. Die Erlaubnis kann auf bestimmte Arten von Waffen oder Munition und auf bestimmte Mitgliedstaaten beschränkt werden. Der Inhaber einer Erlaubnis nach Satz 1 hat ein Verbringen auf Grund dieser Erlaubnis dem Bundesverwaltungsamt vorher schriftlich oder elektronisch anzuzeigen.

§ 31 *(weggefallen)*

§ 32 Mitnahme von Waffen oder Munition in den, durch den oder aus dem Geltungsbereich des Gesetzes, Europäischer Feuerwaffenpass

(1) Die Erlaubnis zur Mitnahme von Waffen oder Munition in den oder durch den Geltungsbereich des Gesetzes kann erteilt werden, wenn die Voraussetzungen des § 4 Abs. 1 Nr. 1 bis 4 vorliegen. Die Erlaubnis kann für die Dauer von bis zu einem Jahr für einen oder für mehrere Mitnahmevorgänge erteilt werden und kann mehrfach um jeweils ein Jahr verlängert werden. Für Personen aus einem Drittstaat wird die Erlaubnis zur Mitnahme von Schusswaffen oder Munition nach Anlage 1 Abschnitt 3 (Kategorien A 1.2 bis C) durch den Geltungsbereich des Gesetzes in einen anderen Mitgliedstaat nur erteilt, wenn der andere Mitgliedstaat die Mitnahme erlaubt hat.

(1a) Die Erlaubnis zur Mitnahme von Waffen oder Munition in einen anderen Mitgliedstaat kann erteilt werden, wenn der Antragsteller

1. zum Erwerb und Besitz der Waffen nach Maßgabe dieses Gesetzes berechtigt ist,
2. die nach dem Recht des anderen Mitgliedstaates erforderliche vorherige Zustimmung vorliegt und
3. der sichere Transport durch den Antragsteller gewährleistet ist.

Absatz 1 Satz 2 gilt entsprechend.

(2) Eine Erlaubnis nach Absatz 1 darf Personen, die ihren gewöhnlichen Aufenthalt in einem anderen Mitgliedstaat haben und Schusswaffen nach Anlage 1

Abschnitt 3 (Kategorien A 1.2 bis C) und die dafür bestimmte Munition nach Absatz 1 mitnehmen wollen, nur erteilt werden, wenn sie Inhaber eines durch diesen Mitgliedstaat ausgestellten Europäischen Feuerwaffenpasses sind und die Waffen in den Europäischen Feuerwaffenpass eingetragen sind.

(3) Sofern sie den Grund der Mitnahme nachweisen können, Inhaber eines Europäischen Feuerwaffenpasses sind und die Waffen in den Europäischen Feuerwaffenpass eingetragen sind, bedarf es einer Erlaubnis nach Absatz 1 oder Absatz 1a nicht für

1. Jäger, die bis zu drei Langwaffen nach Anlage 1 Abschnitt 3 der Kategorie C und die dafür bestimmte Munition im Sinne des § 13 Absatz 1 Nummer 2, Absatz 5 zum Zweck der Jagd mitnehmen,
2. Sportschützen, die bis zu sechs Schusswaffen nach Anlage 1 Abschnitt 3 der Kategorien B oder C und die dafür bestimmte Munition zum Zweck des Schießsports mitnehmen,
3. Brauchtumsschützen, die bis zu drei Einzellader- oder Repetier-Langwaffen nach Anlage 1 Abschnitt 3 der Kategorie C und die dafür bestimmte Munition zur Teilnahme an einer Brauchtumsveranstaltung mitnehmen.

(4) Zu den in Absatz 3 Nr. 1 bis 3 beschriebenen Zwecken kann für die dort jeweils genannten Waffen und Munition Personen, die ihren gewöhnlichen Aufenthalt in einem Drittstaat haben, abweichend von Absatz 1 eine Erlaubnis erteilt werden, es sei denn, dass Tatsachen die Annahme rechtfertigen, dass die Voraussetzungen des § 4 Abs. 1 Nr. 2 nicht vorliegen.

(5) Einer Erlaubnis zur Mitnahme von Waffen oder Munition in den oder durch den Geltungsbereich des Gesetzes bedarf es nicht

1. für Waffen oder Munition, die durch Inhaber einer Erlaubnis zum Erwerb oder Besitz für diese Waffen oder Munition mitgenommen werden,
2. für Signalwaffen und die dafür bestimmte Munition, die aus Gründen der Sicherheit an Bord von Schiffen mitgeführt werden, oder
3. für Waffen und Munition, die an Bord von Schiffen oder Luftfahrzeugen mitgeführt, während des Aufenthalts im Geltungsbereich dieses Gesetzes unter Verschluss gehalten, der zuständigen Überwachungsbehörde unter Angabe des Hersteller- oder Warenzeichens, der Modellbezeichnung und, wenn die Waffen eine Herstellungsnummer haben, auch dieser, unverzüglich gemeldet und spätestens innerhalb eines Monats wieder aus dem Geltungsbereich des Gesetzes befördert werden. Ein Jagdschein im Sinne von § 15 Absatz 1 Satz 1 des Bundesjagdgesetzes stellt keine Erlaubnis im Sinne des Satzes 1 Nummer 1 dar.

(6) Personen, die nach diesem Gesetz zum Besitz von Schusswaffen oder Munition nach Anlage 1 Abschnitt 3 (Kategorien A 1.2 bis C) berechtigt sind und diese Schusswaffen oder diese Munition in einen anderen Mitgliedstaat mitnehmen wollen, wird auf Antrag ein Europäischer Feuerwaffenpass ausgestellt.

§ 33 Anmelde- und Nachweispflichten, Befugnisse der Überwachungsbehörden beim Verbringen oder der Mitnahme von Waffen oder Munition in den, durch den oder aus dem Geltungsbereich dieses Gesetzes

(1) Wer beabsichtigt, Waffen oder Munition, deren Verbringen oder Mitnahme einer Erlaubnis bedarf, aus einem Drittstaat in den oder durch den Geltungsbereich dieses Gesetzes zu verbringen oder mitzunehmen, ist verpflichtet,

1. diese Waffen oder diese Munition bei der nach Absatz 3 zuständigen Überwachungsbehörde beim Verbringen oder bei der Mitnahme anzumelden,
2. auf Verlangen der nach Absatz 3 zuständigen Überwachungsbehörde ihr diese Waffen oder diese Munition vorzuführen und
3. die Berechtigung zum Verbringen oder zur Mitnahme nachzuweisen.

Auf Verlangen sind diese Nachweise den Überwachungsbehörden zur Prüfung auszuhändigen.

(2) Die nach Absatz 3 zuständigen Überwachungsbehörden können Beförderungsmittel und -behälter sowie deren Lade- und Verpackungsmittel anhalten, um zu prüfen, ob die für das Verbringen oder die Mitnahme in den, durch den oder aus dem Geltungsbereich dieses Gesetzes geltenden Bestimmungen eingehalten sind. Werden Verstöße gegen die in Satz 1 genannten Bestimmungen festgestellt, so können die zuständigen Überwachungsbehörden, soweit erforderlich, Vor-, Familien- und gegebenenfalls Geburtsname, Geburtsdatum und -ort, Wohnort und Staatsangehörigkeit der betroffenen Personen erheben und diese Daten sowie Feststellungen zum Sachverhalt den zuständigen Behörden zum Zweck der Ahndung übermitteln. Für Postsendungen gilt dies nur, wenn zureichende tatsächliche Anhaltspunkte für eine Straftat vorliegen. Das Brief- und Postgeheimnis nach Artikel 10 des Grundgesetzes wird nach Maßgabe der Sätze 2 und 3 eingeschränkt.

(3) Das Bundesministerium der Finanzen bestimmt die Zolldienststellen, das Bundesministerium des Innern, für Bau und Heimat bestimmt die Behörden der Bundespolizei, die bei der Überwachung des Verbringens und der Mitnahme von Waffen oder Munition mitwirken. Soweit der grenzpolizeiliche Einzeldienst von Kräften der Länder wahrgenommen wird (§ 2 Abs. 1 und 3 des Bundespolizeigesetzes), wirken diese bei der Überwachung mit.

Unterabschnitt 6

Obhutspflichten, Anzeige-, Hinweis- und Nachweispflichten

§ 34 Überlassen von Waffen oder Munition, Prüfung der Erwerbsberechtigung, Anzeigepflicht

(1) Waffen oder Munition dürfen nur berechtigten Personen überlassen werden. Die Berechtigung muss offensichtlich sein oder nachgewiesen werden. Der Inhaber einer Erlaubnis nach § 21 Absatz 1 Satz 1 kann vor einer Überlassung zum Zweck der Prüfung der Erwerbsberechtigung des Erwerbers die Absicht zur Überlassung der zuständigen Behörde elektronisch anzeigen. Die zuständige Behörde prüft die Gültigkeit des Erlaubnisdokuments und teilt dem Anzeigenden nach Satz 3 elektronisch mit, wenn das Erlaubnisdokument im Nationalen

Waffenregister nicht oder als nicht gültig registriert ist; Satz 2 bleibt unberührt. Für die Sätze 3 und 4 gilt § 9 des Waffenregistergesetzes.

(2) Werden Waffen oder Munition zur gewerbsmäßigen Beförderung überlassen, so muss die ordnungsgemäße Beförderung sichergestellt sein und es müssen Vorkehrungen gegen ein Abhandenkommen getroffen sein. Munition darf gewerbsmäßig nur in verschlossenen Packungen überlassen werden; dies gilt nicht beim Überlassen auf Schießstätten gemäß § 12 Absatz 2 Nummer 2 oder soweit einzelne Stücke von Munitionssammlern erworben werden. Wer Waffen oder Munition einem anderen lediglich zur gewerbsmäßigen Beförderung gemäß § 12 Absatz 1 Nummer 2 oder Absatz 2 Nummer 1 an einen Dritten übergibt, überlässt sie dem Dritten.

(3) Die Absätze 1 und 2 gelten nicht für denjenigen, der Schusswaffen oder Munition einem anderen, der sie außerhalb des Geltungsbereichs des Gesetzes erwirbt, insbesondere im Versandwege unter eigenem Namen überlässt. Die Vorschriften der §§ 29 und 30 bleiben unberührt.

(4) Wer Personen, die ihren gewöhnlichen Aufenthalt in einem anderen Mitgliedstaat haben, eine Schusswaffe nach Anlage 1 Abschnitt 3 (Kategorien B und C) oder Munition für eine solche überlässt, hat dies unverzüglich dem Bundesverwaltungsamt schriftlich anzuzeigen; dies gilt nicht in den Fällen des § 12 Abs. 1 Nr. 1 und 5.

(5) Wer erlaubnispflichtige Feuerwaffen nach Anlage 1 Abschnitt 1 Unterabschnitt 1 Nr. 2, ausgenommen Einzellader-Langwaffen mit nur glattem Lauf oder glatten Läufen, und deren wesentliche Teile, Schalldämpfer und tragbare Gegenstände nach Anlage 1 Abschnitt 1 Unterabschnitt 1 Nr. 1.2.1 einem anderen, der seinen gewöhnlichen Aufenthalt in einem Mitgliedstaat des Übereinkommens vom 28. Juni 1978 über die Kontrolle des Erwerbs und Besitzes von Schusswaffen durch Einzelpersonen (BGBl. 1980 II S. 953) hat, überlässt, dorthin versendet oder ohne Wechsel des Besitzers endgültig dorthin verbringt, hat dies unverzüglich dem Bundesverwaltungsamt schriftlich anzuzeigen. Dies gilt nicht

1. für das Überlassen und Versenden der in Satz 1 bezeichneten Gegenstände an staatliche Stellen in einem dieser Staaten und in den Fällen, in denen Unternehmen Schusswaffen zur Durchführung von Kooperationsvereinbarungen zwischen Staaten oder staatlichen Stellen überlassen werden, sofern durch Vorlage einer Bescheinigung von Behörden des Empfangsstaates nachgewiesen wird, dass diesen Behörden der Erwerb bekannt ist, oder
2. soweit Anzeigepflichten nach Absatz 4 oder nach § 30 Satz 3 bestehen.

(6) Das Bundesministerium des Innern, für Bau und Heimat wird ermächtigt, durch Rechtsverordnung mit Zustimmung des Bundesrates zur Abwehr von Gefahren für Leben und Gesundheit von Menschen zu bestimmen, dass in den in den Absätzen 2, 4 und 5 bezeichneten Anzeigen weitere Angaben zu machen oder den Anzeigen weitere Unterlagen beizufügen sind.

§ 35 Werbung, Hinweispflichten, Handelsverbote

(1) Wer Waffen oder Munition zum Kauf oder Tausch in Anzeigen oder Werbeschriften anbietet, hat bei den nachstehenden Waffenarten auf das Erfordernis der Erwerbsberechtigung jeweils wie folgt hinzuweisen:

1. bei erlaubnispflichtigen Schusswaffen und erlaubnispflichtiger Munition: Abgabe nur an Inhaber einer Erwerbserlaubnis,
2. bei nicht erlaubnispflichtigen Schusswaffen und nicht erlaubnispflichtiger Munition sowie sonstigen Waffen: Abgabe nur an Personen mit vollendetem 18. Lebensjahr,
3. bei verbotenen Waffen: Abgabe nur an Inhaber einer Ausnahmegenehmigung,

sowie seinen Namen, seine Anschrift und gegebenenfalls seine eingetragene Marke bekannt zu geben. Anzeigen und Werbeschriften nach Satz 1 dürfen nur veröffentlicht werden, wenn sie den Namen und die Anschrift des Anbieters sowie die von ihm je nach Waffenart mitzuteilenden Hinweise enthalten. Satz 2 gilt nicht für die Bekanntgabe der Personalien des nicht gewerblichen Anbieters, wenn dieser der Bekanntgabe widerspricht. Derjenige, der die Anzeige oder Werbeschrift veröffentlicht, ist im Fall des Satzes 3 gegenüber der zuständigen Behörde verpflichtet, die Urkunden über den Geschäftsvorgang ein Jahr lang aufzubewahren und dieser auf Verlangen Einsicht zu gewähren.

(2) Dürfen Schusswaffen nur mit Erlaubnis geführt oder darf mit ihnen nur mit Erlaubnis geschossen werden, so hat der Inhaber einer Erlaubnis nach § 21 Abs. 1 bei ihrem Überlassen im Einzelhandel den Erwerber auf das Erfordernis des Waffenscheins oder der Schießerlaubnis hinzuweisen. Beim Überlassen von Schreckschuss-, Reizstoff- oder Signalwaffen im Sinne des § 10 Abs. 4 Satz 4 hat der Inhaber einer Erlaubnis nach § 21 Abs. 1 überdies auf die Strafbarkeit des Führens ohne Erlaubnis (Kleiner Waffenschein) hinzuweisen und die Erfüllung dieser sowie der Hinweispflicht nach Satz 1 zu protokollieren.

(3) Der Vertrieb und das Überlassen von Schusswaffen, Munition, Hieb- oder Stoßwaffen ist verboten:

1. im Reisegewerbe, ausgenommen in den Fällen des § 55b Abs. 1 der Gewerbeordnung,
2. auf festgesetzten Veranstaltungen im Sinne des Titels IV der Gewerbeordnung (Messen, Ausstellungen, Märkte), ausgenommen die Entgegennahme von Bestellungen auf Messen und Ausstellungen,
3. auf Volksfesten, Schützenfesten, Märkten, Sammlertreffen oder ähnlichen öffentlichen Veranstaltungen, ausgenommen das Überlassen der benötigten Schusswaffen oder Munition in einer Schießstätte sowie von Munition, die Teil einer Sammlung (§ 17 Abs. 1) oder für eine solche bestimmt ist.

Die zuständige Behörde kann Ausnahmen von den Verboten für ihren Bezirk zulassen, wenn öffentliche Interessen nicht entgegenstehen.

§ 36 Aufbewahrung von Waffen oder Munition

(1) Wer Waffen oder Munition besitzt, hat die erforderlichen Vorkehrungen zu treffen, um zu verhindern, dass diese Gegenstände abhanden kommen oder Dritte sie unbefugt an sich nehmen.

(2) *weggefallen*

(3) Wer erlaubnispflichtige Schusswaffen, Munition oder verbotene Waffen besitzt oder die Erteilung einer Erlaubnis zum Besitz beantragt hat, hat der zuständigen Behörde die zur sicheren Aufbewahrung getroffenen oder vorgesehenen Maßnahmen nachzuweisen. Besitzer von erlaubnispflichtigen Schusswaffen, Munition oder verbotenen Waffen haben außerdem der Behörde zur Überprüfung der Pflichten aus Absatz 1 in Verbindung mit einer Rechtsverordnung nach Absatz 5 Zutritt zu den Räumen zu gestatten, in denen die Waffen und die Munition aufbewahrt werden. Wohnräume dürfen gegen den Willen des Inhabers nur zur Verhütung dringender Gefahren für die öffentliche Sicherheit betreten werden; das Grundrecht der Unverletzlichkeit der Wohnung (Artikel 13 des Grundgesetzes) wird insoweit eingeschränkt.

(4) Die in einer Rechtsverordnung nach Absatz 5 festgelegten Anforderungen an die Aufbewahrung von Schusswaffen und Munition gelten nicht bei Aufrechterhaltung der bis zum 6. Juli 2017 erfolgten Nutzung von Sicherheitsbehältnissen, die den Anforderungen des § 36 Absatz 2 Satz 1 zweiter Halbsatz und Satz 2 in der Fassung des Gesetzes vom 11. Oktober 2002 (BGBl. I S. 3970, 4592; 2003 I S. 1957), das zuletzt durch Artikel 6 Absatz 34 des Gesetzes vom 13. April 2017 (BGBl. I S. 872) geändert worden ist, entsprechen oder die von der zuständigen Behörde als gleichwertig anerkannt wurden. Diese Sicherheitsbehältnisse können nach Maßgabe des § 36 Absatz 1 und 2 in der Fassung des Gesetzes vom 11. Oktober 2002 (BGBl. I S. 3970, 4592; 2003 I S. 1957), das zuletzt durch Artikel 6 Absatz 34 des Gesetzes vom 13. April 2017 (BGBl. I S. 872) geändert worden ist, sowie des § 13 der Allgemeinen Waffengesetz-Verordnung vom 27. Oktober 2003 (BGBl. I S. 2123), die zuletzt durch Artikel 108 des Gesetzes vom 29. März 2017 (BGBl. I S. 626) geändert worden ist,

1. vom bisherigen Besitzer weitergenutzt werden sowie
2. für die Dauer der gemeinschaftlichen Aufbewahrung auch von berechtigten Personen mitgenutzt werden, die mit dem bisherigen Besitzer nach Nummer 1 in häuslicher Gemeinschaft leben.

Die Berechtigung zur Nutzung nach Satz 2 Nummer 2 bleibt über den Tod des bisherigen Besitzers hinaus für eine berechtigte Person nach Satz 2 Nummer 2 bestehen, wenn sie infolge des Erbfalls Eigentümer des Sicherheitsbehältnisses wird; die berechtigte Person wird in diesem Fall nicht bisheriger Besitzer im Sinne des Satzes 2 Nummer 1. In den Fällen der Sätze 1 bis 3 finden § 53 Absatz 1 Nummer 19 und § 52a in der Fassung des Gesetzes vom 11. Oktober 2002 (BGBl. I S. 3970, 4592; 2003 I S. 1957), das zuletzt durch Artikel 6 Absatz 34 des Gesetzes vom 13. April 2017 (BGBl. I S. 872) geändert worden ist, und § 34 Nummer 12 der Allgemeinen Waffengesetz-Verordnung vom 27. Oktober 2003 (BGBl. I S. 2123), die zuletzt durch Artikel 108 des Gesetzes vom 29. März 2017 (BGBl. I S. 626) geändert worden ist, weiterhin Anwendung.

(5) Das Bundesministerium des Innern, für Bau und Heimat wird ermächtigt, nach Anhörung der beteiligten Kreise durch Rechtsverordnung mit Zustimmung des Bundesrates unter Berücksichtigung des Standes der Technik, der Art und Zahl der Waffen, der Munition oder der Örtlichkeit die Anforderungen an die Aufbewahrung oder an die Sicherung der Waffe festzulegen. Dabei können

1. Anforderungen an technische Sicherungssysteme zur Verhinderung einer unberechtigten Wegnahme oder Nutzung von Schusswaffen,
2. die Nachrüstung oder der Austausch vorhandener Sicherungssysteme,
3. die Ausstattung der Schusswaffe mit mechanischen, elektronischen oder biometrischen Sicherungssystemen

festgelegt werden.

(6) Ist im Einzelfall, insbesondere wegen der Art und Zahl der aufzubewahrenden Waffen oder Munition oder wegen des Ortes der Aufbewahrung, ein höherer Sicherheitsstandard erforderlich, hat die zuständige Behörde die notwendigen Ergänzungen anzuordnen und zu deren Umsetzung eine angemessene Frist zu setzen.

§ 37 Anzeigepflichten der gewerblichen Waffenhersteller und Waffenhändler

(1) Der Inhaber einer Waffenherstellungserlaubnis oder Waffenhandelserlaubnis nach § 21 Absatz 1 Satz 1 hat der zuständigen Behörde den folgenden Umgang mit fertiggestellten Schusswaffen, deren Erwerb oder Besitz der Erlaubnis bedarf, unverzüglich elektronisch anzuzeigen:

1. die Herstellung, jedoch erst nach Fertigstellung,
2. die Überlassung,
3. den Erwerb,
4. die Bearbeitung durch
   a) Umbau oder
   b) Austausch eines wesentlichen Teils.

Die Pflicht zur Anzeige besteht auch dann, wenn ein Blockiersystem eingebaut oder entsperrt wird.

(2) Für die elektronischen Anzeigen gilt § 9 des Waffenregistergesetzes.

§ 37a Anzeigepflichten der Inhaber einer Waffenbesitzkarte oder einer gleichgestellten anderen Erlaubnis zum Erwerb und Besitz und der Inhaber einer nichtgewerbsmäßigen Waffenherstellungserlaubnis

Der Inhaber einer Erlaubnis zum Erwerb und Besitz von Waffen nach § 10 Absatz 1 Satz 1 oder einer gleichgestellten anderen Erlaubnis zum Erwerb und Besitz sowie der Inhaber einer Erlaubnis zur nichtgewerbsmäßigen Herstellung, Bearbeitung oder Instandsetzung von Schusswaffen nach § 26 Absatz 1 Satz 1 hat der zuständigen Behörde den folgenden Umgang mit fertiggestellten Schusswaffen, deren Erwerb oder Besitz der Erlaubnis bedarf, binnen zwei Wochen schriftlich oder elektronisch anzuzeigen:

1. die Überlassung,
2. den Erwerb,
3. die Bearbeitung durch
   a) Umbau oder
   b) Austausch eines wesentlichen Teils.

Der Inhaber einer Erlaubnis zur nichtgewerbsmäßigen Herstellung, Bearbeitung oder Instandsetzung von Schusswaffen nach § 26 Absatz 1 Satz 1 hat auch die

Herstellung, jedoch erst nach Fertigstellung, gemäß Satz 1 anzuzeigen. Die Pflicht zur Anzeige nach Satz 1 besteht auch dann, wenn ein Blockiersystem eingebaut oder entsperrt wird.

§ 37b Anzeige der Vernichtung, der Unbrauchbarmachung und des Abhandenkommens

(1) Der Besitzer einer Schusswaffe, deren Erwerb oder Besitz einer Erlaubnis bedarf, hat der zuständigen Behörde nach Satz 2 oder Satz 3 anzuzeigen, wenn die Schusswaffe vernichtet wird. Inhaber einer Erlaubnis nach § 21 Absatz 1 Satz 1 haben die Anzeige unverzüglich vorzunehmen. Im Übrigen hat die Anzeige innerhalb von zwei Wochen zu erfolgen. Die zuständige Behörde kann einen Nachweis darüber verlangen, dass die Schusswaffe vernichtet wurde.

(2) Der Besitzer einer Schusswaffe, deren Erwerb oder Besitz einer Erlaubnis bedarf, hat der zuständigen Behörde nach Satz 2 oder Satz 3 anzuzeigen, wenn die Schusswaffe unbrauchbar gemacht wird. Inhaber einer Erlaubnis nach § 21 Absatz 1 Satz 1 haben die Anzeige unverzüglich vorzunehmen. Im Übrigen hat die Anzeige innerhalb von zwei Wochen zu erfolgen. Die zuständige Behörde kann einen Nachweis darüber verlangen, dass die Schusswaffe unbrauchbar gemacht wurde.

(3) Sind einer Person Waffen oder Munition, deren Erwerb oder Besitz der Erlaubnis bedarf, oder Erlaubnisurkunden abhandengekommen, so hat sie dies der zuständigen Behörde unverzüglich nach Feststellung des Abhandenkommens anzuzeigen.

(4) Hat der Besitzer einer Schusswaffe keine Waffenherstellungserlaubnis oder Waffenhandelserlaubnis nach § 21 Absatz 1 Satz 1, so hat die Anzeige nach den Absätzen 1 und 2 schriftlich oder elektronisch zu erfolgen. Hat der Besitzer eine Waffenherstellungserlaubnis oder Waffenhandelserlaubnis nach § 21 Absatz 1 Satz 1, so hat die Anzeige nach den Absätzen 1 bis 3 elektronisch zu erfolgen und es gilt hierfür § 9 des Waffenregistergesetzes.

(5) Ist bei der zuständigen Behörde eine Anzeige zum Abhandenkommen von Schusswaffen, von Munition oder Erlaubnisurkunden eingegangen, so unterrichtet sie die örtliche Polizeidienststelle über das Abhandenkommen.

§ 37c Anzeigepflichten bei Inbesitznahme

(1) Wer Waffen oder Munition, deren Erwerb der Erlaubnis bedarf, in Besitz nimmt

1. beim Tod eines Waffenbesitzers, als Finder oder in ähnlicher Weise,
2. als Insolvenzverwalter, Zwangsverwalter, Gerichtsvollzieher oder in ähnlicher Weise,

hat dies der zuständigen Behörde unverzüglich anzuzeigen.

(2) Die zuständige Behörde kann

1. die Waffen oder Munition sicherstellen oder
2. anordnen, dass die Waffen oder Munition innerhalb angemessener Frist
   a) unbrauchbar gemacht werden oder
   b) einem Berechtigten überlassen werden,

c) und dies der zuständigen Behörde nachgewiesen wird.

(3) Nach fruchtlosem Ablauf der Frist kann die zuständige Behörde die Waffen oder Munition einziehen. Ein Erlös aus der Verwertung steht dem nach bürgerlichem Recht bisher Berechtigten zu.

§ 37d Anzeige von unbrauchbar gemachten Schusswaffen

(1) Wer eine nach Anlage 1 Abschnitt 1 Unterabschnitt 1 Nummer 1.4 unbrauchbar gemachte Schusswaffe

1. überlässt,
2. erwirbt oder
3. vernichtet,

hat dies der zuständigen Behörde anzuzeigen.

(2) Der Besitzer einer unbrauchbar gemachten Schusswaffe hat der zuständigen Behörde unverzüglich nach Feststellung des Abhandenkommens anzuzeigen, wenn die Waffe abhandengekommen ist.

(3) Hat der Besitzer der unbrauchbar gemachten Schusswaffe keine Waffenherstellungserlaubnis oder Waffenhandelserlaubnis nach § 21 Absatz 1 Satz 1, hat die Anzeige nach Absatz 1 binnen zwei Wochen schriftlich oder elektronisch zu erfolgen. Hat der Besitzer eine Waffenherstellungserlaubnis oder Waffenhandelserlaubnis nach § 21 Absatz 1 Satz 1, so hat die Anzeige nach Absatz 1 unverzüglich elektronisch zu erfolgen und es gilt hierfür § 9 des Waffenregistergesetzes.

(4) Hat der Besitzer eine Waffenherstellungserlaubnis oder Waffenhandelserlaubnis nach § 21 Absatz 1 Satz 1, so hat die Anzeige nach Absatz 2 elektronisch zu erfolgen und es gilt hierfür § 9 des Waffenregistergesetzes.

(5) Ist bei der zuständigen Behörde eine Anzeige zum Abhandenkommen von unbrauchbar gemachten Schusswaffen eingegangen, so unterrichtet sie die örtliche Polizeidienststelle über das Abhandenkommen.

§ 37e Ausnahmen von der Anzeigepflicht

(1) Die Pflicht zur Anzeige einer Überlassung oder eines Erwerbs nach § 37 Absatz 1 Satz 1 Nummer 2 und 3 besteht nicht bei

1. Überlassung einzelner wesentlicher Teile zum Zweck der gewerbsmäßigen Ausführung von Verschönerungen oder ähnlichen Arbeiten an der Waffe, sofern eine Rücküberlassung an den Überlassenden erfolgen soll,
2. Überlassung im Rahmen eines Arbeits- oder Ausbildungsverhältnisses nach § 12 Absatz 1 Nummer 3 Buchstabe a,
3. vorübergehendem Überlassen zum Schießen auf einer Schießstätte nach § 12 Absatz 1 Nummer 5.

Satz 1 gilt im Fall der Überlassung und des Erwerbs einer unbrauchbar gemachten Schusswaffe im Sinne von § 37d Absatz 1 Satz 1 Nummer 1 und 2 durch den Inhaber einer Erlaubnis nach § 21 Absatz 1 Satz 1 entsprechend.

(2) Der Inhaber der Erlaubnis nach § 21 Absatz 1 Satz 1 kann von einer Anzeige des Erwerbs nach § 37 Absatz 1 Satz 1 Nummer 3 oder § 37d Absatz 1

Nummer 2 und bei der anschließenden Rücküberlassung an den Überlassenden von der Anzeige der Überlassung nach § 37 Absatz 1 Satz 1 Nummer 2 oder § 37d Absatz 1 Nummer 1 absehen, wenn der Inhaber der Erlaubnis nach § 21 Absatz 1 Satz 1 von einem Überlassenden erwirbt, der nicht Inhaber einer Erlaubnis nach § 21 Absatz 1 Satz 1 ist, und die Rücküberlassung innerhalb eines Monats nach dem Erwerb erfolgt. Erfolgt die Rücküberlassung im Fall des Satzes 1 nicht innerhalb eines Monats nach dem Erwerb, hat der Inhaber der Erlaubnis nach § 21 Absatz 1 Satz 1 die Anzeige des Erwerbs gemäß § 37 Absatz 1 Satz 1 Nummer 3 oder § 37d Absatz 1 Nummer 2 unverzüglich nachzuholen sowie die Rücküberlassung gemäß § 37 Absatz 1 Satz 1 Nummer 2 oder § 37d Absatz 1 Nummer 1 unverzüglich anzuzeigen. Im Fall des Satzes 1 sind Erwerb und Überlassung durch den Inhaber der Erlaubnis nach § 21 Absatz 1 Satz 1 schriftlich oder elektronisch zu dokumentieren (Ersatzdokumentation).

(2a) Von der Anzeige einer Überlassung oder eines Erwerbs nach § 37 Absatz 1 Satz 1 Nummer 2 und 3 kann abgesehen werden, wenn

1. sowohl der Überlassende als auch der Erwerbende Inhaber der Erlaubnis nach § 21 Absatz 1 Satz 1 ist, und
2. die Rücküberlassung und der Rückerwerb zwischen diesen beiden innerhalb von 14 Tagen nach dem Erwerb erfolgt.

Erfolgt die Rücküberlassung im Fall des Satzes 1 nicht innerhalb von 14 Tagen nach dem Erwerb, hat

1. der Erwerbende
   a) die Anzeige des Erwerbs gemäß § 37 Absatz 1 Satz 1 Nummer 3 und
   b) die Anzeige der Rücküberlassung gemäß § 37 Absatz 1 Satz 1 Nummer 2 sowie
2. der Überlassende
   a) die Anzeige der Überlassung gemäß § 37 Absatz 1 Satz 1 Nummer 2 und
   b) die Anzeige des Rückerwerbs gemäß § 37 Absatz 1 Satz 1 Nummer 3

jeweils unverzüglich nachzuholen. Im Fall des Satzes 1 sind Erwerb und Überlassung durch die Inhaber der Erlaubnis nach § 21 Absatz 1 Satz 1 in der Ersatzdokumentation festzuhalten. Über die Nutzung der Ersatzdokumentation muss zwischen überlassendem und erwerbendem Inhaber der Erlaubnis nach § 21 Absatz 1 Satz 1 im Vorwege Einigung erzielt werden.

(3) Die Pflicht zur Anzeige einer Überlassung gemäß § 37a Satz 1 Nummer 1 besteht nicht in den Fällen des § 12 Absatz 1 sowie beim Überlassen an einen Erlaubnisinhaber nach § 21 Absatz 1 Satz 1 zum Zweck

1. der Verwahrung,
2. der Instandsetzung oder Vornahme geringfügiger Änderungen oder
3. des Kommissionsverkaufs.

(4) Die Pflicht zur Anzeige eines Erwerbs gemäß § 37a Satz 1 Nummer 2 besteht nicht

1. in den Fällen des § 12 Absatz 1 Nummer 1 bis 3, 4 Buchstabe a oder Nummer 5, außer es handelt sich um den Wiedererwerb nach einer Instandsetzung, die zum Umbau oder Austausch eines wesentlichen Teils geführt hat, oder

2. für einen Waffensachverständigen, der die Waffe auf Grund eines Bedürfnisses nach § 18 Absatz 1 erwirbt und sie höchstens drei Monate lang besitzt.

(5) Die Absätze 3 und 4 gelten im Fall der Überlassung und des Erwerbs einer unbrauchbar gemachten Schusswaffe im Sinne von § 37d Absatz 1 Satz 1 Nummer 1 und 2 durch Personen, die nicht Inhaber einer Erlaubnis nach § 21 Absatz 1 Satz 1 sind, entsprechend.

§ 37f Inhalt der Anzeigen

(1) Für die Anzeige nach den §§ 37 bis 37d hat der Anzeigende folgende Daten anzugeben:

1. die Art des in den §§ 37 bis 37d bezeichneten Sachverhalts, der der Anzeigepflicht zugrunde liegt;
2. das Datum, an dem der Sachverhalt eingetreten ist, bei Abhandenkommen das Datum der Feststellung des Abhandenkommens;
3. die folgenden Daten des Anzeigenden:
   a) Familienname,
   b) früherer Name,
   c) Geburtsname,
   d) Vorname,
   e) Doktorgrad,
   f) Geburtstag,
   g) Geburtsort,
   h) Geschlecht,
   i) jede Staatsangehörigkeit sowie
   j) Straße, Hausnummer, Postleitzahl und Ort, bei einer ausländischen Adresse auch den betreffenden Staat (Anschrift);
4. die folgenden Daten zu einem Kaufmann, einer juristischen Person oder einer Personenvereinigung:
   a) Namen oder Firma,
   b) frühere Namen,
   c) Anschrift und
   d) bei Handelsgesellschaften und Vereinen den Gegenstand des Unternehmens oder des Vereins;
5. die folgenden Daten der Waffe, die Gegenstand der Anzeige ist:
   a) Hersteller,
   b) Modellbezeichnung,
   c) Kaliber- oder Munitionsbezeichnung,
   d) Seriennummer,
   e) Jahr der Fertigstellung,
   f) Verbringen in den Geltungsbereich dieses Gesetzes,
   g) Kategorie nach Anlage 1 Abschnitt 3,
   h) Art der Waffe;

6. die folgenden Daten des Magazins, das Gegenstand der Anzeige ist:
   a) Kapazität des Magazins,
   b) kleinste verwendbare Munition und
   c) dauerhafte Beschriftung des Magazins, sofern vorhanden;
7. Art und Gültigkeit der Erlaubnis, die zur Art des anzuzeigenden Sachverhalts berechtigt oder verpflichtet;
8. die Nummer der Erlaubnisurkunde und
9. die zuständige Behörde, die die Erlaubnisurkunde ausgestellt hat.

(2) Bei Überlassung und Erwerb sind zusätzlich anzuzeigen
1. folgende Daten des Erwerbers:
   a) Familienname,
   b) Vorname,
   c) Geburtsdatum,
   d) Geburtsort,
   e) Anschrift;
2. bei Nachweis der Erwerbs- und Besitzberechtigung durch eine Waffenbesitzkarte:
   a) die Nummer der Waffenbesitzkarte und
   b) die ausstellende Behörde;
3. folgende Daten des Überlassenden:
   a) Familienname,
   b) früherer Name,
   c) Geburtsname,
   d) Vorname,
   e) Doktorgrad,
   f) Geburtsdatum,
   g) Geburtsort,
   h) Geschlecht,
   i) jede Staatsangehörigkeit sowie
   j) Anschrift.

(3) Ist der Erwerber oder der Überlassende vom Anwendungsbereich dieses Gesetzes nicht erfasst, so sind ausschließlich sein Name und seine Anschrift anzuzeigen.

(4) Anzuzeigen sind Änderungen der Daten der Waffe, die sich auf Grund einer der in § 37 Absatz 1 bezeichneten Umgangshandlungen ergeben.

§ 37g Eintragungen in die Waffenbesitzkarte

(1) Der Inhaber einer Erlaubnis zum Erwerb und Besitz von Waffen nach § 10 Absatz 1 Satz 1 oder einer gleichgestellten anderen Erlaubnis zum Erwerb und Besitz hat gleichzeitig mit der Anzeige nach § 37a oder § 37b Absatz 1 die Waffenbesitzkarte und, sofern die betreffende Waffe in den Europäischen Feuerwaf-

fenpass des Erlaubnisinhabers eingetragen ist, auch diesen zur Eintragung oder Berichtigung bei der zuständigen Behörde vorzulegen.

(2) Bei Austausch eines wesentlichen Teils entfällt die Vorlagepflicht nach Absatz 1.

(3) Die zuständige Behörde trägt Anlass und Inhalt der Anzeige in die Waffenbesitzkarte oder den Europäischen Feuerwaffenpass ein.

§ 37h Ausstellung einer Anzeigebescheinigung

(1) Über die Anzeige

1. der Unbrauchbarmachung nach § 37b Absatz 2 Satz 1,
2. des Umgangs mit einer unbrauchbar gemachten Schusswaffe nach § 37d Absatz 1 Nummer 1 und 2 sowie
3. des Besitzes eines Magazins oder Magazingehäuses nach § 58 Absatz 17 Satz 1

hat die zuständige Behörde dem Anzeigenden eine Anzeigebescheinigung auszustellen. Satz 1 gilt nicht, wenn der Anzeigende Inhaber einer Erlaubnis nach § 21 Absatz 1 Satz 1 ist.

(2) Die Anzeigebescheinigung enthält

1. vom Anzeigenden die Daten nach § 37f Absatz 1 Nummer 3,
2. den Anlass der Anzeige nach § 37b Absatz 2 Satz 1, § 37d Absatz 1 Nummer 1 oder 2 oder § 58 Absatz 17 Satz 1,
3. den Zeitpunkt, an dem der zuständigen Behörde die Anzeige zugegangen ist, sowie
4. die Angaben nach § 37f Absatz 1 Nummer 5 und 6.

§ 37i Mitteilungspflicht bei Umzug ins Ausland und bei Umzug im Ausland

Zieht der Inhaber einer waffenrechtlichen Erlaubnis oder Bescheinigung ins Ausland, so ist er verpflichtet, seine Anschrift im Ausland der Waffenbehörde mitzuteilen, die zuletzt für ihn zuständig gewesen ist. Zieht der im Ausland lebende Inhaber einer waffenrechtlichen Erlaubnis oder Bescheinigung im Ausland um, so ist er verpflichtet, dem Bundesverwaltungsamt seine neue Anschrift im Ausland mitzuteilen.

§ 38 Ausweispflichten

(1) Wer eine Waffe führt, muss folgende Dokumente mit sich führen:

1. seinen Personalausweis oder Pass und
   a) wenn es einer Erlaubnis zum Erwerb bedarf, die Waffenbesitzkarte oder, wenn es einer Erlaubnis zum Führen bedarf, den Waffenschein,
   b) im Fall des Verbringens einer Waffe oder von Munition gemäß § 29 den Erlaubnisschein,
   c) im Fall des Verbringens einer Waffe oder von Munition aus dem Geltungsbereich des Gesetzes gemäß § 30 den Erlaubnisschein oder eine Ablichtung hiervon sowie zusätzlich zum Erlaubnisschein oder der Ablichtung hiervon die Bestätigung der Anzeige durch das Bundesverwaltungsamt,

bei elektronischer Anzeigebestätigung einen Ausdruck der Bestätigung des Bundesverwaltungsamts,

d) im Fall der Mitnahme einer Waffe oder von Munition aus einem Drittstaat gemäß § 32 Absatz 1 den Erlaubnisschein, im Fall der Mitnahme auf Grund einer Erlaubnis nach § 32 Absatz 4 auch den Beleg für den Grund der Mitnahme,

e) im Fall der Mitnahme einer Schusswaffe oder von Munition nach Anlage 1 Abschnitt 3 (Kategorien A 1.2 bis C)

   aa) aus einem anderen Mitgliedstaat gemäß § 32 Absatz 1 und 2 den Erlaubnisschein und den Europäischen Feuerwaffenpass,

   bb) aus dem Geltungsbereich dieses Gesetzes gemäß § 32 Absatz 1a den Erlaubnisschein,

   cc) aus einem anderen Mitgliedstaat oder aus dem Geltungsbereich dieses Gesetzes gemäß § 32 Absatz 3 den Europäischen Feuerwaffenpass und einen Beleg für den Grund der Mitnahme,

f) im Fall der vorübergehenden Berechtigung zum Erwerb oder zum Führen auf Grund des § 12 Absatz 1 Nummer 1 und 2 oder § 28 Absatz 4 einen Beleg, aus dem der Name des Überlassers und des Besitzberechtigten sowie das Datum der Überlassung hervorgeht, oder

g) im Fall des Schießens mit einer Schießerlaubnis nach § 10 Absatz 5 diese und

2. in den Fällen des § 13 Absatz 6 den Jagdschein.

In den Fällen des § 13 Absatz 3 sowie im Fall des Führens einer Waffe, die auf Grund einer unbefristeten Erlaubnis gemäß § 14 Absatz 6 erworben wurde, genügt an Stelle der Waffenbesitzkarte ein schriftlicher Nachweis darüber, dass die Antragsfrist noch nicht verstrichen oder ein Antrag gestellt worden ist. Satz 1 gilt nicht in Fällen des § 12 Absatz 3 Nummer 1.

(2) Die nach Absatz 1 Satz 1 und 2 mitzuführenden Dokumente sind Polizeibeamten oder sonst zur Personenkontrolle Befugten auf Verlangen zur Prüfung auszuhändigen.

§ 39 Auskunfts- und Vorzeigepflicht, Nachschau

(1) Wer Waffenherstellung, Waffenhandel oder eine Schießstätte betreibt, eine Schießstätte benutzt oder in ihr die Aufsicht führt, ein Bewachungsunternehmen betreibt, Veranstaltungen zur Ausbildung im Verteidigungsschießen durchführt oder sonst den Besitz über Waffen oder Munition ausübt, hat der zuständigen Behörde auf Verlangen oder, sofern dieses Gesetz einen Zeitpunkt vorschreibt, zu diesem Zeitpunkt die für die Durchführung dieses Gesetzes erforderlichen Auskünfte zu erteilen; eine entsprechende Pflicht gilt ferner für Personen, gegenüber denen ein Verbot nach § 41 Abs. 1 oder 2 ausgesprochen wurde. Sie können die Auskunft auf solche Fragen verweigern, deren Beantwortung sie selbst oder einen der in § 383 Abs. 1 Nr. 1 bis 3 der Zivilprozessordnung bezeichneten Angehörigen der Gefahr strafrechtlicher Verfolgung oder eines Verfahrens nach dem Gesetz über Ordnungswidrigkeiten aussetzen würde. Darüber hinaus hat der Inhaber der Erlaubnis die Einhaltung von Auflagen nachzuweisen.

(2) Betreibt der Auskunftspflichtige Waffenherstellung, Waffenhandel, eine Schießstätte oder ein Bewachungsunternehmen, so sind die von der zuständigen Behörde mit der Überwachung des Betriebs beauftragten Personen berechtigt, Betriebsgrundstücke und Geschäftsräume während der Betriebs- und Arbeitszeit zu betreten, um dort Prüfungen und Besichtigungen vorzunehmen, Proben zu entnehmen und Einsicht in die geschäftlichen Unterlagen zu nehmen; zur Abwehr dringender Gefahren für die öffentliche Sicherheit oder Ordnung dürfen diese Arbeitsstätten auch außerhalb dieser Zeit sowie die Wohnräume des Auskunftspflichtigen gegen dessen Willen besichtigt werden. Das Grundrecht der Unverletzlichkeit der Wohnung (Artikel 13 des Grundgesetzes) wird insoweit eingeschränkt.

(3) Aus begründetem Anlass kann die zuständige Behörde anordnen, dass der Besitzer von

1. Waffen oder Munition, deren Erwerb der Erlaubnis bedarf, oder
2. in Anlage 2 Abschnitt 1 bezeichneten verbotenen Waffen

ihr diese sowie Erlaubnisscheine oder Ausnahmebescheinigungen binnen angemessener, von ihr zu bestimmender Frist zur Prüfung vorlegt.

§ 39a Verordnungsermächtigung für die Ersatzdokumentation

Das Bundesministerium des Innern, für Bau und Heimat wird ermächtigt, durch Rechtsverordnung mit Zustimmung des Bundesrates zur Durchführung des § 37e Absatz 2 Satz 3 und Absatz 2a Satz 3 Vorschriften über Inhalt, Führung, Aufbewahrung und Vorlage der Ersatzdokumentation zu erlassen.

Unterabschnitt 6a

Besondere Regelungen zum Umgang mit Salutwaffen und unbrauchbar gemachten Schusswaffen, zur Unbrauchbarmachung von Schusswaffen und zur Aufbewahrung von Salutwaffen

§ 39b Erwerb, Besitz und Aufbewahrung von Salutwaffen

(1) Ein Bedürfnis für den Erwerb und Besitz von Salutwaffen nach Anlage 1 Abschnitt 1 Unterabschnitt 1 Nummer 1.5 ist insbesondere anzuerkennen, wenn der Antragsteller die Salutwaffen für

1. Theateraufführungen,
2. Foto-, Film- oder Fernsehaufnahmen oder
3. für die Teilnahme an kulturellen Veranstaltungen oder Veranstaltungen der Brauchtumspflege

benötigt.

(2) Ein Nachweis der Sachkunde nach § 7 ist für die Erteilung der Erlaubnis nicht erforderlich.

(3) § 36 Absatz 3, 4 und 6 ist auf Salutwaffen nicht anzuwenden. Sind Regelungen einer auf Grund von § 36 Absatz 5 erlassenen Rechtsverordnung anwendbar, sind Salutwaffen wie von der Erlaubnispflicht freigestellte Waffen zu behandeln.

§ 39c Unbrauchbarmachung von Schusswaffen und Umgang mit unbrauchbar gemachten Schusswaffen; Verordnungsermächtigung

(1) Das Bundesministerium des Innern wird ermächtigt, durch Rechtsverordnung, die nicht der Zustimmung des Bundesrates bedarf, nähere Regelungen zur Unbrauchbarmachung von Schusswaffen zu treffen; insbesondere kann es

1. auf die Unbrauchbarmachung bezogene Dokumentationen und Mitteilungen verlangen und
2. Regelungen in Bezug auf vor Inkrafttreten dieser Bestimmung unbrauchbar gemachte Schusswaffen treffen.

(2) Das Bundesministerium des Innern wird ermächtigt, durch Rechtsverordnung, die nicht der Zustimmung des Bundesrates bedarf, die Anwendbarkeit von Vorschriften des Waffengesetzes auf unbrauchbar gemachte Schusswaffen zu regeln sowie den Umgang mit unbrauchbar gemachten Schusswaffen (Anlage 1 Abschnitt 1 Unterabschnitt 1 Nummer 1.4) zu verbieten oder zu beschränken oder mit bestimmten Verpflichtungen zu verbinden; insbesondere kann es

1. bestimmte Arten des Umgangs mit unbrauchbar gemachten Schusswaffen verbieten oder unter Genehmigungsvorbehalt stellen und
2. Anzeigen oder Begleitdokumente vorschreiben.

Durch die Verordnung können diejenigen Teile der Anlage 2 zu diesem Gesetz, die unbrauchbar gemachte Schusswaffen betreffen, aufgehoben werden.

Unterabschnitt 7
Verbote

§ 40 Verbotene Waffen

(1) Das Verbot des Umgangs umfasst auch das Verbot, zur Herstellung der in Anlage 2 Abschnitt 1 Nr. 1.3.4 bezeichneten Gegenstände anzuleiten oder aufzufordern.

(2) Das Verbot des Umgangs mit Waffen oder Munition ist nicht anzuwenden, soweit jemand auf Grund eines gerichtlichen oder behördlichen Auftrags tätig wird.

(3) Inhaber einer jagdrechtlichen Erlaubnis und Angehörige von Leder oder Pelz verarbeitenden Berufen dürfen abweichend von § 2 Abs. 3 Umgang mit Faustmessern nach Anlage 2 Abschnitt 1 Nr. 1.4.2 haben, sofern sie diese Messer zur Ausübung ihrer Tätigkeit benötigen. Inhaber sprengstoffrechtlicher Erlaubnisse (§§ 7 und 27 des Sprengstoffgesetzes) und Befähigungsscheine (§ 20 des Sprengstoffgesetzes) sowie Teilnehmer staatlicher oder staatlich anerkannter Lehrgänge dürfen abweichend von § 2 Absatz 3 Umgang mit explosionsgefährlichen Stoffen oder Gegenständen nach Anlage 2 Abschnitt 1 Nummer 1.3.4 haben, soweit die durch die Erlaubnis oder den Befähigungsschein gestattete Tätigkeit oder die Ausbildung hierfür dies erfordern. Dies gilt insbesondere für Sprengarbeiten sowie Tätigkeiten im Katastrophenschutz oder im Rahmen von Theatern, vergleichbaren Einrichtungen, Film- und Fernsehproduktionsstätten sowie die Ausbildung für derartige Tätigkeiten. Inhaber eines gültigen Jagdscheins im Sinne von § 15 Absatz 2 Satz 1 des Bundesjagdgesetzes dürfen abwei-

chend von § 2 Absatz 3 für jagdliche Zwecke Umgang mit Nachtsichtvorsätzen und Nachtsichtaufsätzen nach Anlage 2 Abschnitt 1 Nummer 1.2.4.2 haben. Jagdrechtliche Verbote oder Beschränkungen der Nutzung von Nachtsichtvorsatzgeräten und Nachtsichtaufsätzen bleiben unberührt. Satz 4 gilt entsprechend für Inhaber einer gültigen Erlaubnis nach § 21 Absatz 1 und 2.

(4) Das Bundeskriminalamt kann auf Antrag von den Verboten der Anlage 2 Abschnitt 1 allgemein oder für den Einzelfall Ausnahmen zulassen, wenn die Interessen des Antragstellers auf Grund besonderer Umstände das öffentliche Interesse an der Durchsetzung des Verbots überwiegen. Dies kann insbesondere angenommen werden, wenn die in der Anlage 2 Abschnitt 1 bezeichneten Waffen oder Munition zum Verbringen aus dem Geltungsbereich dieses Gesetzes, für wissenschaftliche oder Forschungszwecke oder zur Erweiterung einer kulturhistorisch bedeutsamen Sammlung bestimmt sind und eine erhebliche Gefahr für die öffentliche Sicherheit nicht zu befürchten ist.

(5) Wer eine in Anlage 2 Abschnitt 1 bezeichnete Waffe als Erbe, Finder oder in ähnlicher Weise in Besitz nimmt, hat dies der zuständigen Behörde unverzüglich anzuzeigen. Die zuständige Behörde kann die Waffen oder Munition sicherstellen oder anordnen, dass innerhalb einer angemessenen Frist die Waffen oder Munition unbrauchbar gemacht, von Verbotsmerkmalen befreit oder einem nach diesem Gesetz Berechtigten überlassen werden, oder dass der Erwerber einen Antrag nach Absatz 4 stellt. Das Verbot des Umgangs mit Waffen oder Munition wird nicht wirksam, solange die Frist läuft oder eine ablehnende Entscheidung nach Absatz 4 dem Antragsteller noch nicht bekannt gegeben worden ist.

§ 41 Waffenverbote für den Einzelfall

(1) Die zuständige Behörde kann jemandem den Besitz von Waffen oder Munition, deren Erwerb nicht der Erlaubnis bedarf, und den Erwerb solcher Waffen oder Munition untersagen,

1. soweit es zur Verhütung von Gefahren für die Sicherheit oder zur Kontrolle des Umgangs mit diesen Gegenständen geboten ist oder
2. wenn Tatsachen bekannt werden, die die Annahme rechtfertigen, dass der rechtmäßige Besitzer oder Erwerbswillige abhängig von Alkohol oder anderen berauschenden Mitteln, psychisch krank oder debil ist oder sonst die erforderliche persönliche Eignung nicht besitzt oder ihm die für den Erwerb oder Besitz solcher Waffen oder Munition erforderliche Zuverlässigkeit fehlt.

Im Fall des Satzes 1 Nr. 2 ist die betroffene Person darauf hinzuweisen, dass sie die Annahme mangelnder persönlicher Eignung im Wege der Beibringung eines amts- oder fachärztlichen oder fachpsychologischen Zeugnisses über die geistige oder körperliche Eignung ausräumen kann; § 6 Abs. 2 findet entsprechende Anwendung.

(2) Die zuständige Behörde kann jemandem den Besitz von Waffen oder Munition, deren Erwerb der Erlaubnis bedarf, untersagen, soweit es zur Verhütung von Gefahren für die Sicherheit oder Kontrolle des Umgangs mit diesen Gegenständen geboten ist.

(3) Die zuständige Behörde unterrichtet die örtliche Polizeidienststelle über den Erlass eines Waffenbesitzverbotes.

§ 42 Verbot des Führens von Waffen bei öffentlichen Veranstaltungen; Verordnungsermächtigungen für Verbotszonen

(1) Wer an öffentlichen Vergnügungen, Volksfesten, Sportveranstaltungen, Messen, Ausstellungen, Märkten oder ähnlichen öffentlichen Veranstaltungen teilnimmt, darf keine Waffen im Sinne des § 1 Abs. 2 führen. Dies gilt auch, wenn für die Teilnahme ein Eintrittsgeld zu entrichten ist, sowie für Theater-, Kino-, und Diskothekenbesuche und für Tanzveranstaltungen.

(2) Die zuständige Behörde kann allgemein oder für den Einzelfall Ausnahmen von Absatz 1 zulassen, wenn

1. der Antragsteller die erforderliche Zuverlässigkeit (§ 5) und persönliche Eignung (§ 6) besitzt,
2. der Antragsteller nachgewiesen hat, dass er auf Waffen bei der öffentlichen Veranstaltung nicht verzichten kann, und
3. eine Gefahr für die öffentliche Sicherheit oder Ordnung nicht zu besorgen ist.

(3) Unbeschadet des § 38 muss der nach Absatz 2 Berechtigte auch den Ausnahmebescheid mit sich führen und auf Verlangen zur Prüfung aushändigen.

(4) Die Absätze 1 bis 3 sind nicht anzuwenden

1. auf die Mitwirkenden an Theateraufführungen und diesen gleich zu achtenden Vorführungen, wenn zu diesem Zweck ungeladene oder mit Kartuschenmunition geladene Schusswaffen oder Waffen im Sinne des § 1 Abs. 2 Nr. 2 geführt werden,
2. auf das Schießen in Schießstätten (§ 27),
3. soweit eine Schießerlaubnis nach § 10 Abs. 5 vorliegt,
4. auf das gewerbliche Ausstellen der in Absatz 1 genannten Waffen auf Messen und Ausstellungen.

(5) Die Landesregierungen werden ermächtigt, durch Rechtsverordnung vorzusehen, dass das Führen von Waffen im Sinne des § 1 Abs. 2 auf bestimmten öffentlichen Straßen, Wegen oder Plätzen allgemein oder im Einzelfall verboten oder beschränkt werden kann, soweit an dem jeweiligen Ort wiederholt

1. Straftaten unter Einsatz von Waffen oder
2. Raubdelikte, Körperverletzungsdelikte, Bedrohungen, Nötigungen, Sexualdelikte, Freiheitsberaubungen oder Straftaten gegen das Leben

begangen worden sind und Tatsachen die Annahme rechtfertigen, dass auch künftig mit der Begehung solcher Straftaten zu rechnen ist. In der Rechtsverordnung nach Satz 1 soll bestimmt werden, dass die zuständige Behörde allgemein oder für den Einzelfall Ausnahmen insbesondere für Inhaber waffenrechtlicher Erlaubnisse, Anwohner und Gewerbetreibende zulassen kann, soweit eine Gefährdung der öffentlichen Sicherheit nicht zu besorgen ist. Im Falle des Satzes 2 gilt Absatz 3 entsprechend. Die Landesregierungen können ihre Befugnis nach Satz 1 in Verbindung mit Satz 2 durch Rechtsverordnung auf die zuständige oberste Landesbehörde übertragen; diese kann die Befugnis durch Rechtsverordnung weiter übertragen.

(6) Die Landesregierungen werden ermächtigt, durch Rechtsverordnung vorzusehen, dass das Führen von Waffen im Sinne des § 1 Absatz 2 oder von Messern

mit feststehender oder feststellbarer Klinge mit einer Klingenlänge über vier Zentimeter an folgenden Orten verboten oder beschränkt werden kann, wenn Tatsachen die Annahme rechtfertigen, dass das Verbot oder die Beschränkung zur Abwehr von Gefahren für die öffentliche Sicherheit erforderlich ist:

1. auf bestimmten öffentlichen Straßen, Wegen oder Plätzen, auf denen Menschenansammlungen auftreten können,
2. in oder auf bestimmten Gebäuden oder Flächen mit öffentlichem Verkehr, in oder auf denen Menschenansammlungen auftreten können, und die einem Hausrecht unterliegen, insbesondere in Einrichtungen des öffentlichen Personenverkehrs, in Einkaufszentren sowie in Veranstaltungsorten,
3. in bestimmten Jugend- und Bildungseinrichtungen sowie
4. auf bestimmten öffentlichen Straßen, Wegen oder Plätzen, die an die in den Nummern 2 und 3 genannten Orte oder Einrichtungen angrenzen.

In der Rechtsverordnung nach Satz 1 ist eine Ausnahme vom Verbot oder von der Beschränkung für Fälle vorzusehen, in denen für das Führen der Waffe oder des Messers ein berechtigtes Interesse vorliegt. Ein berechtigtes Interesse liegt insbesondere vor bei

1. Inhabern waffenrechtlicher Erlaubnisse,
2. Anwohnern, Anliegern und dem Anlieferverkehr,
3. Gewerbetreibenden und bei ihren Beschäftigten oder bei von den Gewerbetreibenden Beauftragten, die Messer im Zusammenhang mit ihrer Berufsausübung führen,
4. Personen, die Messer im Zusammenhang mit der Brauchtumspflege oder der Ausübung des Sports führen,
5. Personen, die eine Waffe oder ein Messer nicht zugriffsbereit von einem Ort zum anderen befördern, und
6. Personen, die eine Waffe oder ein Messer mit Zustimmung eines anderen in dessen Hausrechtsbereich nach Satz 1 Nummer 2 führen, wenn das Führen dem Zweck des Aufenthalts in dem Hausrechtsbereich dient oder im Zusammenhang damit steht.

Die Landesregierungen können ihre Befugnis nach Satz 1 in Verbindung mit Satz 2 durch Rechtsverordnung auf die zuständige oberste Landesbehörde übertragen; diese kann die Befugnis durch Rechtsverordnung weiter übertragen.

§ 42a Verbot des Führens von Anscheinswaffen und bestimmten tragbaren Gegenständen

(1) Es ist verboten

1. Anscheinswaffen,
2. Hieb- und Stoßwaffen nach Anlage 1 Abschnitt 1 Unterabschnitt 2 Nr. 1.1 oder
3. Messer mit einhändig feststellbarer Klinge (Einhandmesser) oder feststehende Messer mit einer Klingenlänge über 12 cm

zu führen.

(2) Absatz 1 gilt nicht

1. für die Verwendung bei Foto-, Film- oder Fernsehaufnahmen oder Theateraufführungen,
2. für den Transport in einem verschlossenen Behältnis,
3. für das Führen der Gegenstände nach Absatz 1 Nr. 2 und 3, sofern ein berechtigtes Interesse vorliegt.

Weitergehende Regelungen bleiben unberührt.

(3) Ein berechtigtes Interesse nach Absatz 2 Satz 1 Nr. 3 liegt insbesondere vor, wenn das Führen der Gegenstände im Zusammenhang mit der Berufsausübung erfolgt, der Brauchtumspflege, dem Sport oder einem allgemein anerkannten Zweck dient.

Abschnitt 3
Sonstige waffenrechtliche Vorschriften

§ 43 Erhebung und Übermittlung personenbezogener Daten

(1) Die für die Ausführung dieses Gesetzes zuständigen Behörden dürfen personenbezogene Daten auch ohne Mitwirkung der betroffenen Person in den Fällen des § 5 Abs. 5 und des § 6 Abs. 1 Satz 3 und 4 erheben. Sonstige Rechtsvorschriften des Bundes- oder Landesrechts, die eine Erhebung ohne Mitwirkung der betroffenen Person vorsehen oder zwingend voraussetzen, bleiben unberührt.

(2) Öffentliche Stellen im Geltungsbereich dieses Gesetzes sind auf Ersuchen der zuständigen Behörde verpflichtet, dieser im Rahmen datenschutzrechtlicher Übermittlungsbefugnisse personenbezogene Daten zu übermitteln, soweit die Daten nicht wegen überwiegender öffentlicher Interessen geheim gehalten werden müssen.

§ 43a *(weggefallen)*

§ 44 Übermittlung an und von Meldebehörden

(1) Die zuständige Behörde teilt der Meldebehörde mit:

1. die erstmalige Erteilung einer waffenrechtlichen Erlaubnis,
2. den Verlust aller waffenrechtlichen Erlaubnisse einer Person,
3. den Erlass und den Wegfall eines Waffenbesitzverbotes.

(2) Die Meldebehörden teilen den Waffenerlaubnisbehörden Namensänderungen, Zuzug, Änderungen der derzeitigen Anschrift im Zuständigkeitsbereich der Meldebehörde, Wegzug und Tod des Einwohners mit, für den das Vorliegen einer waffenrechtlichen Erlaubnis oder eines Waffenbesitzverbotes gespeichert ist.

§ 44a Behördliche Aufbewahrungspflichten

Die für die Ausführung dieses Gesetzes zuständigen Behörden haben alle Unterlagen, die für die Feststellung der gegenwärtigen und früheren Besitzverhältnisse sowie die Rückverfolgung von Verkaufswegen erforderlich sind, einschließlich der Aufzeichnungen zu Verbringungen 30 Jahre aufzubewahren. Ferner haben die in Satz 1 genannten Behörden zehn Jahre alle Unterlagen aufzubewahren, aus denen sich die Versagung einer waffenrechtlichen Erlaubnis

1. wegen fehlender Zuverlässigkeit nach § 4 Absatz 1 Nummer 2 in Verbindung mit § 5 Absatz 1 Nummer 2 oder Absatz 2 Nummer 2, 3 oder Nummer 4 oder
2. wegen fehlender persönlicher Eignung nach § 4 Absatz 1 Nummer 2 in Verbindung mit § 6 Absatz 1 Satz 1 und 2,

einschließlich der Gründe hierfür, ergibt.

§ 45 Rücknahme und Widerruf

(1) Eine Erlaubnis nach diesem Gesetz ist zurückzunehmen, wenn nachträglich bekannt wird, dass die Erlaubnis hätte versagt werden müssen.

(2) Eine Erlaubnis nach diesem Gesetz ist zu widerrufen, wenn nachträglich Tatsachen eintreten, die zur Versagung hätten führen müssen. Eine Erlaubnis nach diesem Gesetz kann auch widerrufen werden, wenn inhaltliche Beschränkungen nicht beachtet werden.

(3) Bei einer Erlaubnis kann abweichend von Absatz 2 Satz 1 im Fall eines vorübergehenden Wegfalls des Bedürfnisses, aus besonderen Gründen auch in Fällen des endgültigen Wegfalls des Bedürfnisses, von einem Widerruf abgesehen werden. Satz 1 gilt nicht, sofern es sich um eine Erlaubnis zum Führen einer Waffe handelt.

(4) Verweigert eine betroffene Person im Fall der Überprüfung des weiteren Vorliegens von in diesem Gesetz oder in einer auf Grund dieses Gesetzes erlassenen Rechtsverordnung vorgeschriebenen Tatbestandsvoraussetzungen, bei deren Wegfall ein Grund zur Rücknahme oder zum Widerruf einer Erlaubnis oder Ausnahmebewilligung gegeben wäre, ihre Mitwirkung, so kann die Behörde deren Wegfall vermuten. Die betroffene Person ist hierauf hinzuweisen.

(5) Widerspruch und Anfechtungsklage gegen Maßnahmen nach Absatz 1 und Absatz 2 Satz 1 haben keine aufschiebende Wirkung, sofern die Erlaubnis wegen des Nichtvorliegens oder Entfallens der Voraussetzungen nach § 4 Abs. 1 Nr. 2 zurückgenommen oder widerrufen wird.

§ 46 Weitere Maßnahmen

(1) Werden Erlaubnisse nach diesem Gesetz zurückgenommen oder widerrufen, so hat der Inhaber alle Ausfertigungen der Erlaubnisurkunde der zuständigen Behörde unverzüglich zurückzugeben. Das Gleiche gilt, wenn die Erlaubnis erloschen ist.

(2) Hat jemand auf Grund einer Erlaubnis, die zurückgenommen, widerrufen oder erloschen ist, Waffen oder Munition erworben oder befugt besessen, und besitzt er sie noch, so kann die zuständige Behörde anordnen, dass er binnen angemessener Frist die Waffen oder Munition dauerhaft unbrauchbar macht oder einem Berechtigten überlässt und den Nachweis darüber gegenüber der Behörde führt. Nach fruchtlosem Ablauf der Frist kann die zuständige Behörde die Waffen oder Munition sicherstellen.

(3) Besitzt jemand ohne die erforderliche Erlaubnis oder entgegen einem vollziehbaren Verbot nach § 41 Abs. 1 oder 2 eine Waffe oder Munition, so kann die zuständige Behörde anordnen, dass er binnen angemessener Frist

1. die Waffe oder Munition dauerhaft unbrauchbar macht oder einem Berechtigten überlässt oder
2. im Fall einer verbotenen Waffe oder Munition die Verbotsmerkmale beseitigt und
3. den Nachweis darüber gegenüber der Behörde führt.

Nach fruchtlosem Ablauf der Frist kann die zuständige Behörde die Waffe oder Munition sicherstellen.

(4) Die zuständige Behörde kann Erlaubnisurkunden sowie die in den Absätzen 2 und 3 bezeichneten Waffen oder Munition sofort sicherstellen

1. in Fällen eines vollziehbaren Verbots nach § 41 Abs. 1 oder 2 oder
2. soweit Tatsachen die Annahme rechtfertigen, dass die Waffen oder Munition missbräuchlich verwendet oder von einem Nichtberechtigten erworben werden sollen.

Zu diesem Zweck sind die Beauftragten der zuständigen Behörde berechtigt, die Wohnung der betroffenen Person zu betreten und diese Wohnung nach Urkunden, Waffen oder Munition zu durchsuchen; Durchsuchungen dürfen nur durch den Richter, bei Gefahr im Verzug auch durch die zuständige Behörde angeordnet werden; das Grundrecht der Unverletzlichkeit der Wohnung (Artikel 13 des Grundgesetzes) wird insoweit eingeschränkt. Widerspruch und Anfechtungsklage haben keine aufschiebende Wirkung.

(5) Sofern der bisherige Inhaber nicht innerhalb eines Monats nach Sicherstellung einen empfangsbereiten Berechtigten benennt oder im Fall der Sicherstellung verbotener Waffen oder Munition nicht in dieser Frist eine Ausnahmezulassung nach § 40 Abs. 4 beantragt, kann die zuständige Behörde die sichergestellten Waffen oder Munition einziehen und verwerten oder vernichten. Dieselben Befugnisse besitzt die zuständige Behörde im Fall der unanfechtbaren Versagung einer für verbotene Waffen oder Munition vor oder rechtzeitig nach der Sicherstellung beantragten Ausnahmezulassung nach § 40 Abs. 4. Der Erlös aus einer Verwertung der Waffen oder Munition steht nach Abzug der Kosten der Sicherstellung, Verwahrung und Verwertung dem nach bürgerlichem Recht bisher Berechtigten zu.

§ 47 Verordnungen zur Erfüllung internationaler Vereinbarungen oder zur Angleichung an Gemeinschaftsrecht

Das Bundesministerium des Innern, für Bau und Heimat wird ermächtigt, mit Zustimmung des Bundesrates zur Erfüllung von Verpflichtungen aus internationalen Vereinbarungen oder zur Erfüllung bindender Beschlüsse der Europäischen Union, die Sachbereiche dieses Gesetzes betreffen, Rechtsverordnungen zu erlassen, die insbesondere

1. Anforderungen an das Überlassen und Verbringen von Waffen oder Munition an Personen, die ihren gewöhnlichen Aufenthalt außerhalb des Geltungsbereichs des Gesetzes haben, festlegen und
2. das Verbringen und die vorübergehende Mitnahme von Waffen oder Munition in den Geltungsbereich des Gesetzes sowie
3. die zu den Nummern 1 und 2 erforderlichen Bescheinigungen, Mitteilungspflichten und behördlichen Maßnahmen regeln.

§ 48 Sachliche Zuständigkeit

(1) Die Landesregierungen oder die von ihnen durch Rechtsverordnung bestimmten Stellen können durch Rechtsverordnung die für die Ausführung dieses Gesetzes zuständigen Behörden bestimmen, soweit nicht Bundesbehörden zuständig sind. Abweichend von Satz 1 ist für die Erteilung von Erlaubnissen an Bewachungsunternehmen für Bewachungsaufgaben nach § 28a Absatz 1 Satz 1 die für das Gebiet der Freien und Hansestadt Hamburg bestimmte Waffenbehörde zuständig.

(1a) Die Landesregierungen oder die von ihnen durch Rechtsverordnung bestimmten Stellen bestimmen durch Rechtsverordnung die nach Artikel 6 Absatz 5 Satz 2 der Verordnung (EU) Nr. 1214/2011 des Europäischen Parlaments und des Rates vom 16. November 2011 über den gewerbsmäßigen grenzüberschreitenden Straßentransport von Euro-Bargeld zwischen den Mitgliedstaaten des Euroraums (ABl. L 316 vom 29. 11. 2011, S. 1) zuständige Kontaktstelle.

(2) Das Bundesverwaltungsamt ist die zuständige Behörde für

1. ausländische Diplomaten, Konsularbeamte und gleichgestellte sonstige bevorrechtigte ausländische Personen,
2. ausländische Angehörige der in der Bundesrepublik Deutschland stationierten ausländischen Streitkräfte sowie deren Ehegatten und unterhaltsberechtigte Kinder,
3. Personen, die zum Schutze ausländischer Luftfahrzeuge und Seeschiffe eingesetzt sind,
4. Deutsche im Sinne des Artikels 116 des Grundgesetzes, die ihren gewöhnlichen Aufenthalt außerhalb des Geltungsbereichs dieses Gesetzes haben; dies gilt nicht für die in den §§ 21 und 28 genannten Personen, wenn sich der Sitz des Unternehmens im Geltungsbereich dieses Gesetzes befindet,
5. natürliche und juristische Personen, die im Geltungsbereich dieses Gesetzes im Sinne des § 21 Handel treiben, hier aber keinen Unternehmenssitz haben.

(3) Zuständig für die Entscheidungen nach § 2 Abs. 5 ist das Bundeskriminalamt.

(3a) Das Bundesamt für Wirtschaft und Ausfuhrkontrolle ist die zuständige Behörde zur Erteilung von Genehmigungen nach Artikel 4 der Verordnung (EU) Nr. 258/2012 des Europäischen Parlaments und des Rates vom 14. März 2012 zur Umsetzung des Artikels 10 des Protokolls der Vereinten Nationen gegen die unerlaubte Herstellung von Schusswaffen, dazugehörigen Teilen und Komponenten und Munition und gegen den unerlaubten Handel damit, in Ergänzung des Übereinkommens der Vereinten Nationen gegen die grenzüberschreitende organisierte Kriminalität (VN-Feuerwaffenprotokoll) und zur Einführung von Ausfuhrgenehmigungen für Feuerwaffen, deren Teile, Komponenten und Munition sowie von Maßnahmen betreffend deren Einfuhr und Durchfuhr (ABl. L 94 vom 30. 3. 2012, S. 1).

(4) Verwaltungsverfahren nach diesem Gesetz oder auf Grund dieses Gesetzes können über eine einheitliche Stelle nach den Vorschriften der Verwaltungsverfahrensgesetze abgewickelt werden.

§ 49 Örtliche Zuständigkeit

(1) Die Vorschriften der Verwaltungsverfahrensgesetze über die örtliche Zuständigkeit gelten mit der Maßgabe, dass örtlich zuständig ist

1. für einen Antragsteller oder Erlaubnisinhaber, der keinen gewöhnlichen Aufenthalt im Geltungsbereich dieses Gesetzes hat,
   a) die Behörde, in deren Bezirk er sich aufhält oder aufhalten will, oder,
   b) soweit sich ein solcher Aufenthaltswille nicht ermitteln lässt, die Behörde, in deren Bezirk der Grenzübertritt erfolgt,
2. für Antragsteller oder Inhaber einer Erlaubnis nach § 21 Abs. 1 sowie Bewachungsunternehmer die Behörde, in deren Bezirk sich die gewerbliche Hauptniederlassung befindet oder errichtet werden soll.

(2) Abweichend von Absatz 1 ist örtlich zuständig für

1. Schießerlaubnisse nach § 10 Abs. 5 die Behörde, in deren Bezirk geschossen werden soll, soweit nicht die Länder nach § 48 Abs. 1 eine abweichende Regelung getroffen haben,
2. Erlaubnisse nach § 27 Abs. 1 sowie für Maßnahmen auf Grund einer Rechtsverordnung nach § 27 Abs. 7 bei ortsfesten Schießstätten die Behörde, in deren Bezirk die ortsfeste Schießstätte betrieben wird oder betrieben oder geändert werden soll,
3. a) Erlaubnisse nach § 27 Abs. 1 sowie für Maßnahmen auf Grund einer Rechtsverordnung nach § 27 Abs. 7 bei ortsveränderlichen Schießstätten die Behörde, in deren Bezirk der Betreiber seinen gewöhnlichen Aufenthalt hat,
   b) Auflagen bei den in Buchstabe a genannten Schießstätten die Behörde, in deren Bezirk die Schießstätte aufgestellt werden soll,
4. Ausnahmebewilligungen nach § 35 Abs. 3 Satz 2 die Behörde, in deren Bezirk die Tätigkeit ausgeübt werden soll,
5. Ausnahmebewilligungen nach § 42 Abs. 2 die Behörde, in deren Bezirk die Veranstaltung stattfinden soll oder, soweit Ausnahmebewilligungen für mehrere Veranstaltungen in verschiedenen Bezirken erteilt werden, die Behörde, in deren Bezirk die erste Veranstaltung stattfinden soll,
6. die Sicherstellung nach § 46 Abs. 2 Satz 2, Abs. 3 Satz 2 und Abs. 4 Satz 1 auch die Behörde, in deren Bezirk sich der Gegenstand befindet.

§ 50 *(weggefallen)*

Abschnitt 4
Straf- und Bußgeldvorschriften

§ 51 Strafvorschriften

(1) Mit Freiheitsstrafe von einem Jahr bis zu fünf Jahren wird bestraft, wer entgegen § 2 Absatz 3 in Verbindung mit Anlage 2 Abschnitt 1 Nummer 1.2.1.1 oder 1.2.1.2 eine dort genannte Schusswaffe zum Verschießen von Patronenmunition nach Anlage 1 Abschnitt 1 Unterabschnitt 3 Nr. 1.1 erwirbt, besitzt, über-

lässt, führt, verbringt, mitnimmt, herstellt, bearbeitet, instand setzt oder damit Handel treibt.

(2) In besonders schweren Fällen ist die Strafe Freiheitsstrafe von einem Jahr bis zu zehn Jahren. Ein besonders schwerer Fall liegt in der Regel vor, wenn der Täter gewerbsmäßig oder als Mitglied einer Bande, die sich zur fortgesetzten Begehung solcher Straftaten verbunden hat, unter Mitwirkung eines anderen Bandenmitgliedes handelt.

(3) In minder schweren Fällen ist die Strafe Freiheitsstrafe bis zu drei Jahren oder Geldstrafe.

(4) Handelt der Täter fahrlässig, so ist die Strafe Freiheitsstrafe bis zu zwei Jahren oder Geldstrafe.

§ 52 Strafvorschriften

(1) Mit Freiheitsstrafe von sechs Monaten bis zu fünf Jahren wird bestraft, wer

1. entgegen § 2 Absatz 3 in Verbindung mit Anlage 2 Abschnitt 1 Nr. 1.1 oder 1.3.4 eine dort genannte Schusswaffe oder einen dort genannten Gegenstand erwirbt, besitzt, überlässt, führt, verbringt, mitnimmt, herstellt, bearbeitet, instand setzt oder damit Handel treibt,
2. ohne Erlaubnis nach
   a) § 2 Abs. 2 in Verbindung mit Anlage 2 Abschnitt 2 Unterabschnitt 1 Satz 1, eine Schusswaffe oder Munition erwirbt, um sie entgegen § 34 Abs. 1 Satz 1 einem Nichtberechtigten zu überlassen,
   b) § 2 Abs. 2 in Verbindung mit Anlage 2 Abschnitt 2 Unterabschnitt 1 Satz 1, eine halbautomatische Kurzwaffe zum Verschießen von Patronenmunition nach Anlage 1 Abschnitt 1 Unterabschnitt 3 Nr. 1.1 erwirbt, besitzt oder führt,
   c) § 2 Abs. 2 in Verbindung mit Anlage 2 Abschnitt 2 Unterabschnitt 1 Satz 1 in Verbindung mit § 21 Abs. 1 Satz 1 oder § 21a eine Schusswaffe oder Munition herstellt, bearbeitet, instand setzt oder damit Handel treibt,
   d) § 2 Abs. 2 in Verbindung mit Anlage 2 Abschnitt 2 Unterabschnitt 1 Satz 1 in Verbindung mit § 29 Absatz 1 Satz 1 oder § 32 Absatz 1 Satz 1 eine Schusswaffe oder Munition in den oder durch den Geltungsbereich dieses Gesetzes verbringt oder mitnimmt,
3. entgegen § 35 Abs. 3 Satz 1 eine Schusswaffe, Munition oder eine Hieb- oder Stoßwaffe im Reisegewerbe oder auf einer dort genannten Veranstaltung vertreibt oder anderen überlässt oder
4. entgegen § 40 Abs. 1 zur Herstellung eines dort genannten Gegenstandes anleitet oder auffordert.

(2) Der Versuch ist strafbar.

(3) Mit Freiheitsstrafe bis zu drei Jahren oder mit Geldstrafe wird bestraft, wer

1. entgegen § 2 Absatz 3 in Verbindung mit Anlage 2 Abschnitt 1 Nummer 1.2.2 bis 1.2.4.2, 1.2.5, 1.3.1 bis 1.3.3, 1.3.5 bis 1.3.8, 1.4.1 Satz 1, Nr. 1.4.2 bis 1.4.4

oder 1.5.3 bis 1.5.7 einen dort genannten Gegenstand erwirbt, besitzt, überlässt, führt, verbringt, mitnimmt, herstellt, bearbeitet, instand setzt oder damit Handel treibt,

2. ohne Erlaubnis nach § 2 Abs. 2 in Verbindung mit Anlage 2 Abschnitt 2 Unterabschnitt 1 Satz 1

   a) eine Schusswaffe erwirbt, besitzt, führt oder

   b) Munition erwirbt oder besitzt,

   wenn die Tat nicht in Absatz 1 Nr. 2 Buchstabe a oder b mit Strafe bedroht ist,

3. ohne Erlaubnis nach § 2 Abs. 2 in Verbindung mit Anlage 2 Abschnitt 2 Unterabschnitt 1 Satz 1 in Verbindung mit § 26 Abs. 1 Satz 1 eine Schusswaffe herstellt, bearbeitet oder instand setzt,

4. ohne Erlaubnis nach § 2 Absatz 2 in Verbindung mit Anlage 2 Abschnitt 2 Unterabschnitt 1 Satz 1 in Verbindung mit

   a) § 29 Absatz 1 Satz 1 eine dort genannte Schusswaffe oder Munition aus dem Geltungsbereich dieses Gesetzes in einen anderen Mitgliedstaat verbringt oder

   b) § 32 Absatz 1a Satz 1 eine dort genannte Schusswaffe oder Munition in einen anderen Mitgliedstaat mitnimmt,

5. entgegen § 28 Abs. 2 Satz 1 eine Schusswaffe führt,

6. entgegen § 28 Abs. 3 Satz 2 eine Schusswaffe oder Munition überlässt,

7. entgegen § 34 Abs. 1 Satz 1 eine erlaubnispflichtige Schusswaffe oder erlaubnispflichtige Munition einem Nichtberechtigten überlässt,

7a. entgegen § 36 Absatz 1 Satz 1 in Verbindung mit einer Rechtsverordnung nach § 36 Absatz 5 Satz 1 eine dort genannte Vorkehrung für eine Schusswaffe nicht, nicht richtig oder nicht rechtzeitig trifft und dadurch die Gefahr verursacht, dass eine Schusswaffe oder Munition abhandenkommt oder darauf unbefugt zugegriffen wird,

8. einer vollziehbaren Anordnung nach § 41 Abs. 1 Satz 1 oder Abs. 2 zuwiderhandelt,

9. entgegen § 42 Abs. 1 eine Waffe führt oder

10. entgegen § 57 Abs. 5 Satz 1 den Besitz über eine Schusswaffe oder Munition ausübt.

(4) Handelt der Täter in den Fällen des Absatzes 1 Nr. 1, 2 Buchstabe b, c oder d oder Nr. 3 oder des Absatzes 3 Nummer 1 bis 7, 8, 9 oder 10 fahrlässig, so ist die Strafe bei den bezeichneten Taten nach Absatz 1 Freiheitsstrafe bis zu zwei Jahren oder Geldstrafe, bei Taten nach Absatz 3 Freiheitsstrafe bis zu einem Jahr oder Geldstrafe.

(5) In besonders schweren Fällen des Absatzes 1 Nr. 1 ist die Strafe Freiheitsstrafe von einem Jahr bis zu zehn Jahren. Ein besonders schwerer Fall liegt in der Regel vor, wenn der Täter gewerbsmäßig oder als Mitglied einer Bande, die sich zur fortgesetzten Begehung solcher Straftaten verbunden hat, unter Mitwirkung eines anderen Bandenmitgliedes handelt.

(6) In minder schweren Fällen des Absatzes 1 ist die Strafe Freiheitsstrafe bis zu drei Jahren oder Geldstrafe.

§ 52a *(weggefallen)*

§ 53 Bußgeldvorschriften

(1) Ordnungswidrig handelt, wer vorsätzlich oder fahrlässig

1. entgegen § 2 Abs. 1 eine nicht erlaubnispflichtige Waffe oder nicht erlaubnispflichtige Munition erwirbt oder besitzt,
2. *weggefallen*
3. ohne Erlaubnis nach § 2 Abs. 2 in Verbindung mit Abs. 4, dieser in Verbindung mit Anlage 2 Abschnitt 2 Unterabschnitt 1 Satz 1, mit einer Schusswaffe schießt,
4. einer vollziehbaren Auflage nach § 9 Abs. 2 Satz 1, § 10 Abs. 2 Satz 3, § 17 Abs. 2 Satz 2, § 18 Absatz 2 Satz 2 oder § 28a Absatz 1 Satz 3 oder einer vollziehbaren Anordnung nach § 9 Abs. 3, § 36 Abs. 3 Satz 1 oder Abs. 6, § 37c Absatz 2 Nummer 2, § 39 Abs. 3, § 40 Abs. 5 Satz 2 oder § 46 Abs. 2 Satz 1 oder Abs. 3 Satz 1 zuwiderhandelt,
5. *weggefallen*
6. entgegen § 10 Absatz 2 Satz 4 oder § 37i eine Mitteilung nicht, nicht richtig, nicht vollständig oder nicht rechtzeitig macht,
7. entgegen § 13 Absatz 3 Satz 2 oder § 20 Absatz 1 die Ausstellung einer Waffenbesitzkarte oder die Eintragung in eine Waffenbesitzkarte nicht oder nicht rechtzeitig beantragt,
8. entgegen § 21 Absatz 6, § 24 Absatz 6, § 27 Absatz 1 Satz 6 oder Absatz 2 Satz 2, § 30 Satz 3, § 34 Absatz 4 oder 5 Satz 1, § 37 Absatz 1 Satz 1, auch in Verbindung mit Satz 2, entgegen § 37a Satz 1, auch in Verbindung mit Satz 3, entgegen § 37a Satz 2, § 37b Absatz 1 Satz 1, Absatz 2 Satz 1 oder Absatz 3, § 37c Absatz 1, § 37d Absatz 1 oder 2, § 40 Absatz 5 Satz 1 oder § 58 Absatz 19 Satz 1 eine Anzeige nicht, nicht richtig, nicht vollständig, nicht in der vorgeschriebenen Weise oder nicht rechtzeitig erstattet,
9. entgegen § 24 Abs. 1, auch in Verbindung mit einer Rechtsverordnung nach § 25 Nummer 1 oder Nr. 2 Buchstabe a, oder § 24 Absatz 4 Satz 1 und 2, auch in Verbindung mit einer Rechtsverordnung nach § 25 Nummer 1, eine Angabe, ein Zeichen oder die Bezeichnung der Munition auf der Schusswaffe nicht, nicht richtig, nicht vollständig, nicht in der vorgeschriebenen Weise oder nicht rechtzeitig anbringt oder Munition nicht, nicht richtig, nicht vollständig, nicht in der vorgeschriebenen Weise oder nicht rechtzeitig mit einem besonderen Kennzeichen versieht,
10. entgegen § 24 Absatz 5 eine Schusswaffe oder Munition anderen gewerbsmäßig überlässt,
11. ohne Erlaubnis nach § 27 Abs. 1 Satz 1 eine Schießstätte betreibt oder ihre Beschaffenheit oder die Art ihrer Benutzung wesentlich ändert,
12. entgegen § 27 Abs. 3 Satz 1 Nr. 1 und 2 einem Kind oder Jugendlichen das Schießen gestattet oder entgegen § 27 Abs. 6 Satz 2 nicht sicherstellt, dass die Aufsichtsperson nur einen Schützen bedient,

13. entgegen § 27 Abs. 3 Satz 2 Unterlagen nicht aufbewahrt oder entgegen § 27 Abs. 3 Satz 3 diese nicht herausgibt,
14. entgegen § 27 Abs. 5 Satz 2 eine Bescheinigung nicht mitführt,
15. entgegen § 33 Abs. 1 Satz 1 eine Schusswaffe oder Munition nicht anmeldet oder nicht oder nicht rechtzeitig vorführt,
16. entgegen § 34 Abs. 1 Satz 1 eine nicht erlaubnispflichtige Waffe oder nicht erlaubnispflichtige Munition einem Nichtberechtigten überlässt,
17. entgegen § 35 Abs. 1 Satz 4 die Urkunden nicht aufbewahrt oder nicht, nicht vollständig oder nicht rechtzeitig Einsicht gewährt,
18. entgegen § 35 Abs. 2 einen Hinweis nicht, nicht richtig, nicht vollständig oder nicht rechtzeitig gibt oder die Erfüllung einer dort genannten Pflicht nicht, nicht richtig, nicht vollständig oder nicht rechtzeitig protokolliert,
19. entgegen § 37g Absatz 1 ein dort genanntes Dokument nicht oder nicht rechtzeitig vorlegt,
20. entgegen § 38 Absatz 1 Satz 1 oder Absatz 2 ein dort genanntes Dokument nicht mit sich führt oder nicht oder nicht rechtzeitig aushändigt,
21. entgegen § 39 Abs. 1 Satz 1 eine Auskunft nicht, nicht richtig, nicht vollständig oder nicht rechtzeitig erteilt,
21a. entgegen § 42a Abs. 1 eine Anscheinswaffe, eine dort genannte Hieb- oder Stoßwaffe oder ein dort genanntes Messer führt,
22. entgegen § 46 Abs. 1 Satz 1, auch in Verbindung mit Satz 2, eine Ausfertigung der Erlaubnisurkunde nicht oder nicht rechtzeitig zurückgibt oder
23. einer Rechtsverordnung nach § 15a Absatz 4, § 27 Absatz 7 Satz 2, § 36 Absatz 5, den §§ 39a, 39c Absatz 1 oder 2 Satz 1, § 42 Absatz 5 Satz 1 oder Absatz 6 Satz 1 oder § 47 oder einer vollziehbaren Anordnung auf Grund einer solchen Rechtsverordnung zuwiderhandelt, soweit die Rechtsverordnung für einen bestimmten Tatbestand auf diese Bußgeldvorschrift verweist.

(1a) Ordnungswidrig handelt, wer vorsätzlich oder fahrlässig ohne Genehmigung nach Artikel 4 Absatz 1 Satz 1 der Verordnung (EU) Nr. 258/2012 des Europäischen Parlaments und des Rates vom 14. März 2012 zur Umsetzung des Artikels 10 des Protokolls der Vereinten Nationen gegen die unerlaubte Herstellung von Schusswaffen, dazugehörigen Teilen und Komponenten und Munition und gegen den unerlaubten Handel damit, in Ergänzung des Übereinkommens der Vereinten Nationen gegen die grenzüberschreitende organisierte Kriminalität (VN-Feuerwaffenprotokoll) und zur Einführung von Ausfuhrgenehmigungen für Feuerwaffen, deren Teile, Komponenten und Munition sowie von Maßnahmen betreffend deren Einfuhr und Durchfuhr (ABl. L 94 vom 30. 3. 2012, S. 1) einen dort genannten Gegenstand ausführt.

(2) Die Ordnungswidrigkeit kann mit einer Geldbuße bis zu zehntausend Euro geahndet werden.

(3) Verwaltungsbehörden im Sinne des § 36 Absatz 1 Nummer 1 des Gesetzes über Ordnungswidrigkeiten sind

1. in den Fällen des Absatzes 1, soweit dieses Gesetz von der Physikalisch-Technischen Bundesanstalt, dem Bundesverwaltungsamt oder dem Bundeskrimi-

nalamt ausgeführt wird, die für die Erteilung von Erlaubnissen nach § 21 Absatz 1 zuständigen Behörden,

2. in den Fällen des Absatzes 1a die Hauptzollämter.

§ 54 Einziehung

(1) Ist eine Straftat nach den §§ 51, 52 Abs. 1, 2 oder 3 Nr. 1, 2 oder 3 oder Abs. 5 begangen worden, so werden Gegenstände,

1. auf die sich diese Straftat bezieht oder
2. die durch sie hervorgebracht oder zu ihrer Begehung oder Vorbereitung gebraucht worden oder bestimmt gewesen sind,

eingezogen.

(2) Ist eine sonstige Straftat nach § 52 oder eine Ordnungswidrigkeit nach § 53 begangen worden, so können in Absatz 1 bezeichnete Gegenstände eingezogen werden.

(3) § 74a des Strafgesetzbuches und § 23 des Gesetzes über Ordnungswidrigkeiten sind anzuwenden.

(4) Als Maßnahme im Sinne des § 74f Absatz 1 Satz 3 des Strafgesetzbuches kommt auch die Anweisung in Betracht, binnen einer angemessenen Frist eine Entscheidung der zuständigen Behörde über die Erteilung einer Erlaubnis nach § 10 vorzulegen oder die Gegenstände einem Berechtigten zu überlassen.

Abschnitt 5
Ausnahmen von der Anwendung des Gesetzes

§ 55 Ausnahmen für oberste Bundes- und Landesbehörden, Bundeswehr, Polizei und Zollverwaltung, erheblich gefährdete Hoheitsträger sowie Bedienstete anderer Staaten

(1) Dieses Gesetz ist, wenn es nicht ausdrücklich etwas anderes bestimmt, nicht anzuwenden auf

1. die obersten Bundes- und Landesbehörden und die Deutsche Bundesbank,
2. die Bundeswehr und die in der Bundesrepublik Deutschland stationierten ausländischen Streitkräfte,
3. die Polizeien des Bundes und der Länder,
4. die Zollverwaltung

und deren Bedienstete, soweit sie dienstlich tätig werden. Bei Polizeibediensteten und bei Bediensteten der Zollverwaltung mit Vollzugsaufgaben gilt dies, soweit sie durch Dienstvorschriften hierzu ermächtigt sind, auch für den Besitz über dienstlich zugelassene Waffen oder Munition und für das Führen dieser Waffen außerhalb des Dienstes.

(2) Personen, die wegen der von ihnen wahrzunehmenden hoheitlichen Aufgaben des Bundes oder eines Landes erheblich gefährdet sind, wird an Stelle einer Waffenbesitzkarte, eines Waffenscheins oder einer Ausnahmebewilligung nach § 42 Abs. 2 eine Bescheinigung über die Berechtigung zum Erwerb und Besitz von Waffen oder Munition sowie eine Bescheinigung zum Führen dieser

Waffen erteilt. Die Bescheinigung ist auf die voraussichtliche Dauer der Gefährdung zu befristen. Die Bescheinigung erteilt für Hoheitsträger des Bundes das Bundesministerium des Innern, für Bau und Heimat oder eine von ihm bestimmte Stelle.

(3) Dieses Gesetz ist nicht anzuwenden auf Bedienstete anderer Staaten, die dienstlich mit Waffen oder Munition ausgestattet sind, wenn die Bediensteten im Rahmen einer zwischenstaatlichen Vereinbarung oder auf Grund einer Anforderung oder einer allgemein oder für den Einzelfall erteilten Zustimmung einer zuständigen inländischen Behörde oder Dienststelle im Geltungsbereich dieses Gesetzes tätig werden und die zwischenstaatliche Vereinbarung, die Anforderung oder die Zustimmung nicht etwas anderes bestimmt.

(4) Auf Waffen oder Munition, die für die in Absatz 1 Satz 1 bezeichneten Stellen in den Geltungsbereich dieses Gesetzes verbracht oder hergestellt und ihnen überlassen werden, ist § 40 nicht anzuwenden.

(4a) *weggefallen*

(5) Die Bundesregierung kann durch Rechtsverordnung, die nicht der Zustimmung des Bundesrates bedarf, eine dem Absatz 1 Satz 1 entsprechende Regelung für sonstige Behörden und Dienststellen des Bundes treffen. Die Bundesregierung kann die Befugnis nach Satz 1 durch Rechtsverordnung, die nicht der Zustimmung des Bundesrates bedarf, auf eine andere Bundesbehörde übertragen.

(6) Die Landesregierungen können durch Rechtsverordnung eine dem Absatz 5 Satz 1 entsprechende Regelung für sonstige Behörden und Dienststellen des Landes treffen. Die Landesregierungen können die Befugnis nach Satz 1 durch Rechtsverordnung auf andere Landesbehörden übertragen.

§ 56 Sondervorschriften für Staatsgäste und andere Besucher

Auf

1. Staatsgäste aus anderen Staaten,
2. sonstige erheblich gefährdete Personen des öffentlichen Lebens aus anderen Staaten, die sich besuchsweise im Geltungsbereich dieses Gesetzes aufhalten, und
3. Personen aus anderen Staaten, denen der Schutz der in den Nummern 1 und 2 genannten Personen obliegt,

sind § 10 und Abschnitt 2 Unterabschnitt 5 nicht anzuwenden, wenn ihnen das Bundesverwaltungsamt oder, soweit es sich nicht um Gäste des Bundes handelt, die nach § 48 Abs. 1 zuständige Behörde hierüber eine Bescheinigung erteilt hat. Die Bescheinigung, zu deren Wirksamkeit es der Bekanntgabe an die betroffene Person nicht bedarf, ist zu erteilen, wenn dies im öffentlichen Interesse, insbesondere zur Wahrung der zwischenstaatlichen Gepflogenheiten bei solchen Besuchen, geboten ist. Es muss gewährleistet sein, dass in den Geltungsbereich dieses Gesetzes verbrachte oder dort erworbene Schusswaffen oder Munition nach Beendigung des Besuches aus dem Geltungsbereich dieses Gesetzes verbracht oder einem Berechtigten überlassen werden. Sofern das Bundesverwaltungsamt in den Fällen des Satzes 1 nicht rechtzeitig tätig werden kann, entscheidet über die Erteilung der Bescheinigung die nach § 48 Abs. 1 zuständige

Behörde. Das Bundesverwaltungsamt ist über die getroffene Entscheidung zu unterrichten.

§ 57 Kriegswaffen

(1) Dieses Gesetz gilt nicht für Kriegswaffen im Sinne des Gesetzes über die Kontrolle von Kriegswaffen. Auf tragbare Schusswaffen, für die eine Waffenbesitzkarte nach § 59 Abs. 4 Satz 2 des Waffengesetzes in der vor dem 1. Juli 1976 geltenden Fassung erteilt worden ist, sind unbeschadet der Vorschriften des Gesetzes über die Kontrolle von Kriegswaffen § 4 Abs. 3, § 45 Abs. 1 und 2 sowie § 36, die Vorschriften einer Rechtsverordnung nach § 36 Absatz 5 und § 52 Absatz 3 Nummer 7a anzuwenden. Auf Verstöße gegen § 59 Abs. 2 des Waffengesetzes in der vor dem 1. Juli 1976 geltenden Fassung und gegen § 58 Abs. 1 des Waffengesetzes in der vor dem 1. April 2003 geltenden Fassung ist § 52 Abs. 3 Nr. 1 anzuwenden. Zuständige Behörde für Maßnahmen nach Satz 2 ist das Bundesamt für Wirtschaft und Ausfuhrkontrolle.

(2) Wird die Anlage zu dem Gesetz über die Kontrolle von Kriegswaffen (Kriegswaffenliste) geändert und verlieren deshalb tragbare Schusswaffen ihre Eigenschaft als Kriegswaffen, so hat derjenige, der seine Befugnis zum Besitz solcher Waffen durch eine Genehmigung oder Bestätigung der zuständigen Behörde nachweisen kann, diese Genehmigung oder Bestätigung der nach § 48 Abs. 1 zuständigen Behörde vorzulegen; diese stellt eine Waffenbesitzkarte aus oder ändert eine bereits erteilte Waffenbesitzkarte, wenn kein Versagungsgrund im Sinne des Absatzes 4 vorliegt. Die übrigen Besitzer solcher Waffen können innerhalb einer Frist von sechs Monaten nach Inkrafttreten der Änderung der Kriegswaffenliste bei der nach § 48 Abs. 1 zuständigen Behörde die Ausstellung einer Waffenbesitzkarte beantragen, sofern nicht der Besitz der Waffen nach § 59 Abs. 2 des Waffengesetzes in der vor dem 1. Juli 1976 geltenden Fassung anzumelden oder ein Antrag nach § 58 Abs. 1 des Waffengesetzes in der vor dem 1. April 2003 geltenden Fassung zu stellen war und der Besitzer die Anmeldung oder den Antrag unterlassen hat.

(3) Wird die Anlage zu dem Gesetz über die Kontrolle von Kriegswaffen (Kriegswaffenliste) geändert und verliert deshalb Munition für tragbare Kriegswaffen ihre Eigenschaft als Kriegswaffe, so hat derjenige, der bei Inkrafttreten der Änderung der Kriegswaffenliste den Besitz über sie ausübt, innerhalb einer Frist von sechs Monaten einen Antrag auf Erteilung einer Erlaubnis nach § 10 Abs. 3 bei der nach § 48 Abs. 1 zuständigen Behörde zu stellen, es sei denn, dass er bereits eine Berechtigung zum Besitz dieser Munition besitzt.

(4) Die Waffenbesitzkarte nach Absatz 2 und die Erlaubnis zum Munitionsbesitz nach Absatz 3 dürfen nur versagt werden, wenn Tatsachen die Annahme rechtfertigen, dass der Antragsteller nicht die erforderliche Zuverlässigkeit oder persönliche Eignung besitzt.

(5) Wird der Antrag nach Absatz 2 Satz 2 oder Absatz 3 nicht gestellt oder wird die Waffenbesitzkarte oder die Erlaubnis unanfechtbar versagt, so darf der Besitz über die Schusswaffen oder die Munition nach Ablauf der Antragsfrist oder nach der Versagung nicht mehr ausgeübt werden. § 46 Abs. 2 findet entsprechend Anwendung.

Abschnitt 6
Übergangsvorschriften, Verwaltungsvorschriften

§ 58 Altbesitz; Übergangsvorschriften

(1) Soweit nicht nachfolgend Abweichendes bestimmt wird, gelten Erlaubnisse im Sinne des Waffengesetzes in der Fassung der Bekanntmachung vom 8. März 1976 (BGBl. I S. 432), zuletzt geändert durch das Gesetz vom 21. November 1996 (BGBl. I S. 1779), fort. Erlaubnisse zum Erwerb von Munition berechtigen auch zu deren Besitz. Hat jemand berechtigt Munition vor dem Inkrafttreten dieses Gesetzes erworben, für die auf Grund dieses Gesetzes eine Erlaubnis erforderlich ist, und übt er über diese bei Inkrafttreten dieses Gesetzes noch den Besitz aus, so hat er diese Munition bis 31. August 2003 der zuständigen Behörde schriftlich anzumelden. Die Anmeldung muss die Personalien des Besitzers sowie die Munitionsarten enthalten. Die nachgewiesene fristgerechte Anmeldung gilt als Erlaubnis zum Besitz.

(2) Eine auf Grund des Waffengesetzes in der Fassung der Bekanntmachung vom 8. März 1976 (BGBl. I S. 432) erteilte waffenrechtliche Erlaubnis für Kriegsschusswaffen tritt am ersten Tag des sechsten auf das Inkrafttreten dieses Gesetzes folgenden Monats außer Kraft.

(3) Ist über einen vor Inkrafttreten dieses Gesetzes gestellten Antrag auf Erteilung einer Erlaubnis nach § 7 des Waffengesetzes in der Fassung der Bekanntmachung vom 8. März 1976 (BGBl. I S. 432) noch nicht entschieden worden, findet für die Entscheidung über den Antrag § 21 dieses Gesetzes Anwendung.

(4) Bescheinigungen nach § 6 Abs. 2 des Waffengesetzes in der Fassung der Bekanntmachung vom 8. März 1976 (BGBl. I S. 432) gelten im bisherigen Umfang als Bescheinigungen nach § 55 Abs. 2 dieses Gesetzes.

(5) Ausnahmebewilligungen nach § 37 Abs. 3 und § 57 Abs. 7 des Waffengesetzes in der Fassung der Bekanntmachung vom 8. März 1976 (BGBl. I S. 432) gelten in dem bisherigen Umfang als Ausnahmebewilligungen nach § 40 Abs. 4 dieses Gesetzes.

(6) Die nach § 40 Abs. 1 des Waffengesetzes in der Fassung der Bekanntmachung vom 8. März 1976 (BGBl. I S. 432) ausgesprochenen Verbote gelten in dem bisherigen Umfang als Verbote nach § 41 dieses Gesetzes.

(7) Besitzt eine Person am 6. Juli 2017 ein Geschoss, das nicht dem bis zum 5. Juli 2017 geltenden Verbot der Anlage 2 Abschnitt 1 Nummer 1.5.4 unterfiel, so wird das Verbot nach Anlage 2 Abschnitt 1 Nummer 1.5.4 gegenüber dieser Person nicht wirksam, wenn

1. sie bis zum 1. Juli 2018 einen Antrag nach § 40 Absatz 4 stellt und
2. ihr daraufhin eine Erlaubnis nach § 40 Absatz 4 erteilt wird. § 46 Abs. 3 Satz 2 und Abs. 5 findet entsprechend Anwendung.

(8) Wer eine am 6. Juli 2017 unerlaubt besessene Waffe oder unerlaubt besessene Munition bis zum 1. Juli 2018 der zuständigen Behörde oder einer Polizeidienststelle übergibt, wird nicht wegen unerlaubten Erwerbs, unerlaubten Besitzes, unerlaubten Führens auf dem direkten Weg zur Übergabe an die zuständige

Behörde oder Polizeidienststelle oder wegen unerlaubten Verbringens bestraft. Satz 1 gilt nicht, wenn

1. vor der Unbrauchbarmachung, Überlassung oder Übergabe dem bisherigen Besitzer der Waffe die Einleitung des Straf- oder Bußgeldverfahrens wegen der Tat bekannt gegeben worden ist oder
2. der Verstoß im Zeitpunkt der Unbrauchbarmachung, Überlassung oder Übergabe ganz oder zum Teil bereits entdeckt war und der bisherige Besitzer dies wusste oder bei verständiger Würdigung der Sachlage damit rechnen musste.

(9) Besitzt eine Person, die noch nicht das 25. Lebensjahr vollendet hat, am 1. April 2003 mit einer Erlaubnis auf Grund des Waffengesetzes in der Fassung der Bekanntmachung vom 8. März 1976 (BGBl. I S. 432) eine Schusswaffe, so hat sie binnen eines Jahres auf eigene Kosten der zuständigen Behörde ein amts- oder fachärztliches oder fachpsychologisches Zeugnis über die geistige Eignung nach § 6 Abs. 3 vorzulegen. Satz 1 gilt nicht für den Erwerb und Besitz von Schusswaffen im Sinne von § 14 Abs. 1 Satz 2 und in den Fällen des § 13 Abs. 2 Satz 1.

(10) Die Erlaubnispflicht für Schusswaffen im Sinne der Anlage 2 Abschnitt 2 Unterabschnitt 1 Satz 3 gilt für Schusswaffen, die vor dem 1. April 2008 erworben wurden, erst ab dem 1. Oktober 2008.

(11) Hat jemand am 1. April 2008 eine bislang nicht nach Anlage 2 Abschnitt 1 Nr. 1.2.1.2 dieses Gesetzes verbotene Waffe besessen, so wird dieses Verbot nicht wirksam, wenn er bis zum 1. Oktober 2008 diese Waffe unbrauchbar macht, einem Berechtigten überlässt oder der zuständigen Behörde oder einer Polizeidienststelle überlässt oder einen Antrag nach § 40 Abs. 4 dieses Gesetzes stellt. § 46 Abs. 3 Satz 2 und Abs. 5 findet entsprechend Anwendung.

(12) Besitzt der Inhaber einer Waffenbesitzkarte am 1. April 2008 erlaubnisfrei erworbene Teile von Schusswaffen im Sinne der Anlage 2 Abschnitt 2 Unterabschnitt 2 Nr. 2, so sind diese Teile bis zum 1. Oktober 2008 in die Waffenbesitzkarte einzutragen.

(13) Hat jemand am 1. September 2020 ein erlaubnispflichtiges wesentliches Teil im Sinne von Anlage 1 Abschnitt 1 Unterabschnitt 1 Nummer 1.3.1.2 oder 1.3.1.6 besessen, das er vor diesem Tag erworben hat, so hat er spätestens am 1. September 2021 eine Erlaubnis nach § 10 Absatz 1 Satz 1 oder eine gleichgestellte andere Erlaubnis zum Besitz zu beantragen oder das wesentliche Teil einem Berechtigten, der zuständigen Behörde oder einer Polizeidienststelle zu überlassen. Für die Zeit bis zur Erteilung oder Versagung der Erlaubnis gilt der Besitz als erlaubt. § 46 Absatz 3 Satz 2 und Absatz 5 findet entsprechend Anwendung.

(14) Hat jemand am 1. September 2020 ein nach Anlage 2 Abschnitt 1 Nummer 1.1, 1.2.1.1, 1.2.1.2, 1.2.2, 1.2.3 oder 1.2.5 verbotenes wesentliches Teil im Sinne von Anlage 1 Abschnitt 1 Unterabschnitt 1 Nummer 1.3.1.2 oder 1.3.1.6 besessen, das er vor diesem Tag erworben hat, so wird das Verbot ihm gegenüber in Bezug auf dieses wesentliche Teil nicht wirksam, wenn er spätestens am 1. September 2021 das wesentliche Teil einem Berechtigten, der zuständigen Behörde oder einer Polizeidienststelle überlässt oder einen Antrag nach § 40 Absatz 4 stellt. § 46 Absatz 3 Satz 2 und Absatz 5 findet entsprechend Anwendung.

(15) Hat jemand am 1. September 2020 eine erlaubnispflichtige Salutwaffe im Sinne von Anlage 1 Abschnitt 1 Unterabschnitt 1 Nummer 1.5 besessen, die er vor diesem Tag erworben hat, so hat er spätestens am 1. September 2021 eine Erlaubnis nach § 10 Absatz 1 Satz 1 oder eine gleichgestellte andere Erlaubnis zum Besitz zu beantragen oder die Waffe einem Berechtigten, der zuständigen Behörde oder einer Polizeidienststelle zu überlassen. Für die Zeit bis zur Erteilung oder Versagung der Erlaubnis gilt der Besitz als erlaubt. § 46 Absatz 3 Satz 2 und Absatz 5 findet entsprechend Anwendung.

(16) Hat jemand am 1. September 2020 eine nach Anlage 2 Abschnitt 1 Nummer 1.2.8 verbotene Salutwaffe besessen, die er vor diesem Tag erworben hat, so wird das Verbot ihm gegenüber in Bezug auf diese Waffe nicht wirksam, wenn er bis zum 1. September 2021 die Waffe einem Berechtigten, der zuständigen Behörde oder einer Polizeidienststelle überlässt oder einen Antrag nach § 40 Absatz 4 stellt. § 46 Absatz 3 Satz 2 und Absatz 5 findet entsprechend Anwendung.

(17) Hat jemand am 13. Juni 2017 ein nach Anlage 2 Abschnitt 1 Nummer 1.2.4.3 oder 1.2.4.4 verbotenes Magazin oder ein nach Nummer 1.2.4.5 verbotenes Magazingehäuse besessen, das er vor diesem Tag erworben hat, so wird das Verbot ihm gegenüber in Bezug auf dieses Magazin oder Magazingehäuse nicht wirksam, wenn er den Besitz spätestens am 1. September 2021 bei der zuständigen Behörde anzeigt oder das Magazin oder Magazingehäuse einem Berechtigten, der zuständigen Behörde oder einer Polizeidienststelle überlässt. Hat jemand am oder nach dem 13. Juni 2017, aber vor dem 1. September 2020 ein nach Anlage 2 Abschnitt 1 Nummer 1.2.4.3 oder 1.2.4.4 verbotenes Magazin oder ein nach Nummer 1.2.4.5 verbotenes Magazingehäuse besessen, das er am oder nach dem 13. Juni 2017 erworben hat, so wird das Verbot ihm gegenüber in Bezug auf dieses Magazin oder Magazingehäuse nicht wirksam, wenn er bis zum 1. September 2021 das Magazin oder Magazingehäuse einem Berechtigten, der zuständigen Behörde oder einer Polizeidienststelle überlässt oder einen Antrag nach § 40 Absatz 4 stellt. § 46 Absatz 3 Satz 2 und Absatz 5 findet in den Fällen der Sätze 1 und 2 entsprechend Anwendung.

(18) Hat jemand am 13. Juni 2017 auf Grund einer Erlaubnis nach § 10 Absatz 1 Satz 1 oder einer gleichgestellten anderen Erlaubnis zum Besitz eine nach Anlage 2 Abschnitt 1 Nummer 1.2.6 oder 1.2.7 verbotene Schusswaffe besessen, die er vor diesem Tag erworben hat, so wird das Verbot ihm gegenüber in Bezug auf diese Schusswaffe nicht wirksam. Hat jemand nach dem 13. Juni 2017, aber vor dem 1. September 2021 eine nach Anlage 2 Abschnitt 1 Nummer 1.2.6 oder 1.2.7 verbotene Schusswaffe besessen, die er am oder nach dem 13. Juni 2017 erworben hat, so wird das Verbot ihm gegenüber in Bezug auf diese Schusswaffe nicht wirksam, wenn er bis zum 1. September 2021 die Schusswaffe einem Berechtigten, der zuständigen Behörde oder einer Polizeidienststelle überlässt oder einen Antrag nach § 40 Absatz 4 stellt. Im Fall des Satzes 2 findet § 46 Absatz 3 Satz 2 und Absatz 5 entsprechend Anwendung.

(19) Der Inhaber einer Erlaubnis nach § 21 Absatz 1 Satz 1 hat in seinem Besitz befindliche fertiggestellte Schusswaffen, deren Erwerb oder Besitz der Erlaubnis bedarf und die er vor dem 1. September 2020 erworben hat, bis zum 1. März 2021 elektronisch gemäß § 37 Absatz 2 anzuzeigen. Die wesentlichen Teile dieser Schusswaffen unterfallen dieser Anzeigepflicht nicht.

(20) Hat jemand am 1. September 2020 ein nach Anlage 1 Abschnitt 1 Unterabschnitt 2 Nummer 1.2.3 den Schusswaffen gleichgestelltes Pfeilabschussgerät besessen, das er vor diesem Tag erworben hat, so hat er spätestens am 1. September 2021 eine Erlaubnis nach § 10 Absatz 1 Satz 1 oder eine gleichgestellte andere Erlaubnis zum Besitz zu beantragen oder das Pfeilabschussgerät einem Berechtigten, der zuständigen Behörde oder einer Polizeidienststelle zu überlassen. Für die Zeit bis zur Erteilung oder Versagung der Erlaubnis gilt der Besitz als erlaubt. § 46 Absatz 3 Satz 2 und Absatz 5 findet entsprechende Anwendung.

(21) Bis zum Ablauf des 31. Dezember 2025 kann das Bedürfnis nach § 14 Absatz 4 Satz 1 auch durch eine Bescheinigung des dem Schießsportverband angehörenden Vereins glaubhaft gemacht werden.

(22) Besitzt jemand am 1. September 2020 auf Grund einer Erlaubnis nach § 14 Absatz 6 mehr als zehn Waffen, gilt die Erlaubnis abweichend von § 14 Absatz 6 Satz 1 für die eingetragene Anzahl, solange der Besitz besteht.

(23) Hat eine Landesregierung eine Rechtsverordnung nach § 27a Absatz 4 nicht erlassen, so gilt für das betreffende Land § 12 Absatz 4 bis 6 der Allgemeinen Waffengesetz-Verordnung in der am 19. Februar 2020 geltenden Fassung fort.

§ 59 Verwaltungsvorschriften

Das Bundesministerium des Innern, für Bau und Heimat erlässt allgemeine Verwaltungsvorschriften über den Erwerb und das Führen von Schusswaffen durch Behörden und Bedienstete seines Geschäftsbereichs sowie über das Führen von Schusswaffen durch erheblich gefährdete Hoheitsträger im Sinne von § 55 Abs. 2; die anderen obersten Bundesbehörden und die Deutsche Bundesbank erlassen die Verwaltungsvorschriften für ihren Geschäftsbereich im Einvernehmen mit dem Bundesministerium des Innern, für Bau und Heimat.

§ 60 *(weggefallen)*

§ 60a Übergangsvorschrift zu den Waffenbüchern

(1) Die Pflicht zur Führung von Waffenbüchern nach § 23 Absatz 1 oder Absatz 2 in der bis zum 19. Februar 2020 geltenden Fassung besteht bis zum Ablauf des 31. Dezember 2021 fort. Nach Durchführung der letzten Eintragung sind die Waffenbücher mit Datum und Unterschrift der Person, die das Waffenbuch führen muss, so abzuschließen, dass nachträglich keine Eintragungen mehr vorgenommen werden können.

(2) Die Person, die das Waffenbuch führen muss, hat das Waffenbuch mit den Belegen im Betrieb oder in dem Betriebsteil, in dem die Schusswaffen hergestellt oder vertrieben werden, bis zum Ablauf von zehn Jahren ab dem Tage der letzten Eintragung an aufzubewahren. Will sie das Waffenbuch nach Ablauf der in Satz 1 genannten Frist nicht weiter aufbewahren, so hat sie es der zuständigen Behörde zur Aufbewahrung zu übergeben. Gibt die Person, die das Waffenbuch führen muss, das Gewerbe auf, so hat sie das Buch ihrem Nachfolger zu übergeben oder der zuständigen Behörde zur Aufbewahrung auszuhändigen.

(3) Soweit in den Absätzen 1 und 2 nichts anderes bestimmt ist, finden auf die Führung der Waffenbücher bis zum Ablauf des 31. Dezember 2021 die Vor-

schriften des Abschnitts 6 Unterabschnitt 2 und § 34 Nummer 14 bis 17 der Allgemeinen Waffengesetz-Verordnung in der bis zum 19. Februar 2020 geltenden Fassung Anwendung.

(4) Die für die Ausführung dieses Gesetzes zuständigen Behörden haben die nach Absatz 2 Satz 2 oder Satz 3 übernommenen Waffenbücher bis zum Ablauf von 30 Jahren nach dem Tage der Übernahme aufzubewahren. Anschließend haben sie die Waffenbücher zu vernichten.

Anlage 1
(zu § 1 Abs. 4)

Begriffsbestimmungen

Abschnitt 1:
Waffen- und munitionstechnische Begriffe, Einstufung von Gegenständen

Unterabschnitt 1:
Schusswaffen

1. Schusswaffen im Sinne des § 1 Abs. 2 Nr. 1

1.1 Schusswaffen
Schusswaffen sind Gegenstände, die zum Angriff oder zur Verteidigung, zur Signalgebung, zur Jagd, zur Distanzinjektion, zur Markierung, zum Sport oder zum Spiel bestimmt sind und bei denen Geschosse durch einen Lauf getrieben werden.

1.2 Gleichgestellte Gegenstände
Den Schusswaffen stehen gleich tragbare Gegenstände,

1.2.1 die zum Abschießen von Munition für die in Nummer 1.1 genannten Zwecke bestimmt sind,

1.2.2 die in Anhang IV Nummer 18 der Richtlinie 2006/42/EG des Europäischen Parlaments und des Rates vom 17. Mai 2006 über Maschinen und zur Änderung der Richtlinie 95/16/EG (Neufassung) (ABl. L 157 vom 9. 6. 2006, S. 24; L 76 vom 16. 3. 2007, S. 35), die zuletzt durch die Verordnung (EU) Nr. 167/2013 (ABl. L 60 vom 2. 3. 2013, S. 1) geändert worden ist, aufgeführt sind und zum Abschießen von Munition für andere als die in Nummer 1.1 genannten Zwecke (insbesondere Schlachtzwecke, technische und industrielle Zwecke) bestimmt sind (tragbare Befestigungsgeräte mit Treibladung und andere Schussgeräte), sofern

a) sie nicht die Anforderungen des § 7 des Beschussgesetzes erfüllen und zum Nachweis das Kennzeichen der in § 20 Absatz 3 Satz 1 des Beschussgesetzes bezeichneten Stelle oder ein anerkanntes Prüfzeichen eines Staates, mit dem die gegenseitige Anerkennung der Prüfzeichen vereinbart ist, tragen oder

b) bei ihnen nicht die Einhaltung der Anforderungen nach Anhang I Nummer 2.2.2.1 der Richtlinie 2006/42/EG durch Bescheinigung einer zuständigen Stelle eines Mitgliedstaates oder des Übereinkommens über den Europäischen Wirtschaftsraum nachgewiesen ist,

1.2.3 bei denen bestimmungsgemäß feste Körper gezielt verschossen werden, deren Antriebsenergie durch Muskelkraft oder eine andere Energiequelle eingebracht und durch eine Sperrvorrichtung gespeichert oder gehalten werden kann (zum Beispiel Armbrüste, Pfeilabschussgeräte). Dies gilt nicht für feste Körper, die mit elastischen Geschossspitzen (zum Beispiel Saugnapf aus Gummi) versehen sind, bei denen eine maximale Bewegungsenergie der Geschossspitzen je Flächeneinheit von 0,16 J/cm^2 nicht überschritten wird.

1.3 Wesentliche Teile von Schusswaffen, Schalldämpfer

Wesentliche Teile von Schusswaffen und Schalldämpfer stehen, soweit in diesem Gesetz nichts anderes bestimmt ist, den Schusswaffen gleich, für die sie bestimmt sind. Dies gilt auch dann, wenn sie mit anderen Gegenständen verbunden sind und die Gebrauchsfähigkeit als Waffenteil nicht beeinträchtigt ist oder mit allgemein gebräuchlichen Werkzeugen wiederhergestellt werden kann. Teile von Kriegswaffen im Sinne des Gesetzes über die Kontrolle von Kriegswaffen, die nicht vom Gesetz über die Kontrolle von Kriegswaffen erfasst und nachstehend als wesentliche Teile aufgeführt sind sowie Schalldämpfer zu derartigen Waffen werden von diesem Gesetz erfasst;

1.3.1 Wesentliche Teile sind

1.3.1.1 der Lauf oder Gaslauf; der Lauf ist ein aus einem ausreichend festen Werkstoff bestehender rohrförmiger Gegenstand, der Geschossen, die hindurchgetrieben werden, ein gewisses Maß an Führung gibt, wobei dies in der Regel als gegeben anzusehen ist, wenn die Länge des Laufteils, der die Führung des Geschosses bestimmt, mindestens das Zweifache des Kalibers beträgt; der Gaslauf ist ein Lauf, der ausschließlich der Ableitung der Verbrennungsgase dient;

1.3.1.2 der Verschluss; der Verschluss ist die Baugruppe einer Schusswaffe, welche das Patronen- oder Kartuschenlager nach hinten abschließt; bei teilbaren Verschlüssen sind Verschlusskopf und Verschlussträger jeweils wesentliche Teile; der Verschlusskopf ist das unmittelbar das Patronen- oder Kartuschenlager oder den Lauf abschließende Teil; der Verschlussträger ist das Bauteil, welches das Verriegeln und Entriegeln des Verschlusskopfs steuert;

1.3.1.3 das Patronen- oder Kartuschenlager, wenn dieses nicht bereits Bestandteil des Laufes ist; das Patronen- oder Kartuschenlager ist ein Hohlkörper aus einem hinreichend festen Material, dessen Abmaße für die Aufnahme von Patronenmunition, Kartuschenmunition oder Ladungen mit oder ohne Geschoss eingerichtet sind und in dem die Munition oder Ladung gezündet wird;

1.3.1.4 bei Schusswaffen, bei denen zum Antrieb ein entzündbares flüssiges oder gasförmiges Gemisch verwendet wird, die Verbrennungskammer und die Einrichtung zur Erzeugung des Gemisches;

1.3.1.5 bei Schusswaffen mit anderem Antrieb die Antriebsvorrichtung, sofern diese fest mit der Schusswaffe verbunden ist;

1.3.1.6 das Gehäuse; das Gehäuse ist das Bauteil, welches den Lauf, die Abzugsmechanik und den Verschluss aufnimmt; setzt sich das Gehäuse aus einem Gehäuseober- und einem Gehäuseunterteil zusammen, sind beide Teile wesentliche Teile; das Gehäuseoberteil nimmt den Lauf und den Verschluss auf; das Gehäuseunterteil nimmt die Abzugsmechanik auf; bei Kurzwaffen wird das Gehäuseunterteil als Griffstück bezeichnet;

1.3.1.7 vorgearbeitete wesentliche Teile von Schusswaffen sowie Teile und Reststücke von Läufen und Laufrohlingen, wenn sie mit allgemein gebräuchlichen Werkzeugen fertiggestellt werden können.

1.3.2 Führendes wesentliches Teil ist das Gehäuse; wenn dieses aus Gehäuseober- und Gehäuseunterteil zusammengesetzt ist, das Gehäuseunterteil (Griffstück bei Kurzwaffen); wenn kein Gehäuse vorhanden ist, ist der Verschluss führendes wesentliches Teil; wenn kein Verschluss vorhanden ist, ist der Lauf führendes wesentliches Teil.

1.3.3 Schalldämpfer sind Vorrichtungen, die der wesentlichen Dämpfung des Mündungsknalls dienen und für Schusswaffen bestimmt sind.

1.4 Unbrauchbar gemachte Schusswaffen (Dekorationswaffen)

Schusswaffen sind unbrauchbar gemacht, wenn die zuständige Behörde eines Mitgliedstaates der Europäischen Union für diese Schusswaffen eine Bescheinigung nach Artikel 3 Absatz 4 der Durchführungsverordnung (EU) 2015/2403 der Kommission vom 15. Dezember 2015 zur Festlegung gemeinsamer Leitlinien über Deaktivierungsstandards und -techniken, die gewährleisten, dass Feuerwaffen bei der Deaktivierung endgültig unbrauchbar gemacht werden (ABl. L 333 vom 19. 12. 2015, S. 62), die zuletzt durch die Durchführungsverordnung (EU) 2018/337 (ABl. L 65 vom 8. 3. 2018, S. 1) geändert worden ist, ausgestellt hat und die zuständige Behörde die Schusswaffen gemäß Artikel 5 der Durchführungsverordnung (EU) 2015/2403 gekennzeichnet hat.

1.5 Salutwaffen

Salutwaffen sind

1.5.1 veränderte Langwaffen, die unter anderem für Theateraufführungen, Foto-, Film- oder Fernsehaufnahmen bestimmt sind, wenn sie die nachstehenden Anforderungen erfüllen:

a) das Patronenlager muss dauerhaft so verändert sein, dass keine Patronen- oder pyrotechnische Munition geladen werden kann,
b) der Lauf muss in dem dem Patronenlager zugekehrten Drittel mindestens sechs kalibergroße, offene Bohrungen oder andere gleichwertige Laufveränderungen aufweisen und vor diesen in Richtung der Laufmündung mit einem kalibergroßen gehärteten Stahlstift dauerhaft verschlossen sein,
c) der Lauf muss mit dem Gehäuse fest verbunden sein, sofern es sich um Waffen handelt, bei denen der Lauf ohne Anwendung von Werkzeugen ausgetauscht werden kann,
d) die Änderungen müssen so vorgenommen sein, dass sie nicht mit allgemein gebräuchlichen Werkzeugen rückgängig gemacht und die Gegenstände nicht so geändert werden können, dass aus ihnen Geschosse, Patronen- oder pyrotechnische Munition verschossen werden können, und
e) der Verschluss muss ein Kennzeichen nach Abbildung 11 der Anlage II zur Beschussverordnung tragen.

1.5.2 Schusswaffen, die vor dem 1. April 1976 entsprechend den Anforderungen des § 3 der Ersten Verordnung zum Waffengesetz vom 19. Dezember 1972 (BGBl. I S. 2522) verändert worden sind.

1.6 Anscheinswaffen

Anscheinswaffen sind

1.6.1 Schusswaffen, die ihrer äußeren Form nach im Gesamterscheinungsbild den Anschein von Feuerwaffen (Anlage 1 Abschnitt 1 Unterabschnitt 1 Nr. 2.1) hervorrufen und bei denen zum Antrieb der Geschosse keine heißen Gase verwendet werden,

1.6.2 Nachbildungen von Schusswaffen mit dem Aussehen von Schusswaffen nach Nummer 1.6.1 oder

1.6.3 unbrauchbar gemachte Schusswaffen mit dem Aussehen von Schusswaffen nach Nummer 1.6.1.

Ausgenommen sind solche Gegenstände, die erkennbar nach ihrem Gesamterscheinungsbild zum Spiel oder für Brauchtumsveranstaltungen bestimmt sind oder die Teil einer kulturhistorisch bedeutsamen Sammlung im Sinne des § 17 sind oder werden sollen oder Schusswaffen, für die gemäß § 10 Abs. 4 eine Erlaubnis zum Führen erforderlich ist. Erkennbar nach ihrem Gesamterscheinungsbild zum Spiel bestimmt sind insbesondere Gegenstände, deren Größe die einer entsprechenden Feuerwaffe um 50 Prozent über- oder unterschreiten, neonfarbene Materialien enthalten oder keine Kennzeichnungen von Feuerwaffen aufweisen.

2. Arten von Schusswaffen

2.1 Feuerwaffen; dies sind Schusswaffen nach Nummer 1.1, bei denen ein Geschoss mittels heißer Gase durch einen oder aus einem Lauf getrieben wird.

2.2 Automatische Schusswaffen; dies sind Schusswaffen, die nach Abgabe eines Schusses selbsttätig erneut schussbereit werden und bei denen aus demselben Lauf durch einmalige Betätigung des Abzuges oder einer anderen Schussauslösevorrichtung mehrere Schüsse abgegeben werden können (Vollautomaten) oder durch einmalige Betätigung des Abzuges oder einer anderen Schussauslösevorrichtung jeweils nur ein Schuss abgegeben werden kann (Halbautomaten). Als automatische Schusswaffen gelten auch Schusswaffen, die mit allgemein gebräuchlichen Werkzeugen in automatische Schusswaffen geändert werden können. Als Vollautomaten gelten auch in Halbautomaten geänderte Vollautomaten, die mit den in Satz 2 genannten Hilfsmitteln wieder in Vollautomaten zurückgeändert werden können. Double-Action-Revolver sind keine halbautomatischen Schusswaffen. Beim Double-Action-Revolver wird bei Betätigung des Abzuges durch den Schützen die Trommel weitergedreht, so dass das nächste Lager mit einer neuen Patrone vor den Lauf und den Schlagbolzen zu liegen kommt, und gleichzeitig die Feder gespannt. Beim weiteren Durchziehen des Abzuges schnellt der Hahn nach vorn und löst den Schuss aus.

2.3 Repetierwaffen; dies sind Schusswaffen, bei denen das Zuführen der Patrone aus einem Magazin, das Abfeuern und das Entfernen der Patrone oder Patronenhülse mit Hilfe eines nur von Hand zu betätigenden Mechanismus erfolgt.

2.4 Einzelladerwaffen; dies sind Schusswaffen ohne Magazin mit einem oder mehreren Läufen, die vor jedem Schuss aus demselben Lauf von Hand geladen werden.

2.5 Langwaffen; dies sind Schusswaffen, deren Lauf und Verschluss in geschlossener Stellung insgesamt länger als 30 cm sind und deren kürzeste bestimmungsgemäß verwendbare Gesamtlänge 60 cm überschreitet; Kurzwaffen sind alle anderen Schusswaffen.

2.6 Schreckschusswaffen; dies sind Schusswaffen mit einem Kartuschenlager, die zum Abschießen von Kartuschenmunition bestimmt sind.

2.7 Reizstoffwaffen; dies sind Schusswaffen mit einem Patronen- oder Kartuschenlager, die zum Verschießen von Reiz- oder anderen Wirkstoffen bestimmt sind.

2.8 Signalwaffen; dies sind Schusswaffen mit einem Patronen- oder Kartuschenlager oder tragbare Gegenstände nach Nummer 1.2.1, die zum Verschießen pyrotechnischer Munition bestimmt sind.

2.9 Druckluft- und Federdruckwaffen und Waffen, bei denen zum Antrieb der Geschosse kalte Treibgase verwendet werden; Federdruckwaffen sind Schusswaffen, bei denen entweder Federkraft direkt ein Geschoss antreibt (auch als Federkraftwaffen bezeichnet) oder ein federbelasteter Kolben in einem Zylinder bewegt wird und ein vom Kolben erzeugtes Luftpolster das Geschoss antreibt. Druckluftwaffen sind Schusswaffen, bei denen Luft in einen Druckbehälter vorkomprimiert und gespeichert sowie über ein Ventilsystem zum Geschossantrieb freigegeben wird. Waffen, bei denen zum Antrieb der Geschosse kalte Treibgase Verwendung finden, sind z.B. Druckgaswaffen.

3. Weitere Begriffe zu den wesentlichen Teilen

3.1 Austauschläufe sind Läufe für ein bestimmtes Waffenmodell oder -system, die ohne Nacharbeit ausgetauscht werden können.

3.2 Wechselläufe sind Läufe, die für eine bestimmte Waffe zum Austausch des vorhandenen Laufes vorgefertigt sind und die noch eingepasst werden müssen.

3.3 Einsteckläufe sind Läufe ohne eigenen Verschluss, die in die Läufe von Waffen größeren Kalibers eingesteckt werden können.

3.4 Wechseltrommeln sind Trommeln für ein bestimmtes Revolvermodell, die ohne Nacharbeit gewechselt werden können.

3.5 Wechselsysteme sind Austauschläufe einschließlich des für sie bestimmten Verschlusses sowie der für sie bestimmten Gehäuseteile, sofern diese Gehäuseteile technisch erforderlich sind und Austauschlauf, Verschluss und Gehäuseteile in ihrer Gesamtheit keine bestimmungsgemäß verwendbare Waffe ergeben.

3.6 Einstecksysteme sind Einsteckläufe einschließlich des für sie bestimmten Verschlusses sowie der für sie bestimmten Gehäuseteile, sofern diese Gehäuseteile technisch erforderlich sind und Einstecklauf, Verschluss und Gehäuseteile in ihrer Gesamtheit keine bestimmungsgemäß verwendbare Waffe ergeben.

3.7 Einsätze sind Teile, die den Innenmaßen des Patronenlagers der Schusswaffe angepasst und zum Verschießen von Munition kleinerer Abmessungen bestimmt sind.

4. Sonstige Vorrichtungen für Schusswaffen

4.1 Zielscheinwerfer sind für Schusswaffen bestimmte Vorrichtungen, die das Ziel beleuchten. Ein Ziel wird dann beleuchtet, wenn es mittels Lichtstrahlen bei ungünstigen Lichtverhältnissen oder Dunkelheit für den Schützen erkennbar dargestellt wird. Dabei ist es unerheblich, ob das Licht sichtbar oder unsichtbar (z.B. infrarot) ist und ob der Schütze weitere Hilfsmittel für die Zielerkennung benötigt.

4.2 Laser oder Zielpunktprojektoren sind für Schusswaffen bestimmte Vorrichtungen, die das Ziel markieren. Ein Ziel wird markiert, wenn auf diesem für den Schützen erkennbar ein Zielpunkt projiziert wird.

4.3 Nachtsichtgeräte oder Nachtzielgeräte sind für Schusswaffen bestimmte Vorrichtungen, die eine elektronische Verstärkung oder einen Bildwandler und eine Montageeinrichtung für Schusswaffen besitzen. Zu Nachtzielgeräten zählen auch Nachtsichtvorsätze und Nachtsichtaufsätze für Zielhilfsmittel (Zielfernrohre).

4.4 Magazine sind für die Verwendung in Schusswaffen bestimmte Munitionsbehältnisse, die der Aufbewahrung und Zuführung von Patronen im Rahmen des Ladevorgangs dienen.

4.4.1 Eingebaut sind Magazine, die während ihrer Befüllung bestimmungsgemäß mit der Schusswaffe verbunden bleiben.

4.4.2 Wechselmagazine sind Magazine, die während ihrer Befüllung bestimmungsgemäß von der Schusswaffe getrennt werden.

4.4.3 Magazingehäuse sind diejenigen Bestandteile von Wechselmagazinen, die dazu bestimmt sind, die Patronen aufzunehmen.

5. Reizstoffe sind Stoffe, die bei ihrer bestimmungsgemäßen Anwendung auf den Menschen eine belästigende Wirkung durch Haut- und Schleimhautreizung, insbesondere durch einen Augenreiz ausüben und resorptiv nicht giftig wirken.

6. Nachbildungen von Schusswaffen sind Gegenstände,
- die nicht als Schusswaffen hergestellt wurden,
- die die äußere Form einer Schusswaffe haben,
- aus denen nicht geschossen werden kann und
- die nicht mit allgemein gebräuchlichen Werkzeugen so umgebaut oder verändert werden können, dass aus ihnen Munition, Ladungen oder Geschosse verschossen werden können.

Unterabschnitt 2:

Tragbare Gegenstände

1. Tragbare Gegenstände nach § 1 Abs. 2 Nr. 2 Buchstabe a sind insbesondere

1.1 Hieb- und Stoßwaffen (Gegenstände, die ihrem Wesen nach dazu bestimmt sind, unter unmittelbarer Ausnutzung der Muskelkraft durch Hieb, Stoß, Stich, Schlag oder Wurf Verletzungen beizubringen),

1.2 Gegenstände,

1.2.1 die unter Ausnutzung einer anderen als mechanischen Energie Verletzungen beibringen (z.B. Elektroimpulsgeräte),

1.2.2 aus denen Reizstoffe versprüht oder ausgestoßen werden, die eine Reichweite bis zu 2 m haben (Reizstoffsprühgeräte),

1.2.3 bei denen in einer Entfernung von mehr als 2 m bei Menschen
a) eine angriffsunfähig machende Wirkung durch ein gezieltes Versprühen oder Ausstoßen von Reiz- oder anderen Wirkstoffen oder
b) eine gesundheitsschädliche Wirkung durch eine andere als kinetische Energie, insbesondere durch ein gezieltes Ausstrahlen einer elektromagnetischen Strahlung,
hervorgerufen werden kann,

1.2.4 bei denen gasförmige, flüssige oder feste Stoffe den Gegenstand gezielt und brennend mit einer Flamme von mehr als 20 cm Länge verlassen,

1.2.5 bei denen leicht entflammbare Stoffe so verteilt und entzündet werden, dass schlagartig ein Brand entstehen kann, oder in denen unter Verwendung explosionsgefährlicher oder explosionsfähiger Stoffe eine Explosion ausgelöst werden kann,

1.2.6 die nach ihrer Beschaffenheit und Handhabung dazu bestimmt sind, durch Drosseln die Gesundheit zu schädigen,

1.3 Schleudern, die zur Erreichung einer höchstmöglichen Bewegungsenergie eine Armstütze oder eine vergleichbare Vorrichtung besitzen oder für eine solche Vorrichtung eingerichtet sind (Präzisionsschleudern), sowie Armstützen und vergleichbare Vorrichtungen für die vorbezeichneten Gegenstände.

2. Tragbare Gegenstände im Sinne des § 1 Abs. 2 Nr. 2 Buchstabe b sind

2.1 Messer,

2.1.1 deren Klingen auf Knopf- oder Hebeldruck hervorschnellen und hierdurch oder beim Loslassen der Sperrvorrichtung festgestellt werden können (Springmesser),

2.1.2 deren Klingen beim Lösen einer Sperrvorrichtung durch ihre Schwerkraft oder durch eine Schleuderbewegung aus dem Griff hervorschnellen und selbsttätig oder beim Loslassen der Sperrvorrichtung festgestellt werden (Fallmesser),

2.1.3 mit einem quer zur feststehenden oder feststellbaren Klinge verlaufenden Griff, die bestimmungsgemäß in der geschlossenen Faust geführt oder eingesetzt werden (Faustmesser),

2.1.4 Faltmesser mit zweigeteilten, schwenkbaren Griffen (Butterflymesser),

2.2 Gegenstände, die bestimmungsgemäß unter Ausnutzung einer anderen als mechanischen Energie Tieren Schmerzen beibringen (z.B. Elektroimpulsgeräte), mit Ausnahme der ihrer Bestimmung entsprechend im Bereich der Tierhaltung oder bei der sachgerechten Hundeausbildung Verwendung findenden Gegenstände (z.B. Viehtreiber).

Unterabschnitt 3:

Munition und Geschosse

1. Munition ist zum Verschießen aus Schusswaffen bestimmte

1.1 Patronenmunition (Hülsen mit Ladungen, die ein Geschoss enthalten, und Geschosse mit Eigenantrieb),

1.2 Kartuschenmunition (Hülsen mit Ladungen, die ein Geschoss nicht enthalten),

1.3 hülsenlose Munition (Ladung mit oder ohne Geschoss, wobei die Treibladung eine den Innenabmessungen einer Schusswaffe oder eines Gegenstandes nach Unterabschnitt 1 Nr. 1.2 angepasste Form hat),

1.4 pyrotechnische Munition (dies sind Gegenstände, die Geschosse mit explosionsgefährlichen Stoffen oder Stoffgemischen [pyrotechnische Sätze] enthalten, die Licht-, Schall-, Rauch-, Nebel-, Heiz-, Druck- oder Bewegungswirkungen erzeugen und keine zweckbestimmte Durchschlagskraft im Ziel entfalten); hierzu gehört

1.4.1 pyrotechnische Patronenmunition (Patronenmunition, bei der das Geschoss einen pyrotechnischen Satz enthält),

1.4.2 unpatronierte pyrotechnische Munition (Geschosse, die einen pyrotechnischen Satz enthalten),

1.4.3 mit der Antriebsvorrichtung fest verbundene pyrotechnische Munition.

2. Ladungen sind die Hauptenergieträger, die in loser Schüttung in Munition oder als vorgefertigte Ladung oder in loser Form in Waffen nach Unterabschnitt 1 Nr. 1.1 oder Gegenstände nach Unterabschnitt 1 Nr. 1.2.1 eingegeben werden und
– zum Antrieb von Geschossen oder Wirkstoffen oder
– zur Erzeugung von Schall- oder Lichtimpulsen
bestimmt sind, sowie Anzündsätze, die direkt zum Antrieb von Geschossen dienen.

3. Geschosse im Sinne dieses Gesetzes sind als Waffen oder für Schusswaffen bestimmte

3.1 feste Körper,

3.2 gasförmige, flüssige oder feste Stoffe in Umhüllungen.

Abschnitt 2: **Waffenrechtliche Begriffe**

Im Sinne dieses Gesetzes

1. erwirbt eine Waffe oder Munition, wer die tatsächliche Gewalt darüber erlangt,

2. besitzt eine Waffe oder Munition, wer die tatsächliche Gewalt darüber ausübt,

3. überlässt eine Waffe oder Munition, wer die tatsächliche Gewalt darüber einem anderen einräumt,

4. führt eine Waffe, wer die tatsächliche Gewalt darüber außerhalb der eigenen Wohnung, Geschäftsräume, des eigenen befriedeten Besitztums oder einer Schießstätte ausübt,

5. verbringt eine Waffe oder Munition, wer diese Waffe oder Munition über die Grenze zum dortigen Verbleib oder mit dem Ziel des Besitzwechsels in den, durch den oder aus dem Geltungsbereich des Gesetzes zu einer anderen Person oder zu sich selbst transportieren lässt oder selbst transportiert,

6. nimmt eine Waffe oder Munition mit, wer diese Waffe oder Munition vorübergehend auf einer Reise ohne Aufgabe des Besitzes zur Verwendung

über die Grenze in den, durch den oder aus dem Geltungsbereich des Gesetzes bringt,

7. schießt, wer mit einer Schusswaffe Geschosse durch einen Lauf verschießt, Kartuschenmunition abschießt, mit Patronen- oder Kartuschenmunition Reiz- oder andere Wirkstoffe verschießt oder pyrotechnische Munition verschießt,

8. 8.

8.1 werden Waffen oder Munition hergestellt, wenn aus Rohteilen oder Materialien ein Endprodukt oder wesentliche Teile eines Endproduktes erzeugt werden oder bei einer Waffe das führende wesentliche Teil durch ein Teil, das noch nicht in einer Waffe verbaut war, ersetzt wird; eine Schusswaffe ist hergestellt, wenn sie weißfertig im Sinne von § 2 Absatz 5 des Beschussgesetzes ist oder der Austausch des führenden wesentlichen Teils abgeschlossen ist; als Herstellen von Munition gilt auch das Wiederladen von Hülsen,

8.1a ist eine Waffe fertiggestellt, sobald sie mit dem amtlichen Beschusszeichen nach § 6 des Beschussgesetzes versehen wurde oder, sofern die Waffe nicht der amtlichen Beschussprüfung unterliegt, sobald sie zum Inverkehrbringen bereitgehalten wird,

8.2 wird eine Schusswaffe bearbeitet, wenn

8.2.1 sie verkürzt, in der Schussfolge verändert oder so geändert wird, dass andere Munition oder Geschosse anderer Kaliber aus ihr verschossen werden können (Umbau),

8.2.2 wesentliche Teile, zu deren Einpassung eine Nacharbeit erforderlich ist, ausgetauscht werden, sofern nicht Nummer 8.1 zutrifft,

8.2.3 Arbeiten an der Schusswaffe durchgeführt werden, die eine Beschusspflicht gemäß § 3 Absatz 2 des Beschussgesetzes auslösen, wenn nicht die Nummern 8.1, 8.2.1 oder 8.2.2 zutreffen (Instandsetzung); eine Schusswaffe wird nicht bearbeitet, wenn lediglich geringfügige Änderungen, insbesondere am Schaft oder an der Zieleinrichtung, vorgenommen werden,

8.3 wird eine Schusswaffe unbrauchbar gemacht, wenn an ihr die Maßnahmen des Anhangs I Tabelle II bis III der Durchführungsverordnung (EU) 2015/2403 durchgeführt werden,

9. treibt Waffenhandel, wer gewerbsmäßig oder selbstständig im Rahmen einer wirtschaftlichen Unternehmung Schusswaffen oder Munition ankauft, feilhält, Bestellungen entgegennimmt oder aufsucht, anderen überlässt oder den Erwerb, den Vertrieb oder das Überlassen vermittelt,

10. sind Kinder Personen, die noch nicht 14 Jahre alt sind,

11. sind Jugendliche Personen, die mindestens 14, aber noch nicht 18 Jahre alt sind;

12. ist eine Waffe schussbereit, wenn sie geladen ist, das heißt, dass Munition oder Geschosse in der Trommel, im in die Waffe eingefügten Magazin oder im Patronen- oder Geschosslager sind, auch wenn sie nicht gespannt ist;

13. ist eine Schusswaffe zugriffsbereit, wenn sie unmittelbar in Anschlag gebracht werden kann; sie ist nicht zugriffsbereit, wenn sie in einem verschlossenen Behältnis mitgeführt wird;

14. sind Mitgliedstaaten die Mitgliedstaaten der Europäischen Union und gelten als Mitgliedstaaten auch die Vertragsstaaten des Schengener Übereinkommens.

Abschnitt 3:

Einteilung der Schusswaffen oder Munition in die Kategorien A bis C nach der Richtlinie 91/477/EWG des Rates vom 18. Juni 1991 über die Kontrolle des Erwerbs und des Besitzes von Waffen (ABl. L 256 vom 13. 9. 1991, S. 51), die zuletzt durch die Richtlinie (EU) 2017/853 des Europäischen Parlaments und des Rates vom 17. Mai 2017 (ABl. L 137 vom 24. 5. 2017, S. 22) geändert worden ist

1. Kategorie A

1.1 Kriegsschusswaffen der Nummern 29 und 30 der Kriegswaffenliste (Anlage zu § 1 Abs. 1 des Gesetzes über die Kontrolle von Kriegswaffen),

1.2 vollautomatische Schusswaffen,

1.3 als anderer Gegenstand getarnte Schusswaffen,

1.4 Pistolen- und Revolvermunition mit Expansivgeschossen sowie Geschosse für diese Munition mit Ausnahme solcher für Jagd- und Sportwaffen von Personen, die zur Benutzung dieser Waffen befugt sind,

1.5 panzerbrechende Munition, Munition mit Spreng- und Brandsätzen und Munition mit Leuchtspursätzen sowie Geschosse für diese Munition, soweit die Munition oder die Geschosse nicht von dem Gesetz über die Kontrolle von Kriegswaffen erfasst sind,

1.6 automatische Feuerwaffen, die zu halbautomatischen Feuerwaffen umgebaut wurden, unbeschadet des Artikels 7 Absatz 4a der Richtlinie 91/477/EWG des Rates vom 18. Juni 1991 über die Kontrolle des Erwerbs und des Besitzes von Waffen (ABl. L 256 vom 13. 9. 1991, S. 51), die zuletzt durch die Richtlinie (EU) 2017/853 des Europäischen Parlaments und des Rates vom 17. Mai 2017 (ABl. L 137 vom 24. 5. 2017, S. 22) geändert worden ist,

1.7 jede der folgenden halbautomatischen Zentralfeuerwaffen:

1.7.1 Kurz-Feuerwaffen, mit denen ohne Nachladen mehr als 21 Schüsse abgegeben werden können, sofern eine Ladevorrichtung mit einer Kapazität von mehr als 20 Patronen in diese Feuerwaffe eingebaut ist oder eine abnehmbare Ladevorrichtung mit einer Kapazität von mehr als 20 Patronen eingesetzt wird,

1.7.2 Lang-Feuerwaffen, mit denen ohne Nachladen mehr als elf Schüsse abgegeben werden können, sofern eine Ladevorrichtung mit einer Kapazität von mehr als zehn Patronen in diese Feuerwaffe eingebaut ist oder eine abnehmbare Ladevorrichtung mit einer Kapazität von mehr als zehn Patronen eingesetzt wird,

1.8 halbautomatische Lang-Feuerwaffen, die ursprünglich als Schulterwaffen vorgesehen sind und die ohne Funktionseinbuße mithilfe eines Klapp- oder Teleskopschafts oder eines ohne Verwendung eines Werkzeugs abnehmbaren Schafts auf eine Länge unter 60 cm gekürzt werden können,

1.9 sämtliche Feuerwaffen dieser Kategorie, die für das Abfeuern von Platzpatronen, Reizstoffen, sonstigen aktiven Substanzen oder pyrotechnischer Munition oder in Salutwaffen oder akustische Waffen umgebaut wurden.

2. Kategorie B

2.1 kurze Repetierfeuerwaffen,

2.2 kurze Einzellader-Feuerwaffen für Munition mit Zentralfeuerzündung,

2.3 kurze Einzellader-Feuerwaffen für Munition mit Randfeuerzündung mit einer Gesamtlänge von weniger als 28 cm,

2.4 halbautomatische Lang-Feuerwaffen, deren Ladevorrichtung und Patronenlager zusammen bei Randfeuerwaffen mehr als drei Patronen und bei Zentralfeuerwaffen mehr als drei aber weniger als zwölf Patronen aufnehmen können,

2.5 halbautomatische Kurz-Feuerwaffen, die nicht unter Nummer 1.7.1 aufgeführt sind,

2.6 halbautomatische Lang-Feuerwaffen, die unter Nummer 1.7.2 aufgeführt sind, deren Ladevorrichtung und Patronenlager zusammen nicht mehr als drei Patronen aufnehmen können, deren Ladevorrichtung auswechselbar ist oder bei denen nicht sichergestellt ist, dass sie mit allgemein gebräuchlichen Werkzeugen nicht zu Waffen, deren Ladevorrichtung und Patronenlager zusammen mehr als drei Patronen aufnehmen können, umgebaut werden können,

2.7 lange Repetier- und halbautomatische Lang-Feuerwaffen, jeweils mit glattem Lauf, deren Lauf nicht länger als 60 cm ist,

2.8 sämtliche Feuerwaffen dieser Kategorie, die für das Abfeuern von Platzpatronen, Reizstoffen, sonstigen aktiven Substanzen oder pyrotechnischer Munition oder in Salutwaffen oder akustische Waffen umgebaut wurden,

2.9 halbautomatische Feuerwaffen für den zivilen Gebrauch, die wie vollautomatische Waffen aussehen und die nicht unter den Nummern 1.6, 1.7 oder 1.8 aufgeführt sind.

3. Kategorie C

3.1 andere lange Repetier-Feuerwaffen als die, die unter Nummer 2.7 aufgeführt sind,

3.2 lange Einzellader-Feuerwaffen mit gezogenem Lauf/gezogenen Läufen,

3.3 andere halbautomatische Lang-Feuerwaffen als die, die unter Nummer 1 oder Nummer 2 aufgeführt sind,

3.4 kurze Einzellader-Feuerwaffen für Munition mit Randfeuerzündung, ab einer Gesamtlänge von 28 cm,

3.5 sämtliche Feuerwaffen dieser Kategorie, die für das Abfeuern von Platzpatronen, Reizstoffen, sonstigen aktiven Substanzen oder pyrotechnischer Munition oder in Salutwaffen oder akustische Waffen umgebaut wurden,

3.6 Feuerwaffen der Kategorien A oder B oder dieser Kategorie, die gemäß der Durchführungsverordnung (EU) 2015/2403 deaktiviert worden sind,

3.7 lange Einzellader-Feuerwaffen mit glattem Lauf oder glatten Läufen, die am oder nach dem 14. September 2018 in Verkehr gebracht wurden.

4. *(weggefallen)*

Anlage 2
(zu § 2 Abs. 2 bis 4)

Waffenliste

Abschnitt 1:
Verbotene Waffen

Der Umgang, mit Ausnahme der Unbrauchbarmachung, mit folgenden Waffen und Munition ist verboten:

1.1 Waffen (§ 1 Abs. 2), mit Ausnahme halbautomatischer tragbarer Schusswaffen, die in der Anlage zum Gesetz über die Kontrolle von Kriegswaffen (Kriegswaffenliste) in der Fassung der Bekanntmachung vom 22. November 1990 (BGBl. I S. 2506) oder deren Änderungen aufgeführt sind, nach Verlust der Kriegswaffeneigenschaft;

1.2 Schusswaffen im Sinne des § 1 Absatz 2 Nummer 1 nach den Nummern 1.2.1 bis 1.2.3 sowie 1.2.5 bis 1.2.8 und Zubehör für Schusswaffen nach Nummer 1.2.4, die

1.2.1

1.2.1.1 Vollautomaten im Sinne der Anlage 1 Abschnitt 1 Unterabschnitt 1 Nr. 2.2 sind oder

1.2.1.2 Vorderschaftrepetierflinten, bei denen anstelle des Hinterschaftes ein Kurzwaffengriff vorhanden ist oder die Waffengesamtlänge in der kürzest möglichen Verwendungsform weniger als 95 cm oder die Lauflänge weniger als 45 cm beträgt, sind;

1.2.2 ihrer Form nach geeignet sind, einen anderen Gegenstand vorzutäuschen oder die mit Gegenständen des täglichen Gebrauchs verkleidet sind (z.B. Koppelschlosspistolen, Schießkugelschreiber, Stockgewehre, Taschenlampenpistolen);

1.2.3 über den für Jagd- und Sportzwecke allgemein üblichen Umfang hinaus zusammengeklappt, zusammengeschoben, verkürzt oder schnell zerlegt werden können;

1.2.4 für Schusswaffen bestimmte

1.2.4.1 Vorrichtungen sind, die das Ziel beleuchten (z.B. Zielscheinwerfer) oder markieren (z.B. Laser oder Zielpunktprojektoren);

1.2.4.2 Nachtsichtgeräte und Nachtzielgeräte mit Montagevorrichtung für Schusswaffen sowie Nachtsichtvorsätze und Nachtsichtaufsätze für Zielhilfsmittel (z.B. Zielfernrohre) sind, sofern die Gegenstände einen Bildwandler oder eine elektronische Verstärkung besitzen;

1.2.4.3 Wechselmagazine für Kurzwaffen für Zentralfeuermunition sind, die mehr als 20 Patronen des kleinsten nach Herstellerangabe bestimmungsgemäß verwendbaren Kalibers aufnehmen können;

1.2.4.4 Wechselmagazine für Langwaffen für Zentralfeuermunition sind, die mehr als zehn Patronen des kleinsten nach Herstellerangabe bestimmungsgemäß verwendbaren Kalibers aufnehmen können; ein Wechselmagazin, das sowohl in Kurz- als auch in Langwaffen verwendbar ist, gilt als Magazin für Kurzwaffen, wenn nicht der Besitzer gleichzeitig über eine Erlaubnis zum Besitz einer Langwaffe verfügt, in der das Magazin verwendet werden kann;

1.2.4.5 Magazingehäuse für Wechselmagazine nach den Nummern 1.2.4.3 und 1.2.4.4 sind;

1.2.5 mehrschüssige Kurzwaffen sind, deren Baujahr nach dem 1. Januar 1970 liegt, für Zentralfeuermunition in Kalibern unter 6,3 mm, wenn der Antrieb der Geschosse nicht ausschließlich durch den Zündsatz erfolgt;

1.2.6 halbautomatische Kurzwaffen für Zentralfeuermunition sind, die über ein eingebautes Magazin mit einer Kapazität von mehr als 20 Patronen des kleinsten nach Herstellerangabe bestimmungsgemäß verwendbaren Kalibers verfügen;

1.2.7 halbautomatische Langwaffen für Zentralfeuermunition sind, die über ein eingebautes Magazin mit einer Kapazität von mehr als zehn Patronen des kleinsten nach Herstellerangabe bestimmungsgemäß verwendbaren Kalibers verfügen;

1.2.8 nach diesem Abschnitt verbotene Schusswaffen sind, die zu Salutwaffen im Sinne von Anlage 1 Abschnitt 1 Unterabschnitt 1 Nummer 1.5 umgebaut worden sind;

1.3 Tragbare Gegenstände im Sinne des § 1 Abs. 2 Nr. 2 Buchstabe a nach den Nummern 1.3.1 bis 1.3.8

1.3.1 Hieb- oder Stoßwaffen, die ihrer Form nach geeignet sind, einen anderen Gegenstand vorzutäuschen, oder die mit Gegenständen des täglichen Gebrauchs verkleidet sind;

1.3.2 Stahlruten, Totschläger oder Schlagringe;

1.3.3 sternförmige Scheiben, die nach ihrer Beschaffenheit und Handhabung zum Wurf auf ein Ziel bestimmt und geeignet sind, die Gesundheit zu beschädigen (Wurfsterne);

1.3.4 Gegenstände, bei denen leicht entflammbare Stoffe so verteilt und entzündet werden, dass schlagartig ein Brand entstehen kann oder in denen unter Verwendung explosionsgefährlicher oder explosionsfähiger Stoffe eine Explosion ausgelöst werden kann;

1.3.5 Gegenstände mit Reiz- oder anderen Wirkstoffen, es sei denn, dass die Stoffe als gesundheitlich unbedenklich amtlich zugelassen sind und die Gegenstände
- in der Reichweite und Sprühdauer begrenzt sind und
- zum Nachweis der gesundheitlichen Unbedenklichkeit, der Reichweiten- und der Sprühdauerbegrenzung ein amtliches Prüfzeichen tragen;

1.3.6 Gegenstände, die unter Ausnutzung einer anderen als mechanischen Energie Verletzungen beibringen (z.B. Elektroimpulsgeräte), sofern sie nicht als gesundheitlich unbedenklich amtlich zugelassen sind und ein amtliches Prüfzeichen tragen zum Nachweis der gesundheitlichen Unbedenklichkeit sowie Distanz-Elektroimpulsgeräte, die mit dem Abschuss- oder Auslösegerät durch einen leitungsfähigen Flüssigkeitsstrahl einen Elektroimpuls übertragen oder durch Leitung verbundene Elektroden zur Übertragung eines Elektroimpulses am Körper aufbringen;

1.3.7 Präzisionsschleudern nach Anlage 1 Abschnitt 1 Unterabschnitt 2 Nr. 1.3 sowie Armstützen und vergleichbare Vorrichtungen für die vorbezeichneten Gegenstände;

1.3.8 Gegenstände, die nach ihrer Beschaffenheit und Handhabung dazu bestimmt sind, durch Drosseln die Gesundheit zu schädigen (z.B. Nun-Chakus);

1.4 Tragbare Gegenstände im Sinne des § 1 Abs. 2 Nr. 2 Buchstabe b nach den Nummern 1.4.1 bis 1.4.4

1.4.1 Spring- und Fallmesser nach Anlage 1 Abschnitt 1 Unterabschnitt 2 Nr. 2.1.1 und 2.1.2. Hiervon ausgenommen sind Springmesser, wenn die Klinge seitlich aus dem Griff herausspringt und der aus dem Griff herausragende Teil der Klinge
– höchstens 8,5 cm lang ist und
– nicht zweiseitig geschliffen ist;

1.4.2 Faustmesser nach Anlage 1 Abschnitt 1 Unterabschnitt 2 Nr. 2.1.3,

1.4.3 Butterflymesser nach Anlage 1 Abschnitt 1 Unterabschnitt 2 Nr. 2.1.4,

1.4.4 Gegenstände, die unter Ausnutzung einer anderen als mechanischen Energie Tieren Verletzungen beibringen (z.B. Elektroimpulsgeräte), sofern sie nicht als gesundheitlich unbedenklich amtlich zugelassen sind und ein amtliches Prüfzeichen tragen zum Nachweis der gesundheitlichen Unbedenklichkeit oder bestimmungsgemäß in der Tierhaltung Verwendung finden;

1.5 Munition und Geschosse nach den Nummern 1.5.1 bis 1.5.7

1.5.1 Geschosse mit Betäubungsstoffen, die zu Angriffs- oder Verteidigungszwecken bestimmt sind;

1.5.2 Geschosse oder Kartuschenmunition mit Reizstoffen, die zu Angriffs- oder Verteidigungszwecken bestimmt sind ohne amtliches Prüfzeichen zum Nachweis der gesundheitlichen Unbedenklichkeit;

1.5.3 Patronenmunition für Schusswaffen mit gezogenen Läufen, deren Geschosse im Durchmesser kleiner sind als die Felddurchmesser der dazugehörigen Schusswaffen und die mit einer Treib- und Führungshülse umgeben sind, die sich nach Verlassen des Laufes vom Geschoss trennt;

1.5.4 Munition und Geschosse nach Anlage 1 Abschnitt 3 Nummer 1.5 sowie Munition mit Geschossen, die einen Hartkern (mindestens 400 HB 25 – Brinellhärte – bzw. 421 HV – Vickershärte –) enthalten, sowie entsprechende Geschosse, ausgenommen pyrotechnische Munition, die bestimmungsgemäß zur Signalgebung bei der Gefahrenabwehr dient;

1.5.5 Knallkartuschen, Reiz- und sonstige Wirkstoffmunition nach Tabelle 5 der Maßtafeln nach § 1 Abs. 3 Satz 3 der Dritten Verordnung zum Waffengesetz in der Fassung der Bekanntmachung vom 2. September 1991 (BGBl. I S. 1872), die zuletzt durch die Zweite Verordnung zur Änderung von waffenrechtlichen Verordnungen vom 24. Januar 2000 (BGBl. I S. 38) geändert wurde, in der jeweils geltenden Fassung (Maßtafeln), bei deren Verschießen in Entfernungen von mehr als 1,5 m vor der Mündung Verletzungen durch feste Bestandteile hervorgerufen werden können, ausgenommen Kartuschenmunition der Kaliber 16 und 12 mit einer Hülsenlänge von nicht mehr als 47 oder 49 mm;

1.5.6 Kleinschrotmunition, die in Lagern nach Tabelle 5 der Maßtafeln mit einem Durchmesser (P_1) bis 12,5 mm geladen werden kann;

1.5.7 Munition, die zur ausschließlichen Verwendung in Kriegswaffen oder durch die in § 55 Abs. 1 Satz 1 bezeichneten Stellen bestimmt ist, soweit die Munition nicht unter die Vorschriften des Gesetzes über die Kontrolle von Kriegswaffen oder des Sprengstoffgesetzes fällt.

Abschnitt 2: **Erlaubnispflichtige Waffen**

Unterabschnitt 1: **Erlaubnispflicht**

Der Umgang, ausgenommen das Überlassen, mit Waffen im Sinne des § 1 Absatz 2 Nummer 1 (Anlage 1 Abschnitt 1 Unterabschnitt 1 Nummer 1 bis 4.3) und der dafür bestimmten Munition bedarf der Erlaubnis, soweit solche Waffen oder Munition nicht nach Unterabschnitt 2 für die dort bezeichneten Arten des Umgangs von der Erlaubnispflicht freigestellt sind. In Unterabschnitt 3 sind die Schusswaffen oder Munition aufgeführt, bei denen die Erlaubnis unter erleichterten Voraussetzungen erteilt wird. Ist eine erlaubnispflichtige Feuerwaffe in eine Waffe umgearbeitet worden, deren Erwerb und Besitz unter erleichterten und wegfallenden Erlaubnisvoraussetzungen möglich wäre, so richtet sich die Erlaubnispflicht nach derjenigen für die ursprüngliche Waffe, soweit nicht etwas anderes bestimmt ist.

Unterabschnitt 2: **Erlaubnisfreie Arten des Umgangs**

1. Erlaubnisfreier Erwerb und Besitz

1.1 Druckluft-, Federdruckwaffen und Waffen, bei denen zum Antrieb der Geschosse kalte Treibgase Verwendung finden, wenn den Geschossen eine Bewegungsenergie von nicht mehr als 7,5 Joule erteilt wird und die das Kennzeichen nach Anlage 1 Abbildung 1 zur Ersten Verordnung zum Waffengesetz vom 24. Mai 1976 (BGBl. I S. 1285) in der zum Zeitpunkt des Inkrafttretens dieses Gesetzes geltenden Fassung oder ein durch Rechtsverordnung nach § 25 Nummer 1 bestimmtes Zeichen tragen;

1.2 Druckluft-, Federdruckwaffen und Waffen, bei denen zum Antrieb der Geschosse kalte Treibgase Verwendung finden, die vor dem 1. Januar 1970 oder in dem in Artikel 3 des Einigungsvertrages genannten Gebiet vor dem 2. April 1991 hergestellt und entsprechend den zu diesem Zeitpunkt geltenden Bestimmungen in den Handel gebracht worden sind;

1.3 Schreckschuss-, Reizstoff- und Signalwaffen,
   a) die der zugelassenen Bauart nach § 8 des Beschussgesetzes entsprechen und das Zulassungszeichen nach Anlage 1 Abbildung 2 zur Ersten Verordnung zum Waffengesetz vom 24. Mai 1976 (BGBl. I S. 1285) in der zum Zeitpunkt des Inkrafttretens dieses Gesetzes geltenden Fassung oder ein durch Rechtsverordnung nach § 25 Nummer 1 bestimmtes Zeichen tragen oder
   b) die den Rechtsvorschriften eines anderen Mitgliedstaates entsprechen, die dieser der Europäischen Kommission nach Artikel 4 Absatz 2 der

Durchführungsrichtlinie (EU) 2019/69 der Kommission vom 16. Januar 2019 zur Festlegung technischer Spezifikationen für Schreckschuss- und Signalwaffen gemäß der Richtlinie 91/477/EWG des Rates über die Kontrolle des Erwerbs und des Besitzes von Waffen als Maßnahme zur Umsetzung dieser Durchführungsrichtlinie mitgeteilt hat;

1.4 Kartuschenmunition für die in Nummer 1.3 bezeichneten Schusswaffen;

1.5 einläufige Einzelladerwaffen mit Zündhütchenzündung (Perkussionswaffen), deren Modell vor dem 1. Januar 1871 entwickelt worden ist;

1.6 Schusswaffen mit Lunten- oder Funkenzündung, deren Modell vor dem 1. Januar 1871 entwickelt worden ist;

1.7 Schusswaffen mit Zündnadelzündung, deren Modell vor dem 1. Januar 1871 entwickelt worden ist;

1.8 Armbrüste;

1.9 Kartuschenmunition für die nach Anlage 1 Abschnitt 1 Unterabschnitt 1 Nummer 1.5 abgeänderten Schusswaffen sowie für Schussapparate nach § 7 des Beschussgesetzes;

1.10 pyrotechnische Munition, die das Zulassungszeichen nach Anlage II Abbildung 5 zur Dritten Verordnung zum Waffengesetz in der Fassung der Bekanntmachung vom 2. September 1991 (BGBl. I S. 1872) mit der Klassenbezeichnung PM I trägt.

2. Erlaubnisfreier Erwerb durch Inhaber einer Waffenbesitzkarte (unbeschadet der Anzeige- und Eintragungspflichten nach den §§ 37a und 37g)

2.1 Wechsel- und Austauschläufe gleichen oder geringeren Kalibers einschließlich der für diese Läufe erforderlichen auswechselbaren Verschlüsse (Wechselsysteme);

2.2 Wechseltrommeln, aus denen nur Munition verschossen werden kann, bei der gegenüber der für die Waffe bestimmten Munition Geschossdurchmesser und höchstzulässiger Gebrauchsgasdruck gleich oder geringer sind;

für Schusswaffen, die bereits in der Waffenbesitzkarte des Inhabers einer Erlaubnis eingetragen sind.

2a. Erlaubnisfreier Erwerb und Besitz durch Inhaber einer Waffenbesitzkarte Einsteckläufe und dazugehörige Verschlüsse (Einstecksysteme) sowie Einsätze, die dazu bestimmt sind, Munition mit kleinerer Abmessung zu verschießen, und die keine Einsteckläufe sind;

für Schusswaffen, die bereits in der Waffenbesitzkarte des Inhabers einer Erlaubnis eingetragen sind.

2b. Erlaubnisfreier Erwerb und Besitz und erlaubnisfreies Überlassen unbeschadet der Anzeigepflicht nach § 37d von unbrauchbar gemachten Schusswaffen.

3. Erlaubnisfreies Führen

3.1 Schusswaffen mit Lunten- oder Funkenzündung, deren Modell vor dem 1. Januar 1871 entwickelt worden ist;

3.2 Armbrüste;

3.3 unbrauchbar gemachte Schusswaffen.

4. Erlaubnisfreier Handel und erlaubnisfreie Herstellung

4.1 Schusswaffen mit Lunten- oder Funkenzündung, deren Modell vor dem 1. Januar 1871 entwickelt worden ist;

4.2 Armbrüste.

5. Erlaubnisfreier Handel

5.1 Einläufige Einzelladerwaffen mit Zündhütchenzündung (Perkussionswaffen), deren Modell vor dem 1. Januar 1871 entwickelt worden ist;

5.2 Schusswaffen mit Zündnadelzündung, deren Modell vor dem 1. Januar 1871 entwickelt worden ist;

5.3 unbrauchbar gemachte Schusswaffen.

6. Erlaubnisfreie nichtgewerbsmäßige Herstellung

6.1 Munition.

7. Erlaubnisfreies Verbringen und erlaubnisfreie Mitnahme in den, durch den oder aus dem Geltungsbereich des Gesetzes

7.1 Druckluft-, Federdruckwaffen und Waffen, bei denen zum Antrieb der Geschosse kalte Treibgase Verwendung finden, sofern sie den Voraussetzungen der Nummer 1.1 oder 1.2 entsprechen;

7.2 Schreckschuss-, Reizstoff- und Signalwaffen,

a) die der zugelassenen Bauart nach § 8 des Beschussgesetzes entsprechen und das Zulassungszeichen nach Anlage 1 Abbildung 2 zur Ersten Verordnung zum Waffengesetz vom 24. Mai 1976 (BGBl. I S. 1285) in der zum Zeitpunkt des Inkrafttretens dieses Gesetzes geltenden Fassung oder ein durch Rechtsverordnung nach § 25 Nummer 1 bestimmtes Zeichen tragen oder

b) die den Rechtsvorschriften eines anderen Mitgliedstaates entsprechen, die dieser der Europäischen Kommission nach Artikel 4 Absatz 2 der Durchführungsrichtlinie (EU) 2019/69 der Kommission vom 16. Januar 2019 zur Festlegung technischer Spezifikationen für Schreckschuss- und Signalwaffen gemäß der Richtlinie 91/477/EWG des Rates über die Kontrolle des Erwerbs und des Besitzes von Waffen als Maßnahme zur Umsetzung dieser Durchführungsrichtlinie mitgeteilt hat;

7.3 unbrauchbar gemachte Schusswaffen;

7.4 Munition für die in Nummer 7.2 bezeichneten Waffen;

7.5 einläufige Einzelladerwaffen mit Zündhütchenzündung (Perkussionswaffen), deren Modell vor dem 1. Januar 1871 entwickelt worden ist;

7.6 Schusswaffen mit Lunten- oder Funkenzündung oder mit Zündnadelzündung, deren Modell vor dem 1. Januar 1871 entwickelt worden ist;

7.7 Armbrüste;

7.8 pyrotechnische Munition, die das Zulassungszeichen nach Anlage II Abbildung 5 zur Dritten Verordnung zum Waffengesetz in der Fassung der Bekanntmachung vom 2. September 1991 (BGBl. I S. 1872) mit der Klassenbezeichnung PM I trägt;

7.9 Kartuschenmunition für Salutwaffen nach Anlage 1 Abschnitt 1 Unterabschnitt 1 Nummer 1.5.1 sowie für Schussapparate nach § 7 des Beschussgesetzes.

8. Erlaubnisfreies Verbringen und erlaubnisfreie Mitnahme aus dem Geltungsbereich dieses Gesetzes in einen Staat, der nicht Mitgliedstaat ist (Drittstaat)

8.1 Sämtliche Waffen im Sinne des § 1 Absatz 2 und die hierfür bestimmte Munition. Außenwirtschaftsrechtliche Genehmigungspflichten, insbesondere nach der in § 48 Absatz 3a genannten Verordnung (EU) Nr. 258/2012, bleiben hiervon unberührt.

9. Erlaubnisfreies Verbringen aus dem Geltungsbereich des Gesetzes in andere Mitgliedstaaten
Sämtliche Waffen im Sinne des § 1 Absatz 2 Nummer 1 und der dafür bestimmten Munition mit Ausnahme von Waffen oder Munition gemäß Anlage 1 Abschnitt 3.

10. Erlaubnisfreie Unbrauchbarmachung unbeschadet der Anzeigepflicht nach § 37b Absatz 2
Sämtliche Schusswaffen im Sinne des § 1 Absatz 2 Nummer 1.

Unterabschnitt 3:

Entbehrlichkeit einzelner Erlaubnisvoraussetzungen

1. Erwerb und Besitz ohne Bedürfnisnachweis (§ 4 Abs. 1 Nr. 4)
1.1 Feuerwaffen, deren Geschossen eine Bewegungsenergie von nicht mehr als 7,5 Joule erteilt wird und die das Kennzeichen nach Anlage 1 Abbildung 1 der Ersten Verordnung zum Waffengesetz vom 24. Mai 1976 (BGBl. I S. 1285) in der zum Zeitpunkt des Inkrafttretens dieses Gesetzes geltenden Fassung oder ein durch Rechtsverordnung nach § 25 Nummer 1 bestimmtes Zeichen tragen;
1.2 für Waffen nach Nummer 1.1 bestimmte Munition.
2. Führen ohne Sachkunde-, Bedürfnis- und Haftpflichtversicherungsnachweis (§ 4 Abs. 1 Nr. 3 bis 5) – Kleiner Waffenschein
2.1 Schreckschuss-, Reizstoff- und Signalwaffen nach Unterabschnitt 2 Nr. 1.3.

Abschnitt 3:

Vom Gesetz ganz oder teilweise ausgenommene Waffen

Unterabschnitt 1:

Vom Gesetz mit Ausnahme von § 2 Abs. 1 und § 41 ausgenommene Waffen

Unterwassersportgeräte, bei denen zum Antrieb der Geschosse keine Munition verwendet wird (Harpunengeräte).

Unterabschnitt 2:

Vom Gesetz mit Ausnahme des § 42a ausgenommene Waffen

1. Schusswaffen (Anlage 1 Abschnitt 1 Unterabschnitt 1 Nummer 1.1, ausgenommen Blasrohre),
   a) die zum Spiel bestimmt sind, wenn aus ihnen nur Geschosse verschossen werden können, denen eine Bewegungsenergie von nicht mehr als 0,5 Joule (J) erteilt wird, es sei denn, sie können mit allgemein gebräuchlichen Werkzeugen so geändert werden, dass die Bewegungsenergie der Geschosse über 0,5 Joule (J) steigt, oder
   b) die Spielzeuge im Sinne von Artikel 2 Absatz 1 der Richtlinie 2009/48/EG des Europäischen Parlaments und des Rates vom 18. Juni 2009 über die Sicherheit von Spielzeug (ABl. L 170 vom 30. 6. 2009, S. 1) sind, wenn sie

aa) die Anforderungen nach Artikel 10 in Verbindung mit Anhang II Abschnitt 1 Nummer 8 der Richtlinie 2009/48/EG in der jeweils geltenden Fassung erfüllen und

bb) die nach Artikel 16 Absatz 1 der Richtlinie 2009/48/EG erforderliche Kennzeichnung aufweisen.

2. Schusswaffen (Anlage 1 Abschnitt 1 Unterabschnitt 1 Nr. 1.1), bei denen feste Körper durch Muskelkraft ohne Möglichkeit der Speicherung der so eingebrachten Antriebsenergie durch eine Sperrvorrichtung angetrieben werden (z.B. Blasrohre).

3. Gegenstände, die zum Spiel bestimmt sind, wenn mit ihnen nur Zündblättchen, -bänder, -ringe (Amorces) oder Knallkorken abgeschossen werden können, es sei denn, sie können mit allgemein gebräuchlichen Werkzeugen in eine Schusswaffe oder einen anderen einer Schusswaffe gleichstehenden Gegenstand umgearbeitet werden.

4. Nachbildungen von Schusswaffen nach Anlage 1 Abschnitt 1 Unterabschnitt 1 Nr. 6.

Allgemeine Waffengesetz-Verordnung (AWaffV)

vom 27. Oktober 2003 (BGBl. I S. 2123)*, geändert durch Verordnung vom 13. Juli 2006 (BGBl. I S. 1474), durch Gesetze vom 26. März 2008 (BGBl. I S. 426), vom 17. Juli 2009 (BGBl. I S. 2062), vom 22. Dezember 2011 (BGBl. I S. 3044), durch Verordnung vom 17. Dezember 2012 (BGBl. I S. 2698), durch Gesetze vom 29. März 2017 (BGBl. I S. 626), vom 30. Juni 2017 (BGBl. I S. 2133), durch Verordnung vom 9. Juli 2019 (BGBl. I S. 1079), durch Gesetz vom 17. Februar 2020 (BGBl. I S. 166), durch Verordnung vom 19. Juni 2020 (BGBl. I S. 1328), vom 1. September 2020 (BGBl. I S. 1977)

Auf Grund des § 6 Abs. 4, § 7 Abs. 2, § 15 Abs. 7 Satz 2, § 22 Abs. 2, § 25 Abs. 1, § 27 Abs. 7 Satz 2, § 34 Abs. 6, § 36 Abs. 5 und § 47 des Waffengesetzes vom 11. Oktober 2002 (BGBl. I S. 3970, 4592, 2003 I S. 1957), jeweils auch in Verbindung mit Artikel 17 des Gesetzes vom 11. Oktober 2002 (BGBl. I S. 3970, 4013), verordnet das Bundesministerium des Innern:

Inhaltsübersicht

* Amtliche Fußnote: Die Verpflichtungen aus der Richtlinie 98/34/EG des Europäischen Parlaments und des Rates vom 22. Juni 1998 über ein Informationsverfahren auf dem Gebiet der Normen und technischen Vorschriften und der Vorschriften für die Dienste der Informationsgesellschaft (ABl. EG Nr. L 204 S. 37), geändert durch die Richtlinie 98/48/EG des Europäischen Parlaments und des Rates vom 20. Juli 1998 (ABl. EG Nr. L 217 S. 18), sind beachtet worden.

Abschnitt 1
Nachweis der Sachkunde

§ 1 Umfang der Sachkunde

(1) Die in der Prüfung nach § 7 Abs. 1 des Waffengesetzes nachzuweisende Sachkunde umfasst ausreichende Kenntnisse

1. über die beim Umgang mit Waffen und Munition zu beachtenden Rechtsvorschriften des Waffenrechts, des Beschussrechts sowie der Notwehr und des Notstands,
2. auf waffentechnischem Gebiet über Schusswaffen (Langwaffen, Kurzwaffen und Munition) hinsichtlich Funktionsweise, sowie Innen- und Außenballistik, Reichweite und Wirkungsweise des Geschosses, bei verbotenen Gegenständen, die keine Schusswaffen sind, über die Funktions- und Wirkungsweise sowie die Reichweite,
3. über die sichere Handhabung von Waffen oder Munition einschließlich ausreichender Fertigkeiten im Schießen mit Schusswaffen.

(2) Die nach Absatz 1 nachzuweisenden Kenntnisse über Waffen und Munition brauchen nur für die beantragte Waffen- und Munitionsart und nur für den mit dem Bedürfnis geltend gemachten und den damit im Zusammenhang stehenden Zweck nachgewiesen werden.

(3) Wird eine Erlaubnis nach § 26 des Waffengesetzes beantragt, so umfasst die nachzuweisende Sachkunde außer waffentechnischen Kenntnissen auch Werkstoff-, Fertigungs- und Ballistikkenntnisse.

§ 2 Prüfung

(1) Die zuständige Behörde bildet für die Abnahme der Prüfung Prüfungsausschüsse.

(2) Ein Prüfungsausschuss besteht aus dem Vorsitzenden und zwei Beisitzern. Die Mitglieder müssen sachkundig sein. Nicht mehr als ein Mitglied des Ausschusses darf in der Waffenherstellung oder im Waffenhandel tätig sein.

(3) Die Prüfung besteht aus einem theoretischen und einem praktischen Teil, der den Nachweis der ausreichenden Fertigkeiten nach § 1 Abs. 1 Nr. 3 einschließt. Über das Ergebnis und den wesentlichen Inhalt der Prüfung ist eine Niederschrift anzufertigen, die vom Vorsitzenden des Prüfungsausschusses zu unterzeichnen ist.

(4) Über das Prüfungsergebnis ist dem Bewerber ein Zeugnis zu erteilen, das Art und Umfang der erworbenen Sachkunde erkennen lassen muss und vom Vorsitzenden des Prüfungsausschusses zu unterzeichnen ist.

(5) Eine Prüfung kann bei Nichtbestehen auch mehrmals wiederholt werden. Der Prüfungsausschuss kann bestimmen, dass die Prüfung erst nach Ablauf einer bestimmten Frist wiederholt werden darf.

§ 3 Anderweitiger Nachweis der Sachkunde

(1) Die Sachkunde gilt insbesondere als nachgewiesen, wenn der Antragsteller

1. a) die Jägerprüfung oder eine ihr gleichgestellte Prüfung bestanden hat oder durch eine Bescheinigung eines Ausbildungsleiters für das Schießwesen nachweist, dass er die erforderlichen Kenntnisse durch Teilnahme an einem Lehrgang für die Ablegung der Jägerprüfung erworben hat,
   b) die Gesellenprüfung für das Büchsenmacherhandwerk bestanden hat oder

2. a) seine Fachkunde nach § 22 Abs. 1 Satz 1 des Waffengesetzes nachgewiesen hat,
   b) mindestens drei Jahre als Vollzeitkraft im Handel mit Schusswaffen und Munition tätig gewesen ist oder
   c) die nach § 7 des Waffengesetzes nachzuweisenden Kenntnisse auf Grund einer anderweitigen, insbesondere behördlichen oder staatlich anerkannten Ausbildung oder als Sportschütze eines anerkannten Schießsportverbandes erworben und durch eine Bescheinigung der Behörde, des Ausbildungsträgers oder Schießsportverbandes nachgewiesen hat,

   sofern die Tätigkeit nach Nummer 2 Buchstabe b oder Ausbildung nach Nummer 2 Buchstabe c ihrer Art nach geeignet war, die für den Umgang mit der beantragten Waffe oder Munition erforderliche Sachkunde zu vermitteln.

Ausbildungen im Sinne der Nummer 2 Buchstabe c können auch durchgeführt werden im Rahmen von

1. Ausbildungen, die mit einer zum Führen eines Luft- oder Wasserfahrzeuges berechtigenden staatlichen Prüfung abschließen,
2. staatlich anerkannten Berufsausbildungen der Luft- und Seefahrt.

Der Nachweis der waffenrechtlichen Sachkunde wird durch eine von der Prüfungskommission erteilte Bescheinigung oder einen Eintrag im Prüfungszeugnis oder der Fahrerlaubnis geführt.

(2) Die staatliche Anerkennung von Lehrgängen zur Vermittlung der Sachkunde im Umgang mit Waffen und Munition erfolgt durch die zuständige Behörde; sie gilt für den gesamten Geltungsbereich des Waffengesetzes. Eine Anerkennung des waffenrechtlichen Teils einer zum Führen eines Luft- oder Wasserfahrzeuges berechtigenden staatlichen Prüfung soll erfolgen, wenn die theoretische Ausbildung auf der Grundlage anerkannter Grundsätze, insbesondere eines zwischen Bund, Ländern und Verbänden abgestimmten Fragenkatalogs, stattfindet und die praktische Unterweisung im Umgang mit Seenotsignalmitteln durch sachkundige Personen erfolgt.

(3) Lehrgänge dürfen nur anerkannt werden, wenn in einem theoretischen Teil die in § 1 Abs. 1 Nr. 1 und 2 bezeichneten Kenntnisse und in einem praktischen Teil ausreichende Fertigkeiten in der Handhabung von Waffen und im Schießen mit Schusswaffen im Sinne des § 1 Abs. 1 Nr. 3 vermittelt werden; § 1 Abs. 2 bleibt unberührt. Außerdem dürfen Lehrgänge nur anerkannt werden, wenn

1. der Antragsteller die erforderliche Zuverlässigkeit und persönliche Eignung für die Durchführung des Lehrgangs besitzt,
2. die fachliche Leitung des Lehrgangs und die von dem Lehrgangsträger beauftragten Lehrkräfte die ordnungsgemäße Durchführung der Ausbildung gewährleisten,
3. die Dauer des Lehrgangs eine ordnungsgemäße Vermittlung der erforderlichen Kenntnisse und Fertigkeiten gewährleistet und
4. der Antragsteller mit den erforderlichen Lehrmitteln ausgestattet ist und über einen geeigneten Unterrichtsraum verfügt.

(4) Der Lehrgang ist mit einer theoretischen und einer praktischen Prüfung abzuschließen. Sie ist vor einem Prüfungsausschuss abzulegen, der von dem Lehrgangsträger gebildet wird. Im Übrigen gilt § 2 entsprechend mit der Maßgabe, dass der Lehrgangsträger verpflichtet ist,

1. die Durchführung der Prüfung und die Namen der Prüfungsteilnehmer der für den Ort der Lehrgangsveranstaltung zuständigen Behörde zwei Wochen vor dem Tag der Prüfung anzuzeigen und
2. einem Vertreter der Behörde die Teilnahme an der Prüfung zu gestatten. Im Falle seiner Teilnahme hat der Vertreter der Behörde die Stellung eines weiteren Beisitzers im Prüfungsausschuss; bei Stimmengleichheit gibt die Stimme des Vorsitzenden den Ausschlag.

(5) Schießsportliche Vereine, die einem nach § 15 Abs. 3 des Waffengesetzes anerkannten Schießsportverband angehören, können Sachkundeprüfungen für ihre Mitglieder abnehmen. Absatz 2, zweiter Halbsatz und die Absätze 3 und 4 finden hierfür entsprechende Anwendung. Zur Durchführung der Prüfung bilden die schießsportlichen Vereine eigene Prüfungsausschüsse.

Abschnitt 2
Nachweis der persönlichen Eignung

§ 4 Gutachten über die persönliche Eignung

(1) Derjenige,

1. dem gegenüber die zuständige Behörde die Vorlage eines amts- oder fachärztlichen oder fachpsychologischen Gutachtens angeordnet hat, weil begründete Zweifel an von ihm beigebrachten Bescheinigungen oder durch Tatsachen begründete Bedenken bestehen, dass er
   a) geschäftsunfähig oder in seiner Geschäftsfähigkeit beschränkt ist,
   b) abhängig von Alkohol oder anderen berauschenden Mitteln, psychisch krank oder debil ist,
   c) auf Grund in seiner Person liegender Umstände mit Waffen oder Munition nicht vorsichtig oder sachgemäß umgehen oder diese Gegenstände nicht sorgfältig verwahren kann oder dass die konkrete Gefahr einer Fremd- oder Selbstgefährdung besteht, oder
2. der zur Vorlage eines Gutachtens über die geistige Eignung verpflichtet ist, weil er noch nicht das 25. Lebensjahr vollendet hat und eine erlaubnispflichtige Schusswaffe, ausgenommen Schusswaffen der in § 14 Abs. 1 Satz 2 des Waffengesetzes genannten Art, erwerben und besitzen will,

hat auf eigene Kosten mit der Begutachtung einen sachkundigen Gutachter zu beauftragen.

(2) Die Begutachtung in den Fällen des Absatzes 1 soll von Gutachtern folgender Fachrichtungen durchgeführt werden:

1. Amtsärzten,
2. Fachärzten der Fachrichtungen Psychiatrie, Psychiatrie und Psychotherapie, Psychiatrie und Neurologie, Nervenheilkunde, Kinder- und Jugendpsychiatrie oder Kinder- und Jugendpsychiatrie und -psychotherapie,

3. Psychotherapeuten, die nach dem Psychotherapeutengesetz approbiert sind,
4. Fachärzten für Psychotherapeutische Medizin oder
5. Fachpsychologen der Fachrichtungen Rechtspsychologie, Verkehrspsychologie oder klinische Psychologie.

Das Vorliegen der Sachkunde auf dem betreffenden Gebiet beurteilt sich nach berufsständischen Regeln.

(3) In den Fällen des Absatzes 1 Nr. 1 teilt die Behörde dem Betroffenen unter Darlegung der Gründe für die Zweifel oder der die Bedenken begründenden Tatsachen hinsichtlich seiner persönlichen Eignung mit, dass er sich innerhalb einer von ihr festgelegten Frist auf seine Kosten der Untersuchung zu unterziehen und ein Gutachten beizubringen hat. Der Betroffene hat die Behörde darüber zu unterrichten, wen er mit der Untersuchung beauftragt hat. Die Behörde übersendet zur Durchführung der Untersuchung auf Verlangen des Gutachters bei Vorliegen der Einwilligung des Betroffenen die zur Begutachtung erforderlichen ihr vorliegenden Unterlagen. Der Gutachter ist verpflichtet, sich mit der Erstattung des Gutachtens von den Unterlagen zu entlasten, indem er sie der Behörde übergibt oder vernichtet.

(4) Zwischen dem Gutachter und dem Betroffenen darf in den letzten fünf Jahren kein Behandlungsverhältnis bestanden haben. Der Gutachter hat in dem Gutachten zu versichern, dass der Betroffene in dem vorgenannten Zeitraum nicht in einem derartigen Behandlungsverhältnis stand oder jetzt steht. Die Sätze 1 und 2 schließen eine Konsultation des in den genannten Zeiträumen behandelnden Haus- oder Facharztes durch den Gutachter nicht aus.

(5) Der Gutachter hat sich über den Betroffenen einen persönlichen Eindruck zu verschaffen. Das Gutachten muss darüber Auskunft geben, ob der Betroffene persönlich ungeeignet ist, mit Waffen oder Munition umzugehen; die bei der Erstellung des Gutachtens angewandte Methode muss angegeben werden. In den Fällen des Absatzes 1 Nr. 2 ist in der Regel ausreichend ein Gutachten auf Grund anerkannter Testverfahren über die Frage, ob der Betroffene infolge fehlender Reife geistig ungeeignet ist für den Umgang mit den dort aufgeführten Schusswaffen. Kann allein auf Grund des Tests nicht ausgeschlossen werden, dass der Betroffene geistig ungeeignet ist, ist mit einer weitergehenden Untersuchung nach dem jeweiligen Stand der Wissenschaft vorzugehen.

(6) Weigert sich in den Fällen des Absatzes 1 Nr. 1 der Betroffene, sich untersuchen zu lassen, oder bringt er der zuständigen Behörde das von ihr geforderte Gutachten aus von ihm zu vertretenden Gründen nicht fristgerecht bei, darf die Behörde bei ihrer Entscheidung auf die Nichteignung des Betroffenen schließen. Der Betroffene ist hierauf bei der Anordnung nach Absatz 1 Nr. 1 in Verbindung mit Absatz 3 Satz 1 hinzuweisen.

(7) Dienstwaffenträger können an Stelle des in § 6 Abs. 3 des Waffengesetzes genannten Zeugnisses eine Bescheinigung ihrer Dienstbehörde vorlegen, dass eine Begutachtung ihrer geistigen Eignung durch einen sachkundigen Gutachter bereits stattgefunden hat und dass sie uneingeschränkt zum Umgang mit Dienstwaffen berechtigt sind.

Abschnitt 3
Schießsportordnungen; Ausschluss von Schusswaffen; Fachbeirat

§ 5 Schießsportordnungen

(1) Die Genehmigung einer Sportordnung für das Schießen mit Schusswaffen setzt insbesondere voraus, dass das Schießen nur auf zugelassenen Schießstätten veranstaltet wird und

1. jeder Schütze den Regeln der Sportordnung unterworfen ist,
2. ausreichende Sicherheitsbestimmungen für das Schießen festgelegt und dabei insbesondere Regelungen zu den erforderlichen verantwortlichen Aufsichtspersonen (§ 10) getroffen sind,
3. mit nicht vom Schießsport ausgeschlossenen Waffen (§ 6) durchgeführt wird,
4. nicht im Schießsport unzulässige Schießübungen (§ 7) durchgeführt werden,
5. jede einzelne Schießdisziplin beschrieben und die für sie zugelassenen Waffen nach Art, Kaliber, Lauflänge und Visierung bezeichnet sind, wobei bei einzelnen Schießdisziplinen auch ausdrücklich festgelegt werden kann, dass nur einzelne oder auch keine speziellen Vorgaben (freie Klassen) erfolgen, und
6. zur Ausübung der jeweiligen Schießdisziplinen zugelassene Schießstätten zur regelmäßigen Nutzung verfügbar sind.

(2) Dem Antrag auf Genehmigung einer Schießsportordnung sind die zur Prüfung des Vorliegens der Voraussetzungen wesentlichen Regelungen und Angaben, insbesondere auch die Beschreibung des Ablaufs der einzelnen Schießdisziplinen, beizufügen. Die Genehmigung von Änderungen der Schießsportordnung, insbesondere von der Neuaufnahme von Schießdisziplinen, ist vor Aufnahme des jeweiligen Schießbetriebs nach den geänderten Regeln einzuholen. Der Wegfall oder der Ersatz der regelmäßigen Nutzungsmöglichkeit von nach Absatz 1 Nr. 6 angegebenen Schießstätten ist unverzüglich anzuzeigen.

(3) Im Einzelfall kann ein Verband oder ein ihm angegliederter Teilverband zur Erprobung neuer Schießübungen Abweichungen von den Schießdisziplinen der genehmigten Schießsportordnung zulassen. Zulassungen nach Satz 1 sind auf höchstens ein Jahr zu befristen und müssen die Art der Abweichung von der genehmigten Schießsportordnung bezeichnen; sie sind dem Bundesverwaltungsamt vor Beginn der Erprobungsphase anzuzeigen. Das Bundesverwaltungsamt kann zur Abwehr von Gefahren für die öffentliche Sicherheit oder Ordnung Zulassungen nach Satz 1 untersagen oder Anordnungen treffen.

(4) Für das sportliche Schießen im Training und im Einzelfall für Schießsportveranstaltungen können Schießsportordnungen Abweichungen von den in ihr festgelegten Schießdisziplinen zulassen.

§ 6 Vom Schießsport ausgeschlossene Schusswaffen

(1) Vom sportlichen Schießen sind ausgeschlossen:

1. Kurzwaffen mit einer Lauflänge von weniger als 7,62 Zentimeter (drei Zoll) Länge;

2. halbautomatische Schusswaffen, die ihrer äußeren Form nach den Anschein einer vollautomatischen Kriegswaffe hervorrufen, die Kriegswaffe im Sinne des Gesetzes über die Kontrolle von Kriegswaffen ist, wenn
   a) die Lauflänge weniger als 40 Zentimeter beträgt,
   b) das Magazin sich hinter der Abzugseinheit befindet (so genannte Bul-Pup-Waffen) oder
   c) die Hülsenlänge der verwendeten Munition bei Langwaffen weniger als 40 Millimeter beträgt;
3. halbautomatische Langwaffen mit einem Magazin, das eine Kapazität von mehr als zehn Patronen hat.

(2) Das Verbot des Schießsports mit Schusswaffen und Munition im Sinne der Anlage 2 Abschnitt 1 des Waffengesetzes bleibt unberührt.

(3) Das Bundesverwaltungsamt kann auf Antrag eines anerkannten Schießsportverbandes Ausnahmen von den Verboten des Absatzes 1 zulassen, insbesondere wenn es sich um in national oder international bedeutenden Schießsportwettkämpfen verwendete Schusswaffen handelt.

(4) Zuständige Behörde für die Beurteilung der Schusswaffen nach Absatz 1 ist das Bundeskriminalamt.

§ 7 Unzulässige Schießübungen im Schießsport

(1) Im Schießsport sind die Durchführung von Schießübungen in der Verteidigung mit Schusswaffen (§ 22) und solche Schießübungen und Wettbewerbe verboten, bei denen

1. das Schießen aus Deckungen heraus erfolgt,
2. nach der Abgabe des ersten Schusses Hindernisse überwunden werden,
3. das Schießen im deutlich erkennbaren Laufen erfolgt,
4. das schnelle Reagieren auf plötzlich und überraschend auftauchende, sich bewegende Ziele gefordert wird,
   a) ausgenommen das Schießen auf Wurf- und auf laufende Scheiben,
   b) es sei denn, das Schießen erfolgt entsprechend einer vom Bundesverwaltungsamt genehmigten Sportordnung,
5. das Überkreuzziehen von mehr als einer Waffe (Cross Draw) gefordert wird,
6. Schüsse ohne genaues Anvisieren des Ziels (Deutschüsse) abgegeben werden, ausgenommen das Schießen auf Wurfscheiben, oder
7. der Ablauf der Schießübung dem Schützen vor ihrer Absolvierung nicht auf Grund zuvor festgelegter Regeln bekannt ist.

Die Veranstaltung der in Satz 1 genannten Schießübungen und die Teilnahme als Sportschütze an diesen sind verboten.

(2) Das Verbot von Schießübungen des kampfmäßigen Schießens (§ 15a Absatz 1 Satz 2 des Waffengesetzes) und mit verbotenen oder vom Schießsport ausgeschlossenen Schusswaffen oder Teilen von Schusswaffen (§ 6), soweit nicht eine Ausnahme nach § 6 Abs. 3 erteilt ist, bleibt unberührt.

(3) Die Ausbildung und das Training im jagdlichen Schießen einschließlich jagdlicher Schießwettkämpfe werden durch die vorstehenden Regelungen nicht beschränkt.

§ 8 Beirat für schießsportliche Fragen

(1) Beim Bundesministerium des Innern, für Bau und Heimat wird ein Beirat für schießsportliche Fragen (Fachbeirat) gebildet. Den Vorsitz führt ein Vertreter des Bundesministeriums des Innern, für Bau und Heimat. An den Sitzungen des Fachbeirates nehmen Vertreter des Bundesverwaltungsamtes teil.

(2) Der Fachbeirat setzt sich aus dem Vorsitzenden und aus folgenden ständigen Mitgliedern zusammen:

1. je einem Vertreter jedes Landes,
2. einem Vertreter des Deutschen Olympischen Sportbundes,
3. je einem Vertreter der anerkannten Schießsportverbände,
4. einem Vertreter der Deutschen Versuchs- und Prüf-Anstalt für Jagd- und Sportwaffen e.V.

(3) Die Mitglieder des Fachbeirates sollen auf schießsportlichem Gebiet sachverständig und erfahren sein.

(4) Das Bundesministerium des Innern, für Bau und Heimat kann Vertreter weiterer Bundes- und Landesbehörden sowie weitere Sachverständige insbesondere auf schießsportlichem oder waffentechnischem Gebiet zur Beratung hinzuziehen. In den Fällen, in denen der Fachbeirat über die Genehmigung der Schießsportordnung eines nicht anerkannten Schießsportverbandes beraten soll, lädt das Bundesministerium des Innern, für Bau und Heimat auch einen Vertreter dieses Verbandes ein.

(5) Das Bundesministerium des Innern, für Bau und Heimat beruft

1. die Vertreter jedes Landes einschließlich deren Stellvertreter auf Vorschlag des Landes;
2. die Vertreter der in Absatz 2 Nr. 2, 3 und 4 bezeichneten Verbände und Organisationen nach Anhörung der Vorstände dieser Verbände.

(6) Die Mitglieder des Fachbeirates üben ihre Tätigkeit ehrenamtlich aus, sofern sie keine Behörde vertreten.

Abschnitt 4
Benutzung von Schießstätten

§ 9 Zulässige Schießübungen auf Schießstätten

(1) Auf einer Schießstätte ist unter Beachtung des Verbots des kampfmäßigen Schießens (§ 27 Abs. 7 Satz 1 des Waffengesetzes) das Schießen mit Schusswaffen und Munition auf der Grundlage der für die Schießstätte erteilten Erlaubnis (§ 27 Abs. 1 Satz 1 des Waffengesetzes) nur zulässig, wenn

1. die Person, die zu schießen beabsichtigt, die Berechtigung zum Erwerb und Besitz von Schusswaffen nachweisen kann und das Schießen mit Schusswaf-

fen dieser Art innerhalb des der Berechtigung zugrunde liegenden Bedürfnisses erfolgt,

2. geschossen wird
   a) auf der Grundlage einer genehmigten Schießsportordnung,
   b) im Rahmen von Lehrgängen oder Schießübungen in der Verteidigung mit Schusswaffen (§ 22),
   c) zur Erlangung der Sachkunde (§ 1 Abs. 1 Nr. 3) oder
   d) in der jagdlichen Ausbildung, oder
3. es sich nicht um Schusswaffen und Munition nach § 6 Abs. 1 handelt.

In den Fällen des Satzes 1 Nr. 1, Nr. 2 Buchstabe c und Nr. 3 gilt § 7 Abs. 1 und 3 entsprechend; beim Schießen nach Satz 1 Nr. 2 Buchstabe a bleibt § 7 unberührt. Der Betreiber der Schießstätte hat die Einhaltung der Voraussetzungen nach den Sätzen 1 und 2 zu überwachen.

(2) Die zuständige Behörde kann dem Betreiber einer Schießstätte oder im Einzelfall dem Benutzer Ausnahmen von den Beschränkungen des Absatzes 1 gestatten, soweit Belange der öffentlichen Sicherheit und Ordnung nicht entgegenstehen.

(3) Absatz 1 gilt nicht für Behörden oder Dienststellen und deren Bedienstete, die nach § 55 Abs. 1 des Waffengesetzes oder auf Grund einer nach § 55 Abs. 5 oder 6 des Waffengesetzes erlassenen Rechtsverordnung von der Anwendung des Waffengesetzes ausgenommen sind.

§ 10 Aufsichtspersonen; Obhut über das Schießen durch Kinder und Jugendliche

(1) Der Inhaber der Erlaubnis für die Schießstätte (Erlaubnisinhaber) hat unter Berücksichtigung der Erfordernisse eines sicheren Schießbetriebs eine oder mehrere verantwortliche Aufsichtspersonen für das Schießen zu bestellen, soweit er nicht selbst die Aufsicht wahrnimmt oder eine schießsportliche oder jagdliche Vereinigung oder ein Veranstalter im Sinne des § 22 durch eigene verantwortliche Aufsichtspersonen die Aufsicht übernimmt. Der Erlaubnisinhaber kann selbst die Aufsicht wahrnehmen, wenn er die erforderliche Sachkunde nachgewiesen hat und, sofern es die Obhut über das Schießen durch Kinder und Jugendliche betrifft, die Eignung zur Kinder- und Jugendarbeit besitzt. Aufsichtspersonen müssen das 18. Lebensjahr vollendet haben. Der Schießbetrieb darf nicht aufgenommen oder fortgesetzt werden, solange keine ausreichende Anzahl von verantwortlichen Aufsichtspersonen die Aufsicht wahrnimmt. Die zuständige Behörde kann gegenüber dem Erlaubnisinhaber die Zahl der nach Satz 1 erforderlichen Aufsichtspersonen festlegen.

(2) Der Erlaubnisinhaber hat der zuständigen Behörde die Personalien der verantwortlichen Aufsichtspersonen zwei Wochen vor der Übernahme der Aufsicht schriftlich oder elektronisch anzuzeigen; beauftragt eine schießsportliche oder jagdliche Vereinigung die verantwortliche Aufsichtsperson, so obliegt diese Anzeige der Aufsichtsperson selbst. Der Anzeige sind Nachweise beizufügen, aus denen hervorgeht, dass die Aufsichtsperson die erforderliche Sachkunde und, sofern es die Obhut über das Schießen durch Kinder und Jugendliche betrifft, auch die Eignung zur Kinder- und Jugendarbeit besitzt. Der Erlaubnisinhaber

hat das Ausscheiden der angezeigten Aufsichtsperson und die Bestellung einer neuen Aufsichtsperson der zuständigen Behörde unverzüglich anzuzeigen.

(3) Bei der Beauftragung der verantwortlichen Aufsichtsperson durch einen schießsportlichen Verein eines anerkannten Schießsportverbandes genügt an Stelle der Anzeige nach Absatz 2 Satz 1 eine Registrierung der Aufsichtsperson bei dem Verein. Dieser hat bei der Registrierung das Vorliegen der Voraussetzungen der erforderlichen Sachkunde und, sofern es die Obhut über das Schießen durch Kinder und Jugendliche betrifft, auch der Eignung zur Kinder- und Jugendarbeit zu überprüfen und zu vermerken. Der Aufsichtsperson ist durch den Verein hierüber ein Nachweisdokument auszustellen. Die Aufsichtsperson hat dieses Dokument während der Wahrnehmung der Aufsicht mitzuführen und zur Kontrolle Befugten auf Verlangen zur Prüfung auszuhändigen. Für eine Überprüfung nach Satz 4 hat der Verein auf Verlangen Einblick in die Registrierung der Aufsichtsperson zu gewähren. Die Sätze 1 bis 5 gelten entsprechend bei der von einer jagdlichen Vereinigung beauftragten verantwortlichen Aufsichtsperson mit der Maßgabe, dass während der Ausübung der Aufsicht ein gültiger Jagdschein nach § 15 Abs. 1 Satz 1 des Bundesjagdgesetzes mitzuführen ist.

(4) Ergeben sich Anhaltspunkte für die begründete Annahme, dass die verantwortliche Aufsichtsperson die erforderliche Zuverlässigkeit, persönliche Eignung oder Sachkunde oder, sofern es die Obhut über das Schießen durch Kinder und Jugendliche betrifft, die Eignung zur Kinder- und Jugendarbeit nicht besitzt, so hat die zuständige Behörde dem Erlaubnisinhaber gegenüber die Ausübung der Aufsicht durch die Aufsichtsperson zu untersagen.

(5) Die Obhut über das Schießen durch Kinder und Jugendliche ist durch eine hierfür qualifizierte und auf der Schießstätte anwesende Aufsichtsperson auszuüben, die

1. für die Schießausbildung der Kinder oder Jugendlichen leitend verantwortlich ist und
2. berechtigt ist, jederzeit der Aufsicht beim Schützen Weisungen zu erteilen oder die Aufsicht beim Schützen selbst zu übernehmen.

(6) Die Qualifizierung zur Aufsichtsperson oder zur Eignung zur Kinder- und Jugendarbeit kann durch die Jagdverbände oder die anerkannten Schießsportverbände erfolgen; bei Schießsportverbänden sind die Qualifizierungsrichtlinien Bestandteil des Anerkennungsverfahrens nach § 15 des Waffengesetzes.

(7) Die Absätze 1 bis 6 gelten nicht für ortsveränderliche Schießstätten im Sinne von § 27 Abs. 6 des Waffengesetzes.

§ 11 Aufsicht

(1) Die verantwortlichen Aufsichtspersonen haben das Schießen in der Schießstätte ständig zu beaufsichtigen, insbesondere dafür zu sorgen, dass die in der Schießstätte Anwesenden durch ihr Verhalten keine vermeidbaren Gefahren verursachen, und zu beachten, dass die Bestimmungen des § 27 Abs. 3 oder 6 des Waffengesetzes eingehalten werden. Sie haben, wenn dies zur Verhütung oder Beseitigung von Gefahren erforderlich ist, das Schießen oder den Aufenthalt in der Schießstätte zu untersagen.

(2) Die Benutzer der Schießstätten haben die Anordnungen der verantwortlichen Aufsichtspersonen nach Absatz 1 zu befolgen.

(3) Eine zur Aufsichtsführung befähigte Person darf schießen, ohne selbst beaufsichtigt zu werden, wenn sichergestellt ist, dass sie sich allein auf dem Schießstand befindet.

§ 12 *(weggefallen)*

Abschnitt 5
Aufbewahrung von Waffen und Munition

§ 13 Aufbewahrung von Waffen oder Munition

(1) Schusswaffen, deren Erwerb und Besitz erlaubnispflichtig sind, verbotene Waffen und verbotene Munition sind ungeladen und in einem Behältnis aufzubewahren, das

1. mindestens der Norm DIN/EN 1143-1 (Stand Mai 1997, Oktober 2002, Februar 2006, Januar 2010, Juli 2012 oder Juli 2019)[1)] mit dem in Absatz 2 geregelten Widerstandsgrad und Gewicht entspricht und
2. zum Nachweis dessen über eine Zertifizierung durch eine akkreditierte Stelle gemäß Absatz 10 verfügt.

Der in Satz 1 Nummer 1 genannten Norm gleichgestellt sind Normen eines anderen Mitgliedstaates des Übereinkommens über den Europäischen Wirtschaftsraum, die das gleiche Schutzniveau aufweisen. Die zuständige Behörde kann eine andere gleichwertige Aufbewahrung der Waffen und Munition zulassen. Vergleichbar gesicherte Räume sind als gleichwertig anzusehen. Alternative Sicherungseinrichtungen, die keine Behältnisse oder Räume sind, sind zulässig, sofern sie

1. ein den jeweiligen Anforderungen mindestens gleichwertiges Schutzniveau aufweisen und
2. zum Nachweis dessen über eine Zertifizierung durch eine akkreditierte Stelle gemäß Absatz 10 verfügen.

(2) Wer Waffen oder Munition besitzt, hat diese ungeladen und unter Beachtung der folgenden Sicherheitsvorkehrungen und zahlenmäßigen Beschränkungen aufzubewahren:

1. mindestens in einem verschlossenen Behältnis: Waffen oder Munition, deren Erwerb von der Erlaubnispflicht freigestellt ist;
2. mindestens in einem Stahlblechbehältnis ohne Klassifizierung mit Schwenkriegelschloss oder einer gleichwertigen Verschlussvorrichtung oder in einem gleichwertigen Behältnis: Munition, deren Erwerb nicht von der Erlaubnispflicht freigestellt ist;
3. in einem Sicherheitsbehältnis, das mindestens der Norm DIN/EN 1143-1 Widerstandsgrad 0 (Stand Mai 1997, Oktober 2002, Februar 2006, Januar 2010,

1) Amtliche Fußnote: Zu beziehen bei der Beuth-Verlag GmbH, Berlin, und in der Deutschen Nationalbibliothek archivmäßig gesichert niedergelegt.

Juli 2012 oder Juli 2019)[1)] entspricht und bei dem das Gewicht des Behältnisses 200 Kilogramm unterschreitet:

a) eine unbegrenzte Anzahl von Langwaffen und insgesamt bis zu fünf nach Anlage 2 Abschnitt 1 Nummer 1.1 bis 1.2.3 und 1.2.5 des Waffengesetzes verbotene Waffen und Kurzwaffen (Anlage 1 Abschnitt 1 Unterabschnitt 1 Nummer 2.5 des Waffengesetzes), für deren Erwerb und Besitz es ihrer Art nach einer Erlaubnis bedarf, und

b) zusätzlich eine unbegrenzte Anzahl nach Anlage 2 Abschnitt 1 Nummer 1.2.4 bis 1.2.4.2 und 1.3 bis 1.4.4 des Waffengesetzes verbotener Waffen sowie

c) zusätzlich Munition;

4. in einem Sicherheitsbehältnis, das mindestens der Norm DIN/EN 1143-1 Widerstandsgrad 0 (Stand Mai 1997, Oktober 2002, Februar 2006, Januar 2010, Juli 2012 oder Juli 2019)[1)] entspricht und bei dem das Gewicht des Behältnisses mindestens 200 Kilogramm beträgt:

   a) eine unbegrenzte Anzahl von Langwaffen und bis zu zehn nach Anlage 2 Abschnitt 1 Nummer 1.1 bis 1.2.3 und 1.2.5 des Waffengesetzes verbotene Waffen und Kurzwaffen (Anlage 1 Abschnitt 1 Unterabschnitt 1 Nummer 2.5 des Waffengesetzes), für deren Erwerb und Besitz es ihrer Art nach einer Erlaubnis bedarf, und

   b) zusätzlich eine unbegrenzte Anzahl nach Anlage 2 Abschnitt 1 Nummer 1.2.4 bis 1.2.4.2 und 1.3 bis 1.4.4 des Waffengesetzes verbotener Waffen sowie

   c) zusätzlich Munition;

5. in einem Sicherheitsbehältnis, das mindestens der Norm DIN/EN 1143-1 Widerstandsgrad I (Stand Mai 1997, Oktober 2002, Februar 2006, Januar 2010, Juli 2012 oder Juli 2019)[1)] entspricht:

   a) eine unbegrenzte Anzahl von Lang- und Kurzwaffen (Anlage 1 Abschnitt 1 Unterabschnitt 1 Nummer 2.5 des Waffengesetzes), für deren Erwerb und Besitz es ihrer Art nach einer Erlaubnis bedarf,

   b) eine unbegrenzte Anzahl nach Anlage 2 Abschnitt 1 Nummer 1.1 bis 1.4.4 des Waffengesetzes verbotener Waffen sowie

   c) Munition.

(3) Bei der Bestimmung der Zahl der Waffen, die nach Absatz 2 in einem Sicherheitsbehältnis aufbewahrt werden dürfen, bleiben außer Betracht:

1. wesentliche Teile von Schusswaffen und Schalldämpfer nach Anlage 1 Abschnitt 1 Unterabschnitt 1 Nummer 1.3 bis 1.3.3 des Waffengesetzes,
2. Vorrichtungen nach Anlage 2 Abschnitt 1 Nummer 1.2.4.1 des Waffengesetzes, die das Ziel beleuchten oder markieren, und
3. Nachtsichtgeräte, -vorsätze und -aufsätze sowie Nachtzielgeräte nach Anlage 2 Abschnitt 1 Nummer 1.2.4.2 des Waffengesetzes.

---

1) Amtliche Fußnote: Zu beziehen bei der Beuth-Verlag GmbH, Berlin, und in der Deutschen Nationalbibliothek archivmäßig gesichert niedergelegt.

Satz 1 Nummer 1 gilt nur, sofern die zusammen aufbewahrten wesentlichen Teile nicht zu einer schussfähigen Waffe zusammengefügt werden können.

(4) In einem nicht dauernd bewohnten Gebäude dürfen nur bis zu drei Langwaffen, zu deren Erwerb und Besitz es einer Erlaubnis bedarf, aufbewahrt werden. Die Aufbewahrung darf nur in einem mindestens der Norm DIN/EN 1143-1 Widerstandsgrad I entsprechenden Sicherheitsbehältnis erfolgen. Die zuständige Behörde kann Abweichungen in Bezug auf die Art oder Anzahl der aufbewahrten Waffen oder das Sicherheitsbehältnis auf Antrag zulassen.

(5) Die zuständige Behörde kann auf Antrag bei einer Waffen- oder Munitionssammlung unter Berücksichtigung der Art und der Anzahl der Waffen oder der Munition und ihrer Gefährlichkeit für die öffentliche Sicherheit und Ordnung von den Vorgaben der Absätze 1, 2 und 4 insbesondere unter dem Gesichtspunkt der Sichtbarkeit zu Ausstellungszwecken abweichen und dabei geringere oder höhere Anforderungen an die Aufbewahrung stellen; bei Sammlungen von Waffen, deren Modell vor dem 1. Januar 1871 entwickelt worden ist, und bei Munitionssammlungen soll sie geringere Anforderungen stellen. Dem Antrag ist ein Aufbewahrungskonzept beizugeben.

(6) Die zuständige Behörde kann auf Antrag von Anforderungen an Sicherheitsbehältnisse, Waffenräume oder alternative Sicherungseinrichtungen nach den Absätzen 1 und 2 absehen, wenn ihre Einhaltung unter Berücksichtigung der Art und der Anzahl der Waffen und der Munition und ihrer Gefährlichkeit für die öffentliche Sicherheit und Ordnung eine besondere Härte darstellen würde. In diesem Fall hat sie die niedrigeren Anforderungen festzusetzen.

(7) Bestehen begründete Zweifel, dass Normen anderer EWR-Mitgliedstaaten im Schutzniveau den in den Absätzen 1 und 2 genannten Normen gleichwertig sind, kann die Behörde vom Verpflichteten die Vorlage einer Stellungnahme insbesondere des Deutschen Instituts für Normung verlangen.

(8) Die gemeinschaftliche Aufbewahrung von Waffen oder Munition durch berechtigte Personen, die in einer häuslichen Gemeinschaft leben, ist zulässig.

(9) Bei der vorübergehenden Aufbewahrung von Waffen im Sinne des Absatzes 1 Satz 1 oder des Absatzes 2 oder von Munition außerhalb der Wohnung, insbesondere im Zusammenhang mit der Jagd oder dem sportlichen Schießen, hat der Verpflichtete die Waffen oder Munition unter angemessener Aufsicht aufzubewahren oder durch sonstige erforderliche Vorkehrungen gegen Abhandenkommen oder unbefugte Ansichnahme zu sichern, wenn die Aufbewahrung gemäß den Anforderungen des Absatzes 1 und 2 nicht möglich ist.

(10) Die Konformitätsbewertung von Sicherheitsbehältnissen und Sicherungseinrichtungen nach den Absätzen 1 und 2 erfolgt durch akkreditierte Stellen. Akkreditierte Stellen sind Stellen, die

1. Konformitätsbewertungen auf dem Gebiet der Zertifizierung von Erzeugnissen des Geldschrank- und Tresorbaus einschließlich Schlössern zum Schutz gegen Einbruchdiebstahl vornehmen und
2. hierfür über eine Akkreditierung einer nationalen Akkreditierungsstelle nach Artikel 4 Absatz 1 der Verordnung (EG) Nr. 765/2008 des Europäischen Parlaments und des Rates vom 9. Juli 2008 über die Vorschriften für die Akkreditierung und Marktüberwachung im Zusammenhang mit der Vermarktung von

Produkten und zur Aufhebung der Verordnung (EWG) Nr. 339/93 des Rates (ABl. L 218 vom 13. 8. 2008, S. 30) in der jeweils geltenden Fassung verfügen.

Als nationale Akkreditierungsstellen gelten

1. Stellen, die nach § 8 des Akkreditierungsstellengesetzes vom 31. Juli 2009 (BGBl. I S. 2625), das zuletzt durch Artikel 4 Absatz 79 des Gesetzes vom 18. Juli 2016 (BGBl. I S. 1666) geändert worden ist, in der jeweils geltenden Fassung beliehen oder errichtet sind, und
2. jede andere von einem Mitgliedstaat oder einem Staat des Europäischen Wirtschaftsraums nach Artikel 4 Absatz 1 der Verordnung (EG) Nr. 765/2008 als nationale Akkreditierungsstelle benannte Stelle."

§ 14 Aufbewahrung von Waffen oder Munition in Schützenhäusern, auf Schießstätten oder im gewerblichen Bereich

Die zuständige Behörde kann auf Antrag eines Betreibers eines Schützenhauses, einer Schießstätte oder eines Waffengewerbes Abweichungen von den Anforderungen des § 13 Absatz 1, 2 und 4 Satz 1 und 2 zulassen, wenn ihr ein geeignetes Aufbewahrungskonzept vorgelegt wird. Sie hat bei ihrer Entscheidung neben der für die Aufbewahrung vorgesehenen Art und der Anzahl der Waffen oder der Munition und des Grades der von ihnen ausgehenden Gefahr für die öffentliche Sicherheit und Ordnung die Belegenheit und Frequentiertheit der Aufbewahrungsstätte besonders zu berücksichtigen.

Abschnitt 6
Vorschriften für das Waffengewerbe

Unterabschnitt 1
Fachkunde

§ 15 Umfang der Fachkunde

(1) Die in der Prüfung nach § 22 Abs. 1 Satz 1 des Waffengesetzes nachzuweisende Fachkunde umfasst ausreichende Kenntnisse

1. der Vorschriften über den Handel mit Schusswaffen und Munition, den Erwerb und das Führen von Schusswaffen sowie der Grundzüge der sonstigen waffenrechtlichen und der beschussrechtlichen Vorschriften,
2. über Art, Konstruktion und Handhabung der gebräuchlichen Schusswaffen, wenn die Erlaubnis für den Handel mit Schusswaffen beantragt ist, und
3. über die Behandlung der gebräuchlichen Munition und ihre Verwendung in der dazugehörigen Schusswaffe, wenn die Erlaubnis für den Handel mit Munition beantragt ist.

(2) Der Antragsteller hat in der Prüfung nach Absatz 1 Kenntnisse nachzuweisen über

1. Schusswaffen und Munition aller Art, wenn eine umfassende Waffenhandelserlaubnis beantragt ist,

2. die in der Anlage aufgeführten Waffen- oder Munitionsarten, für die Erlaubnis zum Handel beantragt ist.

§ 16 Prüfung

(1) Die zuständige Behörde bildet für die Abnahme der Prüfung staatliche Prüfungsausschüsse. Die Geschäftsführung kann auf die örtliche Industrie- und Handelskammer übertragen werden. Es können gemeinsame Prüfungsausschüsse für die Bezirke mehrerer Behörden gebildet werden.

(2) Der Prüfungsausschuss besteht aus dem Vorsitzenden und zwei Beisitzern. Die Mitglieder des Prüfungsausschusses müssen in dem Prüfungsgebiet sachkundig sein. Der Vorsitzende darf nicht im Waffenhandel tätig sein. Als Beisitzer sollen ein selbstständiger Waffenhändler und ein Angestellter im Waffenhandel oder, wenn ein solcher nicht zur Verfügung steht, ein Angestellter in der Waffenherstellung bestellt werden.

(3) Die Prüfung ist mündlich abzulegen.

(4) Für die Erteilung eines Zeugnisses, die Anfertigung einer Niederschrift und die Wiederholung der Prüfung gilt § 2 Abs. 3 Satz 2 und Abs. 4 und 5 entsprechend.

Unterabschnitt 2

Ersatzdokumentation

§ 17 Grundsätze für das Führen der Ersatzdokumentation

(1) Die Ersatzdokumentation ist in gebundener Form oder in Karteiform oder mit Hilfe der elektronischen Datenverarbeitung im Betrieb oder in dem Betriebsteil, in dem die Schusswaffen aufbewahrt werden, zu führen und gegen Abhandenkommen, Datenverlust und unberechtigten Zugriff gesichert aufzubewahren.

(2) Alle Eintragungen im Rahmen der Ersatzdokumentation sind unverzüglich in dauerhafter Form und in deutscher Sprache vorzunehmen; § 239 Absatz 3 des Handelsgesetzbuches gilt entsprechend. Sofern eine Eintragung nicht gemacht werden kann, ist dies unter Angabe der Gründe zu vermerken.

(3) Die Ersatzdokumentation ist zum 31. Dezember jeden zweiten Jahres sowie beim Wechsel des Betriebsinhabers oder bei der Einstellung des Betriebs mit Datum und Unterschrift so abzuschließen, dass nachträglich Eintragungen nicht mehr vorgenommen werden können. Der beim Abschluss der Ersatzdokumentation verbliebene Bestand ist vorzutragen, bevor neue Eintragungen vorgenommen werden. Eine Ersatzdokumentation, die nicht mehr verwendet wird, ist unter Angabe des Datums abzuschließen.

§ 17a Vorlage und Aufbewahrung der Ersatzdokumentation

(1) Die Ersatzdokumentation ist auf Verlangen der zuständigen Behörde auch in deren Diensträumen oder den Beauftragten der Behörde vorzulegen.

(2) Der zur Anzeige nach § 37 Absatz 1 und § 37d Absatz 1 oder 2 des Waffengesetzes Verpflichtete hat die Ersatzdokumentation im Betrieb oder in dem Be-

triebsteil, in dem die Schusswaffen aufbewahrt werden, bis zum Ablauf von zehn Jahren, von dem Tage der letzten Eintragung an gerechnet, aufzubewahren. Will der Verpflichtete die Ersatzdokumentation nach Ablauf der in Satz 1 genannten Frist nicht weiter aufbewahren, so hat er sie der zuständigen Behörde zur Aufbewahrung zu übergeben. Gibt der Verpflichtete das Gewerbe auf, so hat er die Ersatzdokumentation seinem Nachfolger zu übergeben oder der zuständigen Behörde zur Aufbewahrung auszuhändigen. Der Verpflichtete oder sein Nachfolger hat die Ersatzdokumentation zu vernichten, wenn seit der letzten Eintragung 30 Jahre vergangen sind.

(3) Die zuständigen Behörden haben die nach Absatz 2 Satz 2 oder Satz 3 übernommenen Ersatzdokumentationen aufzubewahren. Sie haben die Ersatzdokumentation jeweils zu vernichten, wenn seit der letzten Eintragung 30 Jahre vergangen sind.

§ 18 Führung der Ersatzdokumentation in gebundener Form

(1) Wird die Ersatzdokumentation in gebundener Form geführt, so sind die Seiten laufend zu nummerieren; die Zahl der Seiten ist auf dem Titelblatt anzugeben.

(2) Die in gebundener Form geführte Ersatzdokumentation hat folgende Angaben zu enthalten:

1. laufende Nummer der Eintragung,
2. Datum des Eingangs,
3. Waffentyp,
4. Name, Firma oder Marke, die auf der Waffe angebracht sind,
5. Herstellungsnummer,
6. Name und Anschrift des Überlassers,
7. Datum des Abgangs oder der Kenntnis des Verlustes,
8. Name und Anschrift des Empfängers oder Art des Verlustes,
9. sofern die Schusswaffe nicht einem Erwerber nach § 21 Absatz 1 des Waffengesetzes überlassen wird, die Bezeichnung der Erwerbsberechtigung unter Angabe der ausstellenden Behörde und des Ausstellungsdatums, und
10. sofern die Schusswaffe einem Erwerber nach § 34 Absatz 5 Satz 1 des Waffengesetzes überlassen oder an ihn versandt wird, Bezeichnung und Datum der Bestätigung der Anzeige durch das Bundesverwaltungsamt.

Die Angaben zu den Nummern 1 bis 6 sind auf den linken Seiten, die Angaben zu den Nummern 7 bis 10 jeweils auf der rechten Seite der gebundenen Ersatzdokumentation gegenüber einzutragen.

(3) Die Eintragungen nach Absatz 2 sind für jede Waffe gesondert vorzunehmen.

§ 19 Führung der Ersatzdokumentation in Karteiform

(1) Wird die Ersatzdokumentation in Karteiform geführt, so können die Eintragungen für mehrere Waffen desselben Typs (Waffenposten) nach Absatz 2 zusammengefasst werden. Auf einer Karteikarte darf nur ein Waffenposten nach

Absatz 2 Nummer 1 eingetragen werden. Neueingänge dürfen auf demselben Karteiblatt erst eingetragen werden, wenn der eingetragene Waffenposten vollständig abgebucht ist. Abgänge sind mit den Angaben nach Absatz 2 Nummer 2 gesondert einzutragen. Für jeden Waffentyp ist ein besonderes Blatt anzulegen, auf dem der Waffentyp und der Name, die Firma oder die Marke, die auf der Waffe angebracht sind, zu vermerken sind. Die Karteiblätter sind der zuständigen Behörde zur Abstempelung der Blätter und zur Bestätigung ihrer Gesamtzahl vorzulegen.

(2) Die Ersatzdokumentation in Karteiform hat folgende Angaben zu enthalten:

1. bei der Eintragung des Eingangs:
   a) laufende Nummer der Eintragung,
   b) Datum des Eingangs,
   c) Stückzahl,
   d) Herstellungsnummern sowie
   e) Name und Anschrift des Überlassers,
2. bei der Eintragung von Abgängen:
   a) laufende Nummer der Eintragung,
   b) Datum des Abgangs oder der Kenntnis des Verlustes,
   c) Stückzahl,
   d) Herstellungsnummern,
   e) Name und Anschrift des Empfängers oder Art des Verlustes,
   f) die Bezeichnung der Erwerbsberechtigung unter Angabe der ausstellenden Behörde und des Ausstellungsdatums,
   g) sofern die Schusswaffe einem Erwerber nach § 34 Absatz 5 Satz 1 des Waffengesetzes überlassen oder an ihn versandt wird, Bezeichnung und Datum der Bestätigung der Anzeige durch das Bundesverwaltungsamt.

§ 20 Führung der Ersatzdokumentation in elektronischer Form

(1) Wird die Ersatzdokumentation in elektronischer Form geführt, so müssen die gespeicherten Datensätze die nach § 19 Absatz 2 geforderten Angaben enthalten. Die Datensätze sind unverzüglich zu speichern; sie sind fortlaufend zu nummerieren.

(2) Die gespeicherten Datensätze sind nach Ablauf eines jeden Monats in Klarschrift auszudrucken. Der Ausdruck hat so zu erfolgen, dass die Angaben im Ausdruck den Angaben der Ersatzdokumentation in Karteiform nach § 19 Absatz 2 entsprechen. Der Name des Überlassers, des Erwerbers und die Erwerbsberechtigung können auch in verschlüsselter Form ausgedruckt werden. In diesem Fall ist dem Ausdruck ein Verzeichnis beizugeben, das eine unmittelbare Entschlüsselung der bezeichneten Daten ermöglicht. Die Bestände sind auf den nächsten Monat vorzutragen.

(3) Der Ausdruck der nach dem letzten Monatsabschluss gespeicherten Datensätze ist auf Verlangen der zuständigen Behörde auch in deren Diensträumen

oder den Beauftragten der Behörde auch während des laufenden Monats jederzeit vorzulegen.

(4) Die zuständige Behörde kann Ausnahmen von Absatz 2 Satz 1 und 5 zulassen, wenn der Gesamtbestand an Waffen zu Beginn eines jeden Jahres und die Zu- und Abgänge monatlich in Klarschrift ausgedruckt werden und sichergestellt ist, dass die während des Jahres gespeicherten Daten auf Verlangen der zuständigen Behörde jederzeit in Klarschrift ausgedruckt werden können.

Unterabschnitt 3

Kennzeichnung von Waffen

§ 21 Kennzeichnung von Schusswaffen

(1) Wer Schusswaffen im Geltungsbereich des Waffengesetzes herstellt oder in diesen verbringt, hat folgende in § 24 Absatz 1 bis 3 des Waffengesetzes genannte Angaben auf folgenden wesentlichen Teilen der Schusswaffen anzubringen:

1. die Angaben nach § 24 Absatz 1 Satz 1 Nummer 1, 2, 4 und 5 sowie Absatz 2 und 3 des Waffengesetzes auf dem führenden wesentlichen Teil der Schusswaffe;
2. die Angaben nach § 24 Absatz 1 Satz 1 Nummer 1 und 5 des Waffengesetzes auf den wesentlichen Teilen der Schusswaffe, die keine führenden wesentlichen Teile sind;
3. die Angabe nach § 24 Absatz 1 Satz 1 Nummer 3 des Waffengesetzes auf dem Lauf und auf dem Patronenlager.

Bei Schusswaffen, deren Bauart nach § 8 des Beschussgesetzes zugelassen ist, sind die nach § 24 Absatz 1 Satz 1 Nummer 1 und 3 in Verbindung mit Satz 2 Nummer 1 Buchstabe a des Waffengesetzes anzubringenden Angaben nur auf dem führenden wesentlichen Teil anzubringen. Auf Druckluft- und Federdruckwaffen nach Anlage 1 Abschnitt 1 Unterabschnitt 1 Nummer 2.9 des Waffengesetzes ist Satz 1 Nummer 2 nicht anzuwenden.

(2) Abweichend von Absatz 1 Satz 1 Nummer 2 und Satz 3 sind wesentliche Teile erlaubnispflichtiger Schusswaffen mit den Angaben nach § 24 Absatz 1 Satz 1 Nummer 1, 2, 4 und 5 des Waffengesetzes zu kennzeichnen, wenn sie einzeln gehandelt werden. Bei Wechsel- oder Einstecksystemen ist der Lauf gemäß Absatz 1 Satz 1 Nummer 1 und 3 und der Verschluss sowie zugehörige Gehäuseteile gemäß Absatz 1 Satz 1 Nummer 2 zu kennzeichnen.

(3) Wird eine Schusswaffe aus wesentlichen Teilen hergestellt, die bereits mindestens mit einer Seriennummer gekennzeichnet sind, so sind diese wesentlichen Teile abweichend von Absatz 1 Satz 1 Nummer 1 und 2 lediglich mit der Angabe nach § 24 Absatz 1 Satz 1 Nummer 1 des Waffengesetzes zu kennzeichnen. Es ist jedoch sicherzustellen, dass auf dem führenden wesentlichen Teil alle Angaben gemäß Absatz 1 Satz 1 Nummer 1 angebracht sind. Deuten Angaben auf der Schusswaffe auf einen anderen Hersteller hin, so sind diese durch zwei waagerecht dauerhaft eingebrachte Striche zu entwerten, wobei die Angaben weiterhin lesbar bleiben müssen. Angaben auf der Schusswaffe, die auf eine andere Munition oder auf ein anderes Laufkaliber hindeuten, sind zu entwerten.

(4) Wer ein wesentliches Teil einer Schusswaffe austauscht, hat das neu eingebaute wesentliche Teil wie in Absatz 1 bestimmt zu kennzeichnen. Absatz 3 gilt entsprechend.

(5) Wer eine Schusswaffe umbaut, hat auf allen wesentlichen Teilen, die beim Umbau verändert wurden, die Angaben nach § 24 Absatz 1 Satz 1 Nummer 1 des Waffengesetzes anzubringen. Bereits vorhandene Angaben müssen weiterhin lesbar bleiben. Hat der Umbau zur Folge, dass die Bewegungsenergie der Geschosse 7,5 Joule überschreitet, so sind alle wesentlichen Teile entsprechend Absatz 1 zu kennzeichnen. Das Kennzeichen nach § 24 Absatz 2 des Waffengesetzes ist zu entfernen. Auf dem führenden wesentlichen Teil ist der Buchstabe „U“ anzubringen.

(6) Bei Aussonderung von Schusswaffen aus staatlicher Verfügung und dauerhafter Überführung in zivile Verwendung sind die Angaben nach § 24 Absatz 3 des Waffengesetzes durch zwei waagerecht dauerhaft eingebrachte Striche zu entwerten. Dabei muss erkennbar bleiben, welche nach § 55 Absatz 1 Satz 1 des Waffengesetzes bezeichnete Stelle verfügungsberechtigt über die Schusswaffe war. Vor der dauerhaften Überführung in zivile Verwendung hat die überführende Stelle sicherzustellen, dass die Schusswaffe gemäß Absatz 1 gekennzeichnet ist.

(7) Die Kennzeichnung gemäß den Absätzen 1 bis 6 hat eine Schriftgröße von mindestens 1,6 Millimetern aufzuweisen. Von der Mindestgröße gemäß Satz 1 kann abgewichen werden, wenn dies aufgrund der geringen Größe des zu kennzeichnenden wesentlichen Teils erforderlich ist. Für die Kennzeichnung gemäß den Absätzen 1 bis 6 sind lateinische Buchstaben sowie das arabische und das römische Zahlensystem zulässig. Wird eine Schusswaffe in den Geltungsbereich des Waffengesetzes verbracht, werden auch Kennzeichnungen in griechischer oder kyrillischer Schrift als ordnungsgemäß anerkannt, sofern die übrigen Vorgaben erfüllt sind.

(8) Besteht das gemäß den Absätzen 1 bis 7 zu kennzeichnende Gehäuse einer Schusswaffe aus Kunststoff, kann die Kennzeichnung gemäß den Absätzen 1 bis 7 auf einer Metallplatte angebracht werden, die fest mit dem Material des Gehäuses verbunden ist, sodass bei ihrer Entfernung ein Teil des Gehäuses zerstört würde.

Abschnitt 7
Ausbildung in der Verteidigung mit Schusswaffen

§ 22 Lehrgänge und Schießübungen

(1) In Lehrgängen zur Ausbildung in der Verteidigung mit Schusswaffen oder bei Schießübungen dieser Art sind unter Beachtung des Verbots des kampfmäßigen Schießens (§ 27 Abs. 7 Satz 1 des Waffengesetzes) Schießübungen und insbesondere die Verwendung solcher Hindernisse und Übungseinbauten nicht zulässig, die der Übung über den Zweck der Verteidigung der eigenen Person oder Dritter hinaus einen polizeieinsatzmäßigen oder militärischen Charakter verleihen. Die Verwendung von Zielen oder Scheiben, die Menschen darstellen oder

symbolisieren, ist gestattet. Die Veranstaltung der in Satz 1 genannten Schießübungen und die Teilnahme als Schütze an diesen Schießübungen sind verboten.

(2) Wer Lehrgänge zur Ausbildung in der Verteidigung mit Schusswaffen oder Schießübungen dieser Art veranstalten will, hat die beabsichtigte Tätigkeit und den Ort, an dem die Veranstaltung stattfinden soll, zwei Wochen vorher der zuständigen Behörde schriftlich oder elektronisch anzuzeigen. Auf Verlangen der zuständigen Behörde ist ein Lehrgangsplan oder Übungsprogramm vorzulegen, aus dem die zu vermittelnden Kenntnisse und die Art der beabsichtigten Schießübungen erkennbar sind. Die Beendigung der Lehrgänge oder Schießübungen ist der zuständigen Behörde innerhalb von zwei Wochen ebenfalls anzuzeigen. Der Betreiber der Schießstätte darf die Durchführung von Veranstaltungen der genannten Art nur zulassen, wenn der Veranstalter ihm gegenüber schriftlich oder elektronisch erklärt hat, dass die nach Satz 1 erforderliche Anzeige erfolgt ist.

(3) In der Anzeige über die Aufnahme der Lehrgänge oder Schießübungen hat der Veranstalter die Personalien der volljährigen verantwortlichen Aufsichtsperson und der Ausbilder anzugeben. § 10 Abs. 2 Satz 2 ist entsprechend anzuwenden. Die spätere Einstellung oder das Ausscheiden der genannten Personen hat der Veranstalter der zuständigen Behörde unverzüglich anzuzeigen.

(4) Auf die Verpflichtung des Veranstalters zur Bestellung einer verantwortlichen Aufsichtsperson und von Ausbildern ist § 10 Abs. 1 entsprechend anzuwenden.

§ 23 Zulassung zum Lehrgang

(1) Zur Teilnahme an den Lehrgängen oder Schießübungen im Sinne des § 22 dürfen nur Personen zugelassen werden,

1. die auf Grund eines Waffenscheins oder einer Bescheinigung nach § 55 Abs. 2 des Waffengesetzes zum Führen einer Schusswaffe berechtigt sind oder
2. denen ein in § 55 Abs. 1 des Waffengesetzes bezeichneter Dienstherr die dienstlichen Gründe zum Führen einer Schusswaffe bescheinigt hat oder denen von der zuständigen Behörde eine Bescheinigung nach Absatz 2 erteilt worden ist.

Die verantwortliche Aufsichtsperson hat sich vor der Aufnahme des Schießbetriebs vom Vorliegen der in Satz 1 genannten Erfordernisse zu überzeugen.

(2) Die zuständige Behörde kann Inhabern einer für Kurzwaffen ausgestellten Waffenbesitzkarte und Inhabern eines Jagdscheins, die im Sinne des § 19 des Waffengesetzes persönlich gefährdet sind, die Teilnahme an Lehrgängen oder Schießübungen der in § 22 genannten Art gestatten.

§ 24 Verzeichnisse

(1) Der Veranstalter hat ein Verzeichnis der verantwortlichen Aufsichtspersonen, der Ausbilder und der Teilnehmer gemäß Absatz 2 zu führen.

(2) Aus dem Verzeichnis müssen folgende Angaben über die in Absatz 1 genannten Personen hervorgehen:

1. Vor- und Familiennamen, Geburtsdatum und -ort, Wohnort und Anschrift;

2. Nummer, Ausstellungsdatum und ausstellende Behörde des Waffenscheins, der Bescheinigung nach § 55 Abs. 2 des Waffengesetzes oder der Bescheinigung des Dienstherrn nach § 23 Abs. 1 Satz 1 Nr. 2 oder der Ausnahmeerlaubnis nach § 23 Abs. 2;
3. in welchem Zeitraum (Monat und Jahr) sie als Aufsichtsperson oder als Ausbilder tätig waren oder an einer Veranstaltung teilgenommen haben.

(3) Das Verzeichnis ist vom Veranstalter auf Verlangen der zuständigen Behörde auch in deren Diensträumen oder den Beauftragten der Behörde vorzulegen.

(4) Der Veranstalter hat das Verzeichnis bis zum Ablauf von fünf Jahren, vom Tage der letzten Eintragung an gerechnet, sicher aufzubewahren. Gibt der Veranstalter die Durchführung des Verteidigungsschießens auf, so hat er das Verzeichnis seinem Nachfolger zu übergeben oder der zuständigen Behörde zur Aufbewahrung auszuhändigen.

§ 25 Untersagung von Lehrgängen oder Lehrgangsteilen; Abberufung von Aufsichtspersonen oder Ausbildern

(1) Die zuständige Behörde kann Veranstaltungen im Sinne des § 22 untersagen, wenn Tatsachen die Annahme rechtfertigen, dass der Veranstalter, die verantwortliche Aufsichtsperson oder ein Ausbilder die erforderliche Zuverlässigkeit, persönliche Eignung oder Sachkunde nicht oder nicht mehr besitzt. Ergeben sich bei einer verantwortlichen Aufsichtsperson oder einem Ausbilder Anhaltspunkte für die begründete Annahme des Vorliegens von Tatsachen nach Satz 1, so hat die zuständige Behörde vom Veranstalter die Abberufung dieser Person zu verlangen.

(2) Der Veranstalter hat auf Verlangen der zuständigen Behörde die Durchführung einzelner Lehrgänge oder Schießübungen einstweilen einzustellen. Die Behörde kann die einstweilige Einstellung verlangen, solange der Veranstalter
1. eine verantwortliche Aufsichtsperson oder die unter Berücksichtigung der Erfordernisse eines sicheren Schießbetriebs erforderliche Anzahl von Ausbildern nicht bestellt hat oder
2. dem Verlangen der Behörde, eine verantwortliche Aufsichtsperson oder einen Ausbilder wegen fehlender Zuverlässigkeit, persönlicher Eignung oder Sachkunde von seiner Tätigkeit abzuberufen, nicht nachkommt.

Abschnitt 7a

Bestimmungen in Bezug auf unbrauchbar gemachte Schusswaffen

§ 25a Besondere Bestimmungen in Bezug auf den Umgang mit unbrauchbar gemachten Schusswaffen

(1) Der Besitzer einer unbrauchbar gemachten Schusswaffe ist verpflichtet, die Deaktivierungsbescheinigung nach § 8a Absatz 2 Satz 3 des Beschussgesetzes aufzubewahren. Kommt ihm die Deaktivierungsbescheinigung abhanden, so hat er dies der gemäß § 48 Absatz 1 und 3 des Waffengesetzes zuständigen Behörde unverzüglich nach Feststellung des Abhandenkommens anzuzeigen. § 37b Absatz 5 des Waffengesetzes gilt entsprechend.

(2) Wer eine unbrauchbar gemachte Schusswaffe führt oder transportiert, ist verpflichtet, dabei die Deaktivierungsbescheinigung oder eine amtlich beglaubigte Abschrift hiervon mit sich zu führen.

(3) Das dauerhafte Überlassen im Geltungsbereich des Waffengesetzes sowie das Verbringen und die Mitnahme von unbrauchbar gemachten Schusswaffen

1. in den Geltungsbereich des Waffengesetzes,
2. durch den Geltungsbereich des Waffengesetzes oder
3. aus dem Geltungsbereich des Waffengesetzes in einen anderen Mitgliedstaat

ist nur zulässig gemeinsam mit der Deaktivierungsbescheinigung nach § 8a Absatz 2 Satz 3 des Beschussgesetzes oder gemeinsam mit einer entsprechenden Bescheinigung eines anderen Mitgliedstaates auf Grundlage des Anhangs III der Durchführungsverordnung (EU) 2015/2403 der Kommission vom 15. Dezember 2015 zur Festlegung gemeinsamer Leitlinien über Deaktivierungsstandards und -techniken, die gewährleisten, dass Feuerwaffen bei der Deaktivierung endgültig unbrauchbar gemacht werden (ABl. L 333 vom 19. 12. 2015, S. 62), die zuletzt durch die Durchführungsverordnung (EU) 2018/337 (ABl. L 65 vom 8. 3. 2018, S. 1) geändert worden ist.

§ 25b Vernichtung unbrauchbar gemachter Schusswaffen

Wer eine unbrauchbar gemachte Schusswaffe vernichtet, hat die Deaktivierungsbescheinigung und alle beglaubigten Abschriften, Abdrucke, Ablichtungen und dergleichen der Deaktivierungsbescheinigung unverzüglich bei der gemäß § 48 Absatz 1 und 3 des Waffengesetzes zuständigen Behörde abzugeben.

§ 25c Erwerb und Besitz von unbrauchbar gemachten Schusswaffen, die nicht den Vorgaben der Verordnung (EU) 2015/2403 entsprechen

(1) Für Schusswaffen, die

1. vor dem 1. April 2003 entsprechend den Anforderungen des § 7 der Ersten Verordnung zum Waffengesetz vom 24. Mai 1976 (BGBl. I S. 1285) in der bis zu diesem Zeitpunkt geltenden Fassung unbrauchbar gemacht worden sind,
2. vor dem 8. April 2016 entsprechend den Anforderungen der Anlage 1 Abschnitt 1 Unterabschnitt 1 Nummer 1.4 in der Fassung des Gesetzes vom 11. Oktober 2002 (BGBl. I S. 3970, 4592; 2003 I S. 1957) unbrauchbar gemacht worden sind und die ein Zulassungszeichen nach Anlage II Abbildung 11 der Beschussverordnung vom 13. Juli 2006 (BGBl. I S. 1474) in der bis zu diesem Zeitpunkt geltenden Fassung aufweisen oder
3. vor dem 28. Juni 2018 entsprechend den Anforderungen der Durchführungsverordnung (EU) 2015/2403 unbrauchbar gemacht worden sind,

besteht die Berechtigung zum Besitz fort, es sei denn, die Schusswaffen werden in einen anderen Mitgliedstaat verbracht. Im Übrigen gelten die in Satz 1 genannten Schusswaffen als Schusswaffen im Sinne von § 1 Absatz 2 Nummer 1 des Waffengesetzes.

(2) Wer gemäß Absatz 1 Satz 1 zum Besitz einer dort genannten Schusswaffe berechtigt ist, kann diese erlaubnisfrei überlassen. § 37a Satz 1 Nummer 1, § 37e Absatz 3, §§ 37f und 37h des Waffengesetzes gelten entsprechend.

(3) Für die Erteilung einer Erlaubnis zum Erwerb und Besitz von in Absatz 1 Satz 1 genannten Schusswaffen ist weder ein Nachweis der Sachkunde gemäß § 7 des Waffengesetzes noch ein Nachweis eines Bedürfnisses gemäß § 8 des Waffengesetzes erforderlich.

(4) § 39b Absatz 3 des Waffengesetzes gilt für die unter Absatz 1 Satz 1 genannten Schusswaffen entsprechend.

Abschnitt 8
Vorschriften mit Bezug zur Europäischen Union und zu Drittstaaten

Unterabschnitt 1
Anwendung des Gesetzes auf Bürger der Europäischen Union

§ 26 Allgemeine Bestimmungen

(1) Auf Staatsangehörige eines Mitgliedstaates ist § 21 Abs. 4 Nr. 1 des Waffengesetzes nicht anzuwenden.

(2) Auf Staatsangehörige eines Mitgliedstaates, die in einem anderen Mitgliedstaat ihren gewöhnlichen Aufenthalt haben, ist § 21 Abs. 4 Nr. 2 des Waffengesetzes nicht anzuwenden, soweit die Erlaubnis darauf beschränkt wird,

1. Bestellungen auf Waffen oder Munition bei Inhabern einer Waffenherstellungs- oder Waffenhandelserlaubnis aufzusuchen und diesen den Erwerb, den Vertrieb oder das Überlassen solcher Gegenstände zu vermitteln und
2. den Besitz nur über solche Waffen oder Munition auszuüben, die als Muster, als Proben oder als Teile einer Sammlung mitgeführt werden.

(3) Absatz 2 ist entsprechend anzuwenden auf Gesellschaften, die nach den Rechtsvorschriften eines Mitgliedstaates gegründet sind und ihren satzungsmäßigen Sitz, ihre Hauptverwaltung oder ihre Hauptniederlassung innerhalb der Europäischen Union haben. Soweit diese Gesellschaften nur ihren satzungsmäßigen Sitz, jedoch weder ihre Hauptverwaltung noch ihre Hauptniederlassung innerhalb der Europäischen Union haben, gilt Satz 1 nur, wenn ihre Tätigkeit in tatsächlicher und dauerhafter Verbindung mit der Wirtschaft eines Mitgliedstaates steht.

(4) Die Vorschriften der Absätze 1 bis 3 zugunsten von Staatsangehörigen eines Mitgliedstaates sind nicht anzuwenden, soweit dies zur Beseitigung einer Störung der öffentlichen Sicherheit oder Ordnung oder zur Abwehr einer bevorstehenden Gefahr für die öffentliche Sicherheit oder Ordnung im Einzelfall erforderlich ist.

(5) Auf Staatsangehörige eines Mitgliedstaates ist § 4 Abs. 2 des Waffengesetzes nicht anzuwenden, soweit sie im Geltungsbereich des Waffengesetzes ihren gewöhnlichen Aufenthalt haben und eine selbstständige oder unselbstständige Tätigkeit ausüben, die den Erwerb, den Besitz oder das Führen einer Waffe oder von Munition erfordert.

§ 27 Besondere Bestimmungen zur Fachkunde

(1) Der Nachweis der Fachkunde für den Waffenhandel im Sinne des § 22 des Waffengesetzes ist für einen Staatsangehörigen eines Mitgliedstaates als er-

bracht anzusehen, wenn er in einem anderen Mitgliedstaat im Handel mit Waffen und Munition wie folgt tätig war:

1. drei Jahre ununterbrochen als Selbstständiger oder in leitender Stellung,
2. zwei Jahre ununterbrochen als Selbstständiger oder in leitender Stellung, wenn er für die betreffende Tätigkeit eine vorherige Ausbildung nachweisen kann, die durch ein staatlich anerkanntes Zeugnis bestätigt oder von einer zuständigen Berufsinstitution als vollwertig anerkannt ist,
3. zwei Jahre ununterbrochen als Selbstständiger oder in leitender Stellung sowie außerdem drei Jahre als Unselbstständiger oder
4. drei Jahre ununterbrochen als Unselbstständiger, wenn er für den betreffenden Beruf eine vorherige Ausbildung nachweisen kann, die durch ein staatlich anerkanntes Zeugnis bestätigt oder von einer zuständigen Berufsinstitution als vollwertig anerkannt ist.

(2) In den in Absatz 1 Nr. 1 und 3 genannten Fällen darf die Tätigkeit als Selbstständiger oder in leitender Stellung höchstens zehn Jahre vor dem Zeitpunkt der Antragstellung beendet worden sein.

(3) Als ausreichender Nachweis ist auch anzusehen, wenn der Antragsteller die dreijährige Tätigkeit nach Absatz 1 Nr. 1 nicht ununterbrochen ausgeübt hat, die Ausübung jedoch nicht mehr als zwei Jahre vor dem Zeitpunkt der Antragstellung beendet worden ist.

(4) Eine Tätigkeit in leitender Stellung im Sinne des Absatzes 1 übt aus, wer in einem industriellen oder kaufmännischen Betrieb des entsprechenden Berufszweigs tätig war

1. als Leiter des Unternehmens oder einer Zweigniederlassung,
2. als Stellvertreter des Unternehmers oder des Leiters des Unternehmens, wenn mit dieser Stellung eine Verantwortung verbunden ist, die der des vertretenen Unternehmers oder Leiters entspricht, oder
3. in leitender Stellung mit kaufmännischen Aufgaben und mit der Verantwortung für mindestens eine Abteilung des Unternehmens.

(5) Der Nachweis, dass die Voraussetzungen der Absätze 1 bis 4 erfüllt sind, ist vom Antragsteller durch eine Bescheinigung der zuständigen Stelle des Herkunftslandes zu erbringen.

Unterabschnitt 2

Erwerb von Waffen und Munition in anderen Mitgliedstaaten; Verbringen und Mitnahme

§ 28 Erlaubnisse für den Erwerb von Waffen und Munition in einem anderen Mitgliedstaat

Eine Erlaubnis nach § 11 Abs. 2 des Waffengesetzes wird als Zustimmung durch einen Erlaubnisschein der zuständigen Behörde erteilt. Für die Erteilung hat der Antragsteller folgende Angaben zu machen:

1. über seine Person:

Vor- und Familienname, Geburtsdatum und -ort, Anschriften sowie Nummer, Ausstellungsdatum und ausstellende Behörde des Passes oder des Personalausweises;

2. über die Waffe:
bei Schusswaffen Anzahl, Art, Kaliber und Kategorie nach Anlage 1 Abschnitt 3 zum Waffengesetz und gegebenenfalls CIP-Beschusszeichen; bei sonstigen Waffen Anzahl und Art der Waffen;
3. über die Munition:
Anzahl, Art, Kaliber und gegebenenfalls CIP-Prüfzeichen.

§ 29 Erlaubnisse zum Verbringen von Waffen und Munition

(1) Eine Erlaubnis nach § 29 oder § 30 des Waffengesetzes wird durch einen Erlaubnisschein der zuständigen Behörde erteilt.

(2) Für die Erteilung einer Erlaubnis nach § 29 Absatz 1 und 2 des Waffengesetzes hat der Antragsteller folgende Angaben zu machen:

1. über den Versender- und den Empfängermitgliedstaat:
jeweils die Bezeichnung des Mitgliedstaates;
2. über die Person des Überlassers und des Erwerbers oder desjenigen, der die Waffen oder Munition ohne Besitzwechsel in einen anderen Mitgliedstaat verbringt:
   a) Vor- und Familienname,
   b) Geburtsdatum und -ort,
   c) Anschrift,
   d) bei Unternehmen auch Telefon- oder Telefaxnummer und
   e) die Angabe, ob es sich um einen Waffenhändler oder um eine Privatperson handelt;
3. über die Waffen:
Anzahl und Art der Waffen;
4. über Schusswaffen zusätzlich zu den Angaben nach Nummer 3 die folgenden weiteren Angaben:
   a) Kategorie nach der Anlage 1 Abschnitt 3 des Waffengesetzes,
   b) Name, Firma oder eingetragenes Markenzeichen des Herstellers,
   c) Modellbezeichnung,
   d) Kaliber,
   e) Herstellungsnummer und
   f) sofern vorhanden, CIP-Beschusszeichen;
5. über die Munition:
   a) Anzahl und Art der Munition,
   b) Firma oder eingetragenes Markenzeichen des Herstellers, Kaliber und
   c) sofern vorhanden, CIP-Munitionsprüfzeichen;
6. über die Lieferanschrift:
Anschrift, an die die Waffen oder die Munition versandt oder transportiert werden;

7. über die Art und Weise der Verbringung im Fall des Verbringens aus dem Geltungsbereich des Waffengesetzes in einen anderen Mitgliedstaat:
   a) das Beförderungsmittel,
   b) den Tag der Absendung,
   c) den voraussichtlichen Ankunftstag und
   d) die Durchgangsländer.

Wird eine Erlaubnis zum Verbringen in oder durch den Geltungsbereich des Waffengesetzes zwischen gewerbsmäßigen Waffenherstellern oder Waffenhändlern beantragt, kann auf die Angabe des Kalibers und der Herstellungsnummer verzichtet werden, wenn besondere Gründe hierfür glaubhaft gemacht werden. Im Fall des Satzes 2 müssen die genannten Angaben den nach § 33 Absatz 3 des Waffengesetzes zuständigen Überwachungsbehörden beim Verbringen mitgeteilt werden, wenn das Verbringen aus einem Drittstaat erfolgt.

(3) Für die Erteilung einer Erlaubnis nach § 30 des Waffengesetzes hat der Antragsteller Angaben über Name und Anschrift der Firma, Telefon- oder Telefaxnummer, Vor- und Familienname, Geburtsort und -datum des Inhabers der Erlaubnis nach § 21 Abs. 1 des Waffengesetzes, Empfängermitgliedstaat und Art der Waffen und Munition zu machen.

§ 30 Erlaubnisse für die Mitnahme von Waffen und Munition nach, durch oder aus Deutschland

(1) Eine Erlaubnis nach § 32 Absatz 1 Satz 1 oder Absatz 1a Satz 1 des Waffengesetzes wird durch einen Erlaubnisschein der zuständigen Behörde erteilt. Für die Erteilung der Erlaubnis nach Satz 1 hat der Antragsteller folgende Angaben zu machen:

1. über seine Person:
   Vor- und Familienname, Geburtsdatum und -ort, Wohnort und Anschrift, bei Firmen auch Telefon- oder Telefaxnummer, sowie Nummer, Ausstellungsdatum und ausstellende Behörde des Passes oder des Personalausweises;
2. über die Waffen:
   bei Schusswaffen Anzahl und Art der Waffen, Kategorie nach der Anlage 1 Abschnitt 3 zum Waffengesetz, Firma oder eingetragenes Markenzeichen des Herstellers, Modellbezeichnung, Kaliber, Herstellungsnummer und gegebenenfalls CIP-Beschusszeichen; bei sonstigen Waffen Anzahl und Art der Waffen;
3. über die Munition:
   Anzahl und Art der Munition, Kategorie nach der Richtlinie 93/15/EWG des Rates vom 5. April 1993 zur Harmonisierung der Bestimmungen über das Inverkehrbringen und die Kontrolle von Explosivstoffen für zivile Zwecke (ABl. EG Nr. L 121 S. 20), Firma oder eingetragenes Markenzeichen des Herstellers, Kaliber und gegebenenfalls CIP-Munitionsprüfzeichen;
4. über den Grund der Mitnahme:
   genaue Angabe des Ortes, zu dem die Waffen oder die Munition mitgenommen werden sollen, und der Zweck der Mitnahme.

Der Erlaubnisschein für die Mitnahme von Waffen oder Munition aus einem Drittstaat muss alle in Satz 2 genannten Angaben enthalten.

(2) Bei der Erteilung einer Erlaubnis nach § 32 Abs. 1 Satz 1 des Waffengesetzes kann die Sachkunde auch als nachgewiesen angesehen werden, wenn eine ausreichende Kenntnis der geforderten Inhalte durch einen Beleg des Staates, in dem die Person ihren gewöhnlichen Aufenthalt hat, glaubhaft gemacht wird.

(3) Bei der Erteilung einer Erlaubnis nach § 32 Abs. 4 des Waffengesetzes kann die zuständige Behörde auf einzelne der in Absatz 1 Satz 2 Nr. 2 und 3 aufgeführten Angaben verzichten, wenn diese nicht rechtzeitig gemacht werden können. Die Angaben sind der zuständigen Behörde unverzüglich nachzureichen und bei der Einreise den nach § 33 Abs. 3 des Waffengesetzes zuständigen Überwachungsbehörden mitzuteilen.

(4) Die zuständige Behörde kann in besonderen Fällen gestatten, dass Antragstellungen für die Erteilung einer Erlaubnis nach § 32 Abs. 4 des Waffengesetzes durch mehrere Personen gemeinsam auf dem hierfür vorgesehenen amtlichen Vordruck erfolgen. Im Falle des Satzes 1 sind für die Antragsteller jeweils die Angaben nach Absatz 1 Satz 2 Nr. 1 und 4 vollständig zu machen, die Angaben nach Absatz 1 Satz 2 Nr. 2 und 3, soweit die Behörde hierauf nicht verzichtet hat.

§ 31 Anzeigen

(1) Eine Anzeige nach § 30 Satz 3 des Waffengesetzes an das Bundesverwaltungsamt muss folgende Angaben enthalten:

1. über die Beförderung:
   a) die Bezeichnung des Versender- und des Empfängermitgliedstaates,
   b) die Bezeichnung der Durchgangsländer,
   c) die Beförderungsart und
   d) den Beförderer;
2. zu dem Versender, dem Erklärungspflichtigen und dem Empfänger jeweils:
   a) den Namen oder bei Unternehmen, sofern vorhanden, die Firma,
   b) Anschrift und
   c) Telefon- oder Telefaxnummer;
3. zu der Erlaubnis nach § 30 des Waffengesetzes:
   a) Ausstellungsdatum,
   b) Ausstellungsnummer,
   c) ausstellende Behörde,
   d) Geltungsdauer;
4. zu der Erlaubnis oder der Freistellung von der Erlaubnis des anderen Mitgliedstaates:
   a) Ausstellungsdatum,
   b) ausstellende Behörde,
   c) Geltungsdauer,
   d) Angaben zu den von der Erlaubnis umfassten Waffen;
5. über die Waffen:
   Anzahl und Art der Waffen;

6. über Schusswaffen zusätzlich zu den Angaben nach Nummer 5 die folgenden weiteren Angaben:
   a) die Kategorie nach Anlage 1 Abschnitt 3 des Waffengesetzes,
   b) den Namen, die Firma oder das eingetragene Markenzeichen des Herstellers,
   c) die Modellbezeichnung,
   d) das Kaliber,
   e) die Herstellungsnummer und
   f) das CIP-Beschusszeichen, sofern vorhanden;
7. zu der Munition:
   a) Art und Anzahl,
   b) Name, Firma, oder eingetragenes Markenzeichen des Herstellers,
   c) Kaliber,
   d) CIP-Munitionsprüfzeichen, falls vorhanden,
   e) Anschrift, an die die Waffen oder die Munition versandt oder transportiert werden.

Im Fall des Satzes 1 Nummer 4 ist der Anzeige eine Ablichtung der Erlaubnis oder Freistellung beizufügen.

(2) Die Anzeige gemäß § 30 Satz 3 des Waffengesetzes an das Bundesverwaltungsamt hat unter Verwendung des hierfür vorgesehenen amtlichen Vordrucks oder elektronisch zu erfolgen. Für die elektronische Anzeige kann das Bundesverwaltungsamt Abweichungen von der Form, nicht aber vom Inhalt des amtlichen Vordrucks, zulassen. Das Bundesverwaltungsamt kann verlangen, dass der Anzeigende seine Identität auf geeignete Weise nachweist.

(3) Im Fall der Verwendung des amtlichen Vordrucks bestätigt das Bundesverwaltungsamt den Eingang der vollständigen Anzeige auf dem Anzeigevordruck oder elektronisch. Im Fall der elektronischen Anzeige bestätigt das Bundesverwaltungsamt den Eingang der vollständigen Anzeige elektronisch.

(4) Eine Anzeige nach § 34 Abs. 4, erster Halbsatz des Waffengesetzes an das Bundesverwaltungsamt ist mit dem hierfür vorgesehenen amtlichen Vordruck zu erstatten und muss folgende Angaben enthalten:

1. über die Person des Überlassers:
   Vor- und Familiennamen oder Firma, Wohnort oder Firmenanschrift, bei Firmen auch Telefon- oder Telefaxnummer, Datum der Überlassung;
2. über die Person des Erwerbers:
   Vor- und Familiennamen, Geburtsdatum und -ort, Anschriften in Mitgliedstaaten sowie Nummer, Ausstellungsdatum und ausstellende Behörde des Passes oder des Personalausweises;
3. über die Waffen oder die Munition:
   die Angaben nach § 29 Abs. 2 Satz 1 Nr. 2 und 3.

(5) Eine Anzeige nach § 34 Abs. 5 Satz 1 des Waffengesetzes an das Bundesverwaltungsamt ist mit dem hierfür vorgesehenen amtlichen Vordruck in zweifacher Ausfertigung zu erstatten und muss folgende Angaben enthalten:

1. über die Person des Erwerbers oder denjenigen, der eine Schusswaffe zum dortigen Verbleib in einen anderen Mitgliedstaat verbringt:
   Vor- und Familiennamen, Geburtsdatum und -ort, Wohnort und Anschrift, Beruf sowie Nummer, Ausstellungsdatum und ausstellende Behörde des Passes oder des Personalausweises, ferner Nummer, Ausstellungsdatum und ausstellende Behörde der Waffenerwerbsberechtigung;
2. über die Schusswaffe:
   Art der Waffe, Name, Firma oder eingetragene Marke des Herstellers, Modellbezeichnung, Kaliber und Herstellungsnummer;
3. über den Versender:
   Name und Anschrift des auf dem Versandstück angegebenen Versenders.

Beim Erwerb durch gewerbliche Unternehmen sind die Angaben nach Satz 1 Nr. 1 über den Inhaber des Unternehmens, bei juristischen Personen über eine zur Vertretung des Unternehmens befugte Person mitzuteilen und deren Pass oder Personalausweis vorzulegen. Bei laufenden Geschäftsbeziehungen entfällt die wiederholte Vorlage des Passes oder des Personalausweises, es sei denn, dass der Inhaber des Unternehmens gewechselt hat oder bei juristischen Personen zur Vertretung des Unternehmens eine andere Person bestellt worden ist. Wird die Schusswaffe oder die Munition einer Person überlassen, die sie außerhalb des Geltungsbereichs des Waffengesetzes, insbesondere im Versandwege erwerben will, so ist die Angabe der Erwerbsberechtigung nach Satz 1 Nr. 1 nicht erforderlich, ferner genügt an Stelle des Passes oder des Personalausweises eine amtliche Beglaubigung dieser Urkunden. Das Bundesverwaltungsamt bestätigt dem Anzeigenden den Eingang auf dem Doppel der Anzeige.

§ 32 Mitteilungen der Behörden

(1) Die zuständige Behörde teilt dem Bundesverwaltungsamt alle ihr vorliegenden erteilten Erlaubnisse zum Verbringen von Waffen oder Munition aus einem anderen Mitgliedstaat in den Geltungsbereich des Waffengesetzes und aus dem Geltungsbereich des Waffengesetzes in einen anderen Mitgliedstaat nach § 29 des Waffengesetzes unter Angabe des Datums der Erlaubniserteilung und des Ablaufdatums der Erlaubnis elektronisch mit. Die Mitteilung muss unverzüglich, im Fall des Verbringens aus dem Geltungsbereich des Waffengesetzes in einen anderen Mitgliedstaat spätestens bis zum nach § 29 Absatz 2 Satz 1 Nummer 6 mitgeteilten Tag der Absendung, erfolgen. Die Mitteilung muss alle gemäß § 29 Absatz 2 erforderlichen Angaben enthalten. Eine Ablichtung des Erlaubnisscheins ist der Mitteilung beizufügen.

(2) Das Bundesverwaltungsamt

1. übermittelt dem anderen Mitgliedstaat die Angaben nach § 31 Absatz 1 und die nach Absatz 1 erhaltenen Angaben nach Maßgabe der Delegierten Verordnung (EU) 2019/686 der Kommission vom 16. Januar 2019 zur Festlegung detaillierter Vorkehrungen gemäß Richtlinie 91/477/EWG des Rates für den systematischen elektronischen Austausch von Informationen im Zusammenhang mit der Verbringung von Feuerwaffen innerhalb der Union (ABl. L 116 vom 3. 5. 2019, S. 1);
2. übermittelt dem anderen Mitgliedstaat die Angaben nach § 31 Absatz 4;

3. übermittelt an die zuständige Behörde
   a) die von anderen Mitgliedstaaten in den Fällen des § 29 Absatz 1 und 2 des Waffengesetzes erhaltenen Angaben,
   b) die von anderen Mitgliedstaaten erhaltenen Angaben über die Erteilung von Erlaubnissen zum Verbringen von Schusswaffen oder Munition in das Hoheitsgebiet des anderen Mitgliedstaates aus dem Geltungsbereich des Waffengesetzes, es sei denn, es besteht für diese Verbringung eine Erlaubnis nach § 30 des Waffengesetzes, und
   c) die von anderen Mitgliedstaaten erhaltenen Angaben über das Überlassen von Waffen nach Anlage 1 Abschnitt 3 Nummer 1 bis 3 (Kategorien A 1.2 bis C) des Waffengesetzes oder von Munition an Personen und den Besitz von solchen Waffen oder Munition durch Personen, die jeweils ihren gewöhnlichen Aufenthalt im Geltungsbereich des Waffengesetzes haben;
4. übermittelt die von anderen Vertragsstaaten des Übereinkommens vom 28. Juni 1978 über die Kontrolle des Erwerbs und Besitzes von Schusswaffen durch Einzelpersonen (BGBl. 1980 II S. 953) erhaltenen Mitteilungen über das Verbringen oder das Überlassen der in § 34 Absatz 5 Satz 1 des Waffengesetzes genannten Schusswaffen erhaltenen Angaben an die zuständige Behörde;
5. soll den Erwerb von Schusswaffen und Munition durch die in § 34 Absatz 5 Satz 1 des Waffengesetzes genannten Personen der zuständigen zentralen Behörde des Heimat- oder Herkunftsstaates des Erwerbers mitteilen, sofern Gegenseitigkeit gewährleistet ist; die Mitteilung soll die Angaben nach § 31 Absatz 5 Satz 1 Nummer 1 und 2 enthalten.

(3) Die nach § 33 Abs. 3 des Waffengesetzes zuständigen Überwachungsbehörden übermitteln den zuständigen Behörden die nach § 29 Absatz 2 Satz 3 und nach § 30 Abs. 3 Satz 2 mitgeteilten Angaben.

§ 33 Europäischer Feuerwaffenpass

(1) Die Geltungsdauer des Europäischen Feuerwaffenpasses nach § 32 Abs. 6 des Waffengesetzes beträgt fünf Jahre; soweit bei Jägern oder Sportschützen in ihm nur Einzellader-Langwaffen mit glattem Lauf oder mit glatten Läufen eingetragen sind, beträgt sie zehn Jahre. Die Geltungsdauer kann zweimal um jeweils fünf Jahre verlängert werden. § 9 Abs. 1 und 2 und § 37 Abs. 2 des Waffengesetzes gelten entsprechend.

(2) Der Antragsteller hat die Angaben nach § 30 Abs. 1 Satz 2 Nr. 1 bis 3 zu machen. Er hat ein Lichtbild aus neuerer Zeit in der Größe von mindestens 45 Millimeter × 35 Millimeter im Hochformat ohne Rand abzugeben. Das Lichtbild muss das Gesicht im Ausmaß von mindestens 20 Millimeter darstellen und den Antragsteller zweifelsfrei erkennen lassen. Der Hintergrund muss heller sein als die Gesichtspartie.

Abschnitt 9

Ordnungswidrigkeiten und Schlussvorschriften

§ 34 Ordnungswidrigkeiten

Ordnungswidrig im Sinne des § 53 Abs. 1 Nr. 23 des Waffengesetzes handelt, wer vorsätzlich oder fahrlässig

1. entgegen § 7 Abs. 1 Satz 2 oder § 22 Abs. 1 Satz 3 eine Schießübung veranstaltet oder an ihr teilnimmt,
2. entgegen § 9 Abs. 1 Satz 1 auf einer Schießstätte schießt,
3. entgegen § 9 Abs. 1 Satz 3 die Einhaltung der dort genannten Voraussetzungen nicht überwacht,
4. entgegen § 10 Abs. 1 Satz 4 den Schießbetrieb aufnimmt oder fortsetzt,
5. entgegen § 10 Abs. 2 Satz 1 oder 3, § 22 Abs. 2 Satz 1 oder 3 oder Abs. 3 Satz 3 oder § 25a Absatz 1 Satz 2 eine Anzeige nicht, nicht richtig, nicht vollständig, nicht in der vorgeschriebenen Weise oder nicht rechtzeitig erstattet,
6. entgegen § 10 Abs. 3 Satz 4 oder § 25a Absatz 2 ein dort genanntes Dokument nicht mitführt oder nicht oder nicht rechtzeitig aushändigt,
7. entgegen § 10 Abs. 3 Satz 5 Einblick nicht oder nicht rechtzeitig gewährt,
8. entgegen § 11 Abs. 1 Satz 1 das Schießen nicht beaufsichtigt,
9. entgegen § 11 Abs. 1 Satz 2 das Schießen oder den Aufenthalt in der Schießstätte nicht untersagt,
10. entgegen § 11 Abs. 2 eine Anordnung nicht befolgt,
11. entgegen § 12 Abs. 2 Satz 2 eine Schießstätte betreibt oder benutzt,
12. entgegen § 13 Absatz 2 eine Waffe oder Munition nicht richtig aufbewahrt,
13. entgegen § 13 Absatz 4 Satz 1 oder 2 eine Waffe oder Munition aufbewahrt,
14. entgegen § 17a Absatz 1 oder § 24 Absatz 3 eine dort genannte Ersatzdokumentation oder ein dort genanntes Verzeichnis nicht oder nicht rechtzeitig vorlegt,
15. entgegen § 17a Absatz 2 Satz 1 eine dort genannte Ersatzdokumentation nicht oder nicht mindestens zehn Jahre aufbewahrt,
16. entgegen § 17a Absatz 2 Satz 2 eine dort genannte Ersatzdokumentation nicht oder nicht rechtzeitig übergibt,
17. entgegen § 17a Absatz 2 Satz 3 eine dort genannte Ersatzdokumentation nicht oder nicht rechtzeitig übergibt und nicht oder nicht rechtzeitig aushändigt,
18. entgegen § 22 Abs. 2 Satz 2 den Lehrgangsplan oder das Übungsprogramm nicht oder nicht rechtzeitig vorlegt,
19. entgegen § 22 Abs. 2 Satz 4 die Durchführung einer Veranstaltung zulässt,
20. entgegen § 23 Abs. 1 Satz 2 sich vom Vorliegen der dort genannten Erfordernisse nicht oder nicht rechtzeitig überzeugt,
21. entgegen § 24 Abs. 1 ein Verzeichnis nicht, nicht richtig, nicht vollständig oder nicht in der vorgeschriebenen Weise führt,

22. entgegen § 24 Abs. 4 Satz 1 das Verzeichnis nicht oder nicht mindestens fünf Jahre aufbewahrt,
23. entgegen § 25 Abs. 2 Satz 1 die Durchführung eines Lehrgangs oder einer Schießübung nicht oder nicht rechtzeitig einstellt,
24. entgegen § 25a Absatz 3 eine unbrauchbar gemachte Schusswaffe dauerhaft überlässt, verbringt oder mitnimmt oder
25. entgegen § 25b ein dort genanntes Dokument nicht oder nicht rechtzeitig abgibt.

§ 35 *(weggefallen)*

§ 36 Inkrafttreten, Außerkrafttreten

Diese Verordnung tritt am 1. Dezember 2003 in Kraft. Gleichzeitig treten die Erste Verordnung zum Waffengesetz in der Fassung der Bekanntmachung vom 10. März 1987 (BGBl. I S. 777), zuletzt geändert durch Artikel 10 des Gesetzes vom 11. Oktober 2002 (BGBl. I S. 3970), sowie die Zweite Verordnung zum Waffengesetz vom 13. Dezember 1976 (BGBl. I S. 3387) außer Kraft.

Anlage

(zu § 15 Abs. 2 Nr. 2)

Waffen- und Munitionsarten

1. Schusswaffen und ihnen gleichstehende Geräte
   - 1.1 Büchsen und Flinten einschließlich Flobertwaffen und Zimmerstutzen
   - 1.2 Pistolen und Revolver zum Verschießen von Patronenmunition; Schalldämpfer
   - 1.3 Schreckschuss-, Reizstoff- und Signalwaffen gemäß Anlage 1 Abschnitt 1 Unterabschnitt 1 Nr. 2.7 bis 2.9 des Waffengesetzes
   - 1.4 Signalwaffen mit einem Patronen- oder Kartuschenlager von mehr als 12,5 mm Durchmesser
   - 1.5 Druckluft-, Federdruck- und Druckgaswaffen
   - 1.6 Schusswaffen, die vor dem 1. Januar 1871 hergestellt worden sind
   - 1.7 Schusswaffen und ihnen gleichstehende Geräte, die nicht unter 1.1 bis 1.5 fallen.
2. Munition
   - 2.1 Munition zum Verschießen aus Büchsen und Flinten (1.1)
   - 2.2 Munition zum Verschießen aus Pistolen und Revolvern (1.2)
   - 2.3 Munition zum Verschießen aus Schreckschuss-, Reizstoff- und Signalwaffen (1.3)
   - 2.4 Munition zum Verschießen aus Signalwaffen mit einem Kartuschenlager von mehr als 12,5 mm Durchmesser (1.4)
   - 2.5 Munition zum Verschießen aus Schusswaffen, die vor dem 1. Januar 1871 hergestellt worden sind, und aus sonstigen ihnen gleichstehenden Geräten (1.6 und 1.7).